轻松识读与绘制汽车电路图

第2版

主编　郭建樑

参编　王俊娜　郭小钰　徐同浦　吴增寿

叶美桃　文森淼　乔露露　杨京晶

王锦林　史晋文　李润民　张志亮

张　凯　郭临飞　李　伟　白晓俊

机 械 工 业 出 版 社

本书浓缩了一名长期工作在汽车维修行业一线从业人员的维修经验和学习方法，并采用了全新的编写方法，详细介绍了汽车电路图识读的基础知识和电路分析方法，通过大量的识图与绘图案例，系统全面地剖析了汽车主要电气设备的基本电路和常见类型。特别是在电路图绘制方面，本书开创了电路原理图绘制的先河，这是本书的一大亮点，给读者指明了方向，以利于读者更好地掌握汽车电路的工作原理，为在实际工作中准确判断、快速排除电路故障打下坚实的基础。

本书深入浅出、图文并茂，识图与绘图贯穿全书，简单明了，通俗易懂，具有较强的针对性和实用性，既适用于汽车电气维修初学者，又有助于在职汽车维修人员技术水平的提升，同时也可作为大中专院校汽车应用类专业的师生阅读参考。

图书在版编目（CIP）数据

轻松识读与绘制汽车电路图/郭建樑主编. —2版. —北京：机械工业出版社，2017.3

ISBN 978-7-111-56085-2

Ⅰ.①轻…　Ⅱ.①郭…　Ⅲ.①汽车－电气设备－电路图－识图②汽车－电气设备－电路图－绘图技术　Ⅳ.①U463.62

中国版本图书馆CIP数据核字（2017）第030628号

机械工业出版社（北京市百万庄大街22号　邮政编码100037）
策划编辑：丁　锋　责任编辑：丁　锋　责任校对：刘　岚
封面设计：张　静　责任印制：常天培
唐山三艺印务有限公司印刷
2017年5月第2版第1次印刷
184mm×260mm·20.5印张·502千字
0 001—3000册
标准书号：ISBN 978-7-111-56085-2
定价：59.90元

凡购本书，如有缺页、倒页、脱页，由本社发行部调换

电话服务	网络服务
服务咨询热线：010－88361066	机 工 官 网：www.cmpbook.com
读者购书热线：010－68326294	机 工 官 博：weibo.com/cmp1952
010－88379203	金 书 网：www.golden－book.com
封面无防伪标均为盗版	教育服务网：www.cmpedu.com

前言

现代汽车电子技术的大量应用，给汽车维修人员带来故障诊断思路不清、检测手段盲目、故障判断不准的困难。究其原因，多数是对所检修设备或系统的基本组成、基本工作原理，特别是基本电路结构了解不够所致，维修时一旦再遇到电子控制装置方面的故障，往往显得有些束手无策。编写本书的目的，旨在为广大的汽车维修人员介绍关于汽车电气设备电路图的识读和绘制方法以及维修技巧。

本书对汽车上绝大多数电气设备的基本结构、基本工作原理、工作过程、基本电路结构以及故障诊断与检修等方面，进行了比较系统的阐述。在编写过程中，从学习实际需要出发，坚持由浅入深、通俗易懂、便于学习理解的指导原则，力求使初学者能在短期内掌握汽车电气设备的相关知识，维修人员能够从中深入了解电子控制装置的控制原理，以达到举一反三的效果。

在电路图选择上，本书针对各个电气设备或系统的不同特点，选择当前保有量大、技术相对成熟，且有典型性、代表性的汽车电路作为主要内容。基本组成结构和基本工作原理尽可能阐述详尽，特别是系统基本电路结构，一改以往原车电路图的形式，首次采用了纯电路原理图的绘制方法，使电路图的识读变得轻松简单，系统工作原理自然呈现，识图绘图方法容易掌握且便于记忆。同时每个系统基本电路都附有详细的工作过程描述，以达到掌握自主学习方法的目的。

本书注重基本结构、基本原理和基本电路的讲解，非常适合自主学习，尤其适合初学者自学使用；对于具有一定基础的维修人员来说，可将阅读本书看作一次系统的学习过程，一方面对原有知识进行检验，另一方面对了解掌握电子控制技术打下基础，认真领会书中精髓，将使维修技术得到进一步的提高；而对于汽车应用专业类的大中专院校师生，书中所涉及的各个系统均有非常规范的、标准的、具有鲜明特点的纯电路原理图，以及识图方法和电路图的绘图方法，对汽车相关电气系统、电子控制系统的教与学具有一定的指导意义。

本书的编者近 20 年一直从事一线汽车电气维修工作，心得体会颇深，尽管在写作方面困难重重，也愿意将多年来的工作经验和学习方法与大家分享。怎奈编写水平有限，资料缺乏，书中难免有疏漏和错误之处，敬请读者批评指正。

另外，本书在编写过程中得到了所有参编人员的大力支持，特别是一些汽车维修行业工程技术人员的热情帮助和指导，在此表示诚挚的谢意。

编者

2016 年 12 月

目录

第一章 汽车电路图识读基础

第一节 汽车电路的组成和特点

学习目标：

1. 了解汽车电路的基本组成。
2. 熟悉汽车电路主要部件的作用。
3. 掌握汽车电路的特点。

一、汽车电路的组成

按照汽车电气设备的工作原理以及相互之间的内在联系，用导线和车身金属机件把车辆电源、电路保护装置、控制器件和用电设备等装置连接起来，形成能够使电流流通的闭合回路，称为汽车电路。根据汽车电路中各电器件的连接关系绘制成的电路图称为汽车电路图。

现代汽车电气设备的种类和数量越来越多，但汽车电路仍然主要由电源、过载保护器件、控制器件、用电设备及导线等组成，简单的汽车电路如图 1-1 所示。

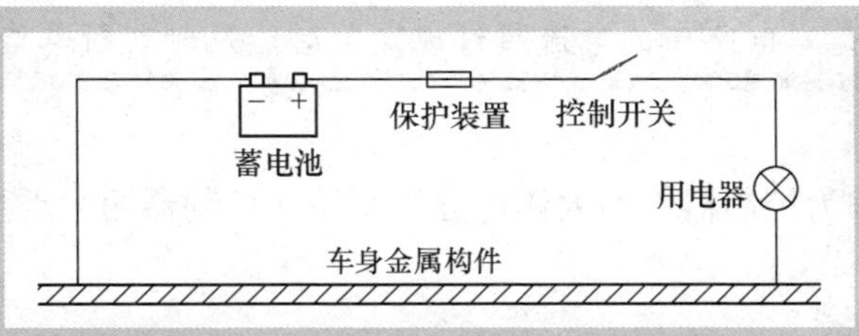

图 1-1　简单的汽车电路

1. 电源

汽车上的电源主要由蓄电池和发电机以及调节器组成。

提示

发动机不工作或起动时，车辆上的电源主要依靠蓄电池来提供，蓄电池如图 1-2 所示。

提示

发动机工作后，车辆上的电源主要由发电机来提供，同时给蓄电池充电，发电机如图 1-3 所示。

图 1-2　汽车蓄电池

图 1-3　汽车发电机

提示

调节器的作用是在发电机工作时，对发电量进行调节以保证输出电压的稳定，调节器如图 1-4 所示。

2. 电路保护装置

电路保护装置一般有熔断器（俗称保险丝或保险片）、电路断路器及易熔线等。

注意

熔断器主要用于保护局部电路，其限额电流值较小；

电路断路器用于保护电动机等较大容量的电气设备；

易熔线用于保护总电路或大电流电路。

它们共同的特点是当电路中的电流超过规定值时能及时切断电路，起到保护作用。

3. 控制器件

汽车电路中可以作为控制器件的大体可分为开关和控制器两大类型。开关类又可分为手动开关和非手动开关。

链接

手动开关是通过驾驶人的手直接操纵的开关，例如：点火开关、照明开关、转向开关等，图 1-5 所示为点火开关。

链接

非手动开关是通过压力、温度、液位、机械等方式使开关动作，例如：机油压力报警开关、空调高低压力开关、制动液位报警开关、制动开关、倒车开关、门灯开关等，图 1-6 所示为部分非手动开关。

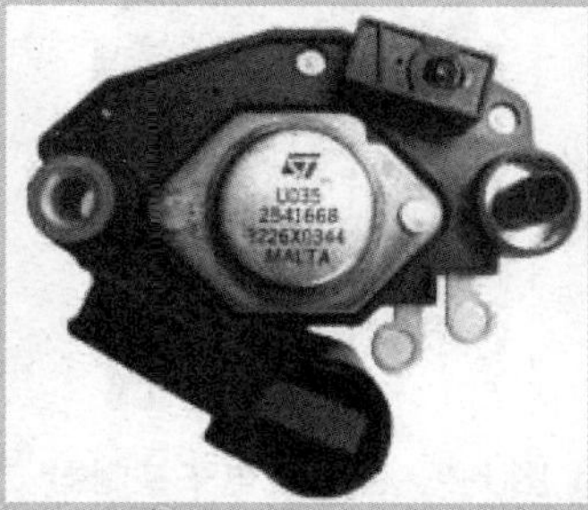

图 1-4 内置调节器

图 1-5 点火开关

控制器包括电磁继电器、电子继电器和电子控制器（俗称电脑）。

链接

电磁继电器在汽车电路中用途很广，它通过电磁线圈通电后产生的磁力吸动触点，实现小电流控制大电流的目的，图 1-7 所示为通用型电磁继电器。

图 1-6 非手动开关

图 1-7 电磁继电器

链接

电子继电器是由电磁继电器和电子控制部分组合而成的，除了具备电磁继电器的作用外，还有时间、频率等控制功能，如刮水器间歇继电器、闪光继电器等，图 1-8 所示为常见三端子闪光继电器。

链接

电子控制器是一些控制项目（内容）较多，内部具有信息处理、比较、计算等功能，根据不同的输入信号，做出准确的判断并输出相应的控制指令的器件，又叫电子控制单元、电子控制模块，图 1-9 所示为汽车发动机电子控制器。

图 1-8　三端子闪光继电器

图 1-9　发动机电子控制器

现代汽车上的电子控制器越来越多，已经涉及电气设备的各个系统，如自动变速器、防抱死制动、安全气囊、空调系统、悬架、车窗、座椅等。它们共同的特点是：电子控制器一般有独立的工作电源，并需要相关传感器或开关提供信号。

4. 用电设备

现代汽车上的电气设备随车辆用途的不同，数量多少并不确定，也没有统一的标准，但大体上可以按照车辆的基本配置、辅助电器和发动机控制三大部分进行划分。

（1）基本配置　将车辆行驶必备的一些电气设备归类到基本配置，它们包括起动系统、照明系统、信号装置、仪表及报警装置。

（2）辅助电器　辅助电器一般是与发动机无关或关系不大的电气设备，主要有电动风窗刮水器和洗涤器、空调系统、音响、点烟器、电动车窗、电动座椅、电动后视镜、电动天窗、电动门锁以及防盗系统等。

随着人们对舒适性和安全性要求的不断提高，越来越多的电气设备用于车辆，有些车辆已经配备了自动悬架、音响娱乐、电子导航、卫星定位、车距监测、倒车报警等，而且车辆的豪华程度越高，电气设备越多。

无论车辆电气设备数量有多少，真正作为用电器（也就是执行器）的电器仍然以照明灯、电动机、电磁阀数量居多，如图 1-10 所示，它们是学习和掌握汽车电器工作原理的重点。

图 1-10　汽车常见用电器

（3）发动机控制　现代车辆无论是以柴油作为燃料的柴油发动机，还是以汽油作为燃料的汽油发动机，或者采用天然气作为燃料的发动机，都已经采用了电子技术对发动机进行控制，其主要控制项目是燃料喷射的控制，汽油发动机、天然气发动机还包括点火控制，其辅助控制项目随车辆用途及豪华程度不同而有所不同，有发动机怠速控制、燃油泵控制、废气再循环控制、预热控制、排气制动控制、空调控制、冷却风扇控制、故障报警指示、自诊断功能以及其他电控系统的网路控制功能。

发动机采用电子控制可以使汽车上的各个系统均处于最佳工作状态，达到提高汽车动力性、经济性、安全性、舒适性，降低汽车排放污染的目的。

提示

发动机电子控制是车辆上众多电控装置的典型代表，学习和掌握它的结构和工作原理有助于其他电子控制系统的学习和理解。

汽车电气设备的基本组成如图 1-11 所示。

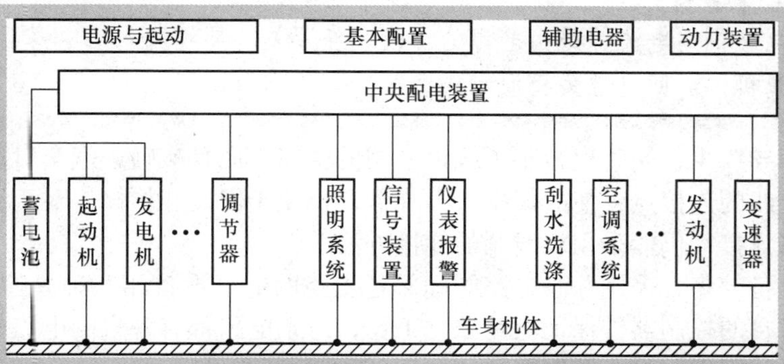

图 1-11　汽车电气设备基本组成示意图

二、汽车电路的特点

汽车的种类和型号很多，所用电器和电子设备的种类繁多、数量不等，安装位置、连接方法也有一定的差异，但其电路的设计都遵循一定的电路规律和原则。虽然各国汽车制造厂商都有各自的标准，但也有一些共同的特点和规律，了解和掌握这些特点对正确识读汽车电路图会有很大的帮助。

1. 两个电源

汽车上基本上都有两个电源，一个是蓄电池，另一个是发电机。

发电机是主电源，主要作为汽车运行时各用电设备的电源，同时给蓄电池充电；蓄电池为辅助电源，在发动机未工作时，向有关电气设备供电，特别是发动机起动时对起动机提供足够大的起动电流，以保证发动机顺利起动。

两者互补可以有效地使用电设备在不同的工况下都能正常地工作，有利于延长蓄电池的使用寿命。

提示

蓄电池和发电机在汽车电路中为并联关系。

2. 低压直流

无论是蓄电池还是发电机，它们向用电设备提供的电流都是以直流电的方式输出的，目前汽车电气设备使用电源的额定电压主要有两种，汽油车普遍采用低压直流 12V 电源，重型柴油车多用低压直流 24V 电源，部分轻型柴油车也有用 12V 电源供电的。

提示

在发动机工作或车辆运行时，12V 的电源电压可以达到 14.5V，一般不超过 15V；24V 的电源电压可以达到 28V。

3. 单线并联

单线制是汽车电路设计的共同特点，它利用汽车上的金属机体，即车身、发动机和变速器等构件作为电气设备公共并联端（常称“搭铁端”）使用。安装在非金属机体上的电气设备则采用双线制。电气设备的正极与电源、用电器则采用一根导线进行连接。

规律

任何一个电路中的电流都是由电源的正极，经开关、导线流入用电器后，再由用电器的负极通过金属机体流回电源负极而形成回路。

单线制使用导线少，同时也减小了线束占用的空间，而且减轻了汽车自重，简化了汽车电路，减少了导线的连接点，使故障率大大降低，也便于安装和检修。对于工作环境和工作要求较高的电路连接，仍然采用双线制的连接方法。

汽车用电设备较多，采用并联电路能确保各支路的电气设备相互独立控制、互不干扰，每条电路均有各自的控制器件保证电路独立工作，每条电路都有各自的电路保护装置，防止因电路短路或过载而引起导线及用电器的损坏

4. 负极搭铁

所谓负极搭铁，就是将蓄电池的负极通过电缆线与车身金属机体连接；若将蓄电池的正极与车身连接，则称为正极搭铁。由于采用负极搭铁方式不仅使汽车车身、车架均不易锈蚀，且电气设备对无线电的干扰也较正极搭铁方式小，目前国内外汽车均采用负极搭铁。

随着电子技术特别是微电子技术在汽车上应用程度的不断提高，现代汽车电路中，传统的汽车电气正在逐步向电子化、专业化、机电一体化的方向快速发展。电子控制技术已经涉及汽车电气设备的方方面面，今后汽车电路图的识读、汽车电路的分析、电路故障的排除将以电子技术为基础，因此掌握电控技术是前提条件。

◎◎◎ 第二节 汽车电路常用电气元件 ◎◎◎

学习目标：

1. 了解汽车电路中常用的电气元件。
2. 明确电路器件的作用与结构原理。
3. 掌握电气元件的使用方法。

一、导线

作用

导线在电路中起桥梁作用，它负责连接电源、控制器和用电器，是汽车用电设备正常工作的保证。

在电路中使用的导线主要有两大类型：一类是低压导线，用量很大；另一类是高压导线，主要供汽油发动机、天然气发动机的点火系统使用。

1. 低压导线

（1）导线规格　低压导线一般为铜质多股软线，根据外皮绝缘包层的材料不同，又可分为 QVR 型（聚氯乙烯）和 QFR 型（聚氯乙烯－丁腈）两种。

汽车低压导线如图 1-12 所示。

图 1-12　汽车低压导线

低压导线一般是按导线的横截面积来划分的，根据所接用电设备的电流值来确定，汽车电路中所用导线的最小横截面积一般不小于 0.5mm²。我国车用低压导线的结构与规格和 12V 电气系统主要电路导线横截面积的推荐值见表 1-1。

表 1-1　我国汽车 12V 电气系统主要电路导线横截面积推荐值

标称横截面积/mm²	线芯结构		绝缘层厚度/mm	导线最大外径/mm	允许载流量/A	适用电路
	根数	单根直径/mm				
0.5			0.6	2.2		尾灯、顶灯、仪表指示灯、牌照灯、仪表等
0.6			0.6	2.3		
0.8	7	0.39	0.6	2.5		转向灯、制动灯、点火线圈初级绕组等
1.0	7	0.43	0.6	2.6	11	前照灯、电喇叭（3A 以下）等
1.5	17	0.52	0.6	2.9	14	前照灯、电喇叭（3A 以上）等
2.5	19	0.41	0.8	3.8	20	其他 5A 以上电路
4	19	0.52	0.8	4.4	25	柴油机电热塞电路
6	19	0.64	0.9	5.2	35	电源电路
8	19	0.74	0.9	5.7		
10	49	0.52	1.0	6.9	50	
16	49	0.64	1.0	8.0		
25	98	0.58	1.2	10.3		
35	133	0.58	1.2	11.3		起动电路
50	133	0.58	1.4	13.3		

（2）导线颜色　汽车电路中导线用量很大，常采用不同颜色的导线进行区分，各国对汽车导线的颜色有不同的规定，但大体上可分为单色导线和双色导线。

在汽车电路图中，导线或接线端子上通常标有导线的颜色代码，但各国导线颜色代码是不一样的，有用英文字母表示的，也有用本国母语作为导线颜色代码的。下面列出了部分常见国家和汽车厂家的导线颜色代码。

表 1-2 所列为中国汽车导线颜色代码。

表 1-2　中国汽车导线颜色代码。

导线颜色	字母代码	导线颜色	字母代码
黑色	B	蓝色	Bl
白色	W	灰色	Gr
红色	R	紫色	V
绿色	G	橙色	O
黄色	Y	粉红	P
棕色	Br		

表 1-3 所列为德国汽车导线颜色代码。

表 1-3　德国汽车导线颜色代码

导线颜色	字母代码	导线颜色	字母代码
黑色	B	棕色	Bl
白色	W	蓝色	Gr
红色	R	紫色	V
绿色	G		

表 1-4 所列为美国汽车导线颜色代码。

表 1-4　美国汽车导线颜色代码

导线颜色	字母代码	导线颜色	字母代码
黑色	BAK	橙色	ORN
白色	WHT	粉红	PNK
红色	RED	深绿	DAK/GRN
绿色	GEN	浅绿	LT/GRN
黄色	YEL	深蓝	DK/BLU
棕色	BRN	浅蓝	LT/BLU
蓝色	BLU	棕褐	TAN
灰色	GRY	无色	CLR
紫色	PPT		

表 1-5 所列为英国汽车导线颜色代码。

表 1-5　英国汽车导线颜色代码

导线颜色	字母代码	导线颜色	字母代码
黑色	Black	橙色	Orange
白色	White	粉红	Pink
红色	Red	深绿	Dark/Green
绿色	Green	浅绿	Light/Green
黄色	Yellow	深蓝	Dark/Blue
棕色	Brown	浅蓝	Light/Blue
蓝色	Blue	棕褐	Tan
灰色	Grey	无色	Clear
紫色	Violet		

表 1-6 所列为日本汽车导线颜色代码。

表 1-6　日本汽车导线颜色代码

导线颜色	字母代码	导线颜色	字母代码
黑色	B	灰色	Gr
白色	W	紫色	Pu
红色	R	橙色	Or
绿色	G	粉红	P
黄色	Y	浅绿	Lg
棕色	Br	浅蓝	Sb
蓝色	L		

表 1-7 所列为法国汽车导线颜色代码。

表 1-7　法国汽车导线颜色代码

导线颜色	字母代码	导线颜色	字母代码
黑色	BL	蓝色	BU
白色	W	灰色	G
红色	R	紫色	VI
绿色	GN	棕褐	Br
黄色	Y		

汽车上导线选用的原则是优先采用单色导线，其次采用双色导线。双色导线上主色所占比例要大些，辅色与主色条纹沿导线圆周表面所占比例一般为 1:3 ~ 1:5，常用双色导线搭配代码见表 1-8。

表 1-8　汽车常用双色导线颜色搭配代码

导线	代码	导线	代码	导线	代码	导线	代码
黑白	BW	红白	RW	黄红	YR	蓝白	BIW
黑黄	BY	红黑	RB	黄黑	YB	蓝红	BIR
黑红	BR	红黄	RY	黄绿	YG	蓝黄	BIY
白红	WR	红绿	RG	黄蓝	YBI	蓝黑	BIB
白黑	WB	红蓝	RBI	黄白	YW	蓝橙	BIO
白蓝	WBI	绿白	GW	棕白	BrW	灰红	GrR
白黄	WY	绿红	GR	棕红	BrR	灰黄	GrY
白绿	WG	绿黄	GY	棕黄	BrY	灰蓝	GrBI
		绿黑	GB	棕黑	BrB	灰绿	GrG
		绿蓝	GBI			灰黑	GrB

（3）导线标注　为了安装或检修方便，汽车电路图中的导线、接线端子或电器件接线柱上常常标注一些数字或字母，熟悉和掌握它们的含义对阅读电路图有很大的作用。部分数字或字母的含义见表 1-9。

表 1-9　导线、接线柱上数字或字母的含义

数字或字母	含　义
30	与蓄电池正极一直连接，表示经常有电，所以俗称常火线
31	与蓄电池负极一直连接，表示经常搭铁，有时也称永久搭铁
15	点火开关运行档才能输出电源正极，有时也称点火档
49	闪光继电器的电源正极端子
49a	闪光继电器的输出端子
53	刮水器开关或间歇继电器由点火开关供电的电源端子
56	变光开关的电源输入端子，一般来自灯光开关的第二档
56a	变光开关前照灯远光输出端子
56b	变光开关前照灯近光输出端子
58	灯光开关第一档输出，指尾灯和示廓灯等
58b	灯光开关第一档并经调光电阻后的输出，针对仪表灯供电
85	电磁继电器线圈的一端
86	电磁继电器线圈的一端
87	表示电磁继电器常开触点
87a	表示电磁继电器常闭触点
B +	蓄电池正极，发电机输出端子
+ B	由主继电器触点输出的点火供电
ACC	点火开关附件档输出
ON	点火开关第二档输出，也称运行档

（续）

数字或字母	含　义
ST	点火开关起动档输出
F	在发电机上表示磁场接线端子
D +	在发电机上表示充电指示灯控制端子
N	在发电机上表示中性点输出端子
L	在转向开关上表示左转向输出端子
R	在转向开关上表示右转向输出端子

2. 高压导线

在汽车电路中只有汽油发动机和天然气发动机的点火系统采用高压导线。由于工作电压很高（15kV 或更高），电流较小，高压导线的绝缘包层很厚，耐压性能较强，但线芯横截面积很小。

图 1-13 所示为汽车点火系统高压导线。

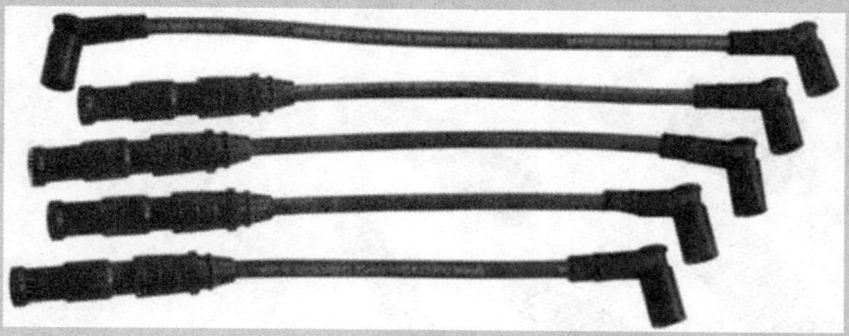

图 1-13　汽车点火系统高压导线

为了衰减火花塞产生的电磁干扰，目前广泛使用高压阻尼点火线。常用的高压阻尼点火线有金属阻丝式和塑料芯导线式。

金属阻丝式又有金属阻丝线芯式和金属阻丝线绕电阻式两种。

区别

金属阻丝线芯式由金属电阻丝束绕在绝缘线束上，在外面包裹绝缘体制成阻尼线；金属阻丝线绕电阻式由电阻丝绕在耐高温的绝缘体上制成电阻，再与不同形式的绝缘套构成相应的阻尼线。

塑料芯导线式是用塑料和橡胶制成直径为 2mm 的电阻线芯，在其外面紧紧地编织着玻璃纤维，外面再包有高压聚氯乙烯（PVC）塑料或橡胶等绝缘体，电阻值一般在 6 ~ 25kΩ/m 之间。这种结构形式，制造过程易于自动化，成本低且可制成高阻值线芯。

二、电路保护装置

作用

电路保护装置串联在电源与用电器之间，当用电器或线路发生短路或过载时，能及时切断电源，以免电源、用电器和线路损坏。汽车上常用的电路保护装置有熔断器、易熔线和断路器。

1. 熔断器

熔断器常用于保护局部电路，其限额电流值较小。熔断器的主要元件是熔丝（片），其材料是锌、锡、铅、铜等金属的合金。

常见熔断器按外形可分为插片式、缠丝式、熔管式、熔片式等，如图1-14所示。各种熔断器规格见表1-10。

图1-14　汽车常见熔断器

表1-10　各种熔断器额定电流的规格

品种		规格									
玻璃管式	电流/A	2	3	5	7.5	10	15	20	25	30	40
插片式	电流/A	2	3	5	7.5	10	15	20	25	30	
	颜色	无色	紫	棕黄	褐	红	浅蓝	黄	白	绿	
金属丝式	电流/A		3		7.5	10	15	20	25	30	
	直径/mm		0.11		0.20	0.25	0.30	0.35	0.40	0.47	
熔片式	电流/A	20			45		60		80		
	厚度/mm	0.20			0.40		0.6		0.8		

2. 断路器

电路断路保护器简称断路器，常用于保护电动机等较大功率的电气设备，图1-15所示为汽车电动车窗电动机保护器。这种电动机保护器体积较小，一般可安装在电动机内部或者电动机上，具有过流、感温双重保护功能。当电动机电流通过保护器内有阻抗的过热保护元件，随着电流增大或周围温度升高至设定温度值时，双金属元件迅速动作，打开触点，切断电路。当装置冷却到安全工作温度时，触点自动闭合，恢复通电。

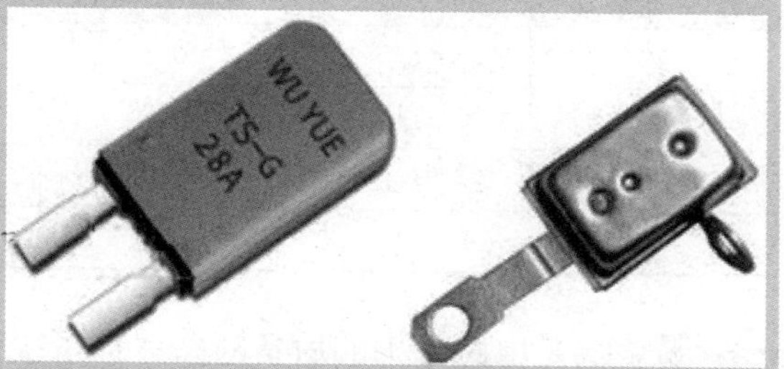

图 1-15　车窗电动机保护器

3. 易熔线

易熔线是一种截面积小于被保护导线截面积的、可长时间通过额定电流的铜芯低压导线或合金导线，常见易熔线如图 1-16 所示。

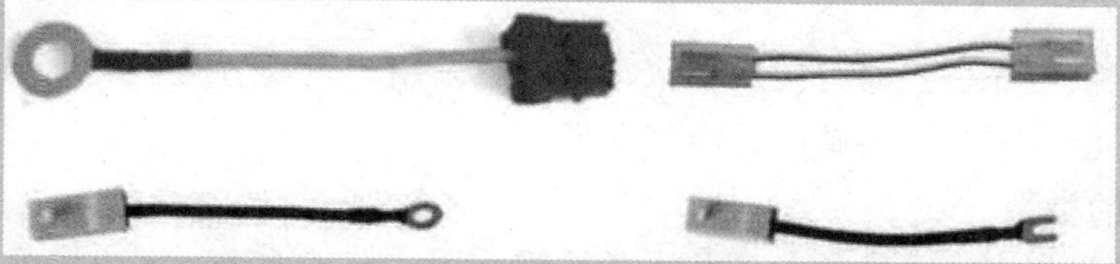
图 1-16　常见汽车易熔线

链接

易熔线常用于保护总电路或大电流电路。当电流超过易熔线额定电流时，易熔线首先熔断，以确保线路或电气设备免遭损坏。

结构

易熔线的多股绞合线外包有聚乙烯护套，比常见导线柔软，一般长度为 50～200mm，通过插接件接入电路，通常接在电路起始端，即蓄电池正极附近，如图1-17所示。

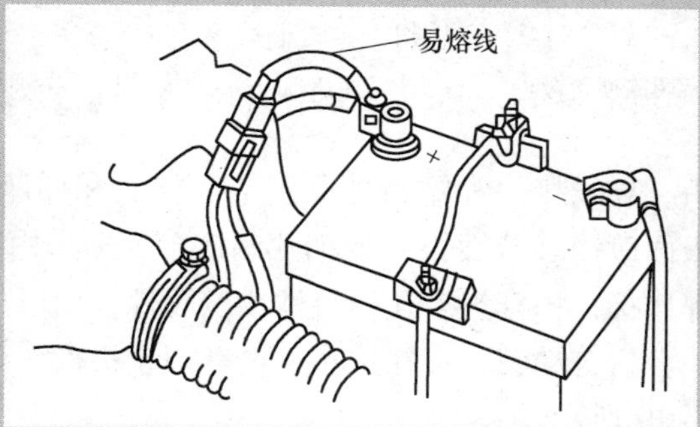

图 1-17　易熔线安装位置

易熔线以其绝缘护套的颜色区分其容量（负载能力）。常见易熔线的规格见表 1-11。

表 1-11　常见易熔线的规格

标称容量/A	色别	截面积/mm²	单线径(mm)×股数	额定电流/A	5s 熔断电流/A
20	棕	0.3	ϕ0.3×25	13	150
40	绿	0.5	ϕ0.32×7	20	200
60	红	0.85	ϕ0.32×11	25	250
80	黑	1.25	ϕ0.32×16	33	300

易熔线是电路保护的后备断路保护系统，除起动机供电电路外，大多数电路的电流都要先经易熔线，然后再通过各自的熔断器，因此有时可能易熔线已断而熔断器没有烧断，所以易熔线不能绑扎于线束内，也不能被其他物品所包裹。

三、插接器

插接器因连接可靠、检修方便而在汽车上广泛采用，尤其适用于大量线束的连接，因而插接器在电路中已经成为不可缺少的电气元件。

1. 插接器的类型

插接器的种类很多，可供几条到几十条导线使用，有长方形、多边形等不同形式，又可分单路式、双路式或多路式。

图 1-18 所示为常见多路插接器。

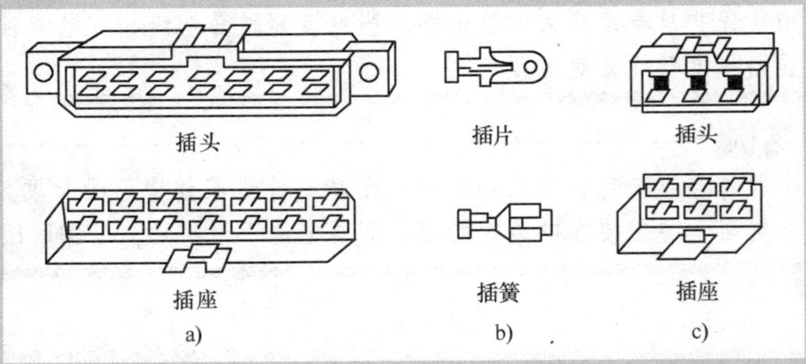

图 1-18　多路插接器

a）十四路插接器　b）插头插座内的插片和插簧　c）六路插接器

插接器由插座、插头、导线接头和塑料外壳组成。插头和插座均由接头（端子）和护套组成，插接器端子由表面镀锡（或镀银）的铜片制成，大多采用片状或柱状（针状）。接头与导线采用冷铆或锡焊连接；护套为多孔塑料件或橡胶件，用以放置导线接头。在导线接头上带有倒刺，当嵌入护套后自动锁止；在护套上也有锁止机构，当插头和插座接合后自动锁止，防止脱开，如图 1-19 所示。

2. 插接器的拆装

插接器在接合时，应把插接器的导向槽（即凹凸导轨）重叠在一起，使插头和插座对准，然后平行插入即可。当要拆开插接器时，压下闭锁，就可以把插接器拉开，否则会拉坏闭锁或连接导线。插接器的拆卸与连接如图 1-20 所示。

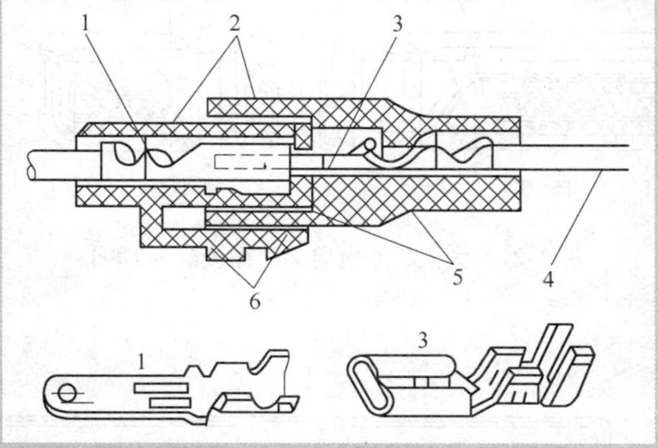

图 1-19　插接器结构

1—插座　2—护套　3—插头　4—导线　5—倒刺　6—锁止机构

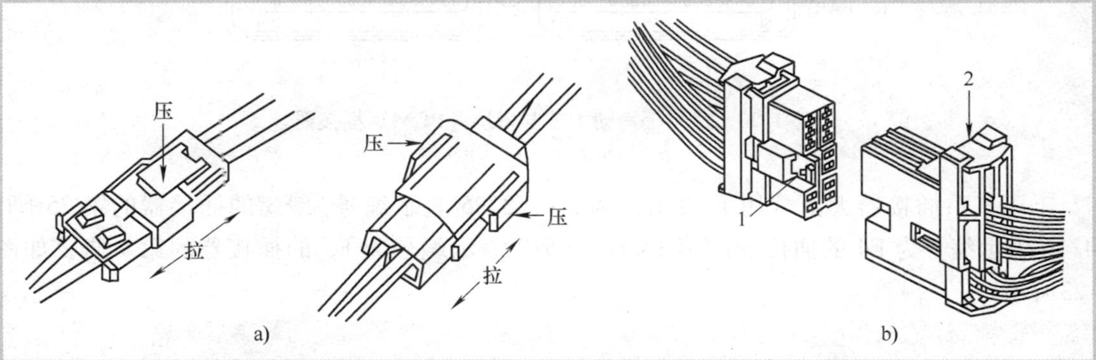

图 1-20　插接器的拆卸与连接

a）插接器的拆卸　b）插接器的连接

1—锁止机构　2—拔下定位杆

有些插接器用钢丝扣锁止，取下钢丝扣后才能将插接器拔开。

3. 插接器在电路图中的表示

插接器的形状种类很多，在电路图中没有统一的表示方法，各生产厂家有各自的表示方法，有些车有专用代号，有些车没有代号，有些车是自然编号，有些车在插接器上印有端子号。以下列举其中的几种。

大众车系插接器大部分用 T 表示，例如：T10/8 表示该端子为 10 孔插接器的第 8 孔，再如 T10b/8 表示该端子为 10 孔插接器 b 序列的第 8 孔，在读图时千万要注意同样插接器的不同序列。例如：T80/59 表示该端子为 80 孔插接器的第 59 孔，如图 1-21 方框内所示。

通用车系插接器大部分用 C 表示，例如：C1/5 表示该插接器编号为 C1，该端子为 C1 系列里第 5 脚；C2/15 表示该插接器编号为 C2，该端子为 C2 系列里第 15 脚，如图 1-22 所示。

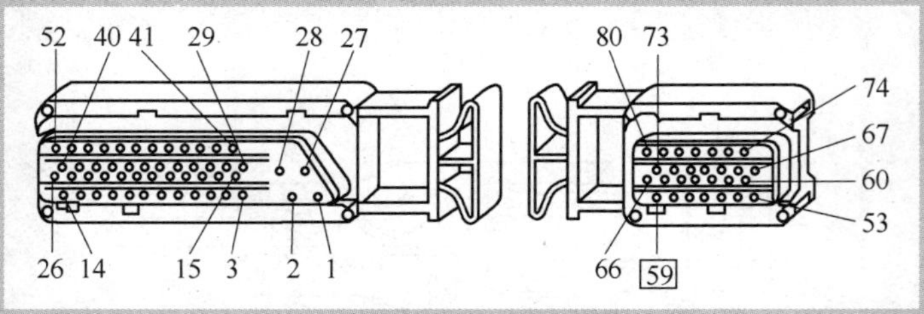

图 1-21　大众车系电控单元插接器（T80）

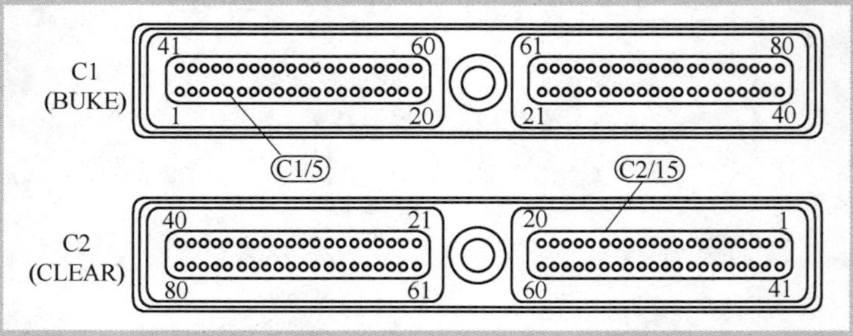

图 1-22　通用公司动力控制模块（PCM）插接器

丰田车系插接器大部分用 E 表示，例如：E3/25 表示编号为 E3 的插接器的第 25 脚，E4/16 表示编号为 E4 的插接器的第 16 脚，E5/9 表示编号为 E5 的插接器的第 9 脚，如图 1-23所示。

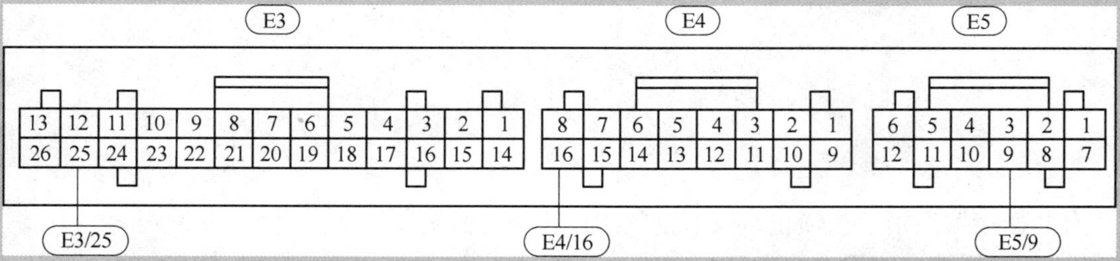

图 1-23　丰田车系电控单元（ECU）插接器

电路图中部分插接器的表示如图 1-24 所示。

四、开关

1. 开关的种类

作用

开关在汽车电路中主要起接通或切断电路的控制作用。

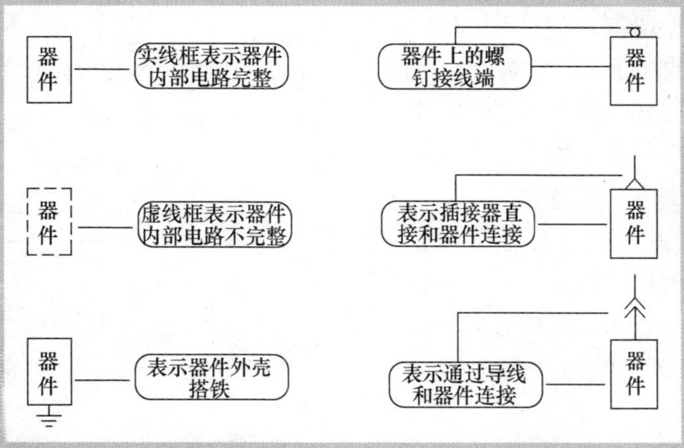

图 1-24　电路图中部分插接器的表示

（1）按工作性质分类　汽车电路中控制电气设备的开关有机械式和电磁式两大类。

1）机械式开关指开关触点的动作是通过操作人员的手、脚或其他外力来实现的。

2）电磁式开关的触点是通过电磁线圈产生的磁力来控制的。

（2）按功能和用途分类　汽车电路中根据用途不同，开关可分为电源开关、点火开关、照明开关、信号开关、刮水器开关等。

（3）按结构分类　按结构不同，可分为推杆式、顶杆式、旋转式、板柄式、翘板式、按钮式和组合式等多种形式。

（4）按操纵方式分类　按操纵方式的不同，可分为手动开关、压力开关、温控开关、液位开关、机械开关等。

（5）按状态分类　按开关的工作状态不同，可分为常开型开关、常闭型开关和混合型开关。

1）常开型开关即操作开关时闭合。

2）常闭型开关即操作开关时断开。

3）混合型开关即内置有常闭型开关和常开型开关，操作开关时触点动作相反。

2. 开关在电路图中的表示

（1）表格法

链接

表格法即把开关相关信息通过表格的方法反映在电路图中，开关上主要有档位、接线端子和开关内部导通情况，如图 1-25 所示。

从图中可以看出，该开关有两个有效档Ⅰ、Ⅱ，0档无输出；共有三个接线端子，其中1号端子为公共端子，2号端子为Ⅰ档输出端子，3号端子为Ⅱ档输出端子；开关置于Ⅰ档位置时只有2号端子输出，开关置于Ⅱ档时2号和3号端子同时输出。

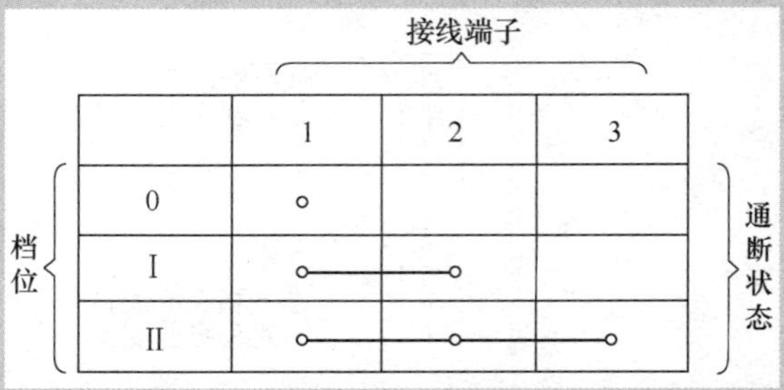

图1-25　开关通断示意图

（2）图形符号法　图形符号法即把开关按实际档位，用相应的触点和触点臂表示在一个方框内，能体现操作方向、触点导通关系以及外部接线端子等相关信息，如图1-26所示。

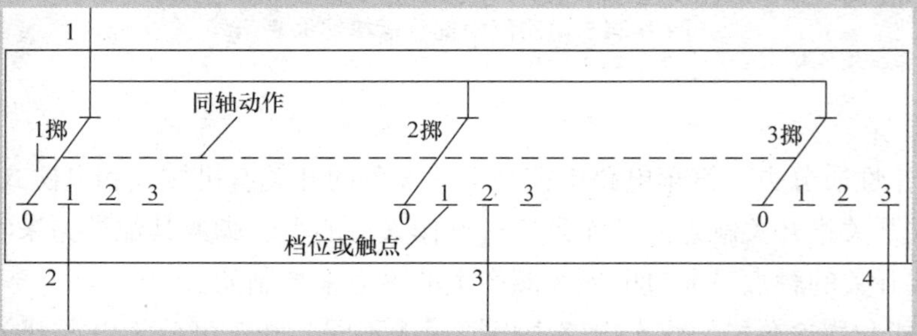

图1-26　图形符号表示的三掷四位四端子开关内部电路

从图中可以看出，该开关是一个三掷（三个触点臂）四位（四个触点）四端子（开关接线端子）多档位开关，共有四个档位，1号端子为公共输入端子，2号为第一档输出端子，3号为第二档输出端子，4号为第三档输出端子。

（3）结构法

链接

结构法是采用类似内部触点和触点臂的实际结构来反映开关内触点间的导通情况，如图1-27所示。

从图中可以看出，该开关是一个三档位四端子开关，在0档（即关闭档）有端子1和端子3导通，Ⅰ档时端子3和端子4导通，Ⅱ档时端子2和端子4导通。

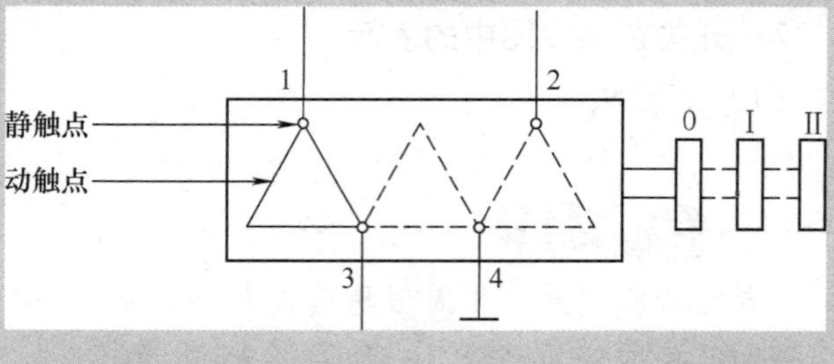

图1-27　结构图法表示的刮水器开关

3. 典型开关内部电路

（1）危险报警开关　危险报警开关内部电路如图1-28所示。

（2）前后雾灯开关　前后雾灯开关内部电路如图1-29所示。

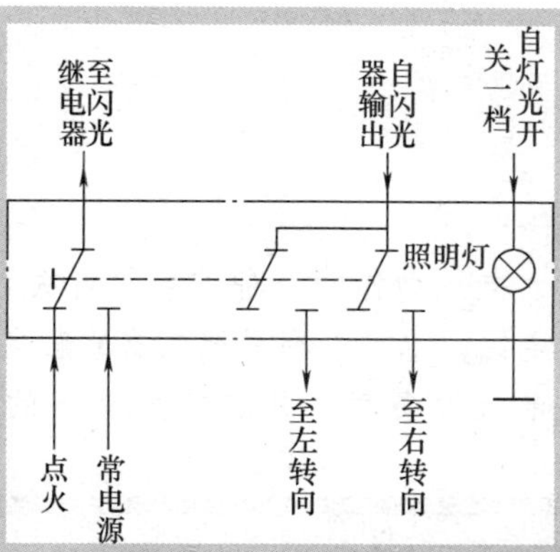

图 1-28 危险报警开关内部电路

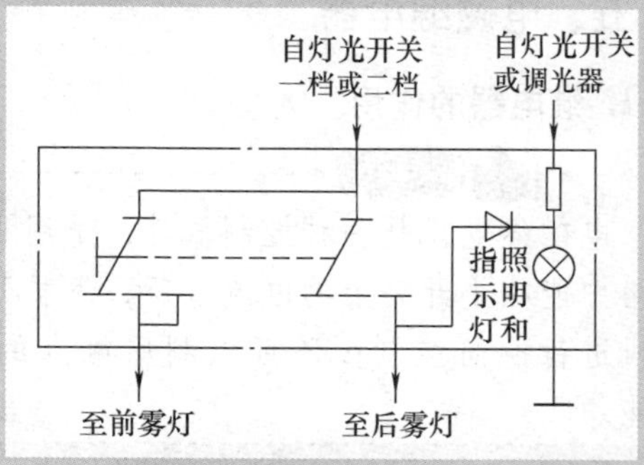

图 1-29 前后雾灯开关内部电路

（3）鼓风机开关 鼓风机开关内部电路如图 1-30 所示。

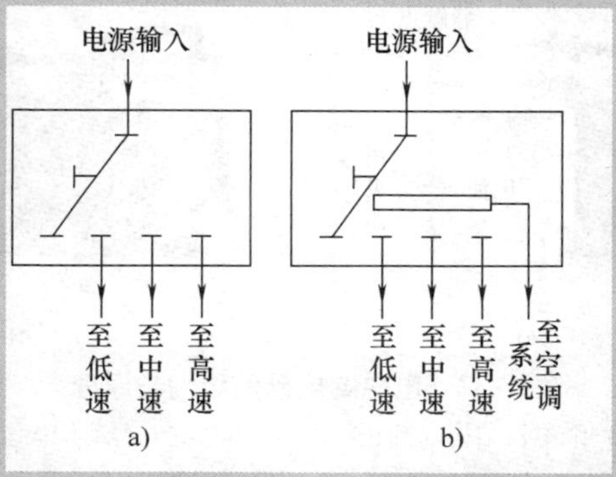

图 1-30 鼓风机调速开关

a）仅鼓风机调速开关 b）包括空调信号的鼓风机调速开关

（4）组合开关（变光、转向） 组合开关（变光、转向）内部电路如图 1-31 所示。

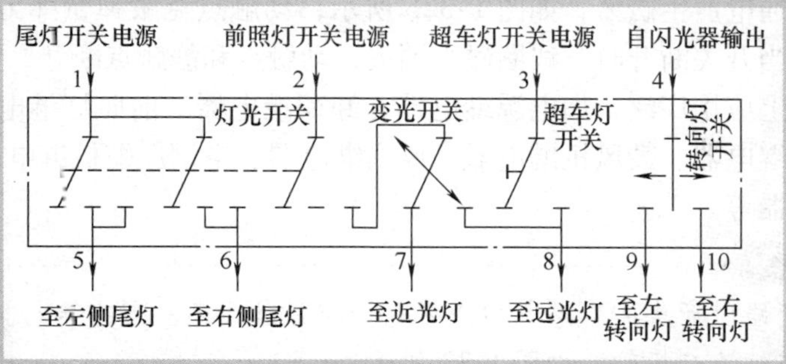

图 1-31 组合式开关内部电路

五、电磁继电器

1. 继电器的作用

提示

电磁继电器是一种控制器件，是用小电流去控制大电流动作的一种“自动开关”。在电路中能减小开关上的电流负荷，保护开关触点不被烧蚀；也可以利用继电器的触点对电动机进行换向控制；还可以利用触点的不同组合使电气设备串、并联完成更多的控制功能。

2. 继电器的结构与原理

电磁继电器由线圈、衔铁、触点、外壳和接线端子或插脚等组成。结构与工作原理如图1-32所示。

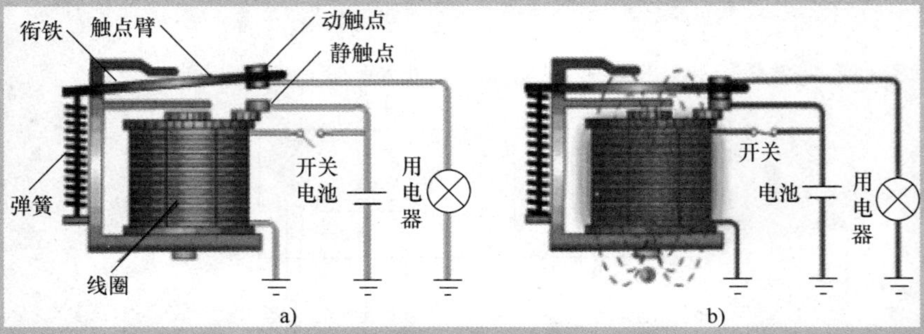

图1-32　电磁继电器的结构与原理

a）继电器结构（静止状态）　b）继电器动作状态

提示

工作原理：利用继电器具有的控制系统与被控制系统互动的关系，当输入量达到规定值时，继电器使被控制的输出电路导通或断开，以此达到控制的目的。

图1-32a所示为继电器的静止状态，动触点由于弹簧弹力和静触点处于断开状态；当开关闭合，电磁线圈通电产生磁力，如图1-32b所示，动触点克服弹簧弹力，与静触点闭合，接通用电器通路；当开关断开时，线圈磁力消失，动触点和静触点断开，恢复原始状态。

继电器在汽车上应用广泛，如电源继电器、卸荷继电器、前照灯继电器、雾灯继电器、起动继电器、喇叭继电器、鼓风机继电器、风扇继电器、空调压缩机继电器、电控系统主继电器、燃油泵继电器等。

重要

为防止线圈断路时产生的自感电动势将电子控制器损坏，有的继电器在磁化线圈两端并联有泄放电阻或续流二极管，如图1-33所示。

当线圈电流突然断电后，自感电动势沿箭头方向通过电阻或二极管被消化，从而保护控制器。

3. 继电器的类型

汽车用继电器可分为功能继电器和电路控制继电器两种。

功能继电器如闪光继电器、刮水器间歇继电器等，这类继电器可以算电子继电器，在具体系统中再做介绍，这里主要介绍电路控制继电器。

根据触点的状态不同，继电器又可分为常开型（动合触点），常闭型（动断触点）和开、闭混合型三类。

继电器按外形区分有方形和圆形继电器，按插脚多少分有三脚、四脚、五脚、六脚等多种插脚形式。

常见车用电磁继电器如图 1-34 所示。

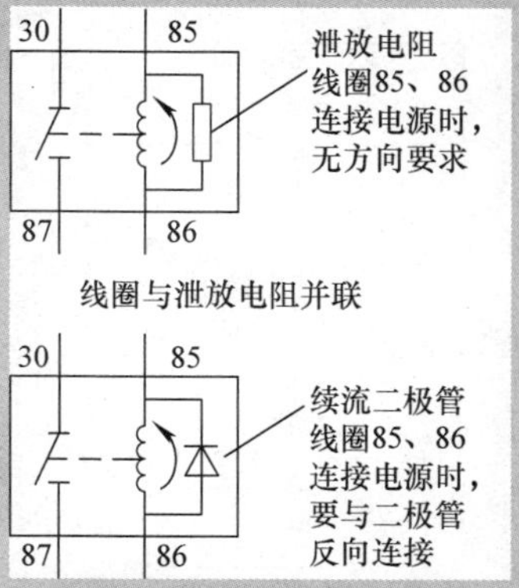

图 1-33　具有泄放电阻和续流二极管的电磁继电器

图 1-34　常见车用电磁继电器

原理

常开型继电器静止时触点是断开的，继电器线圈通电后，产生磁力吸动触点，常开触点变为闭合触点，接通控制电路，如图 1-35 所示。

原理

常闭型继电器的触点静止时是闭合的，继电器线圈通电后，产生磁力吸动触点，常闭触点断开，切断控制电路，如图 1-36 所示。

原理

混合型继电器静止时常闭触点接通，常开触点断开，线圈通电后，产生磁力吸动触点，触点则处于相反状态，如图 1-37 所示。

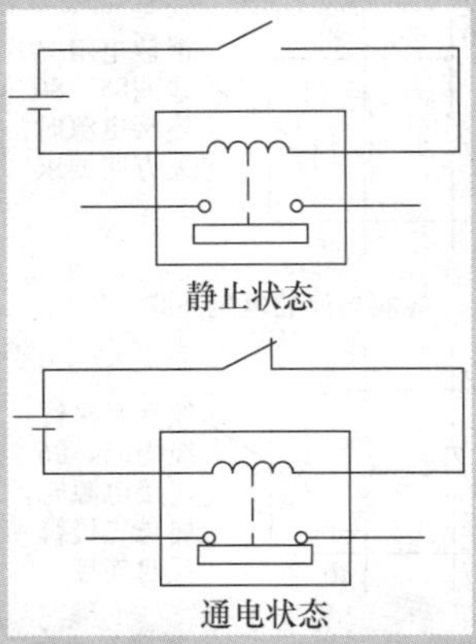

图 1-35　继电器的动作状态

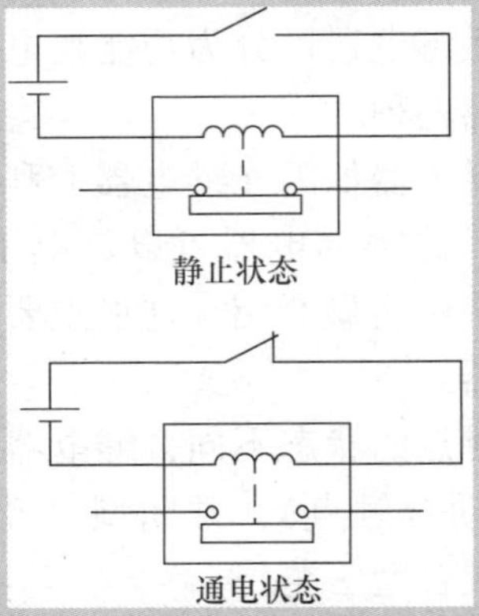

图 1-36　继电器的动作状态

继电器线圈的工作电压一般有 12V 和 24V，这两种应用较为广泛。12V 继电器线圈阻值一般为 65 ~ 85Ω，24V 继电器线圈阻值一般为 200 ~ 300Ω。此外，还有 6V 电压的继电器用于特殊的地方，比如充电指示灯继电器。

继电器的使用应严格按照线圈额定工作电压使用，不能互换电压等级不同的工作电源。

4. 继电器在电路图中的表示

常见电磁继电器插脚位置和内部电路如图 1-38 所示。

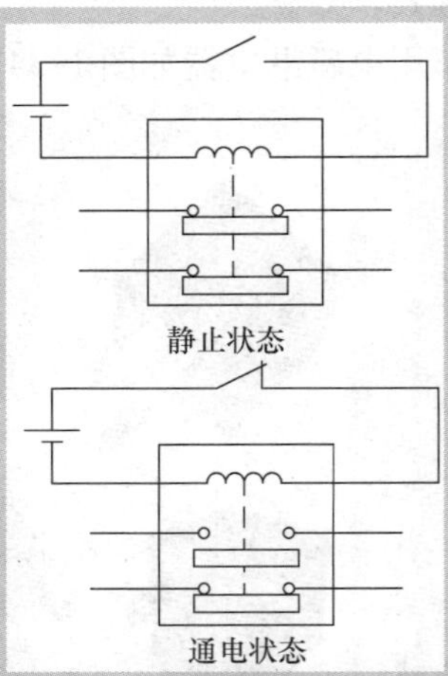

图 1-37　继电器的动作状态

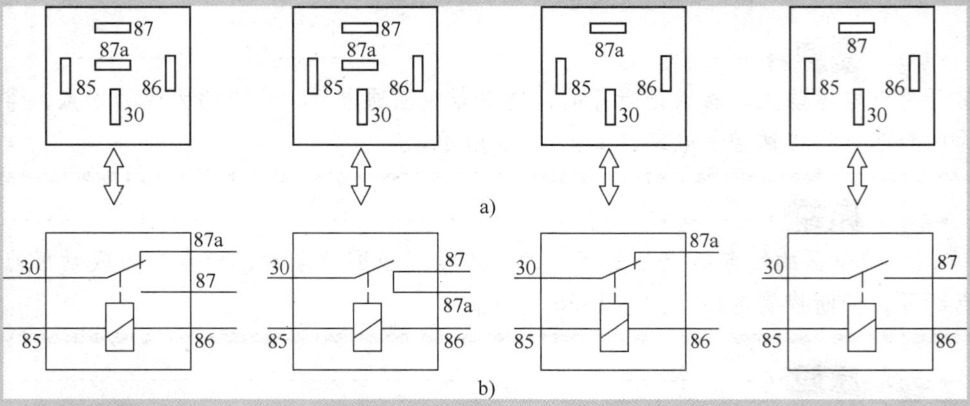

图 1-38　电磁继电器插脚位置和内部电路

a）标准型继电器插脚位置　b）标准型继电器内部电路

常见电磁继电器符号如图 1-39 所示。

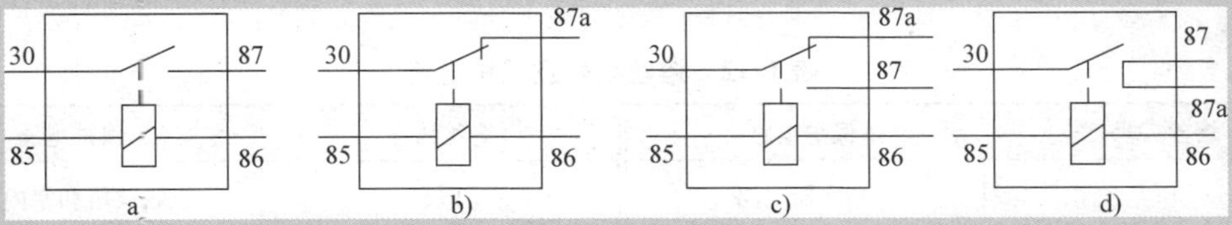

图 1-39　常见电磁继电器在电路图中的表示方法

a）常开型继电器　b）常闭型继电器　c）混合型继电器　d）双触点继电器

六、中央配电盒

1. 中央配电盒的组成

为便于诊断故障、规范布线，现代汽车均设有中央配电盒，常将大部分的熔丝和继电器都安装在中央配电盒上。安装在驾驶室内的中央配电盒的熔丝一般用于功率较小的电气设备；安装在发动机舱或蓄电池旁的中央配电盒一般用于功率相对较大的用电设备。

图 1-40 所示为中央配电盒。

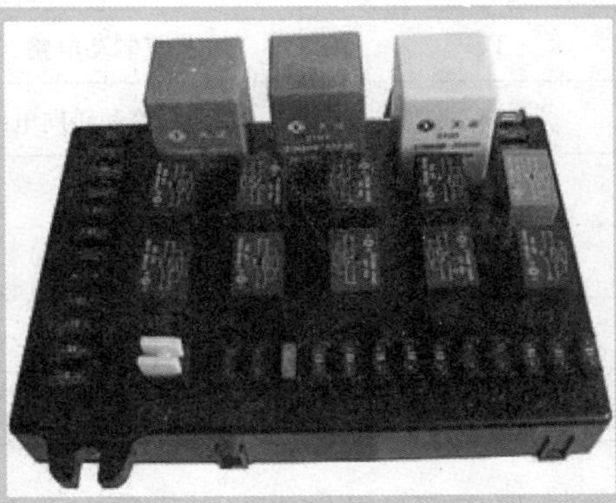

图 1-40　汽车中央配电盒

2. 正面信息

汽车电气系统以中央配电盒为核心进行控制。它的正面安装有继电器和熔丝，并且有与电路图相对应的继电器插座位置和熔丝编号。

图 1-41 所示为中央配电盒正面信息。

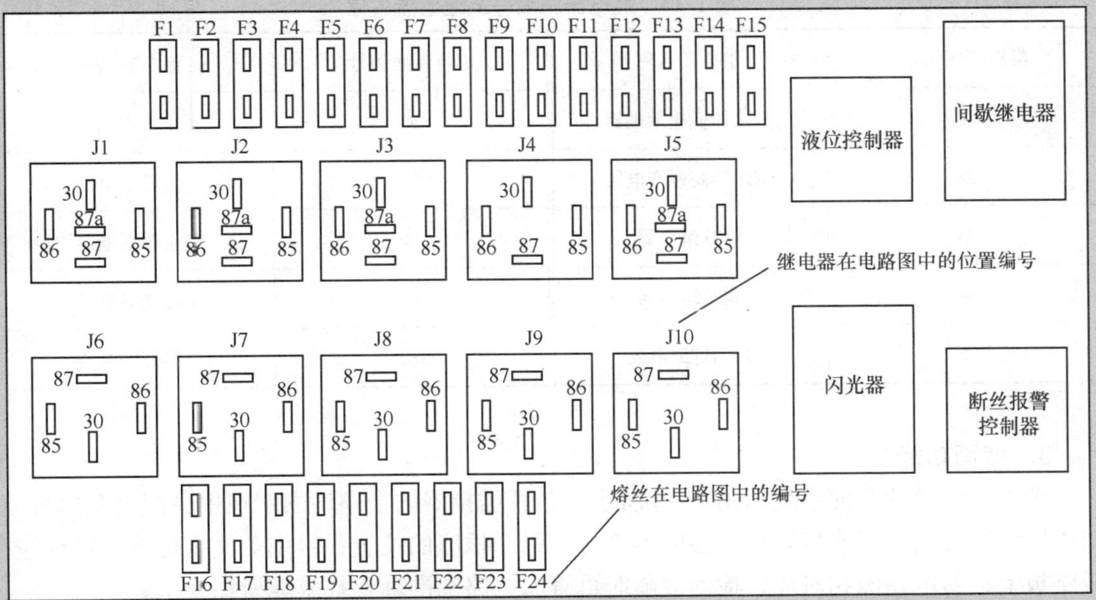

图 1-41　中央配电盒正面信息

熔丝编号及保护电路一般在中央配电盒盖内体现，见表 1-12。

表 1-12 熔丝编号及保护电路

熔丝编号	保护电路	熔丝编号	保护电路
F1	刮水器电路	F13	收放机和室内灯
F2	倒车电路	F14	转向
F3	备用	F15	诊断
F4	排气制动电路	F16	收放机和点烟器
F5	仪表电路	F17	电源 2
F6	电源 1	F18	小灯
F7	排气制动电路	F19	远光
F8	液位报警和转向电路	F20	空调和鼓风机
F9	干燥	F21	近光
F10	预热电路	F22	雾灯
F11	ECU	F23	制动灯
F12	ECU	F24	喇叭

继电器座编号及继电器名称见表 1-13。

表 1-13 继电器座编号及继电器名称

继电器座编号	继电器名称	继电器座编号	继电器名称
J1	刮水器低速继电器	J6	小灯继电器
J2	刮水器高速继电器	J7	远光继电器
J3	ECU 继电器	J8	空调继电器
J4	喇叭继电器	J9	近光继电器
J5	制动灯继电器	J10	雾灯继电器

3. 背面功能

中央配电盒的背面信息如图 1-42 所示，各种插接器的插座均固定在中央配电盒的背面，与相应的线束插接器连接后通往各电器部件。每个插座的位置代号用英文字母或数字标注在线路板上，与电路图相对应，检修故障时可查阅电路图准确查找故障所在。

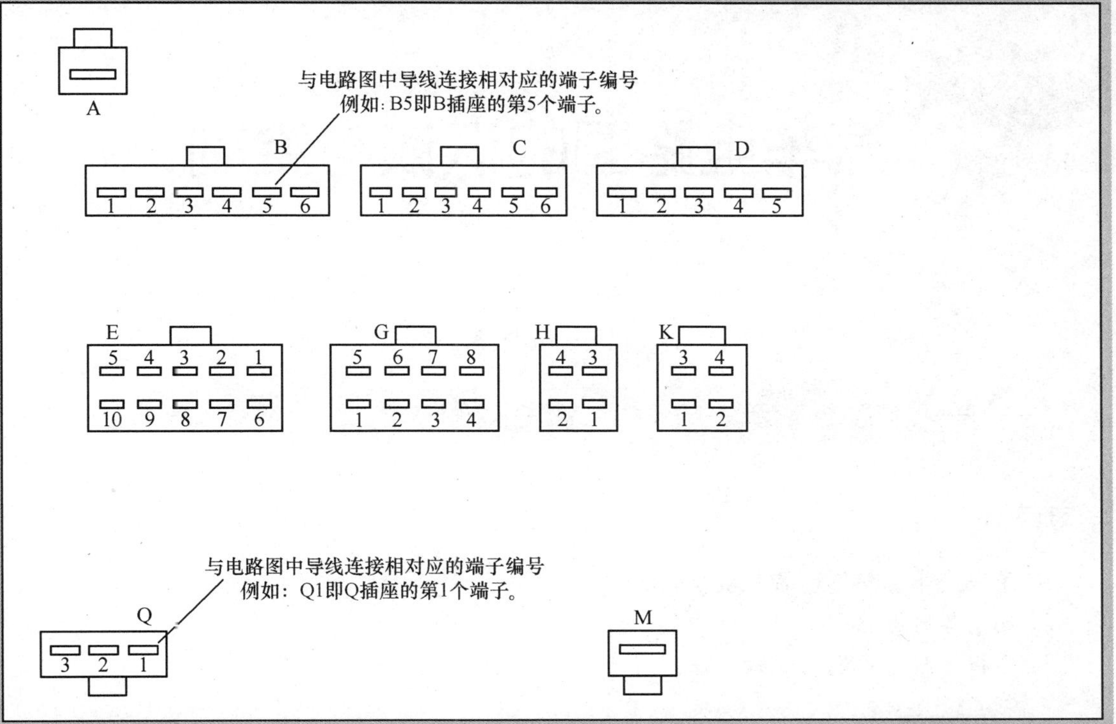

图 1-42　中央配电盒背面信息

第二章 汽车电路图的识读与绘制

◎◎◎ 第一节 汽车电路图的类型 ◎◎◎

学习目标：

1. 了解汽车电路图的常见类型。
2. 熟悉各种电路图主要用途。
3. 掌握各种电路图的识读方法。

一、原理图

1. 原理框图

原理框图是用来表示汽车电气系统全部或部分项目的基本组成及其相互关系的一种简图，主要用于了解电气系统的概貌及基本工作原理，为操作和维修提供参考。

（1）原理框图示例

提示

原理框图通常采用方框符号或者带注释的框绘制，其框内的注释可以是文字，也可以是符号或者同时出现，可以是实线框也可以是虚线框。

1）部分电气系统原理框图。图 2-1 所示为汽车电气设备部分系统原理框图。

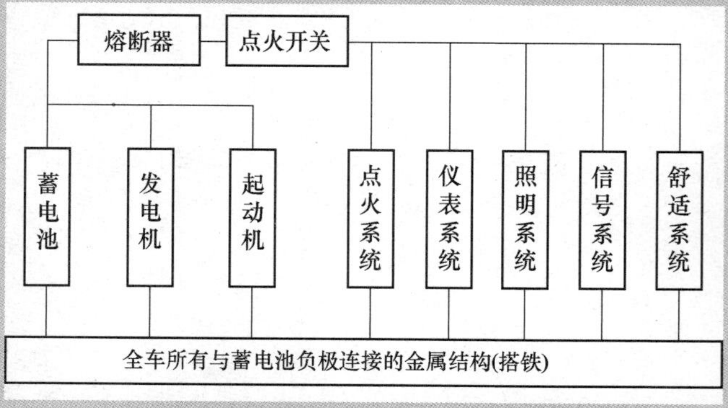

图 2-1 汽车部分电气系统原理框图

2）电控系统原理框图。为了表明层次关系，采用了框的嵌套形式，直观形象地反映了该系统的层次划分。原理框图如图2-2所示。

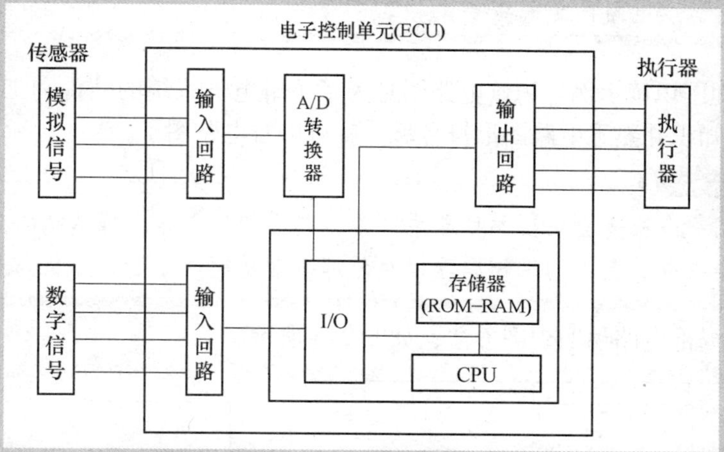

图2-2 电控喷射系统原理框图

（2）原理框图的识读 原理框图是全车电气系统或部分电气系统的简化。

注意

识读原理框图时，应该熟悉常用电器的图形符号，进而了解各系统的功能和基本作用。

虽然原理框图结构简单、层次清晰，但基本组成、电路结构、工作原理不够详细，而电路原理图对全车电气系统特别是某个电气系统则能够全部反映。

2. 电路原理图

（1）什么是电路原理图 电路原理图也称电路图，能够较为详细、完整地表示车辆上全部或部分电气设备的基本组成和相关元器件之间的连接关系，采用电气图形符号、导线代码、端子代号，按照一定的工作顺序或功能布局绘制而成，不考虑实际位置，具有电路清晰、简单明了的特点，对于了解电路结构、理解电路工作原理意义重大。

（2）电路原理图的识读

1）识图基础。任何一个完整的电路都是由电源、开关、用电器和导线等组成的。所不同的是，电源有交流、直流之分，电压等级各异，开关则可以分为手动或非手动开关，而用电器要想正常工作，必须得到额定的工作电压，使用电器与电源构成一个完整的闭合回路。

注意

对于直流电路而言，电流总是从电源正极通过导线、开关、熔丝、用电器再经导线回到同一电源负极，这一闭合回路是一个最基本、最简单，同时也是最重要的电学概念，掌握并熟练应用对识读电路图至关重要。

2）电路原理图识读示例。识读电路图是为了了解电气系统的结构和工作原理，在掌握汽车电器的基础知识并熟悉电路图形符号后，就可以看电路图了。

方法

看图的方法一般应先看主要元件即主电路，再看辅助电路。确认核心部件后，根据其工作性质、工作任务、基本的工作原理以及外部有效功能端子进行分析。

现以某车辆局部电路说明识图方法，如图 2-3 所示。

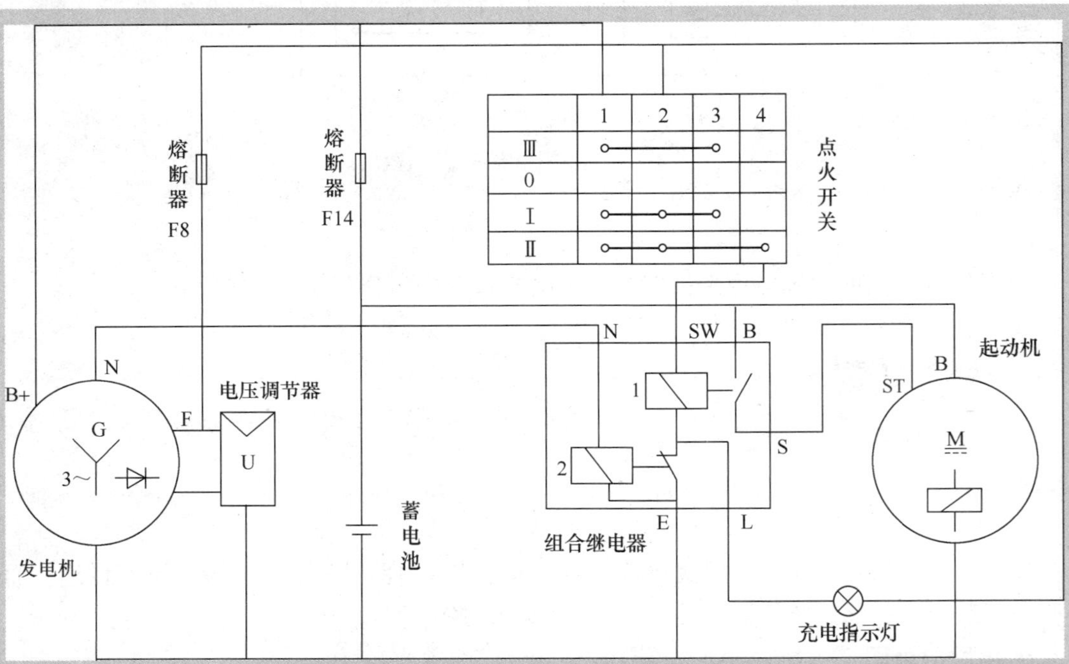

图 2-3　具有保护功能的起动电路图

① 主要电气设备。本电路是起动电路，主要用电设备是起动机，从图中可以看出，该起动机是一个普通型起动机，对外连接有常电源线和起动信号端子。

② 相关电气设备。一般情况下，起动电路中均要体现蓄电池和发电机以及点火开关，在本电路中还有组合继电器。

③ 各电器设备之间的相互控制关系。首先分析组合继电器，从图中可以看出，该组合继电器内由两个继电器组成。继电器 1 为起动继电器（常开型），继电器 2 为充电指示灯继电器（常闭型），继电器 1 受控于继电器 2。

发电机为星形联结、外置调节器、外搭铁式发电机，在起动电路中主要利用发电机的中性点 N 来控制充电指示灯继电器，同时起到了防止起动机误动作的作用。

点火开关为普通点火开关，在此电路中主要利用点火开关的起动端子。

④ 起动机工作过程。起动前，组合继电器内充电指示灯继电器的常闭触点保持闭合状态，给起动继电器线圈提供了搭铁回路。起动时，点火开关旋至起动档（Ⅱ），起动继电器工作。

控制电路为：蓄电池正极→点火开关/1→点火开关/4→组合继电器/SW 端子→起动继电器线圈 1→充电指示灯继电器常闭触点→组合继电器/E 端子→搭铁，起动继电器线圈构成闭合回路，线圈磁化，常开触点闭合，起动机电磁开关电路接通。

主电路为：蓄电池正极→组合继电器/B 端子→常开触点（已闭合）→组合继电器/S 端子→起动机电磁开关接线柱/ST→电磁开关触点盘闭合，起动机构成闭合回路开始运转。

发动机工作后，发电机发电，发电机的中性点 N 产生电压（电源电压的一半）施加于组合继电器/N 端子，充电指示灯继电器线圈通电，常闭触点断开，一方面切断了充电指示灯电路，另一方面也切断了起动继电器线圈搭铁，即使点火开关误置起动档，起动机继电器也无法构成闭合回路，起到了保护起动机的锁止作用。

二、汽车电路敷线图

1. 什么叫敷线图

提示

敷线图基本上是按照汽车电气设备在车辆上的实际安装位置、线束走向、相似或相近外形来反映电气设备本身或器件之间的连接关系，为了尽可能真实，图中器件大多采用其外形轮廓或其特征表示，能够比较准确地反映车辆上实际线路情况，对查找线路连接、导通情况提供了方便。

2. 敷线图识读示例

（1）敷线图的识读　敷线图有全车电气设备与部分电气设备或某系统独立式的敷线图，在识读时要比电路原理图难度大，除了具备识读电路原理图的知识外，还应遵循以下几个方面的提示。

1）化整为零。若是全车电气设备敷线图，要了解都有哪些电气设备，并通过图注或文字说明，浏览全图中有关核心器件进一步确认；若是部分电路敷线图，同样也要搞清楚具体有哪些电气设备，是常规电器还是新型设备，最好能把你所了解的电气设备用原理框图的形式绘制下来；若是某个独立的电气设备敷线图，则要确定关键、核心部件，记录其外端子的数量，尽可能搞清楚各端子去向、功能，为下一步分析电路做好准备工作。

2）简化整理。敷线图中为了尽可能反映电气设备的实际位置，故支路较多，线路连接较长，浏览时很难了解电路工作原理，所以在完成电路原理框图后，就应该根据实际工作需要或按照一定的顺序对各个电气设备的工作原理进行了解，关键的（也是比较费时的）工作就是查找每一条线的去向及连接，可通过直尺或标注记号的方法，把每一条线的通路找出，标记在主要器件的端子上，若对该系统基本工作原理有所了解、对常见类型熟悉的话，查找线路时会节省很多时间、少走许多弯路。

在查找线路走向时，一般应遵循电源正极、熔断器、中间环节（开关、继电器）、用电器、搭铁、蓄电池负极的顺序，但也不应教条，根据电路结构的不同，也可以从用电器着手，也可以从开关开始，还可以围绕继电器、控制器展开工作。

当对某个电气设备绝大部分器件的连接情况有了初步的了解后，应及时进行原理图的整理，这样可大大提高识图的效率，不要因为个别导线未查明去向而深钻细研，这样会影响已经查明落实的导线或原理的理解。

注意

整理原理图时，原图中的器件符号、端子代号、导线颜色尽可能与原图一致，千万不要随意改变。

（2）敷线图识读示例　图2-4所示为转向信号灯和危险警告信号灯电路图，电路中主要电器元件有危险开关、转向信号灯开关、组合闪光灯单元（闪光继电器）以及转向信号灯等。

注意

图2-4中采用了两种供电方式：一种是由点火开关提供的点火供电；另一种是由蓄电池提供的蓄电池电源。前者主要针对转向信号灯电路；后者主要是为危险警告灯电路提供电源。两种电源均由危险开关负责转换。

危险开关在电路中主要是负责转换提供给闪光继电器的工作电源，在使用危险警告灯时负责短接左右转向信号灯电路。其特点是在静止状态时只有一副常闭触点，用于连接转向信号灯电路时闪光继电器的电源通路；当打开危险开关时，有三副常开触点同时接通，其中一副常开触点用于提供闪光继电器的工作电源（常电源），另外两副常开触点负责接通左、右转向信号灯电路。该开关内置有开关照明，当接通灯光开关一档时，开关照明灯点亮，方便驾驶人夜间操作。

转向信号灯开关是一个选择开关，与照明开关组合在一起，静止时没有导通关系，只有拨向左侧或右侧时才有两端子导通，分别连通左侧或右侧转向信号灯与闪光继电器之间的通路。

闪光继电器为普通三端子电子控制式，电源端子由危险开关提供电源，搭铁端子直接搭铁，输出端子通过危险开关或转向信号灯开关与转向信号灯连接。

链接

通过以上分析，结合敷线图的识读要领，绘制成图2-5所示的电路原理图，使电路工作原理更加清楚。

1）转向信号灯工作情况。接通点火开关时，蓄电池电源→点火开关→10A熔断器→危险开关2号端子→内部常闭触点→危险开关1号端子→闪光继电器的电源端子（G/B）；闪光继电器的搭铁端子（B）直接搭铁，此时闪光继电器已做好准备工作。

以左转向信号灯为例。当转向信号灯开关拨向左侧时，由转向信号灯开关将闪光继电器的输出端子和转向信号灯连接起来，使闪光继电器内部构成了工作条件，其内部电子电路按

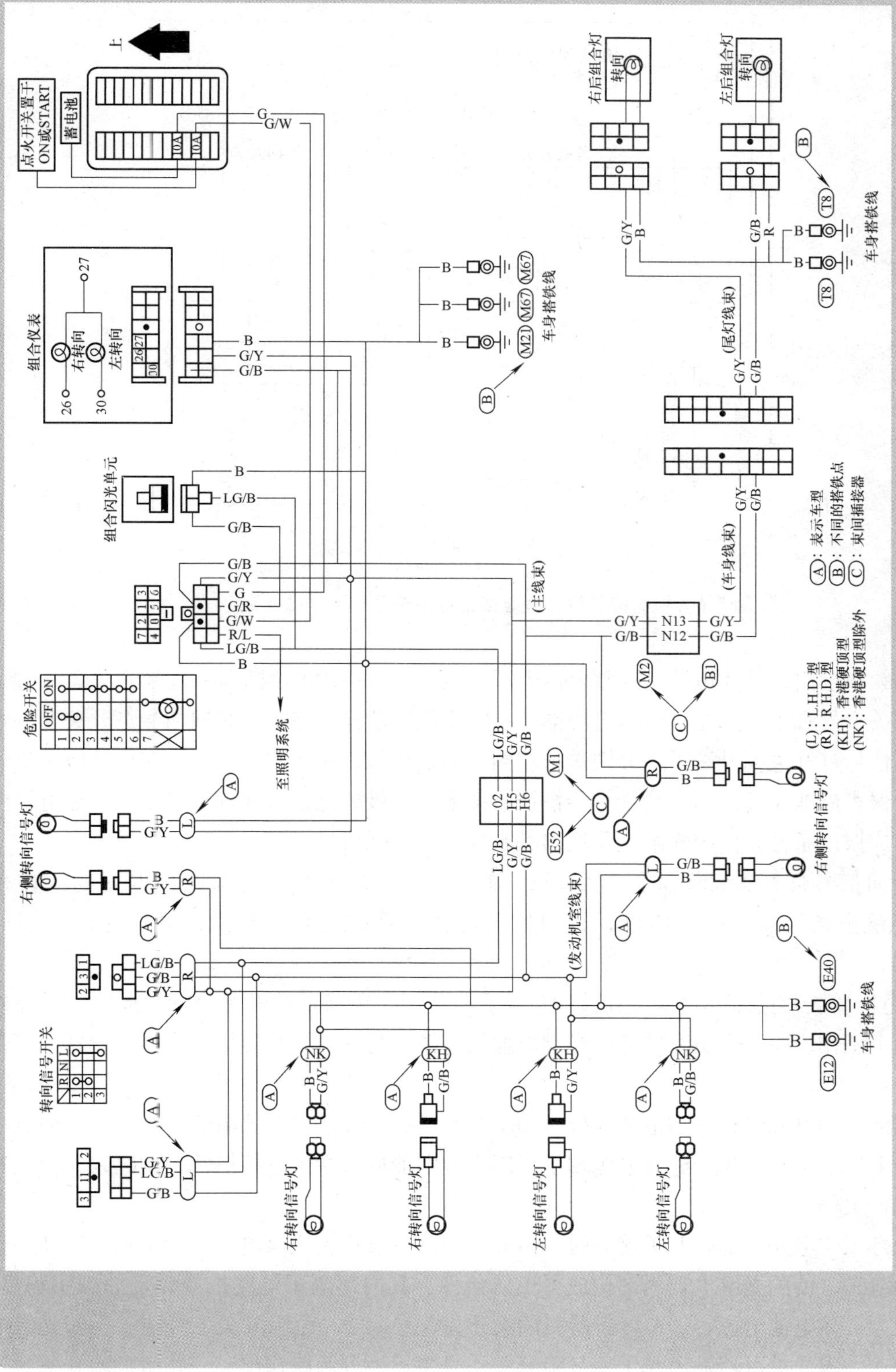

图 2-4　转向信号灯和危险警告灯电路

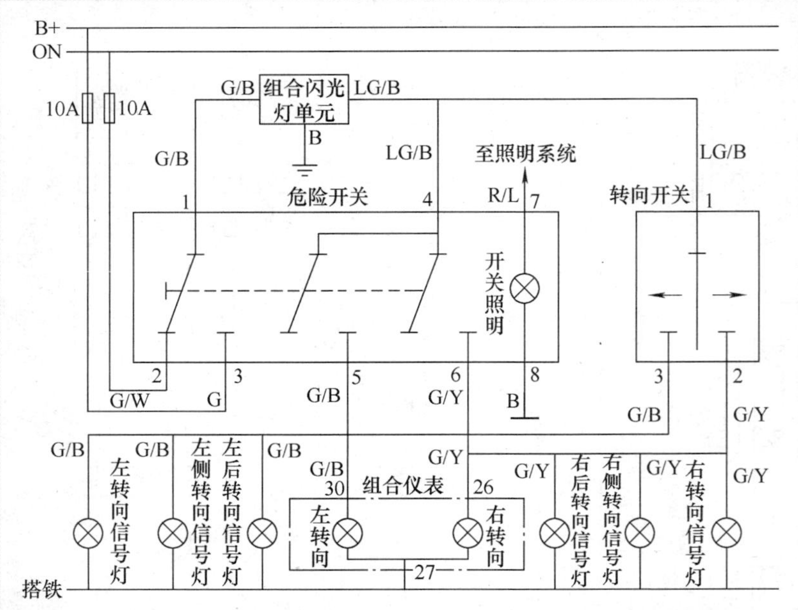

图 2-5　转向信号灯和危险警告灯电路原理图（改绘后）

照设定的频率输出，具体电路为：蓄电池电源→点火开关→10A 熔断器→危险开关 2 号端子→危险开关 1 号端子→闪光继电器电源端子→闪光继电器输出端子→转向信号灯开关 1 号端子→转向信号灯开关 3 号端子→分别送给左侧转向信号灯、左转向信号灯、左后转向信号灯以及组合仪表内的左转向信号指示灯→搭铁→蓄电池负极，通过转向信号灯使闪光继电器内部电路构成振荡条件，由闪光继电器输出一定频率的闪烁信号。

当转向信号灯开关置于关闭位置时，即切断了闪光继电器内部电子电路的工作条件，闪光继电器停止输出，所以，转向信号灯在电路中既是负载又兼做闪光继电器的启控信号。

2）危险警告灯的工作情况。在使用危险警告灯时，需将危险开关接通，此时，开关内需完成两个工作，一个是负责转换闪光继电器的电源，另一个是负责接通左、右侧转向信号灯电路。

闪光继电器电源电路：蓄电池正极→10A 熔断器→危险开关 3 号端子→内部常闭触点→危险开关 1 号端子→闪光继电器电源端子；闪光继电器搭铁端子直接搭铁，此时闪光继电器已做好准备工作。

警告灯工作电路：危险开关接通时，由开关内部触点将闪光继电器的输出端子和转向信号灯连接起来，使闪光继电器内部构成了工作条件，其内部电子电路按照设定的频率输出，具体电路为：蓄电池电源→10A 熔断器→危险开关 3 号端子→危险开关 1 号端子→闪光继电器电源端子→闪光继电器输出端子→危险开关 4 号端子→分两路输出：一路由危险开关 5 号端子送给左侧转向信号灯、左转向信号灯、左后转向信号灯以及组合仪表内的左转向信号指示灯→搭铁→蓄电池负极；另一路由 6 号端子送给右侧转向信号灯、右转向信号灯、右后转向信号灯以及组合仪表内的右转向信号指示灯→搭铁→蓄电池负极。通过转向信号灯使闪光继电器内部电路构成振荡条件，由闪光继电器输出一定频率的闪烁信号，此时，全车左右侧转向信号灯同时闪烁。

三、线束安装图

1. 什么是线束安装图

为了安装方便、保护导线、检修时容易更换，在车辆上将同一去向的若干导线用编织物或塑料带、螺纹管包扎成束，称为线束。

提示

线束安装图是根据电气设备在车辆上的实际安装部位绘制的全车电路图，在图中，部件与部件之间的导线以线束的形式出现。

线束图与敷线图相似，但图面比敷线图简洁明了，能更加真实地反映器件、导线的连接去向，在检修、查找故障时有较强的实用性。

根据所表示侧重点的不同，电路线束图一般可分为线束结构图和布线图等。

2. 线束安装图的组成与特点

（1）组成　线束安装图主要以线束的形式出现，图面中的线条较少。在一些电气设备简单的车辆上一般由主线束和分线束组成，而现代车辆电气设备较多，很难分清主、次线束，所以大多以某某系统线束区分。为了检修时查找故障、更换线束方便，目前车辆上尽可能地设计成许多独立的线束，而线束与线束之间则通过过渡插接器进行连接。

（2）特点　汽车上的电气设备数量越来越多，为使各线束之间连接正确，在线束安装图中，各线束上都有线束编号或字母，连接点都标注有插接器件和接线标志以便于查找（目前，国际上尚未统一）。

链接

线束的始端一般都通过过渡插接器或器件插接器与另一线束或控制部分连接，而线束的终端或分支部分则直接体现被插接器件的插接器或接线端子，有的标注有插接器的颜色、器件的插脚，有的标注有导线的代号，但也有一些车辆只标注被插接器件的名称或代号。

3. 线束安装图识读

（1）线束结构图　线束结构图用于表示汽车电路线束的结构，如图 2-6 所示。

（2）布线图　电路布线图用于表达某个电气系统的线束及所连接电器件的分布情况，如图 2-7 所示。

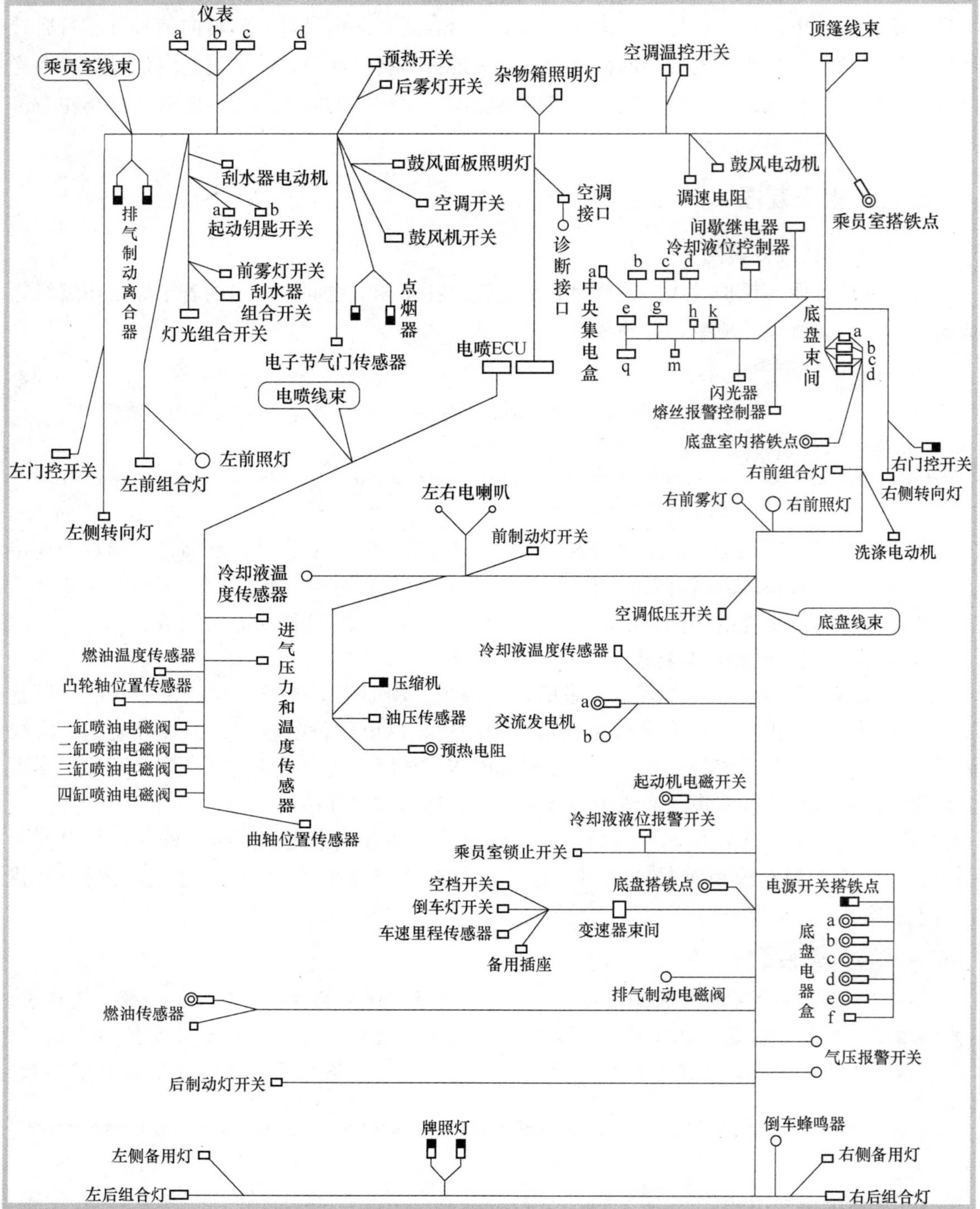

仪表
a
b
c
d
乘员室线束
预热开关
后雾灯开关
杂物箱照明灯
空调温控开关
顶篷线束
刮水器电动机
起动钥匙开关
排气制动离合器
前雾灯开关
刮水器组合开关
灯光组合开关
鼓风面板照明灯
空调开关
鼓风机开关
点烟器
电子节气门传感器
空调接口
诊断接口
鼓风电动机
调速电阻
乘员室搭铁点
间歇继电器
冷却液位控制器
中央集电盒
e
g
h
k
q
m
底盘束间
闪光器
熔丝报警控制器
电喷ECU
电喷线束
底盘室内搭铁点
左门控开关
左前组合灯
左前照灯
左侧转向灯
右门控开关
右前组合灯
右侧转向灯
右前雾灯
右前照灯
洗涤电动机
左右电喇叭
前制动灯开关
冷却液温度传感器
空调低压开关
底盘线束
燃油温度传感器
凸轮轴位置传感器
进气压力和温度传感器
一缸喷油电磁阀
二缸喷油电磁阀
三缸喷油电磁阀
四缸喷油电磁阀
压缩机
油压传感器
预热电阻
交流发电机
曲轴位置传感器
起动机电磁开关
冷却液液位报警开关
乘员室锁止开关
空档开关
倒车灯开关
车速里程传感器
备用插座
底盘搭铁点
变速器束间
电源开关搭铁点
底盘电器盒
f
排气制动电磁阀
燃油传感器
气压报警开关
后制动灯开关
倒车蜂鸣器
牌照灯
左侧备用灯
左后组合灯
右侧备用灯
右后组合灯

图 2-6　汽车线束布局图

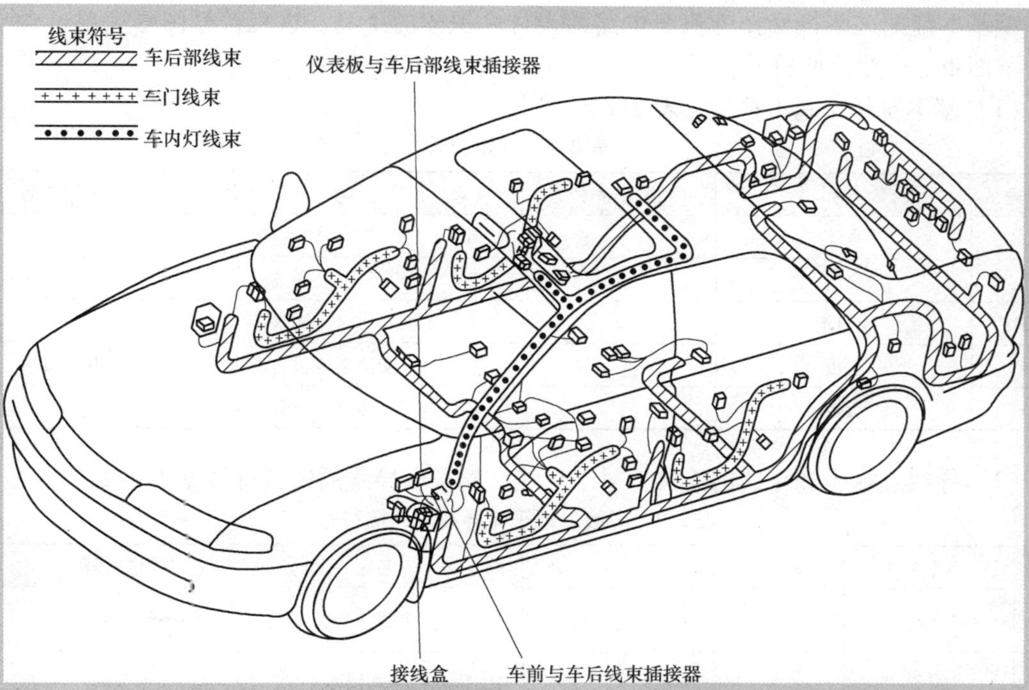

图 2-7　汽车电路布线图

第二节　汽车电路图形、文字符号与标志

学习目标：

1. 了解汽车电路中常见的图形符号。
2. 熟悉图形符号表示的含义。
3. 明确图形符号在识读电路图时的重要意义。

提示

汽车电路图是利用各种图形符号和文字符号来表示汽车电路的构成、连接关系和工作原理的一种电气简图，是电气技术领域中最基本的工程语言，是看懂汽车电路图的基础。

为满足电路的通用性，便于进行技术交流，汽车电路图采用的图形符号和文字符号都具有统一的国家或国际标准。学习汽车电路图识读，首先应熟悉汽车电路图的图形符号和文字符号的含义、标注原则和使用方法。

一、常用图形符号

1. 电路图形符号

不同国家、不同汽车生产厂家的汽车电路上所用的电路图形符号也不完全相同，我国在参照国际标准（ISO、IEC）的基础上，根据我国国情制定了自己的规范，已在汽车图书、杂志、图样设计和交流中得到了广泛应用。目前，我国自行设计的、具有完全自主知识产权的车型基本都把这些符号作为汽车电路图设计、识读的工具。这套符号图形简单、含义明确，下面重点介绍这些符号。

（1）基本符号　基本符号见表2-1。

表2-1　基本符号

序号	名称	图形符号	序号	名称	图形符号
1	直流	—	6	中性点	N
2	交流	~	7	磁场	F
3	交直流	≃	8	搭铁	⊥
4	正极	+	9	交流发电机输出接线柱	B或B+
5	负极	–	10	磁场二极管输出端	D+

（2）导线、端子和导线的连接符号　导线、端子和导线的连接符号见表2-2。

表2-2　导线、端子和导线的连接符号

序号	名称	图形符号	序号	名称	图形符号
1	节点	•	9	插头的一个极	
2	端子	○	10	插头和插座	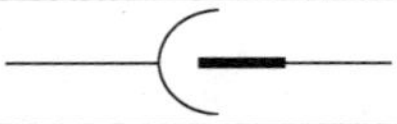
3	可拆卸的端子	⌀	11	多极插头和插座（示出的为三极）	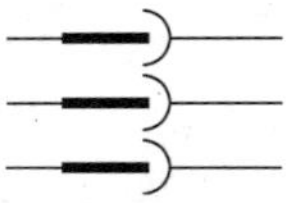
4	导线的连接		12	接通的连接片	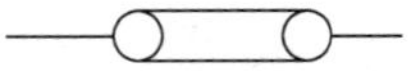
5	导线的分支连接	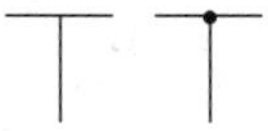	13	断开的连接片	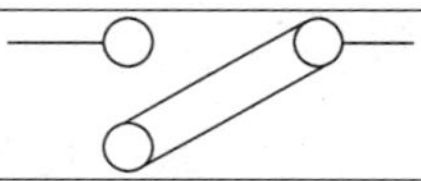
6	导线的交叉连接		14	边界线	
7	导线的交叉不连接	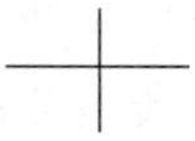	15	屏蔽（护罩）	
8	插座的一个极	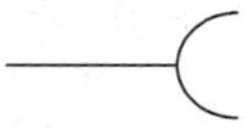	16	屏蔽导线	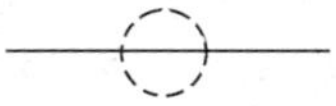

（3）开关和触点类符号　开关和触点类符号见表2-3。

表2-3　开关和触点类符号

序号	名称	图形符号	序号	名称	图形符号
1	动合（常开）触点		2	动断（常闭）触点	

（续）

序号	名称	图形符号
3	先断后合的触点	
4	中间断开的双向触点	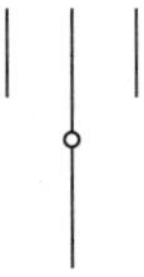
5	双动合触点	
6	双动断触点	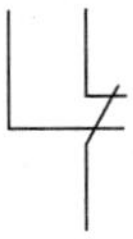
7	单动断双动合触点	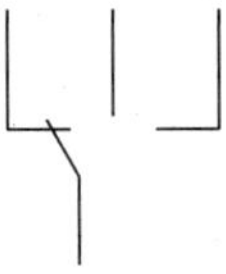
8	双动断单动合触点	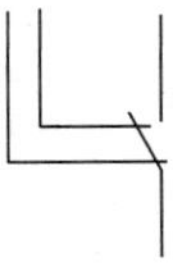
9	一般情况下手动控制	
10	拉拔操作	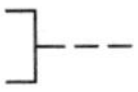
11	旋转操作	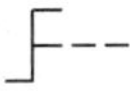
12	推动操作	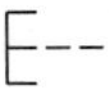
13	一般机械操作	
14	旋转、旋钮开关	
15	液位控制开关	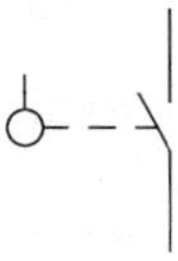
16	机油滤清器报警开关	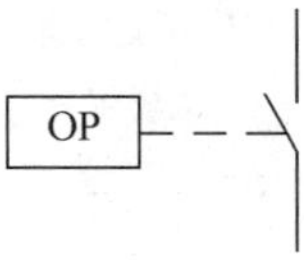
17	热敏开关动合触点	
18	热敏开关动断触点	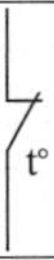
19	热敏自动开关动断触点	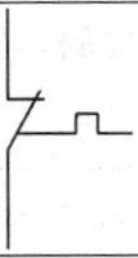
20	钥匙操作	
21	热执行器操作	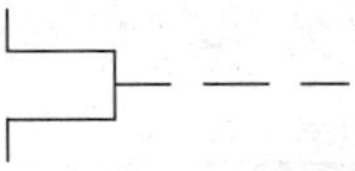
22	温度控制	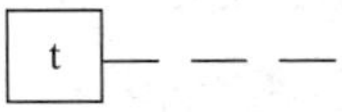
23	压力控制	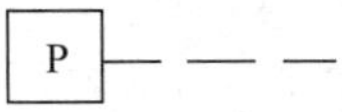
24	制动压力控制	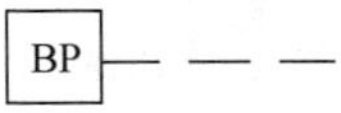
25	液位控制	
26	凸轮控制	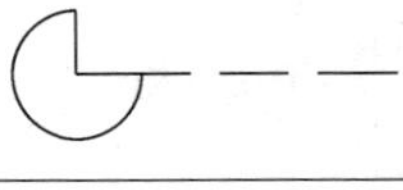
27	联动开关	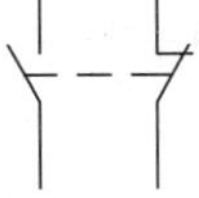

（续）

序号	名称	图形符号	序号	名称	图形符号
28	手动开关的一般符号	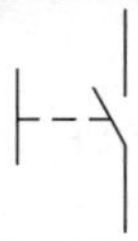	34	旋转多档开关位置	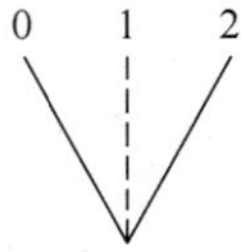
29	定位开关（非自动复位）	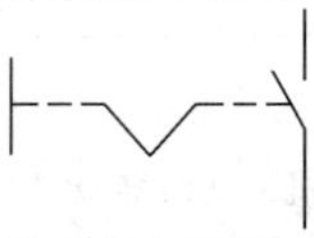	35	推拉多档开关位置	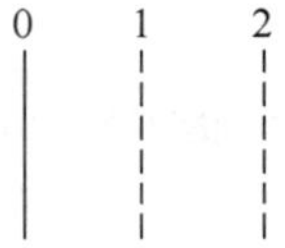
30	按钮开关		36	钥匙开关（全部定位）	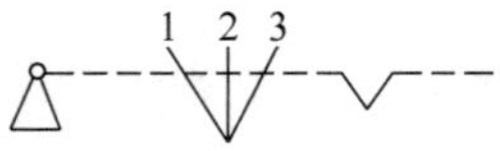
31	能定位的按钮开关	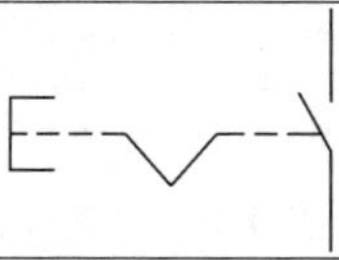	37	多档、点火、起动开关，瞬时位置位2能自动返回到1（即2不能定位）	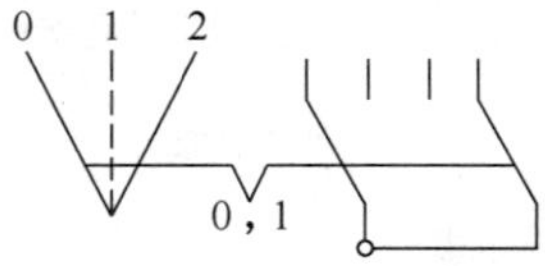
32	拉拔开关	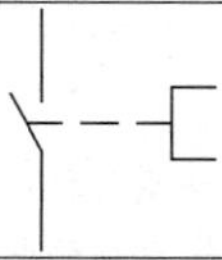	38	节流阀开关	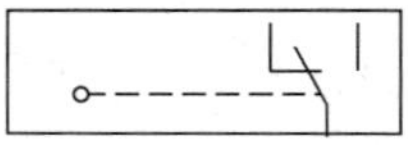
33	热继电器触点	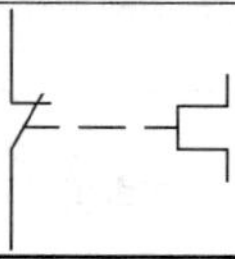			

（4）电子电器元件类符号　电子电器元件类符号见表2-4。

表 2-4　电子电器元件类符号

序号	名称	图形符号	序号	名称	图形符号
1	电阻器	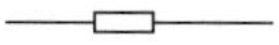	7	仪表照明灯调光电阻	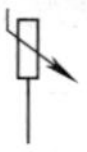
2	可调电阻器	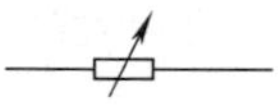	8	光敏电阻	
3	压敏电阻器	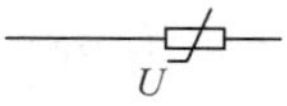	9	热敏元件	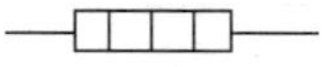
4	热敏电阻器	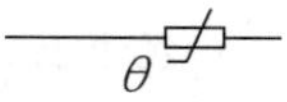	10	分路器	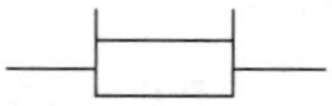
5	带滑动触点的电阻器	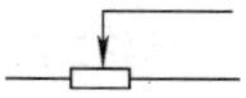	11	电容器	
6	滑动触点的电位器	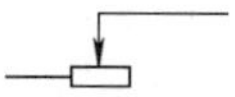	12	可调电容器	

（续）

序号	名称	图形符号
13	极性电容器	
14	穿心电容器	
15	电感器（带磁心）	
16	熔断器	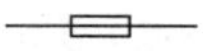
17	易熔线	
18	电路断电器	
19	电感器、线圈、绕组扼流圈	
20	永久磁铁	
21	继电器线圈（两个绕组）	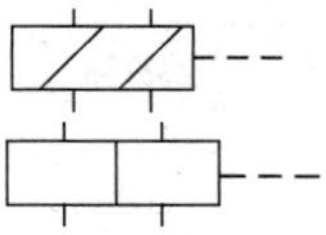
22	继电器线圈（不同方向绕组）	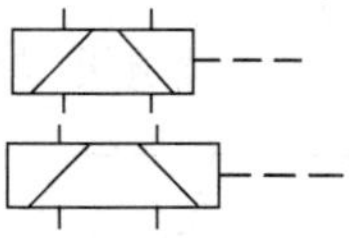
23	继电器常开触点	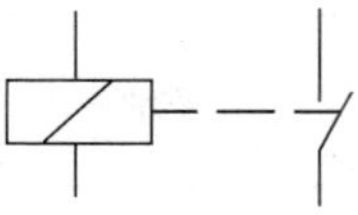
24	继电器常闭触点	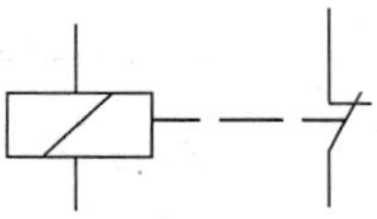
25	遥控继电器	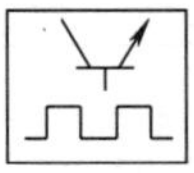
26	电磁铁	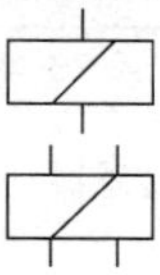
27	一般操作	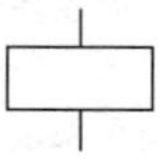
28	灯泡自动监测器	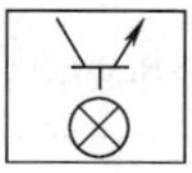
29	半导体管（PNP）	
30	半导体管（NPN）	
31	压电晶体（两个电极）	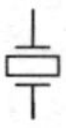
32	半导体二极管	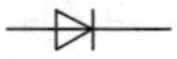
33	稳压管	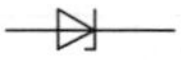
34	发光二极管	
35	双向二极管	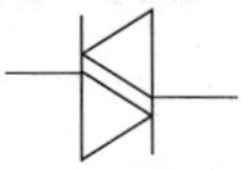
36	三极晶体闸流管	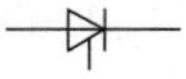
37	光敏二极管	
38	车速指示继电器	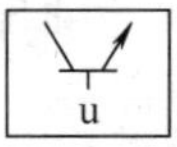
39	功率放大器	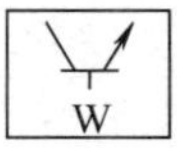
40	空调控制器	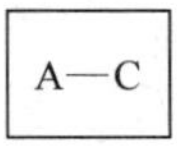

（5）传感器类符号　传感器类符号见表2-5。

表2-5　传感器类符号

序号	名称	图形符号	序号	名称	图形符号
1	传感器一般符号	*	12	燃油表传感器	Q
2	温度传感器	t°	13	油压表传感器	OP
3	空气温度传感器	t°a	14	蓄电池传感器	B
4	冷却液温度传感器	t°W	15	燃油滤清器传感器	W
5	空气压力传感器	AP	16	制动灯传感器	BR
6	空气质量流量传感器	m	17	制动器摩擦片 传感器	F
7	空气流量传感器	AF	18	制动压力传感器	BP
8	速度传感器	v	19	缓冲传感器	PA
9	氧传感器	λ	20	尾灯传感器	T
10	爆燃传感器	K	21	洗涤液液位传感器	WF
11	转速传感器	n	22	点火正时传感器	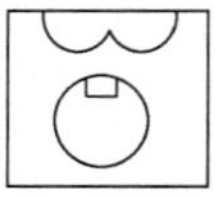

（6）仪表符号　仪表符号见表2-6。

表2-6　仪表符号

序号	名称	图形符号	序号	名称	图形符号
1	指示仪表	*	7	油压表	OP
2	电压表	V	8	转速表	n
3	电流表	A	9	温度表	t°
4	电压电流表	A/V	10	燃油表	Q
5	欧姆表	Ω	11	速度表	V
6	瓦特表	W	12	车速里程表（自动记录）	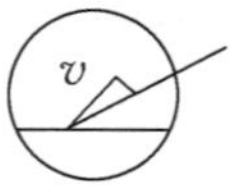

（续）

序号	名称	图形符号	序号	名称	图形符号
13	车速里程表（带电子钟）	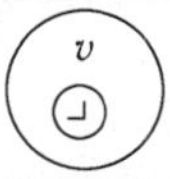	15	电子钟	
14	车速里程表（带电子钟、并自动记录）	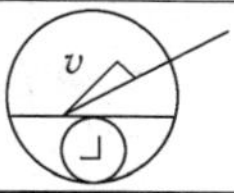	16	数字式电钟	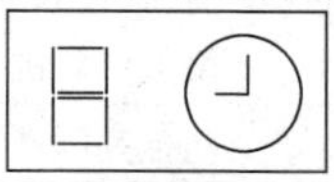

（7）电气设备符号　电气设备符号见表2-7。

表2-7　电气设备符号

序号	名称	图形符号	序号	名称	图形符号
1	照明灯		12	元件、装置、功能元件	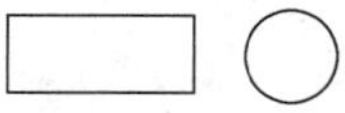
2	双丝灯泡	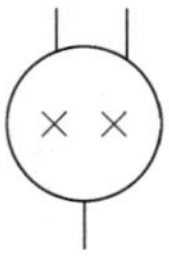	13	信号发生器	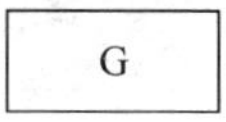
3	荧光灯		14	脉冲发生器	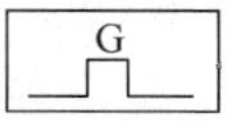
4	组合灯	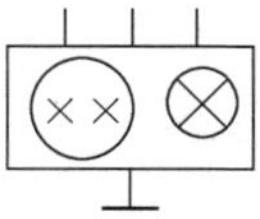	15	闪光器	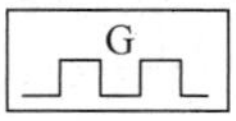
5	三丝灯泡	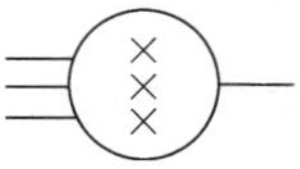	16	霍尔信号发生器	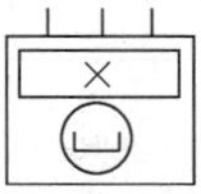
6	预热指示器	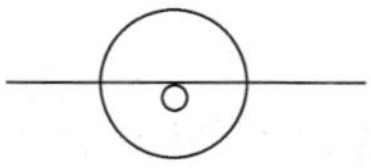	17	汽车底盘与吊机间电路集电环与电刷	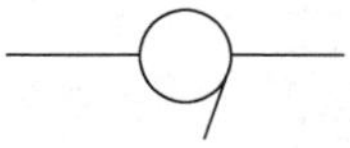
7	无线电话	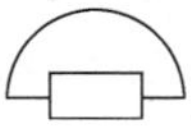	18	传声器	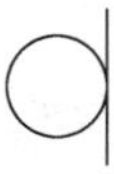
8	电喇叭	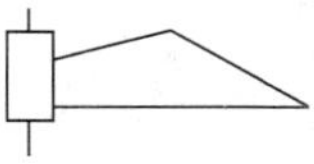	19	点火线圈	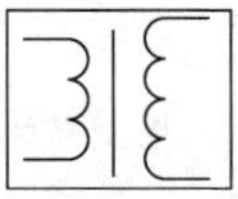
9	扬声器	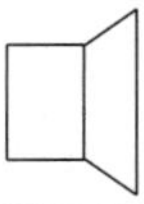	20	分电器	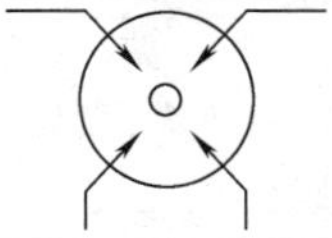
10	蜂鸣器	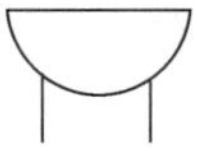	21	火花塞	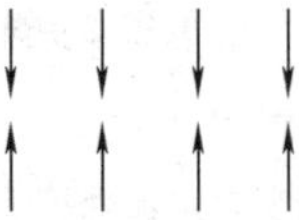
11	报警器、电警笛		22	汽油机燃油喷射控制微型计算机	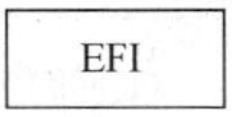

（续）

序号	名称	图形符号	序号	名称	图形符号
23	柴油机燃油喷射控制微型计算机	EDIC	41	加热器	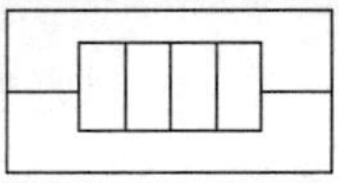
24	排气控制微型计算机	EC	42	振荡器	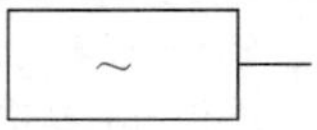
25	防抱死制动微型计算机	ABS	43	串励绕组	
26	电压调节器	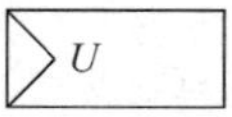	44	并励或他励绕组	
27	转速调节器	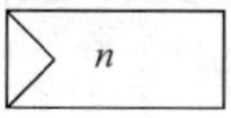	45	集电环或换向器上的电刷	
28	温度调节器	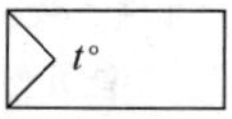	46	串励直流电动机	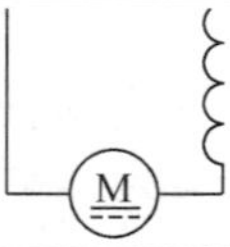
29	压力调节器	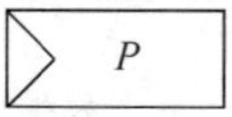	47	并励直流电动机	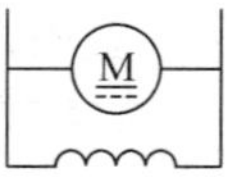
30	磁感应信号发生器	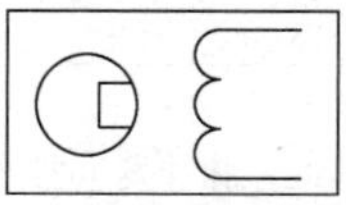	48	永磁直流电动机	
31	温度补偿器	t° comp	49	起动机	
32	座椅安全带装置	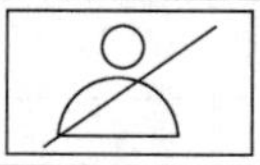	50	燃油泵电动机、洗涤电动机	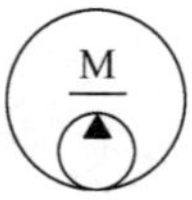
33	电磁阀一般符号	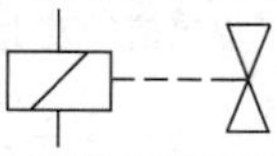	51	晶体管电动燃油泵	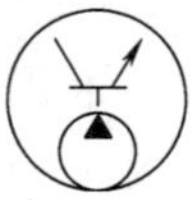
34	常开电磁阀	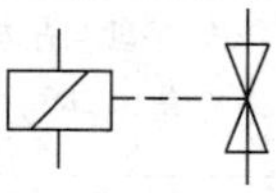	52	加热定时器	
35	常闭电磁阀	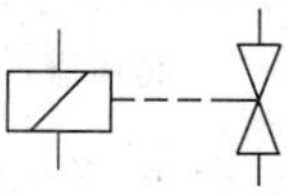	53	电子点火组件	
36	电磁离合器	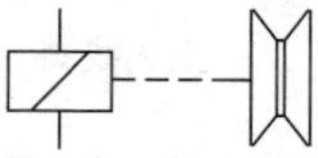	54	直流电动机	
37	电动怠速调整装置	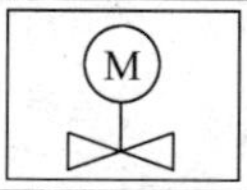			
38	过电压保护装置	U>			
39	过电流保护装置	I>			
40	超速报警器	n>			

（续）

序号	名称	图形符号
55	风扇电动机	
56	刮水电动机	
57	变换器、转换器	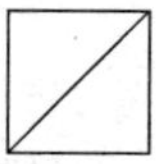
58	光电发生器	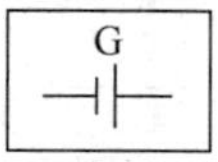
59	空气调节器	
60	滤波器	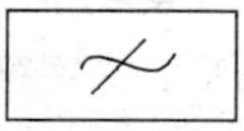
61	稳压器	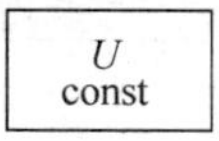
62	点烟器	
63	热继电器	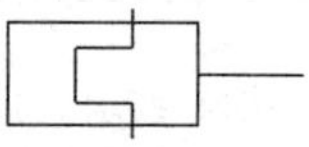
64	间歇刮水器	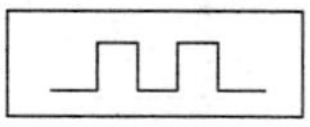
65	防盗报警系统	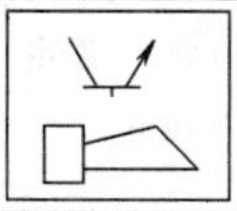
66	喷油器	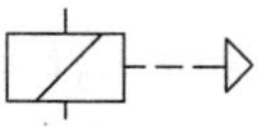
67	安全带开关定时器	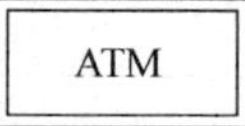
68	加热定时器	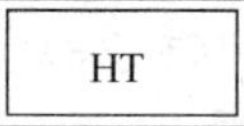
69	自动阻风门（非电子类）	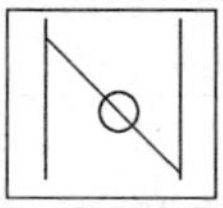
70	天线电动机	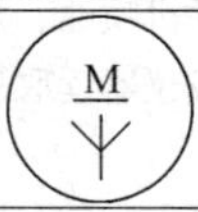

序号	名称	图形符号
71	直流伺服电动机	
72	门窗电动机	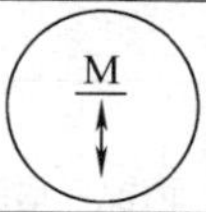
73	水平驱动电动机	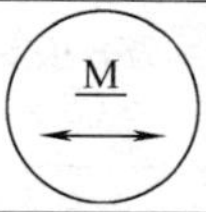
74	水平偏转驱动电动机	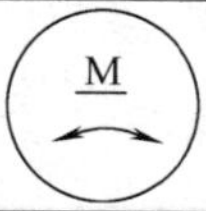
75	垂直偏转驱动电动机	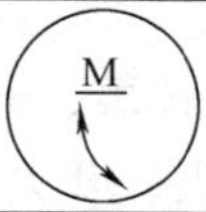
76	车门锁电动机	
77	空调系统空气流向控制电动机	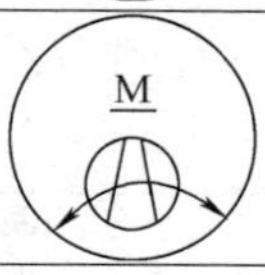
78	空调冷凝器与散热器电风扇	
79	直流发电机	
80	三相绕组（星形联结）	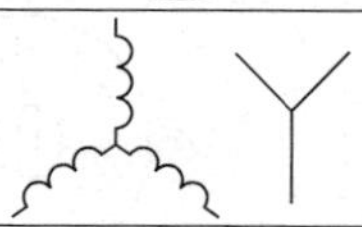
81	三相绕组（三角形联结）	
82	交流发电机定子绕组（星形联结）	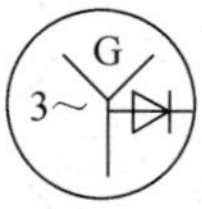
83	交流发电机定子绕组（三角形联结）	
84	外接电压调节器与交流发电机	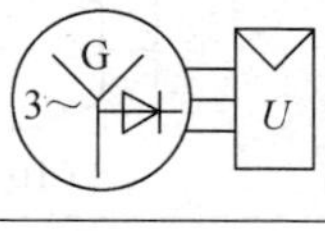

（续）

序号	名称	图形符号	序号	名称	图形符号
85	整体式交流发电机	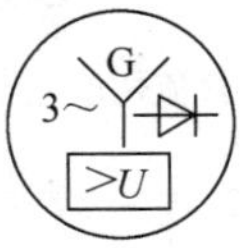	88	收音机	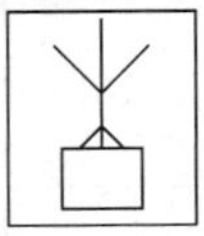
			89	天线（一般符号）	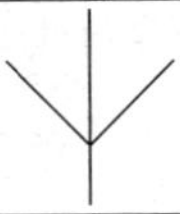
86	内部通信联络及音乐系统	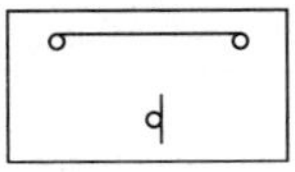	90	发射器	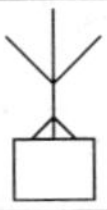
87	收放机	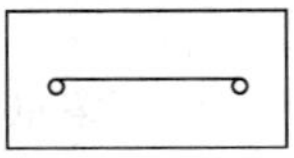	91	蓄电池	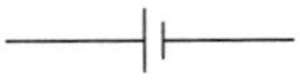

2. 仪表、开关、指示灯标志图形符号

仪表、开关、指示灯通常使用标志图形符号来表示其功能，如表 2-8。

表 2-8　常见仪表、开关、指示灯图形、文字符号说明

序号	图形、文字符号	名称、功能	说明
1	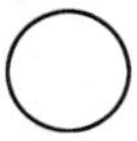	电源总开关	
2	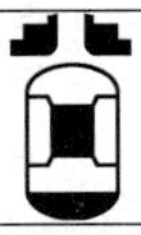	灯光故障报警	
3	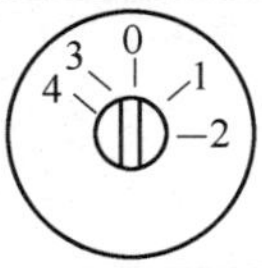	柴油车电源开关	0—OFF 断开，1—ON 接通，2—START 起动，3—ACC 附件，4—PREHEAT 预热
4	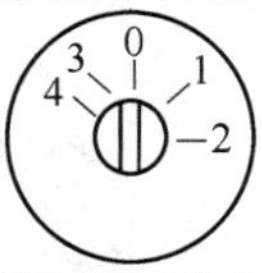	点火开关（5 档）	0—LOCK 锁定转向盘，1—OFF 断开，2—ACC 附件，3—ON 接通，4—START 起动
5	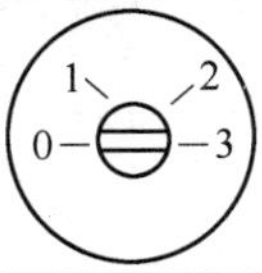	点火开关（4 档）	0—OFF 或（S）锁止转向盘，1—OFF 断开，2—IGN（M）点火、仪表，3—START 或（D）起动
6	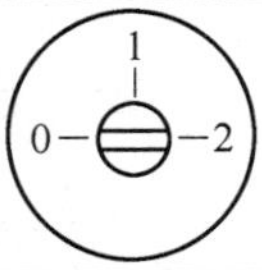	点火开关（3 档）	0—OFF 或 SWOP 锁止，1—ON 或 MAR 工作，2—ST 或 AVV
7	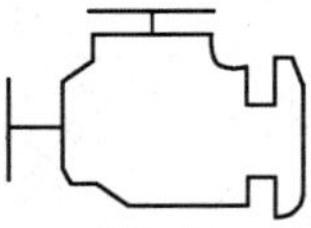 CHECK	发动机故障显示灯（自诊断）	发动机喷油、点火传感器及 ECU 故障时灯亮，通过人工或仪器读取故障码

（续）

序号	图形、文字符号	名称、功能	说明
8	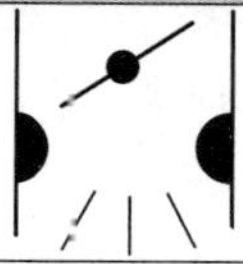	节气门指示灯	节气门关闭时灯亮
9	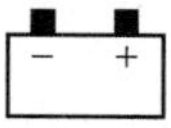 VOLT CHARGE AMP	蓄电池指示灯 电压（伏特）表 电流（安培）表	发电机不充电时灯亮
10	 WATER OVER HEAT	冷却液温度、发动机冷却液温度报警	冷却液温度过高时灯亮
11	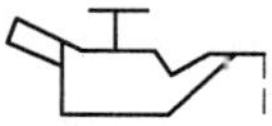 OIL–P	机油压力警告灯、机油压力表	机油压力过低时灯亮
12	 FUEL	燃油表、燃油液面过低报警	燃油不足时灯亮
13	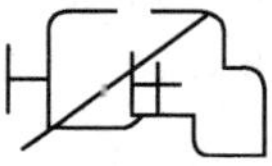	停止供油（熄火）指示灯	柴油机停止供油（熄火）拉杆（扭）标志
14	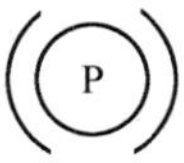 PKB	停车制动指示灯、驻车制动器	驻车制动作用时灯亮
15	 BRAKE AIR	制动气压低报警	制动液面低、制动系统故障时灯亮
16	r/min RPM	发动机转速表（TA—CHOMETER）	指示快怠速、经济转速与换档时机、额定转速
17	km/h	车速表（SPEED）	
18	20:08	数字显示时钟	
19	 COOLANT LEVEL WATER LEVEL	冷却液液位指示灯	冷却液液位低于规定值时灯亮
20		机油油面指示灯	发动机机油量少于规定值时灯亮
21	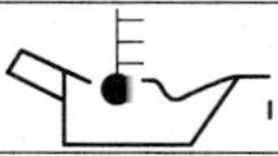	机油温度过高警告灯	机油温度超过规定值时灯亮
22	OIL LEVEL	发动机机油液面过低报警	

（续）

序号	图形、文字符号	名称、功能	说明
23	SRS	安全气囊指示灯	安全气囊系统故障或展开时灯亮
24	TRAC	牵引力控制指示灯	牵引力控制起作用时灯亮
25	CRUISE	巡航警告灯（定速行驶）	巡航装置起作用时灯亮，有故障时显示故障码
26	AIR SUSP	电子调整空气悬架指示灯	指示灯显示车身高度变化，HICH 高度调整，NORM 正常
27	O/D OFF	OVER－DRIVE 超速开关	退出超速档 O/D，OFF 灯亮
28	VOLT	电压表	12V 电系量程 10～16V，24V 电系量程 20～32V
29	EXP TEMP	排气温度过高警告灯	排气温度过高（大于 750℃）灯亮
30		转向信号灯	转向时灯亮（L 左转，R 右转）
31		危险警告指示灯	遇交通事故呼救或需要别车回避时，左、右转向灯全闪，正常时不闪
32	 BEAM	前照灯远光	高光束
33		前照灯近光	夜间会车时用，防眩目
34		灯光总开关，灯光总开关指示	可接通示宽灯、尾灯、仪表灯（亮度旋钮）、牌照灯等，前照灯接通常在此开关Ⅱ档
35		示宽灯开关指示	
36		驻车制动灯开关指示、停车灯	驻车制动起作用时灯亮
37		后雾灯开关指示灯	前雾灯已亮前提下使用，正常行驶时关闭
38		前雾灯开关指示灯、防雾灯	
39	 TEST	检查开关	指示灯、警告灯灯泡检查
40	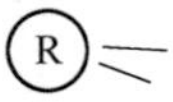	倒车灯（后灯）开关	

（续）

序号	图形、文字符号	名称、功能	说明
41	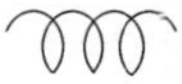 HEAT GLOW	电热预热塞警告灯	常温下起动，亮 0.3s 可直接起动；低温起动前亮 3.5s 表示“等待预热”，灯灭可起动
42	 GLOW	预热塞（电热或火焰预热塞）警告灯	常温下起动，亮 0.3s 可直接起动；低温起动前亮 3.5s 表示“等待预热”，灯灭可起动
43	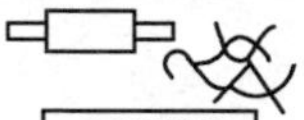 WHITE SMOKE	白烟消除警告灯	重型柴油车暖机时使用
44	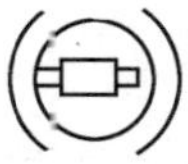	排气制动警告灯	下长坡时堵住排气管，用发动机阻力减速，踩离合器、加油时自动解除
45	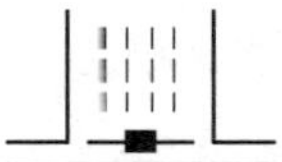 EXH-BRAKE	排气制动指示	排气管堵住起制动作用时灯亮（与上同）
46		蓄电池液面警告灯	液面低于规定值时灯亮
47		拖车制动警告灯	
48		制动蹄片磨损超限警告灯，防抱死制动警告灯	起动档或车速在 5～10km/h 以下应亮
49	 ABS	ABS 警告灯	ABS 出现故障时警告灯亮，并可显示故障码
50		空气滤清器堵塞指示灯	空气滤清器堵塞时灯亮
51		空气压力指示灯	空气压力超过规定值时灯亮
52		柴油粗滤器中积水超限警告灯	积水超限时灯亮
53	 HORN	喇叭按钮标志	
54		点烟器标志	可供点烟用
55		发动机室盖开启拉手指示	

（续）

序号	图形、文字符号	名称、功能	说明
56	 TRUNK	行李箱盖开启拉手或电动按钮指示	
57	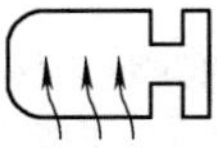	外后视镜加热	
58	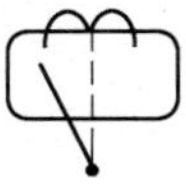	后窗玻璃刮水器及洗涤器	
59		电磁减速装置（TEL－MA）电力制动器	
60		旋转灯标志	警车及救护车、消防车车顶旋转警灯开关标志
61	 DOOR	门未关警告灯	灯设在仪表板上
62	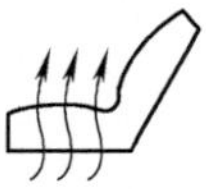	座椅加热指示灯	
63		室内灯门控档	门关严后室内灯灭，此外还有手控长明档（ON）及断开档（OFF）
64	P R N D 2 L	自动变速器档位指示灯	P 驻车档，R 倒档，N 空档，D 前进挡，自动在 1－2－3－4 档间切换，2 档锁定，自动在 1－2 档间切换，L 低档，只允许在 1 档行驶
65	ECTPWR	自动变速器有正常（Normal）和动力模式（Power）两种换档方式	用开关选择动力模式时灯亮
66	A/T OIL TEMP	自动变速器油温报警	
67		风窗玻璃刮水开关指示	
68	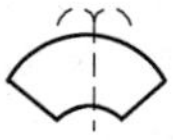 WASHER	风窗玻璃洗涤开关指示	
69	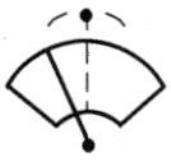	风窗玻璃刮水洗涤开关指示	OFF 断开，INT 间歇，LO 低速，HI 高速

（续）

序号	图形、文字符号	名称、功能	说明
70		后窗玻璃刮水指示灯和开关标志	
71		后窗玻璃洗涤开关指示	
72	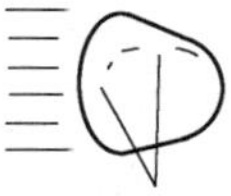	前照灯刮水洗涤开关指示、前照灯清洗器	
73	STOP TAIL LIGHT	制动灯、尾灯警告灯	制动灯、尾灯灯泡烧坏灯亮
74	 A/C	空调系统制冷压缩机开启指示	
75	 FAN	空调系统鼓风机指示	
76		注意散热风扇	
77	 BELT	安全带指示灯	点火开关接通安全带未系时灯亮或伴有蜂鸣
78	 HEAT	空调系统通风（吹脸）档（FACE）	
79	 VENT	空调系统加热（吹脚）档	
80	 BI–LEVEL	空调系统双层（上冷下热）档	
81	 DEF–HEAT	空调系统除霜与吹脚（加热）档	

（续）

序号	图形、文字符号	名称、功能	说明
82	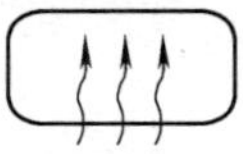	后风窗玻璃除雾除霜	
83	 DEF	前风窗玻璃除霜除雾指示	
84	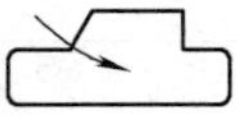 Outside	车外新鲜空气循环风道开启指示（FRESH）	
85	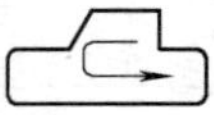 Inside	车内空气循环风道开启指示（REC）	
86	 FUEL	燃油粗滤器水位超过规定报警	
87	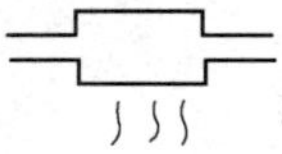 EXT TEMP	排气温度超过一定限度时灯亮	
88	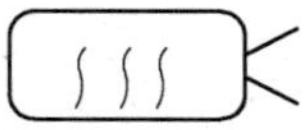	后视镜加热指示	
89	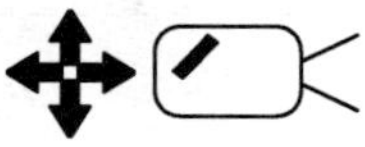	后视镜镜面上下调节与左右调节开关标志	
90	 AIR MPa	空气压力表	用于气压制动系统中双管路气压指示
91		空气滤清器堵塞警告灯	
92		驾驶室未锁止警告灯	可倾翻的驾驶室回位时未锁止灯亮
93	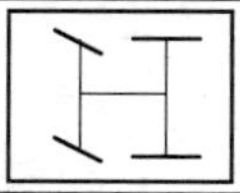	分动器前桥接入指示灯	越野车全驱动时灯亮
94	 AIR CLEANER	空气滤清器警告灯	空气滤清器堵塞时灯亮
95	ENGANE O/RUN	发动机转速警告灯	发动机转速超过最高允许值时灯亮
96	LOW HIGH	双级减速驱动桥	LOW 低速指示灯，HIGH 高速指示灯

（续）

序号	图形、文字符号	名称、功能	说明
97	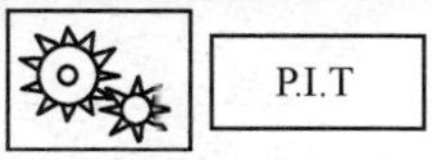	动力输出指示灯	专用汽车上其他机械（如起重、绞盘机挂入时灯亮）
98	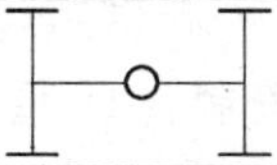	驱动指示	
99	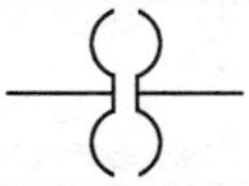	液力变矩器开关指示	
100		翻斗汽车举升倾卸装置开关或指示灯标志	
101	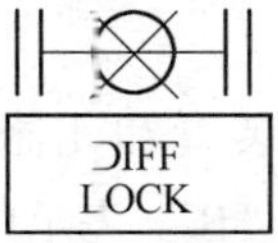	差速锁连锁指示灯	车辆转弯时灯亮
102		声响报警	
103	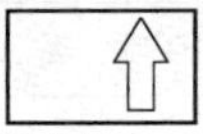	手动变速器升档提示灯	节气门开度较大而车速仍低时灯亮
104		室内灯（顶灯）开关指示	
105	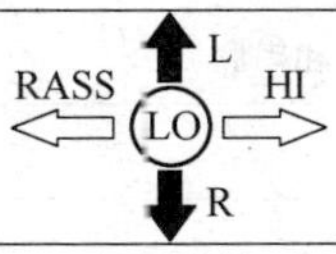	转向灯开关与超车灯开关	L 左转向，R 右转向，HI 常用远光，RASS 瞬间远光（超车信号），LO 定位中间档
106	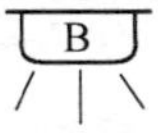	车厢顶灯	
107	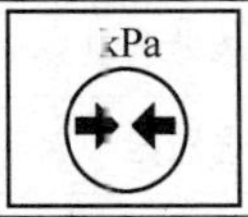	真空度指示灯	真空度低于规定值时灯亮
108		车灯开关	
109	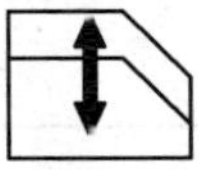	车门玻璃升降开关	UP 升起，EOWK 降下
110		增热器开关指示，除霜器指示灯和开关指示	
111		车窗开关禁止	
112	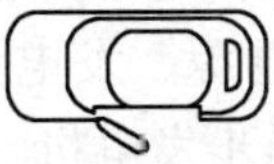	车门未关报警	

二、常用文字符号

提示

文字符号是一种用文字形式表示电气设备、装置和元器件种类（名称）、功能（与状态、特征）的字母代码或代号，用于电气技术领域中技术文件的编制，也可标注在电气设备、装置和元器件上或其近旁。此外，它还可以与基本图形符号和一般图形符号组合使用，以派生新的图形符号。

文字符号分为基本文字符号和辅助文字符号两大类，基本文字符号又分为单字母符号和双字母符号。

1. 基本文字符号

（1）单字母符号　单字母符号是按拉丁字母将各种电气设备、装置和元器件划分为23大类，每大类用一个专用单字母符号表示，如“C”表示电容器类，“R”表示电阻类等。

汽车电路中常用单字母符号见表2-9。

表2-9　常用单字母文字符号

字母代码	项目种类	举例
C	电容器	
G	发电机、电源	旋转发电机、旋转变频机、电池、振荡器
L	电感器、电抗器	感应线圈、线路陷波器、电抗器（并联和串联）
M	电动机	
N	模拟集成电路	运算放大器、模拟/数字混合器件
Q	电力电路的开关	断路器、隔离开关
R	电阻器	可变电阻器、电位器、变阻器、分流器、热敏电阻
S	控制电路的开关、选择器	控制开关、按钮、限制开关、选择开关、选择器
T	变压器	电压互感器、电流互感器
X	端子、插头、插座	连接插头和插座、测试插孔、端子板、焊接端子板、连接片、电缆封端和接头
Y	电气操作的机械器件	电磁制动器、电磁离合器、气阀

（2）双字母符号

注意

双字母符号由一个表示种类的单字母符号与另一个字母组成，其组合形式应以单字母符号在前面而另一个字母在后的次序列出。

双字母文字符号常用于表达比较详细、具体的电气设备和元器件名称，例如：“R”表示电阻，“RP”表示电位器，“RT”表示热敏电阻；“G”表示电源、发电机、发生器，“GB”表示蓄电池，“GS”表示同步发电机、发生器，“GA”表示异步发电机。常用的双字母文字符号见表2-10。

表2-10　常用双字母文字符号

字母代号	名称	字母代号	名称	字母代号	名称
AB	电桥	RV	压敏电阻器	SQ	位置传感器
AD	晶体管放大器	HL	指示灯	ST	温度传感器
AJ	集成电路放大器	KL	双稳态继电器	TC	控制电路电源用变压器
EL	照明灯	KR	簧片继电器	VC	控制电路用电源整流器
EV	空气调节器	PA	电流表	XJ	测试插孔
FA	具有瞬时动作的限流保护器件	PC	（脉冲）计数器	XB	连接片
FR	具有延时动作的限流保护器件	PV	电压表	XS	插座
		QF	断路器	XT	端子板
FU	熔断器	QM	电动机保护开关	XP	插头
FV	限压保护器件	SP	压力传感器	YA	电磁铁
GB	蓄电池	QS	隔离开关	YC	电磁离合器
SA	控制开关、选择开关	RP	电位器	YM	电动阀
SB	按钮开关	RT	热敏电阻	YV	电磁阀

2. 辅助文字符号

辅助文字符号用来表示电气设备、装置和元器件以及电路的功能、状态和特征。如“SYN”表示同步，“L”表示限制左或低，“RD”表示红色，“ON”表示闭合，“OFF”表示断开等。常用辅助文字符号见表2-11。

表2-11　常用辅助文字符号

文字符号	名称	文字符号	名称	文字符号	名称
A	电流	H	高	ON	闭合
AC	交流	L	低	M、MAN	手动
A、AUT	自动	L	左	N	中性线
B、BRK	制动	R	右	ST	起动
C	控制	RES	备用	T	温度
DC	直流	IN	输入	T	时间
E	搭铁	OUT	输出	V	电压
FB	反馈	OFF	断开	P	压力

3. 文字符号的使用规则

1）单字母符号应优先选用。

2）只有当用单字母符号不能满足需求而需要进一步划分时，才采用双字母符号，以便较详细和更具体地表述电气设备、装置和元器件等。

3）辅助文字符号也可放在表示种类的单字母符号后边组成双字母符号，如“ST”表示起动，“DC”表示直流，“AC”表示交流。辅助文字符号还可以单独使用，如“ON”表示闭合，“N”表示中性线，“E”表示搭铁，“PE”表示保护搭铁等。

三、汽车电路图的接线端子标志

1. 标志内容

注意

为了使电路图中的导线与电器部件尽可能准确无误地互相连接，汽车电器部件上采用了大量的接线端子标志，并且赋予了一定的含义。

德国汽车电器件上的接线端子标志是世界上汽车工业发达国家中使用接线端子标志最早、也是最成功的国家，很多接线端子已列入德国工业（DIN 72552）标准，并经过几次修改与补充，不仅在本国和欧洲推广，而且也在美国、日本的汽车电器产品中广泛应用。

我国结合国情，并参照德国标准制定了汽车行业标准 QC/T 423—1999《汽车电器接线柱标记》，其主要内容是：

1）30 接线端子：无论汽车是否工作，都与蓄电池正极相接，是始终有电的接线端子。

2）31 接线端子：与蓄电池相连的接线端子。

3）31b 接线端子：可通过一个特定开关搭铁的接线端子。

4）15 接线端子：在点火开关正常工作（ON）时，才与蓄电池正极相通的接线端子。

5）49 接线端子：转向闪光器的电源输入端。

6）49a 接线端子：转向闪光器闪光信号的输入端。

7）56 接线端子：接前照灯变光器的接线端子。

8）56a 接线端子：前照灯远光灯接线端子。

9）56b 接线端子：前照灯近光灯接线端子。

10）58 接线端子：接仪表灯、示宽灯、尾灯、牌照灯、室内灯的接线端子。

其他接线端子标志可参阅行业标准 QC/T 423 – 1999《汽车电器接线柱标记》。需要说明的是，该标准目前已废止，并且未制定替代标准，仍具有一定的参考价值。

2. 充电、起动系统接线端子标志

（1）充电系统接线端子标志　充电系统接线端子标志见表 2-12。

表 2-12　充电系统接线端子标志

系统	接线端子标志		接线端子标志含义	曾用标志
	基本标志	下标		
发电机	61		交流发电机和调节器上接充电指示灯的接线端子	L
	A		直流发电机上电枢输出接线端子，调节器上的相应接线端子	A、S
	B		交流发电机上的输出接线端子	B、A
			交流发电机调节器上接点火开关或电源开关的接线端子	
			直流发电机调节器上接蓄电池正极的接线端子	B
		D +	交流发电机上磁场二极管的接线端子，调节器上相应的接线端子	D +
			当无 61 接线端子时用于充电指示灯的接线端子	S
	F		发电机上的磁场接线端子、调节器上的相应接线端子	
	N		交流发电机上的中性点接线端子、调节器上的相应接线端子	N
	S		交流发电机调节器上接蓄电池电压检测点的接线端子	
	W		交流发电机上的相电流接线端子	R、W
		W1	交流发电机上的第一个相电流接线端子	
		W2	交流发电机上的第二个相电流接线端子	

充电系统接线端子在电路图中的表示如图 2-8 和图 2-9 所示。

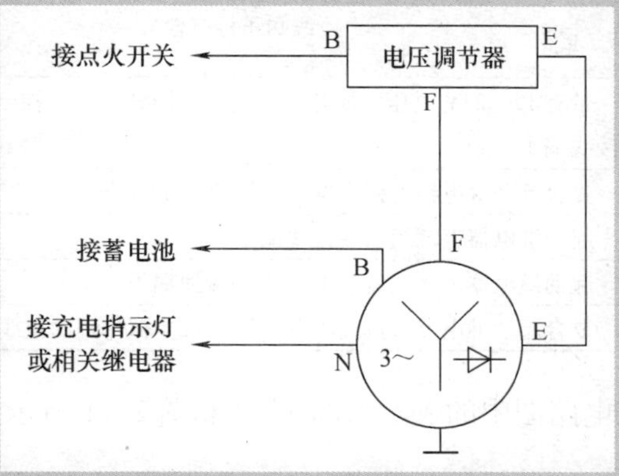

图 2-8　外置调节器的发电机充电电路

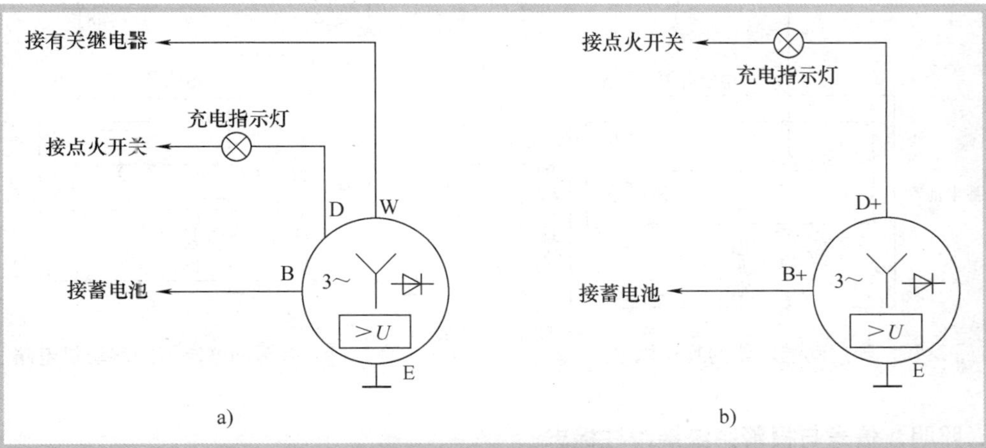

图 2-9　内置调节器的发电机充电电路

a）电路形式一　b）电路形式二

（2）起动系统接线端子标志　起动系统接线端子标志见表 2-13。

表 2-13　起动系统接线端子标志

系统	接线端子标志		接线端子标志含义	曾用标志
	基本标志	下标		
起动系统		15a	起动机开关上接点火线圈的接线端子	
		30a	带有 12 ~ 24V 电压转换开关时，电压转换开关上接蓄电池正极的接线端子	
	31		12 ~ 24V 电压转换开关上接蓄电池负极的接线端子	
	48		起动继电器或 12 ~ 24V 电压转换开关上控制起动机继电器电磁开关上的输出接线端子、起动机电磁开关上相应接线端子	
	50		点火开关、预热起动开关上用于起动的输出接线端子、起动按钮的输出接线端子、机械式起动开关上的相应接线端子	

（续）

系统	接线端子标志		接线端子标志含义	曾用标志
	基本标志	下标		
起动系统	50		带有 12～24V 电压转换开关时电压转换开关上，控制本身的输入接线端子	
		61a	复合起动继电器上接充电指示灯的接线端子	L
	86		起动继电器上绕组始端接线端子	S、SW
	A		起动继电器上接交流发电机 A 的接线端子	
	N		复合起动继电器上接交流发电机 N 或类似作用的接线端子	

起动系统接线端子在电路图中的表示如图 2-10 和图 2-11 所示。

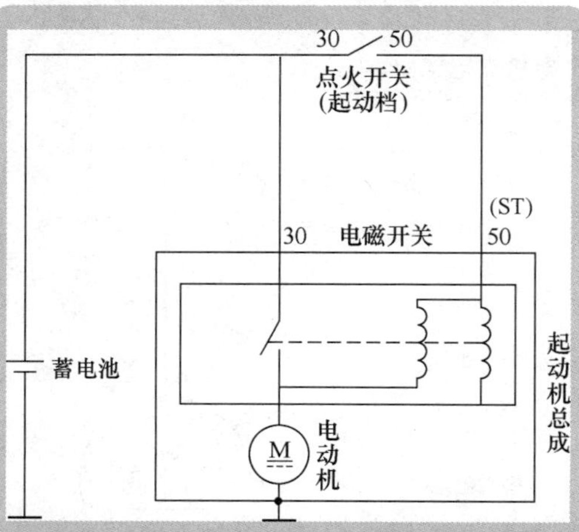

图 2-10　无起动继电器的起动机电路

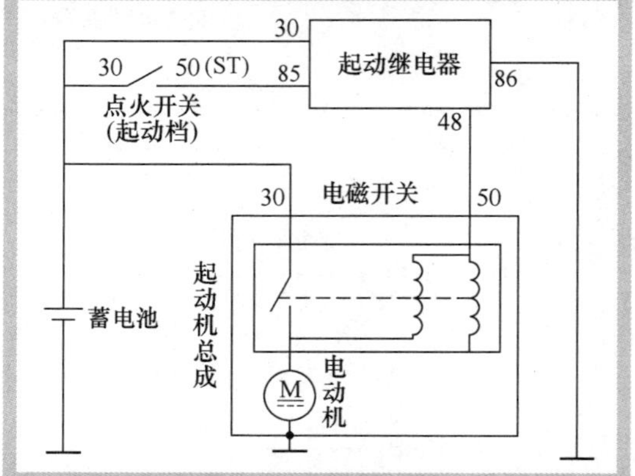

图 2-11　有起动继电器的起动机电路

3. 照明、信号与报警系统接线柱标志

（1）照明、信号系统接线端子标志　照明、信号系统接线端子标志见表 2-14。

表 2-14　照明、信号系统接线端子标志

系统	接线端子标志		接线端子标志含义
	基本标志	下标	
照明、信号系统（转向信号装置除外）	54		制动灯开关和制动灯互相连接的接线端子
	55		雾灯开关和雾灯互相连接的接线端子
	56		灯光开关和变光开关互相连接的接线端子，变光开关上除远光、近光、超车接线端子外的另一个接线端子
		56a	变光开关上的远光接线端子、远光灯上的相应接线端子
		56b	变光开关上的近光接线端子、近光灯上的相应接线端子
		56d	变光开关上的超车接线端子
	57		灯光总开关上或点火开关上和停车灯开关互相连接的接线端子
		57L	停车灯开关和左停车灯互相连接的接线端子
		57R	停车灯开关和右停车灯互相连接的接线端子

（续）

系统	接线端子标志		接线端子标志含义
	基本标志	下标	
照明、信号系统（转向信号装置除外）	58		灯光总开关接前小灯、示宽灯、尾灯、牌照灯、仪表照明灯等的接线端子，灯光开关上用于控制示宽灯、尾灯、牌照灯、仪表照明灯的接线端子
		58a	仪表照明灯开关和仪表照明灯互相连接的接线端子（单独布线时）
		58b	室内照明灯开关和室内照明灯互相连接的接线端子（单独布线时）
		58c	灯光总开关和前小灯互相连接的接线端子（单独布线时）
	59	59a	倒车灯开关和倒车灯互相连接的接线端子
		59b	倒车警报器上的电源接线端子

照明、信号系统接线端子在电路图中的表示如图 2-12 所示。

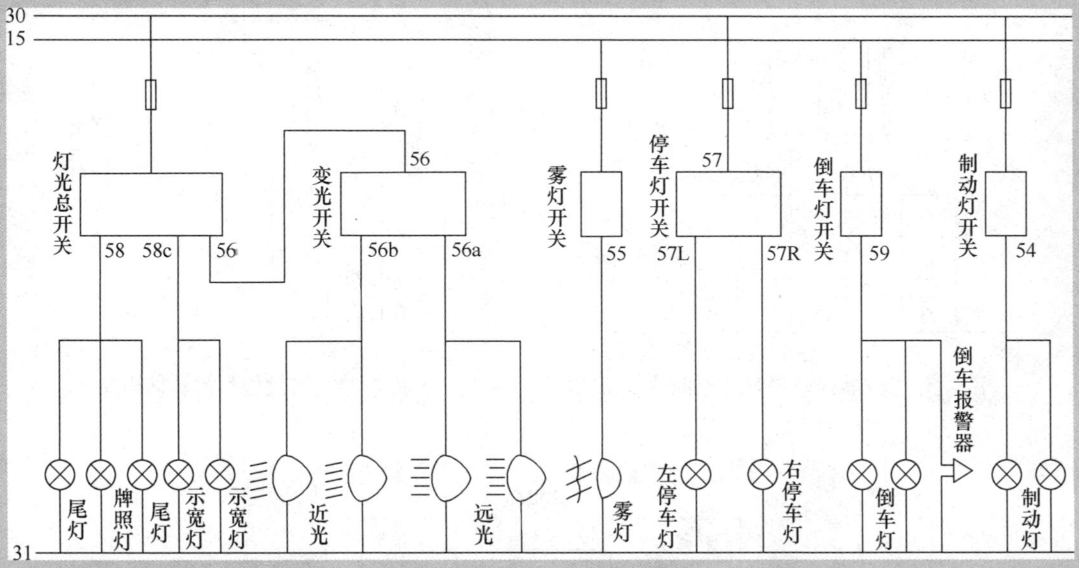

图 2-12　照明与信号系统电路

（2）转向信号与报警系统接线端子标志　转向信号与报警系统接线端子标志见表 2-15。

表 2-15　转向信号与报警系统接线端子标志

系统	接线端子标志		接线端子标志含义
	基本标志	下标	
转向信号系统	49		转向开关上的输入接线端子
			警报开关上接转向开关的接线端子
		49a	警报闪光器和警报开关互相连接的接线端子
		49L	转向开关、警报开关上和左转向灯互相连接的接线端子
		49R	转向开关、警报开关上和右转向灯互相连接的接线端子

（续）

系统	接线端子标志		接线端子标志含义
	基本标志	下标	
转向信号系统	L		转向信号闪光器上接转向开关的接线端子
			警报开关上接转向信号闪光器的接线端子
	P		转向信号闪光器上接监视灯的接线端子
		P1	左监视灯的接线端子
		P2	右监视灯的接线端子

转向信号与报警系统接线端子标志在电路图中的表示如图2-13～图2-15所示。

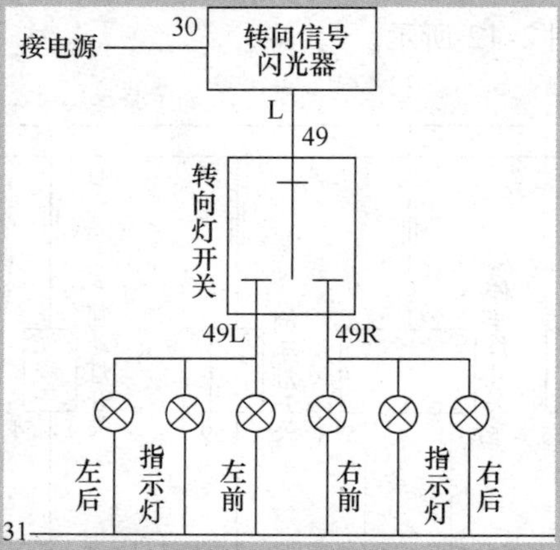

图2-13　一般式转向系统电路

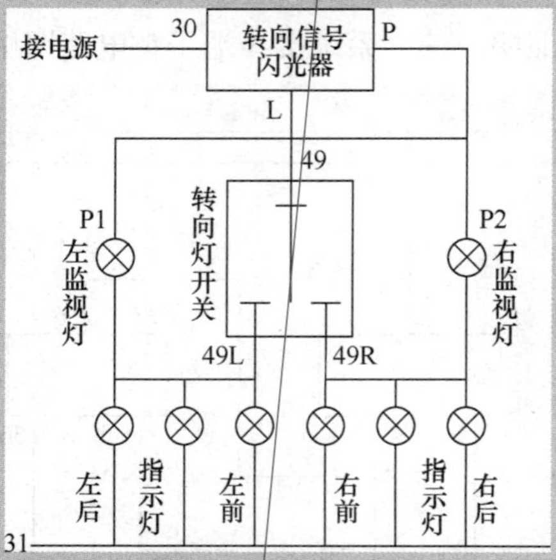

图2-14　带监视灯的转向电路

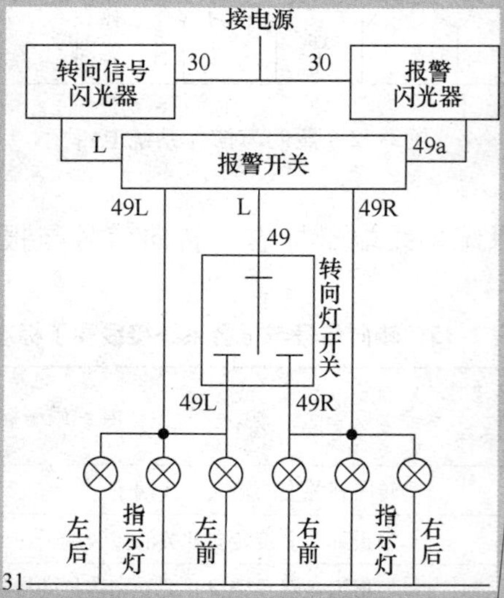

图2-15　带警报闪光器的转向电路

4. 刮水器与洗涤器接线端子标志

刮水器与洗涤器接线端子标志见表 2-16。

表 2-16　刮水器与洗涤器接线端子标志

系统	接线端子标志		接线端子标志含义
	基本标志	下标	
（风窗）刮水器和洗涤器	53		刮水电动机上的主输入接线端子，刮水器开关上的相应接线端子
			间歇继电器上绕组始端接线端子
			洗涤器上电源接线端子
		53c	洗涤器和刮水器开关互相连接的接线端子
		53e	带有复位机构刮水器上的复位接线端子，刮水器开关上的相应接线端子
		53i	刮水器开关上和间歇继电器上绕组互相连接的接线端子
		53j	刮水器开关上和间歇继电器上触点互相连接的接线端子
		53m	刮水器和间歇继电器互相连接的接线端子
		53s	间歇控制板上的电源接线端子，刮水器开关上的相应接线端子
		53H	双速刮水器上的高速接线端子，刮水器开关上的相应接线端子
		53L	双速刮水器上的低速接线端子，刮水器开关上的相应接线端子

刮水器与洗涤器接线端子标志在电路图中的表示如图 2-16 所示。

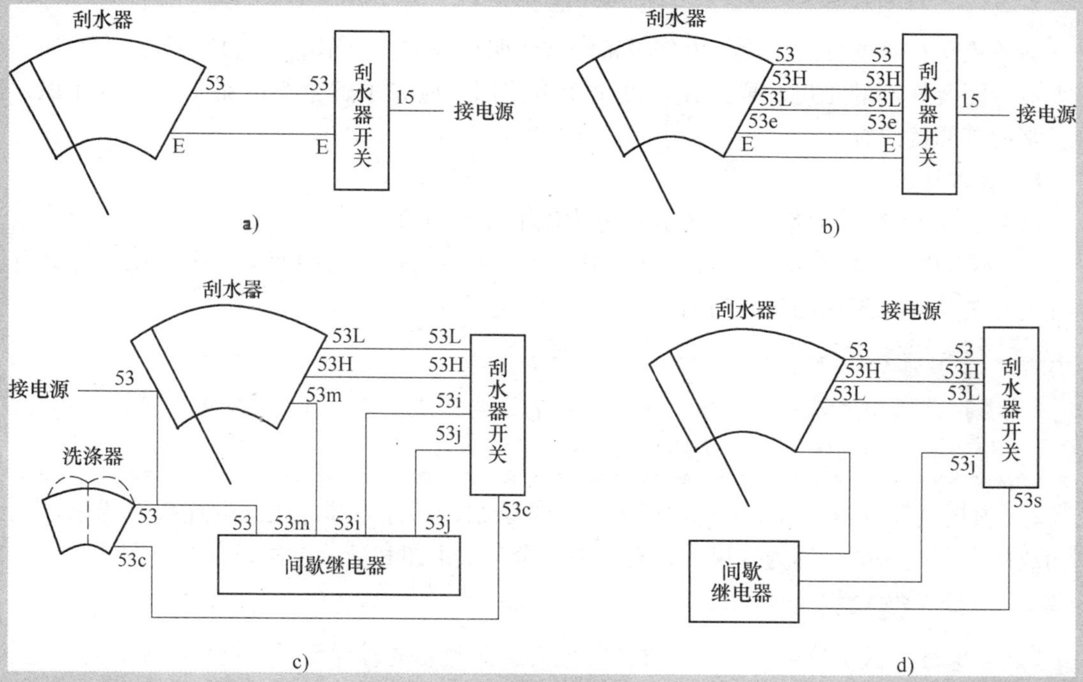

图 2-16　刮水器、洗涤器电路

a）单速刮水器　b）带复位机构的双速刮水器　c）带间歇继电器的刮水洗涤器　d）带间歇控制板的刮水器

第三节　汽车电路图的识读

学习目标：

1. 明确识读电路图的目的与意义。
2. 熟悉识读电路图的基本要领。
3. 掌握识读电路图的基本方法和技巧。

一、识读电路图的目的与意义

电路图是利用器件图形或内部结构、原理，通过导线将电源、开关、控制器或与之相关联的其他器件连接在一起，反映电气设备的电路结构、工作原理的一种平面表达方式。电路图对于维修人员来说，就像道路交通图对驾驶人一样重要。

注意

掌握识读原则，充分利用电路图中的有关信息，对于未知的、陌生的电气设备的工作原理的学习、了解意义重大，对于电气设备的故障诊断、检修很有帮助，是维修人员必须熟练掌握的基本知识。

二、识读汽车电路图要领

随着汽车技术的发展，汽车电气设备的数量明显增加，全车电路图日趋复杂，增加了维修人员读图及使用的难度。要迅速阅读全车电路图，应先了解全车电路图的基本知识、规律，掌握其阅读要领。

1. 基本知识

（1）图面形式　电路图表达形式可分为以下几种类型：

1）不考虑实际线路关系，仅以电路串、并联关系为依据绘制而成的电路图，称为电路原理图，常见有原理框图和原理图。

链接

这类电路图图面清晰、简单、易读，对于了解电路组成、消化理解电路工作原理意义重大，但不能真实反映实际线路连接关系。

2）根据电气设备在汽车上的实际安装部位绘制，部件与部件之间的连接以线束形式绘制而成的全车电路图，称为线束图，常见的有全车线束图和部分电气设备线束图。

链接

这类电路图图面较乱，识读较难，但能真实反映各电器件之间的连接关系，对于查找故障有一定的指导意义。

3）按照全车电气设备安装方位绘制，部件与部件之间的连接按实际关系绘制出的电路图，称为敷线图，同样有全车电路敷线图和部分电气设备电路敷线图。

链接

这类电路图图面与线束图类似，但它能真实反映各器件之间的连接关系，特别是真实反映各器件的插接器、插头位置、插头编号，而且阅读相对容易，对故障维修的实用性很强。

汽车电路图图幅仅涉及单个系统范围的电路图称系统电路图，例如，空调系统；涉及全车电气设备的电路图称为全车电路图。

各种电路图中电器元器件的表示方法有以下几种：

① 用各种电器的简易外形图表示。

② 用厂方规定的符号表示。

③ 用国家标准符号表示。

（2）年份　现代汽车更新换代周期很短，电气系统的改进更为突出。同一厂牌、同一型号的汽车，由于生产年份的不同，电气系统多有差异，所以查阅全车电路图时须注意出厂日期。

2. 附加内容

有的汽车全车电路图以某一基本车型为主，又增加了部分附加内容。例如手动变速器与自动变速器，左转向盘与右转向盘，普通门锁与自动门锁，普通照明与光控自动照明，美洲型、欧洲型和亚洲型等。电路图上同时存在两种并列的电路，阅读此类电路图时，则应针对具体的车辆有选择地利用图文资料。

（1）线路连接　读图时，对图中线路的连接关系应注意以下几点：

1）凡交叉线路，两者相互导通者，均涂有明显的“结点”；若二者在交叉处并不导通，不会涂“结点”（图2-17）。

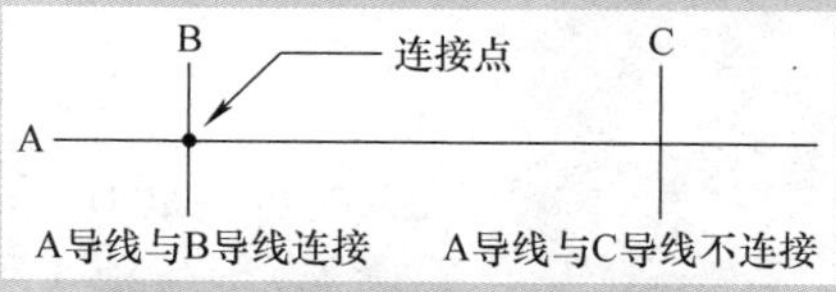

图 2-17　导线的连接节点

2）在分系统区段绘制的电路图中，凡遇间隔距离较远的两个电气系统而又需横向存在线路连接时，为保持图面的清晰，取消跨区域的横向连线，而用数字或字母标记说明该线路的连接关系。图2-18所示为导线的连接关系。

提示

图2-18中区域15～22与53～59可能是相邻页码，也可能是相隔很远的页码，阅读电路时要注意导线颜色、线径以及功能是否相同。

图2-18中区域16上方的导线接续号为58，与区域58上方接续号16相连接。

3）在彩色电路图中，凡采用同一颜色的线路，说明两者在电线束的中间部位直接相连；两种不同颜色的线路，二者不直接相通。

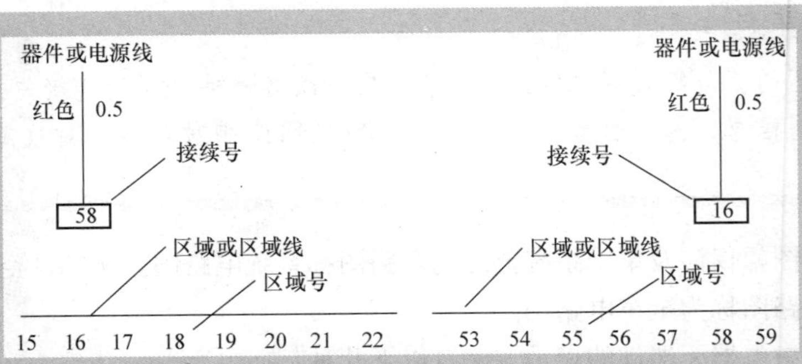

图 2-18　导线的连接关系

(2) 电源线与搭铁线　有些汽车的全车电路图，图面上有多条电源线（上端）和搭铁线（下端）。同时并存的多条电源线有区别，一般其中一条为常电源线，直接连接蓄电池正极，不受任何开关控制；另一条电源线受点火开关控制，只有当点火开关接通后，该电源线才“带电”；或者还有如点火开关附件档提供的电源，或经由某个开关或继电器提供的电源线。同时并存的多条搭铁线，均为公共搭铁线，但搭铁部位不同。

图 2-19 所示为电路图中正极与负极的一般表示方法。

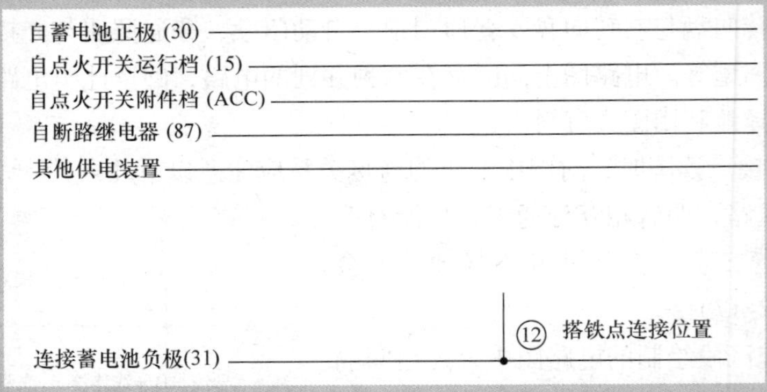

图 2-19　电路图中的电源线（正极与负极）

(3) 开关控制搭铁线　传统车辆电路中，各种开关均控制用电设备的电源线。而一些现代车辆中，许多开关均控制搭铁，如照明、刮水器、空调、鼓风机等。

(4) 导线及插接件端子标记　部分电气设备的导线或插接件端子，在电路图中标注有数字或字母标记。

技巧

采用数字表示插接件端子时，大部分没有具体含义，多是自然顺序号，但有些数字有其特定的意义，例如：“30”表示常电源、“15”表示点火、“50”表示起动等。而采用英文字母表示插接件端子时，有些没有真正的含义，而有些则有特定的意义，例如：“B +”表示常电源、“IG”表示点火、“ST”表示起动等。

三、汽车电路图的读图方法

在掌握汽车电路识图的基础知识后，就可以阅读汽车电路图了，一般可按照以下步骤进行。

1. 浏览

拿到汽车电路图后，要充分利用图面上提供的图注、图形、符号以及文字说明。首先了解该系统都有哪些电器件，这些器件的类型、功能、作用以及各器件的分布位置，各器件内有无内电路参考，器件外端子代号有无明确含义，导线线径、导线颜色、导线线号、熔断器容量都有可能对电路图的识读有帮助，这一过程对该电路的结构、组成、工作原理便有了大概的了解。

2. 展绘

详细的浏览虽然能对该系统电路有基本的了解，但是由于支路数量、器件端子较多，仅仅浏览是不可能完全掌握其工作原理的，因此

技巧

在浏览的同时便要动手把主要器件记录下来，可以用方框图形代表器件，也可以在其内部简单绘出有指导意义的内电路，其目的是要把每个器件的每条导线或每个端子与电源或其他器件之间的连接关系搞清楚。

常采用以下方法来完成展绘工作：

（1）电源正极到负极

规律

即由电源正极→熔断器→开关→继电器→用电器→电源负极。

这是用电器构成闭合回路的顺序，但是这种方法在阅读电路图时效率较低，特别是对比较陌生的电路图更是如此。只有在已知熔断器的作用的前提下才可以采用，不过在完成初步展绘工作时，采用此方法进行检验还是有其不可替代的作用。

（2）由器件端子查找　即从要查找的器件开始，可以按自然编号或顺序号开始，也可以从有目标、有指导意义的端子开始，还可以从电源端子开始。

方法

要根据实际情况，遵循先易后难、先简后繁、各个击破的原则，这样会提高效率，尽快完成电路图的展绘工作。

（3）从用电器查找　从用电器开始查找是因为常见的用电器一般以两端子或三端子居多，而且汽车上有单线制的特点。例如，两端子灯泡，大多数情况下有一端是已知的，即要么接搭铁线要么接电源线，这样排除了已知的端子后，只找另一个未知的端子，目标会更明确，查找更容易。

目的

展绘不要求绘出简洁规范的原理图，事实上也不可能一次完成，展绘的目的主要是从电路图中把有关的电器件与电源、开关、控制器、用电器等的连接关系搞清楚，并详细地记录下来，为进一步整理做好准备工作。

3. 整理

经过上述两项工作，便可以整理电路图了。整理电路图的目的主要是消化其工作原理。为了便于分析，整理电路图要按照电路原理图的格式进行，不要考虑器件端子编号的自然顺序、器件的排列，一切以体现或反映电路原理清楚明了为目的，所以电路图的布局很关键。

技巧

整理后的电路图要尽可能地使连接导线短一些、交叉点少一些、能用直线的地方尽量少用弯曲线，保证器件与器件之间、器件与导线之间、导线与导线之间留有足够的间距，使电路图更加清晰。

电路图中的器件一定要严格按照原图上的图形、符号、代号、字母进行标注，不能随意更改，器件端子数量不能随意增减，虽然是原理图，但也不能违背原图的设计理念和设计思路，这一点要特别注意。

汽车电路图的识读最终能达到整理后的目的和效果，电路识图的目的就达到了，对电路原理的了解，电气故障的分析、故障的排除意义重大。

电路识图对汽车电气系统的学习和电路原理的掌握至关重要，一定要多读多练，识读一定数量的汽车电路图后，一定会发现不同车型的电路具有许多共性，都符合电源、控制部分、用电器、电源负极这样一个闭合回路的原则，只不过是电路结构、图面形式、器件图形、符号等不同罢了。所以要及时归纳总结这些共性和差异，对今后快速读图有很大的帮助。

现代汽车种类繁多，但仍然以欧、美、日、韩等车系为主。例如，掌握了桑塔纳轿车的电路识图就相当于了解了西欧汽车的电路特点。了解了日本丰田汽车的电路识图就相当于了解了国产广丰、一汽丰田等汽车的电路特点。所以电路识图必须多读多练，它是一个熟练掌握的过程，是一个循序渐进的过程，是一个不断积累经验的过程，是一个提高技术水平的必经之路。

四、汽车电路图识读技巧

在学习汽车电子电路原理或对新型汽车电气系统进行故障检修时，离不开阅读汽车电路图。但是，由于各国汽车电路图有很大的差异，同一国家不同公司的汽车电路图也存在着较大差异，甚至同一公司不同车型也有差异，因此要想读懂电路图并非一件易事。

技巧

正确识读和分析汽车电路图是了解整个汽车电气系统的基本组成、工作原理、电路结构、特点以及各电气装置之间相互连接关系的主要途径，也是分析和判断汽车电器系统故障的主要依据。

因此，掌握汽车电路图的正确识读和分析方法，对于广大汽车技术人员和汽车维修人员迅速分析汽车电气系统故障原因、准确查找故障所在、最终解决问题是十分重要的。

1. 熟悉电路连接规律

汽车电路图表达的电路较多时，会有很复杂的感觉。但单线、并联、负极搭铁是其基本特点。根据汽车电路的基本特点，在读图和查寻时应明确以下几点：

1）每个用电设备的连接都是用一根导线与电源的正极相连接，如果某个用电设备的电源线还连接着其他用电设备，则是与其他用电设备共用电源线。

2）用电设备与电源之间可能串联有熔断器、开关或继电器等部件，但各个用电设备之间仍然是并联关系。

3）一些电器件通过其壳体搭铁连接电源负极，有的电器装置则是通过导线搭铁。

4）对于交流信号而言，在电路原理图中信号的传输方向通常是从左向右，且信号受到一级级的放大、处理和传输，输入信号或信号源通常在图样的左边，输出信号或执行元件在图样的右边。

5）对于某一信号传输通路而言，直流电压供给电路是从右向左供给的，且电压从右向左逐级下降。对于某一级放大器电路而言，直流电路是从上而下分布的，上端是直流电压供给电路，下端是搭铁。

6）一般对于比较规范的汽车电路图，其整个电路都是纵向排列，同一系统的电路归纳在一起，在电路图中所占的篇幅基本上局限在某一范围内。

2. 熟悉电路图形符号

在阅读汽车电路图以前，必须对该电路图所具有的特点、各电气元器件的表示方法、导线与接线柱的标注含义等都十分了解，并且熟悉各种电气元器件在电路图中的表示符号、位置、连接方式、内部电路，这是识读和分析汽车电路图首先应该了解的常识，否则识读汽车电路图就无从下手，更谈不上分析电路图了。

3. 充分利用图注说明

当拿到一张汽车电路图时，大多是接线图或电路原理图。无论它是哪一种电路图，一般都是线条密集、纵横交错、头绪多而杂，不容易看懂。在阅读局部电路图时，首先必须认真地阅读图注（图 2-20），弄清该部分电路所包含的电气设备的种类、数量等，有利于在阅读时抓住重点。

4. 特别注意开关在电路中的作用

对于多档位开关要分析各个接线柱或端子的功能，有的用电设备是由两个以上的单档开关（或继电器）控制的，有的由两个多档开关控制。当开关接线柱或端子较多时，首先抓住从电源来的接线柱或端子，再逐个分析与其他各接线柱或端子相连的用电装置处于何种档位，从而找出控制关系。因此，分析汽车电路中的开关时，应注意以下问题：

1）蓄电池或发电机的电流是通过哪种路径到达这个开关的，中间是否经过其他开关和熔断器，这个开关是手动还是电控的。

2）这个开关控制哪些用电设备，每个被控电器的作用是什么。

3）开关的接线柱或端子哪些是接电源的，哪些是接用电器的，接线柱或端子旁是否有接线符号，这些符号是否常见。

4）开关共有几个档位，每一档位中哪些接线柱或端子有电，哪些无电。

5）在被控制的用电器中，哪些用电器应经常接通，哪些应短暂接通；哪些应先接通，哪些应后接通；哪些应当单独工作，哪些应当同时工作，哪些电器不允许同时接通。

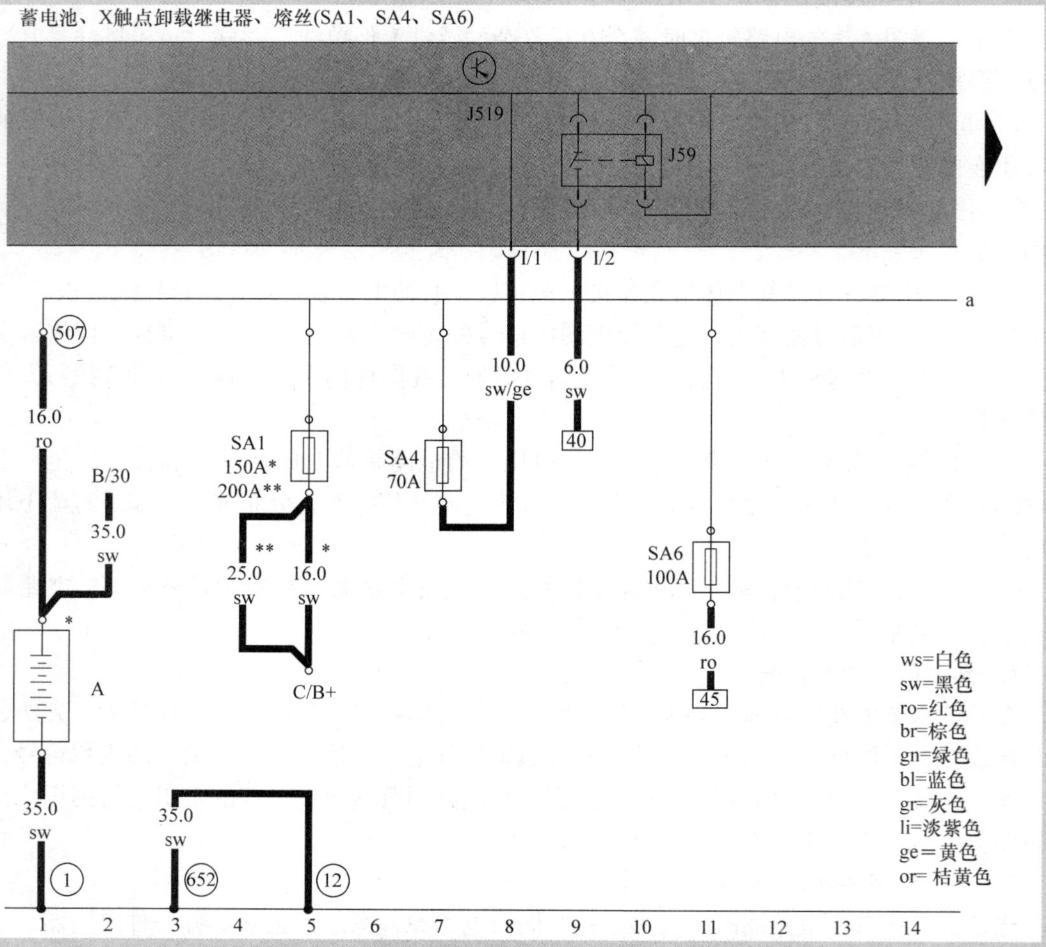

图 2-20 某车辆蓄电池、X 触点卸荷继电器、熔丝电路图

A—蓄电池
B—起动机
C—交流发电机
J59—X 触点卸载继电器（460）
J519—车载电网控制单元
SA1—熔丝架上的熔丝 1，蓄电池
SA4—熔丝架上的熔丝 4，蓄电池
SA6—熔丝架上的熔丝 6，蓄电池

①—搭铁带，蓄电池 - 车身
⑫—搭铁点，发动机舱内左侧
(507)—熔丝架上的螺栓连接（30），蓄电池
(652)—搭铁点，变速器搭铁和发动机搭铁
*—用于带有 90A/110A 发电机的汽车
**—用于带有 140A 发电机的汽车

5. 了解开关和继电器的初始状态

电路图中的各种开关和继电器都是按初始位置画出的，如按钮未按下，开关未接通，继电器线圈未通电，其触点未闭合（动合触点）或未打开（动断触点），这种状态称初始状态。

提示

看电路图时，不能完全按原始状态分析，否则很难理解电路所表达的工作原理，因为大多数用电器都是通过开关、按钮、继电器触点的变化，实现不同的控制回路。因此，在识读电路图和分析电路时应动静结合，灵活掌握。

6. 了解各系统之间的关系

在识读汽车电路图和分析电路时，要充分利用汽车电路具有单线制、各电路负载和两个电源相互并联等特点。对于整车电路，各局部电路除电源电路公用外，其他部分都是独立的，但它们之间存在着内在联系和相互影响。

链接

阅读电路图时应把局部电路从整车电路图中分解出来，抓住特点把各个系统局部电路的结构和原理搞清楚了，理解整车电路也就相对容易了。

在阅读电路图和分析电路时，应采取各个击破的方法进行识读，有重点、有目的地进行分析。例如，发动机电子控制系统可分解为燃油喷射系统、点火控制（汽油车）、怠速控制、排放控制以及辅助控制等。另外还应注意，在对各系统单元电路进行分析的同时，还应注意各系统单元电路之间的相互关系和相互影响。

7. 掌握回路原则

任何一个完整的电路都是由电源、开关、用电器、导线等组成的。电流流向必须是：电源正极→导线→开关→用电器→搭铁→同一电源的负极。这个简单而重要的原则必须牢记，否则，阅读电路图时会理不出头绪来。

方法

具体的方法可以沿着工作电流的流向，由电源查向用电器；也可逆着工作电流的方向，由用电器查向电源。尤其是在查寻一些不太熟悉的电路时，后者比前者更为方便。

读电路图时常发生这样的错误：从电源正极出发，到某用电器或再经其他用电器，又回到了电源正极。众所周知，电源电压存在于电源正负极之间，而电源的同一电极是等电位的，没有电压，所以从正极到正极的电路不会产生电流，这样读图必然错误。

读电路图时往往将蓄电池、发电机这两个电源当作一个电源，常从一个电源的正极出发，经过用电器回到另一个电源的负极，但并未构成真正的回路，不能产生电流。因此，读图时要强调从一个电源正极出发，经过用电器回到同一个电源的负极。

如果虽然讲究回路原则，但在电流方向上却是随意的，有时从电源正极出发，经用电器回到同一电源的负极，这是正确的；有时从电源的负极出发，经用电器回到电源的正极，这样虽然构成了回路，却因电流方向不确定，容易在某些线圈与磁路中引出错误的结论，而且这种电流方向在电子电路中是行不通的，且可能使元器件损坏。

8. 绘制基本原理框图

对于一些汽车电路图，由于给出的仅是电路图，而电路图上线条密集、纵横交错，分析电路工作原理较为困难。这时，可以参考有关资料和实物把原电路图按系统改绘成不同的单元工作原理图，这样各种电器的功能、电路将十分清楚，看起来一目了然，阅读和分析将会较为方便。在熟悉了电路图中各符号所对应的元器件，了解了它们的基本功能后，再根据工作原理画出框图，并找出各电源电路，这样就能了解整个电路的大致工作情况，为最后看懂整个电路图打下基础。

技巧

在改绘原理框图时，原电路图中的电气元件的接线柱或端子数量、标注符号不能随意删减或变更，接线柱或端子所连接的最终去向不能擅自变更，只能将一些过渡插接器或插接件简化省略而已。

◎◎◎ 第四节 汽车电路图的绘制 ◎◎◎

学习目标：

1. 了解绘制电路图的基本原则。
2. 熟悉绘制电路图的基本方法。
3. 明确绘制电路图的目的与意义。

一、绘制电路图的原则

绘图是将无论何种类型的汽车电路图改绘成纯电路原理图的一种学习方法，也是检修故障遇到“三无”情况时的一种有效解决方法。

1. 抓住关键 突破难点

提示

电路图的绘制原则上要遵循电源正极到开关、控制器、执行器、电源负极这样一个闭合回路的原则。

在实际电路图中有些看的不是很明显或由于电路图形的关系，往往很难下手，所以在识图与绘图时要抓住关键找到突破口，既能达到分析电路、消化电路的目的，又能提高绘图效率。因为电气设备的工作不会违背电控原理，任何一个开关都会有电源（无非是正极或负极）输入和信号输出（直接给用电器或控制器），而汽车上的用电器原则上只控制一端，如两端子灯泡、电动机，三端子一般应有一端为公共端的特点要很好地利用，下面举例说明。

例：以常见汽车典型的转向与危险报警信号电路为例。

如果对该系统没有很好的研究，工作原理也不很了解的话，不妨采取以下方法。

注意

浏览该系统电路图，将本电路中主要组成部件找出并记录各器件外端子数量，你会发现有转向开关、危险报警开关、闪光继电器以及若干个信号灯泡，转向开关大多与变光开关为一个操作手柄，危险报警开关（俗称双闪开关）有独立式的，也有与组合开关置于一体的。

以转向开关与双闪开关相互独立的称为分体式转向与危险报警信号电路为例，记录结果：转向开关3端子，双闪开关8端子，闪光继电器3端子，信号灯若干（6或8或更多）。

根据记录结果，遵循先易后难、由简到繁、重点突破的原则进行分析：

1）信号灯有左右之分，一般成对称数量且并联工作，灯泡一端永久搭铁，另一端只有等待正极方可工作（关键要找到提供正极的地方）。

2）转向开关，根据其工作性质，属于选择开关。静止时，三个端子互不导通；工作时一定有一个公共端子与另外两个端子的其中一个导通，公共端子为输入端，另外两个端子为输出端。

3）闪光继电器，一般为三端子，是一个电子控制继电器，必须具备电源正极、电源负极作为电源方可具备工作条件，另一端即为输出端。

4）双闪开关在该电路有关器件中接线端子数量最多，据此可想象它在本电路中所处地位相当关键，所以应重点研究。

通过上述分析，可将双闪开关作为核心部件，以它为中心，展开工作，常用方法是：

① 若开关内部一时不易看懂，则由外端子依次查找与之连接的电源或器件，可将开关画一个方框置于纸张中央，将查找并落实的有关情况勾画出来，然后通过外电路的连接情况帮助内电路的分析。

② 若开关内部结构、原理较为明确，则通过对内电路工作原理的分析确定外端子的连接去向。

提示

总而言之，通过两种方法的交替应用，尽可能准确地把本电路有关器件及电源之间的连接情况搞清楚，为进一步完善电路图打好基础。

2. 合理布局　重点突出

电路图的合理布局对反映电路结构、工作原理至关重要，重点突出不仅能反映绘图者对电路原理了解的程度，同时对阅读者也是一种很好的提示。

例如，绘制采用整体式（灯光、变光开关置于一体）照明开关的照明电路原理图，图中照明开关应作为核心部件，其方框要用重色线加以突出它的重要性，另外，将内部各开关分别标注清楚。

3. 绘图效果

电路图的绘制是彻底消化电路、掌握原理的一种最有效、最科学、最实用的学习方法，它是对电路原理、工作情况学习的过程，也是消化后的产物。

提示

绘图时应以简单明了、走向清楚、重点突出、一目了然为宗旨。特别要注意导线与导线之间、导线与器件之间、相邻组别触点之间的距离保持清晰可见，能用短线的不用长线，能用直线的不用弯线、折线，即保持连接线最短、交叉点最少。

图2-21所示为组合开关式照明电路开关内部结构基本电路原理图。

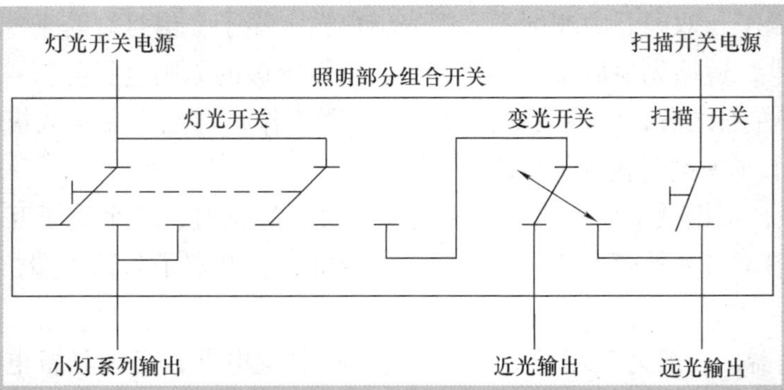

图 2-21 组合开关式照明电路开关构成框图

二、常用绘图方法

常用绘图方法有两种：一种是针对原车电路图的学习，称为“正向学习”；另一种是在检修故障遇到‘三无’情况时常用的解决问题的方法，称为“逆向思维”。

1. 正向学习

所谓正向学习是一种形象的比喻，它是针对原车电路图，对电路工作原理了解的一种学习方法。

提示

电气设备工作原理的掌握除了必要的文字介绍外，最关键的是对电路结构彻底了解，只有这样才能在排除故障时得心应手，丰富诊断思路，提高判断故障的准确性。

正向学习方法的应用一般有两种情况，一种是对系统电路有所了解，另一种是对系统电路不很了解或是比较陌生。前者应用最多的是对新车型或陌生电气系统的进一步了解，寻找有无常规电路、基本原理以外的不同之处；而后者更适合初学者或是经历较少、经验不足的修理人员。下面重点介绍对系统电路不很熟悉或是陌生电路的学习。

方法

对原车电路图的学习一般要经过简化、整理、消化三个过程。

(1) 简化　针对要学习的电路首先要进行简化工作，通俗地讲就是“化整为零，各个击破”。首先将电路图中有关器件摘录出来，单独研究，具体做法可参照表 2-17 所列步骤进行。

表 2-17　简化电路图操作步骤

器件	方法
开关	参阅电路说明或注解搞清楚名称和作用，大概分析其属于哪种类型的开关，是档位开关、选择开关还是温控、压力、机械式开关等，简单绘制开关内部电路并标注其外端子代号或名称
传感器	分析其属于何种类型、有源还是无源器件，同样绘制简单电路，甚至是方框都可以，但外端子一定标注清楚
电磁继电器	根据其外端子数量画出内部原理图

（续）

器件	方法
电子继电器	内部电路一般不会详细，可画成方框，标注器件名称、外端子以及可能连接的地方
电子控制器	其外端子数量相对较多，一般要将其插头按接近实际的形状画出端视图，并标注各端子代号
用电器	用量较多的有灯泡、电动机、电磁阀等，同样用电路图形、方框或器件端视图画出

注意：

① 以上各项记录工作均应分别标注清楚名称、功能，线色、线径，外端子代号应标注在端子引出线处。

② 特别强调所记录均为器件线束侧。

③ 内部电路清楚的应尽可能按原理图画出；若不很清楚则应尽可能将有价值的、可利用的内部电路绘出；若是电子控制单元那就用方框表示，对可以落实的接线端子，在其内部标注相应功能。

通过上述工作后，电路所涉及的大部分相关器件就应该基本呈现在眼前了，甚至大概的工作原理也应在大脑中基本形成。

（2）整理　简化工作是“化整为零”，而整理则可称为是“合并同类项，对号入座”的过程，操作时仍然遵循先易后难、先简后繁的原则，具体方法步骤见表2-18。

表2-18　整理电路图方法步骤

<table>
<tr><th>类别</th><th colspan="2">连接方法</th></tr>
<tr><td rowspan="3">同色线</td><td colspan="2">各器件接线端子有相同线色标记的导线优先考虑是同一条导线，这样可以提高效率，但一定要仔细核实</td></tr>
<tr><td>简单电路</td><td>可直接在两器件应该连接的接线端子之间用“导线”连接即可</td></tr>
<tr><td>复杂电路</td><td>可利用接续号码进行连接。例：A器件3号端子与B器件6号端子为同一条导线，即可在A器件3号端子处标注B/6，而在B器件6号端子处标注A/3，既方便又清楚</td></tr>
<tr><td>输入/输出</td><td colspan="2">也就是按功能连接。任何器件都会有输入和输出的功能，根据简化过程中对器件的记录和分析，结合线色、线径综合分析，得出这样的结论：A器件的输出，连接B器件的输入的可能性较大，再通过查找线路可快速地找到连接去向。同样根据上述方法做好标记</td></tr>
<tr><td>原理分析</td><td colspan="2">对于不易落实，难以确认的器件上的接线端子，则应通过工作原理进行分析。例如：某三端子开关已有两端子分别与用电器的一端连接，那么未落实的这个端子一般应为公共端子，并根据用电器来分析这个端子应为电源正极还是电源负极</td></tr>
</table>

经过整理过程各个环节的工作后，系统电路工作原理已基本清楚了，当然不排除器件上或电路中个别接线端子未找到或功能不清楚的情况，此时不要花太多的时间纠缠于此，应该进入下一过程，这样会提高效率，同时疑难点有可能会迎刃而解。

（3）消化　简化、整理工作都是为最终彻底了解电路工作原理而进行的准备工作，对电路工作原理的掌握还必须要经过消化这一过程，对电路工作原理掌握程度如何，关键是这一过程完成的好坏，真正意义上的电路图绘制工作才正式开始，具体方法步骤见表2-19。

表 2-19　消化电路原理的方法步骤

<table>
<tr><th>步骤</th><th colspan="2">方法</th></tr>
<tr><td>草稿</td><td colspan="2">参照简化、整理后对器件各接线端子连接情况的记录，开始绘制电路原理图，遵循电源正极、开关、用电器、电源负极这样一个电路图结构安排的规律。为了提高绘图效率，此次绘图尽可能不依赖绘图尺，简单勾画即可，所以叫草稿（草图）</td></tr>
<tr><td rowspan="3">初稿</td><td colspan="2">草图完成后，基本上有了电路图的雏形，这对电路工作原理的分析有很大的帮助，要加以完善，同时对各器件位置的安排、比例的大小有了新的发现</td></tr>
<tr><td>设计</td><td>按照电路原理图绘制的各项要求，通过对器件规格的测量、简单计算，合理安排各器件在图纸中的分布位置</td></tr>
<tr><td>绘图</td><td>用绘图尺横平竖直的将各器件与电源、器件与器件之间用铅笔轻轻地连接起来，这样较为清楚明了的电路原理图便成功地画好了。这时对电路工作原理的认识会有进一步的提高，对电路图的布局同样会有新的认识。对发现的问题要及时修改和完善</td></tr>
<tr><td rowspan="4">定稿</td><td colspan="2">在初稿的基础上经过修改、完善，基本符合交叉点要少、连接线要短等绘图要求后，要进行审核，即对本电路工作原理是否成立进行检验，方法有两种</td></tr>
<tr><td colspan="2">① 对于简单电路可口头描述工作过程，以达到理解的目的</td></tr>
<tr><td colspan="2">② 对于较为复杂的电路应采取记录的形式，边描述边记录以利于进行复检，这个过程可称为“自检”或“闭环控制”</td></tr>
<tr><td colspan="2">在确认工作原理符合实际情况后，最后要用钢笔将铅笔绘制的电路图描写一遍，一则便于保存，二则又是一次对电路的熟悉，这样一幅电路原理图就改绘完成了</td></tr>
</table>

对于电路除了文字说明的学习外，仅电路图的学习就经历了简化、整理、消化三个过程以及若干个环节，其中消化过程就有不少于三次对电路的研究，每个器件、每条导线、每个结点都经过了多次的“触摸”。试想一个电路经过无数次、反复的研究学习后，其工作原理早已深深扎根于记忆中，检修、排除故障时便会应用自如、得心应手。

提示

电路图绘制方法或绘图技术其实是学习电路很好的方法，也可以说，电路原理图绘制的越清楚明了，说明对电路了解得越透彻。

（4）绘图示例　绘图示例在后面的章节中会多次出现，这里不再赘述。

2. 逆向思维

正向学习方法掌握得好的话，结合逆向思维在实际学习和检修工作中更能发挥意想不到的功效。若两者都能熟练掌握、灵活应用，那么对汽车电气设备的学习和检修可谓找到了一把“金钥匙”，对于初学者来说，能大大缩短学习时间，提高学习效率，尽快走向岗位或胜任工作；对于已有经历的从业人员不失为提高技术水平的一个捷径。

注意

逆向思维主要是针对检修过程中特别是在“三无”情况下采取的一种很好的检测方法，它对电路图的学习同样也意义重大。

这里重点介绍“三无”情况下如何获取电路连接的具体方法，因为没有电路图、对电路工作原理不熟悉是制约检修过程中对故障诊断、分析的主要障碍。

（1）实车侦察，现场记录　在检修故障时面对不很熟悉的车辆、不很熟悉的电气设备，而且在无图纸、无资料、无设备的情况下，束手无策或百思不得其解时，不妨采取类似侦察兵侦察敌情为指挥官提供宝贵资料时的侦察手段。

注意

检修工作的继续或者最终排除故障，至少可获得宝贵的、维修必备的一手资料，虽然方法原始、耗时费力，但在特殊情况下，它却有“磨刀不误砍柴工”的效果。

现代车辆系统较多、车种复杂、车型更新换代快，着实让人眼花缭乱，车辆上装备的电气设备更是不胜枚举，控制方法、电路结构让人难以掌握，这对当今从业人员的维修工作、技术水平确实是一个巨大的考验。即使是坚持学习、不断进取、善于总结的优秀修理人员，也不可能将所有的车型都有所了解，况且也很难收集全技术资料。然而无论电气设备的数量有多少、控制方法有多少种，不变的仍然是电控原理，无非是开关直接控制用电器，变成了增加由继电器控制，要不采用了电子控制单元，出现了温控、液位、压力、光控、磁控等传感器，所以掌握实车侦察方法，在某种意义上可谓以不变应万变，达到处惊不乱的效果。

例：某车辆发动机冷却风扇高速档不工作，发动机温度过高。

实车查找并画出相关器件端视图，并查找落实它们之间的连接关系，如图 2-22 所示。

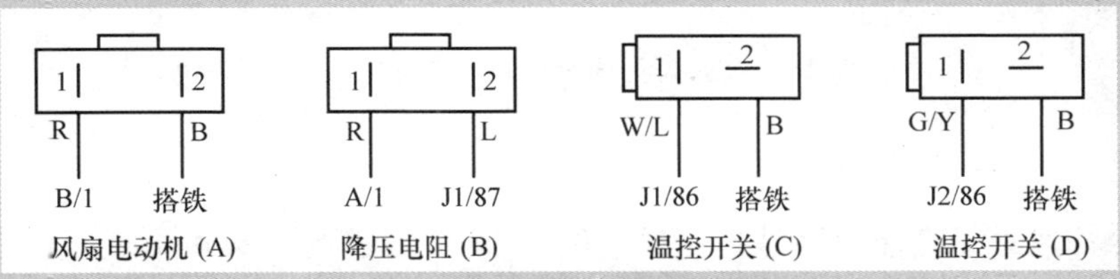

图 2-22　风扇电路相关器件连接关系

根据上述检查结果分析构不成完整电路，考虑应该有风扇继电器，继续查找并将继电器端视图记录，如图 2-23 所示。

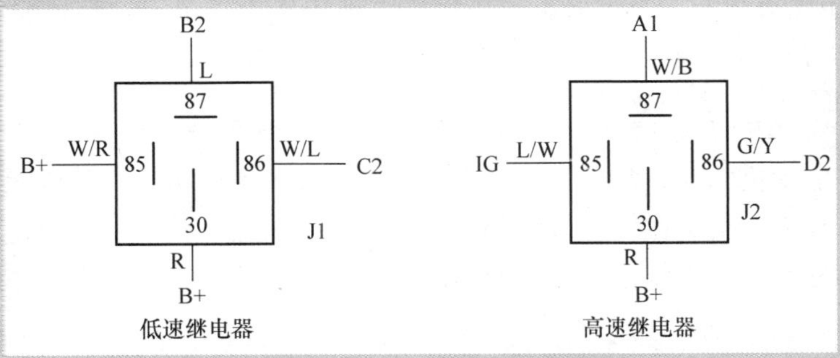

图 2-23　继电器端子功能及电路连接

将继电器画出，完善核实检查结果并记录，参照上述检查结果绘制电路原理图（图 2-24）。

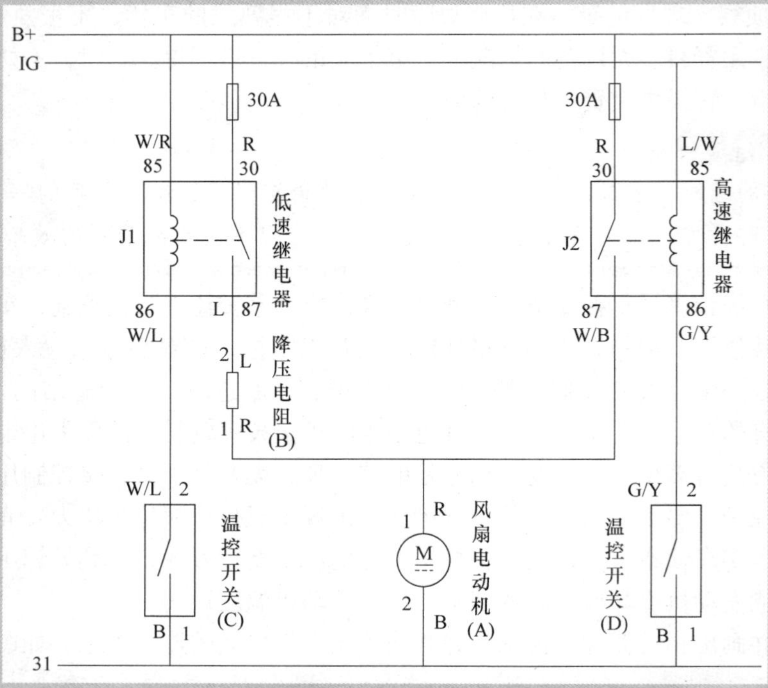

图 2-24　根据实测分析绘制的风扇电路原理图

经分析冷却风扇无高速原因是高速风扇继电器 J2 线圈无点火供电所至，找到原因，排除故障。

（2）实物测量，探囊取宝　实物测量是探究器件内部常用的一种方法，无论是在电路图的学习，还是在检修时，其作用不可低估。

作用

电路学习不免会遇到文字说明不够详细或者电路图不够清楚，一时难以理解的情况，此时，如果有器件的话，不妨对其进行测量，参照电路图、配合文字说明，这样有助于对电路原理的彻底了解，提高效率。

例：起动时电动机转动正常，发动机不发火，但外力牵引车辆发动机能够工作。

故障分析：外力牵引车辆发动机能够正常工作，说明发动机控制部分正常，只是在起动时发动机控制部分不具备工作条件，可能是点火开关或相关起动时提供发动机控制部分工作的电源电路问题。

查找原因：确认起动机正常情况下，此例重点检查点火开关。

查找并画出点火开关端视图（图 2-25），用数字万用表蜂鸣档测量各档位、各端子之间的导通关系，并做好记录。

测量结果：

OFF：无导通

ACC：端子 4 与端子 1 导通（B + 与 ACC 导通）

IG：　端子 4 与端子 1 导通（B + 与 ACC 导通）

　　　端子 4 与端子 3 导通（B + 与 IG2 导通）

　　　端子 4 与端子 5 导通（B + 与 IG1 导通）

ST：　端子 4 与端子 6 导通（B + 与 ST 导通）

　　　端子 4 与端子 5 不导通（B + 与 IG1 不导通）

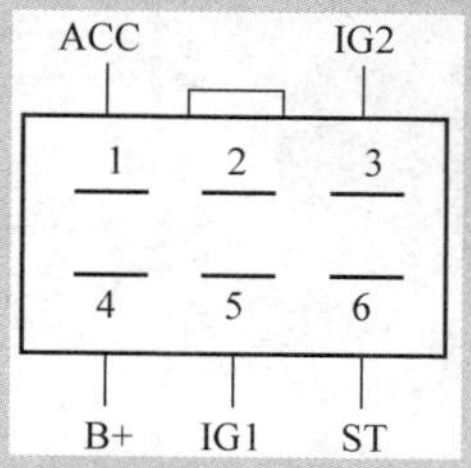

图 2-25　点火开关线束插座

根据测量结果分析，起动时只有起动机工作信号，没有发动机工作电源，原因是点火开关内部断路所致。

根据测量结果，绘制点火开关内部原理图（图 2-26）。

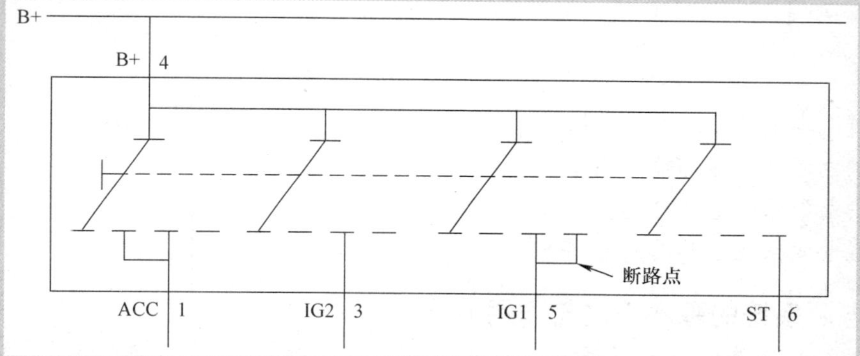

图 2-26　根据实测结果分析绘制的点火开关内部电路原理图

从图中可以更加清楚地看到，在起动档时，只有 B + 与 ST 导通，而 B + 与 IG1 不导通，所以出现了起动时发动机不发火，外力牵引车辆能够正常工作的现象。

故障排除：检修或更换点火开关。

第三章 汽车电源、起动与点火系统

第一节 电源系统电路图的识读与绘制

学习目标：

1. 了解汽车电源系统的基本组成。
2. 明确电源系统各部件的主要作用。
3. 熟悉电源系统基本电路。
4. 掌握电源系统电路图的绘制方法。

一、电源系统的基本组成与作用

汽车电源系统主要由蓄电池、发电机、调节器以及充电指示装置等组成。电源系统各部件的作用如下：

（1）蓄电池　蓄电池作为辅助电源在汽车上与发电机并联供电，其作用见表 3-1。

表 3-1　蓄电池的作用

工　况	主 要 作 用
起动	蓄电池给起动机提供强大的起动电流，同时给点火系统、仪表系统等用电设备供电，保证发动机顺利起动
发动机正常运转	发电机的端电压高于蓄电池的电动势时，对蓄电池进行充电，将发电机剩余电能转换为化学能储存起来
怠速或发电量低于蓄电池电压	当发动机处于静止状态或发电机发电电压低于蓄电池电压时，蓄电池对汽车各用电设备提供电源
发电机过载	蓄电池能协助发电机向用电设备供电
稳压	蓄电池相当于一只大容量电容器，不仅能保持汽车电系电压稳定，而且能吸收电路中出现的瞬时过电压，保护电子元器件

（2）发电机　发电机是汽车电系的主电源，在发动机正常运转期间给全车用电设备提供工作电源，同时对蓄电池进行充电。常见整体式发电机如图 3-1 所示。

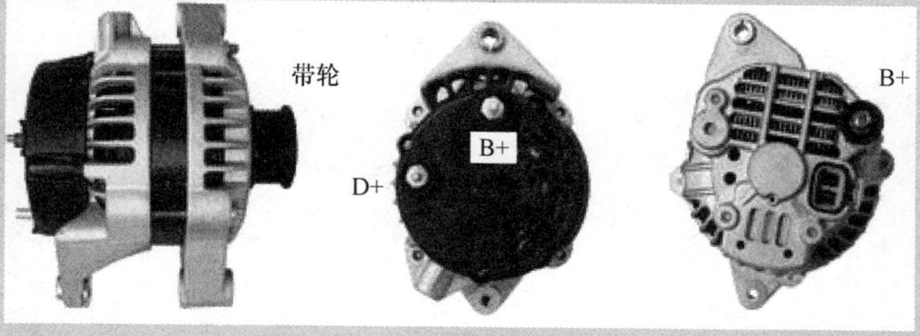

图 3-1　常见整体式发电机

（3）发电机调节器　调节器的作用是在发动机转速变化时，通过调节发电机励磁绕组的励磁电流，使发电机的电压保持稳定。

（4）充电指示装置　用于指示充电系统的工作情况，指示蓄电池是处于充电还是处于放电状态。

二、充电系统基本电路

1. 发电机内部电路

现代汽车均采用硅整流发电机，主要由转子、定子和整流器及附件组成。发电机按定子绕组的连接方式分为三角形联结和星形联结两种。图 3-2 所示为定子绕组星形联结。

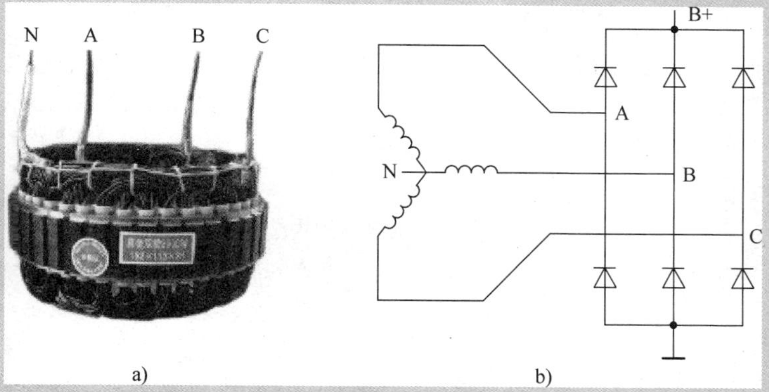

图 3-2　定子绕组星形联结

a）定子绕组　b）定子绕组星形联结

图 3-3 所示为定子绕组三角形联结。

发电机按励磁绕组搭铁形式分为内搭铁型和外搭铁型两种。

图 3-4 所示为励磁绕组内搭铁方式。

图 3-5 所示为励磁绕组外搭铁方式。

按整流二极管的数量一般分为 6 管、8 管、9 管和 11 管等，常见车型发电机整流二极管如图 3-6 所示。

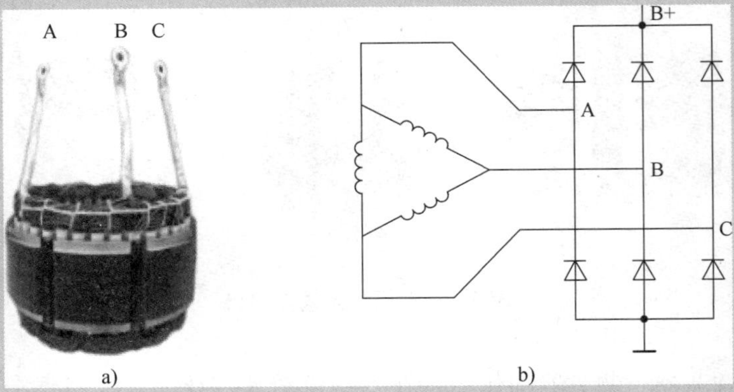

图 3-3　定子绕组三角形联结

a）定子绕组　b）定子绕组三角形联结

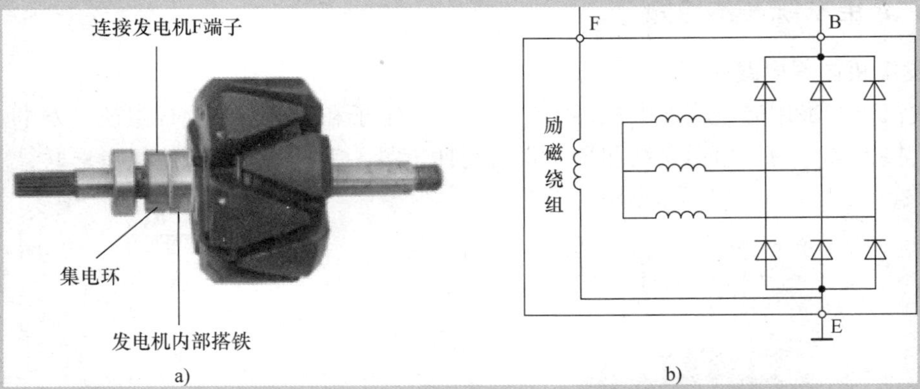

图 3-4　发电机励磁绕组内搭铁方式

a）转子　b）励磁绕组内搭铁

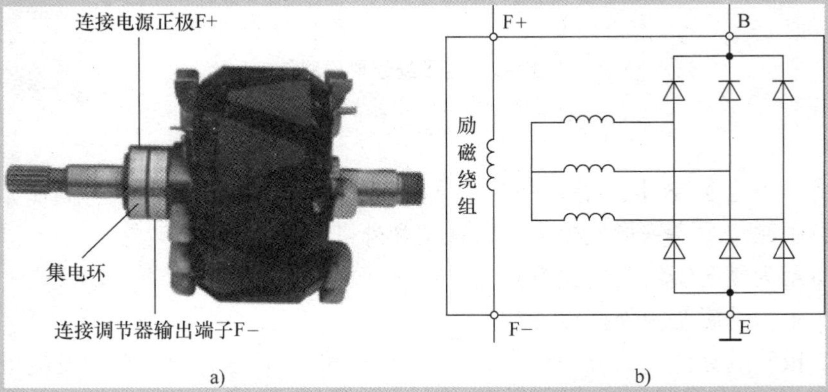

图 3-5　发电机励磁绕组外搭铁方式

a）转子　b）励磁绕组外搭铁

图 3-6　常见发电机整流器

图 3-7 所示为发电机整流电路类型。

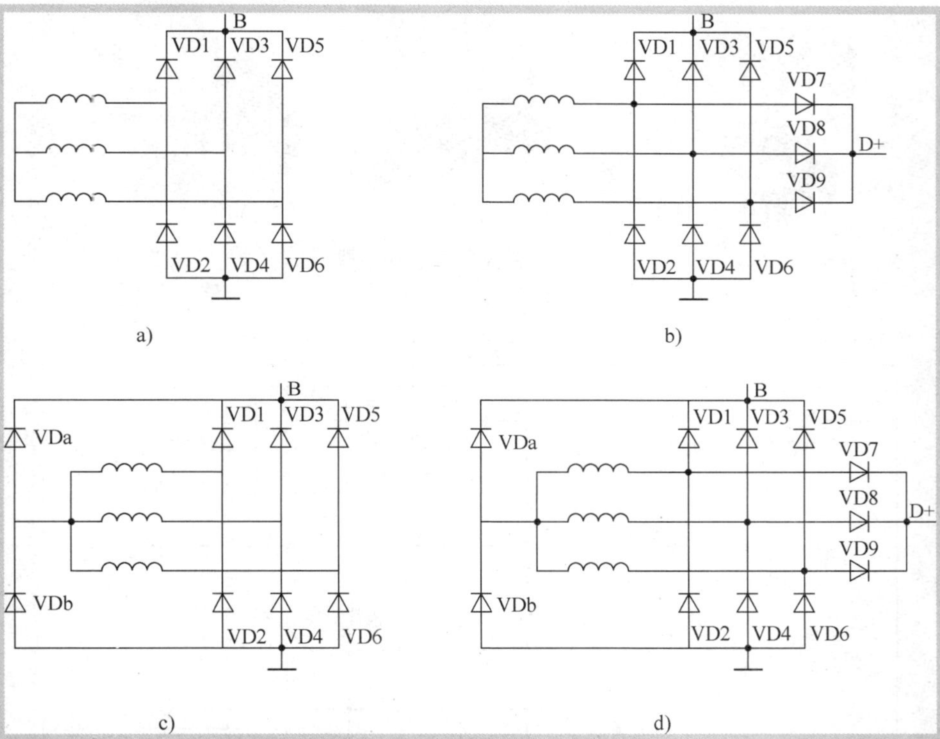

图 3-7　发电机整流电路类型

a）6 管整流　b）9 管整流　c）8 管整流　d）11 管整流

2. 内置调节器式充电系统电路

内置调节器式充电系统即调节器安装在发电机内部，故称为整体式发电机，目前车辆均采用这种形式。常见的内置调节器如图 3-8 所示。

图 3-9 所示为内置调节器式充电系统电路。

B + 输出：交流发电机 3 只正二极管与 3 只负二极管组成一个三相桥式整流电路，称为输出整流电路，用 B + 表示。

3 只磁场二极管与 3 只负二极管组成三相桥式整流电路，称为磁场电流整流电路，其输出端用“D +”表示。D + 作用：内部提供给励磁绕组和内置调节器电源，外部连接仪表板内充电指示灯。

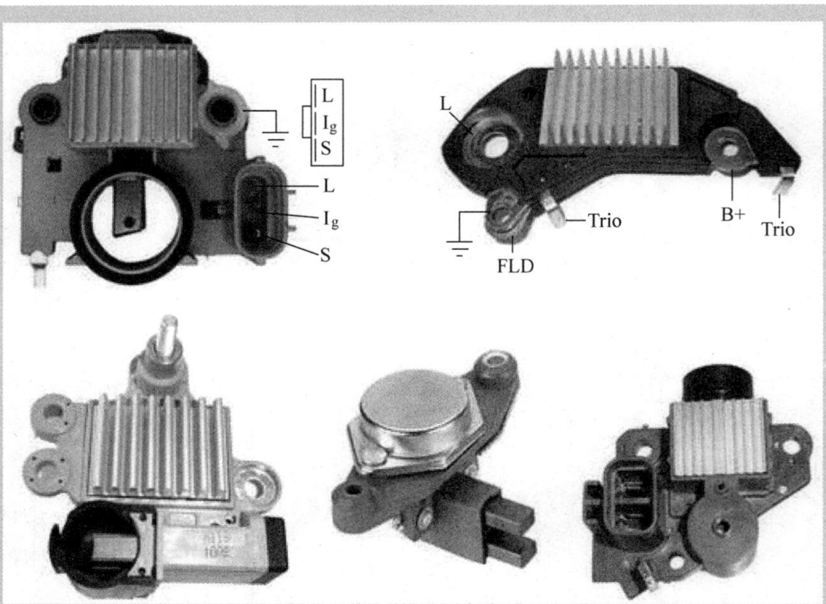

图 3-8　常见的内置调节器

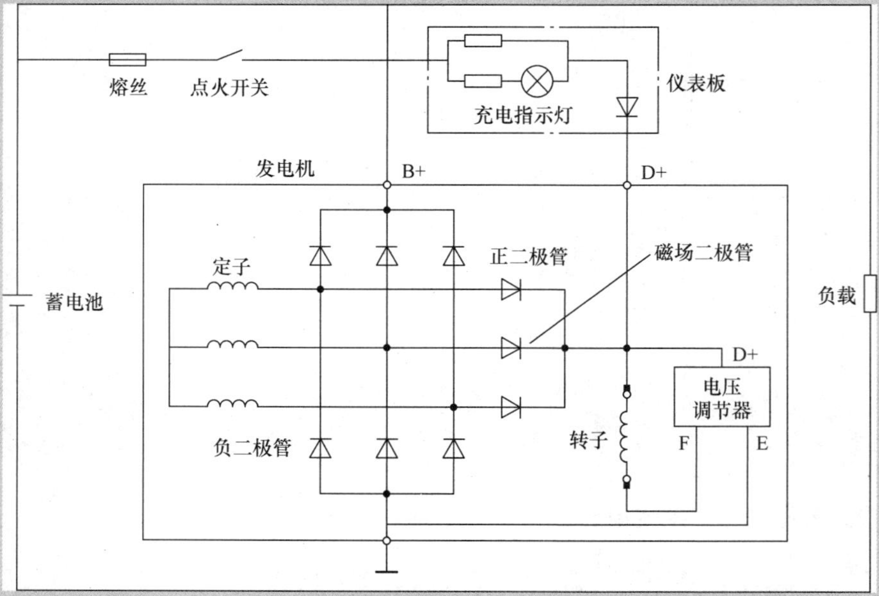

图 3-9　内置调节器式充电系统电路

当点火开关接通时，充电指示灯电路接通，其电路：蓄电池正极→点火开关→仪表板内电阻和充电指示灯→二极管→发电机“D＋”端子→发电机励磁绕组→调节器→搭铁→蓄电池负极。可见，充电指示灯的一端接蓄电池电压，另一端接发电机的“D＋”端子。

发电机未工作时，发电机的“D＋”端子无电压输出，充电指示灯两端电位差较大，指示灯发亮，指示磁场电流接通并由蓄电池供电。

当发电机工作时，定子绕组中产生的三相交流电经输出整流电路整流后，输出直流电压经“B+”端子向负载供电并向蓄电池充电，发电机的磁场电流则由磁场整流电路整流后输出的“D+”端子供给。

随着发电机转速升高，发电机的“D+”端子电压也随之升高，充电指示灯两端的电位差降低，指示灯亮度减弱；当发电机电压升高到蓄电池电压时，发电机的“B+”和“D+”端子电位相等，此时，充电指示灯两端电位差为零，指示灯熄灭，指示发电机正常发电，磁场电流由发电机本身供给。

当发电机转速降低时，“D+”端子电位降低，指示灯两端电位差增大，指示灯又发亮，指示蓄电池放电。若充电系统发生故障，导致发电机不能发电时，由于“D+”端子无电压输出，因此充电指示灯两端电位差增大，指示灯发亮，警告驾驶人及时停车排除故障。

三、电源系统电路图的绘制

图3-10所示为福特轿车充电系统电路图。为了更好地掌握和了解其工作原理，在学习过程中除了阅读电路图，还有必要对原车电路图进行改绘，这样有利于熟悉电路结构，以便进一步分析电路，给判断故障、排除故障打下坚实的基础。

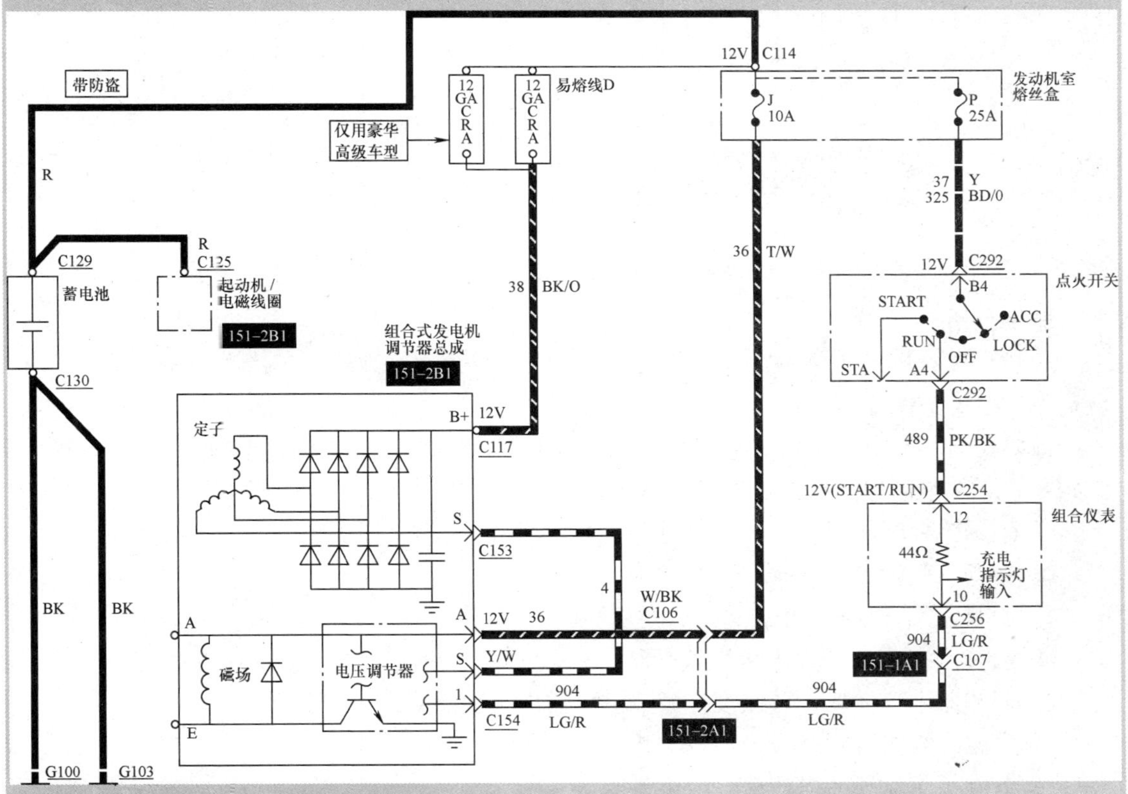

图3-10　福特（FORD）汽车充电系统电路图

改绘电路图的原则是不违背原车电路图中各器件之间的连接关系、各器件原有的接线端子数量及符号，只绘制与本电路密切相关的器件与线路，以电路原理图的形式，达到一目了然的效果。

从图 3-10 中可以看出充电系统电路主要器件有蓄电池、点火开关、熔丝盒、发电机、组合仪表等。发电机定子绕组为星形联结、采用 8 整流管、内置调节器且具有充电指示灯控制功能、外搭铁式励磁电流。改绘后的充电系统电路如图 3-11 所示。

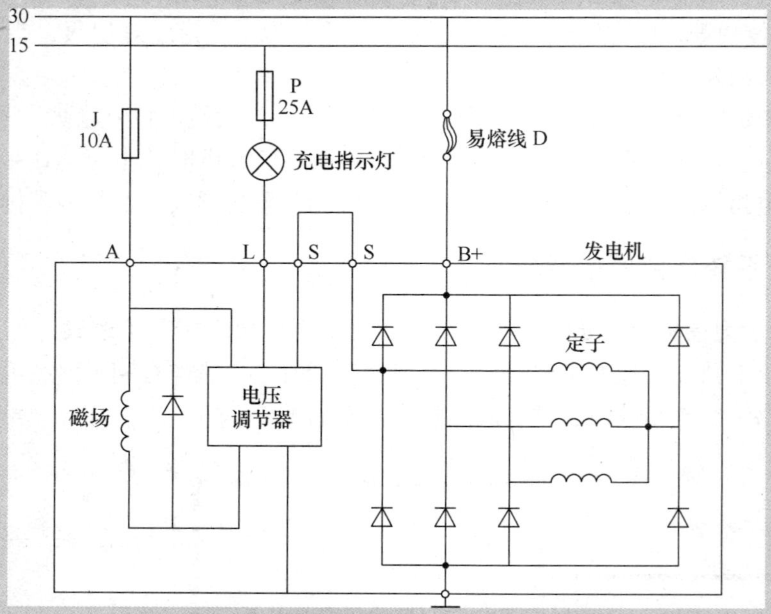

图 3-11　改绘后的福特汽车充电系统电路原理图

案例分析

故障现象：以图 3-9 内置调节器式充电系统电路为例，分析充电指示灯一直点亮，发电机不发电的故障原因。

故障分析：充电指示灯一直点亮，说明充电指示灯供电正常，且与发电机线路连接正常，导致不发电的原因基本可以考虑发电机内部，具体原因如下：

① 磁场二极管同时损坏（可能性不大）。

② 磁场二极管无“D +”输出。

③ 调节器无“D +”电源。

④ 调节器搭铁 E 与发电机搭铁断路。

⑤ 调节器本身损坏，导致没有调节电压输出至励磁绕组。

⑥ 励磁绕组本身断路。

⑦ 电刷、集电环磨损严重（可能性不大）。

故障排除：根据上述分析，解体发电机，本着先易后难、先简后繁的维修原则，对故障原因进行逐项检查并排除故障。

第二节　起动系统电路图的识读与绘制

学习目标：

1. 了解起动系统的基本组成与作用。
2. 明确起动系统各部件的主要作用。
3. 熟悉起动系统的基本电路。
4. 掌握起动系统电路图的绘制方法。

一、起动系统的基本组成与作用

起动系统主要由起动机和控制电路两大部分组成，如图 3-12 所示。

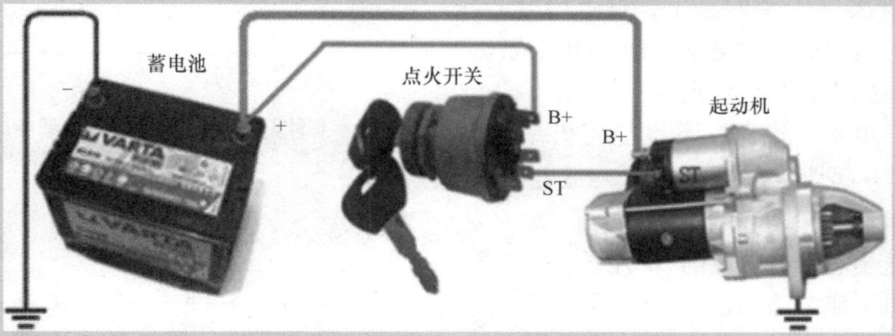

图 3-12　起动系统的基本组成

起动系统的作用是供给内燃机曲轴起动转矩，使内燃机曲轴达到必需的起动转矩，使其进入自行运转状态。

1. 起动机

起动机俗称马达，其作用是产生转矩。为了获得较大的起动转矩，一般采用直流串励式电动机，少数采月复励式电动机，还有采用起动初期为串励式起动，中期改变为复励式的电动机。无论何种励磁方式的电动机，在电路图中均表示为直流电动机，分析电路时可按直流电动机的工作原理来对待。

2. 控制电路

控制电路的主要作用是控制起动机能够工作，它的主要部件是起动开关（点火开关）和电磁开关，根据电路的不同，还有起动继电器以及各种保护开关。

二、起动机控制基本电路

1. 起动机内部电路

起动机总成的电气部分主要由电动机和电磁开关组成，电动机一般可按照直流电动机的工作原理进行分析；电磁开关主要由保持线圈、吸拉线圈和触点等组成。

重要

搞清楚电磁开关的内部结构以及与起动电动机、起动开关之间的电路关系，是学习和掌握起动电路的关键所在。图3-13所示为起动机总成电气部分的内部电路。

2. 具有保护开关的起动机电路

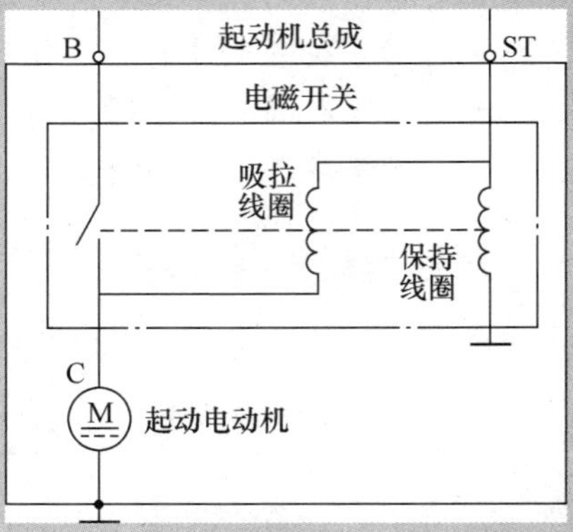

图3-13　起动机总成内部电路

图3-14所示为具有保护开关的起动机控制电路，图中控制电路包括起动继电器、空档开关和离合器开关，起动机工作情况如下。

当点火开关置于起动档时，起动继电器控制电路：蓄电池正极→点火开关起动档→50导线→熔丝1→空档开关（常闭）→起动继电器85端子→继电器线圈→起动继电器86端子→离合器开关（起动时踏下，触点闭合）→搭铁→蓄电池负极，起动继电器线圈构成闭合回路，产生磁力，吸合触点。

起动继电器主电路：蓄电池正极→30导线→熔丝2→起动继电器30端子→继电器内部闭合的触点→起动继电器87端子，蓄电池正极送至起动机总成的ST端子。

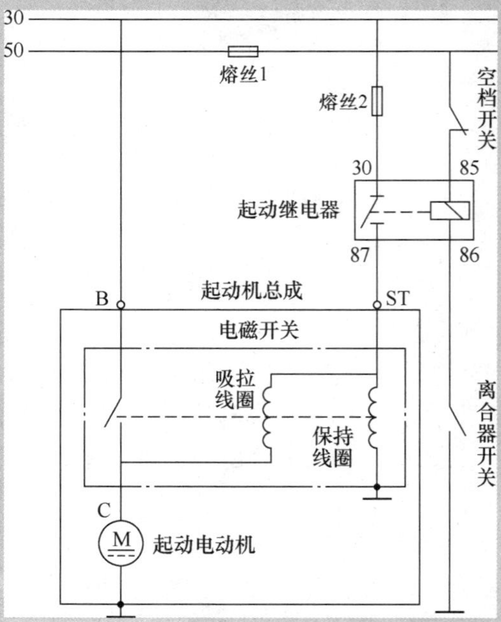

图3-14　具有保护开关的起动机电路

起动机工作电路：正极性的ST端子进入起动机后，吸拉线圈、保持线圈同时通电。保持线圈的电流经电磁开关外壳直接搭铁；吸拉线圈未直接搭铁，而是经过起动电动机后再搭铁。两线圈通电后产生较强的电磁力，克服弹簧弹力使电磁开关内部的触点（能通过大电流的接触盘）闭合，接通了起动机的通路，蓄电池电源正极通过触点直接进入起动机，使起动机正常运转。此时，通过吸拉线圈的电路被短路，因此吸拉线圈无电流通过，电磁开关内触点导通的位置靠保持线圈来保持。

发动机起动后切断起动电路，保持线圈断电，在弹簧的作用下，电磁开关内部触点断开，切断了起动电动机的电路，起动机停止运转。

3. 具有驱动保护功能的起动机电路

具有驱动保护功能的汽车通过增设安全继电器或利用充电指示灯继电器使起动机控制电路具有驱动保护功能，如图3-15所示。

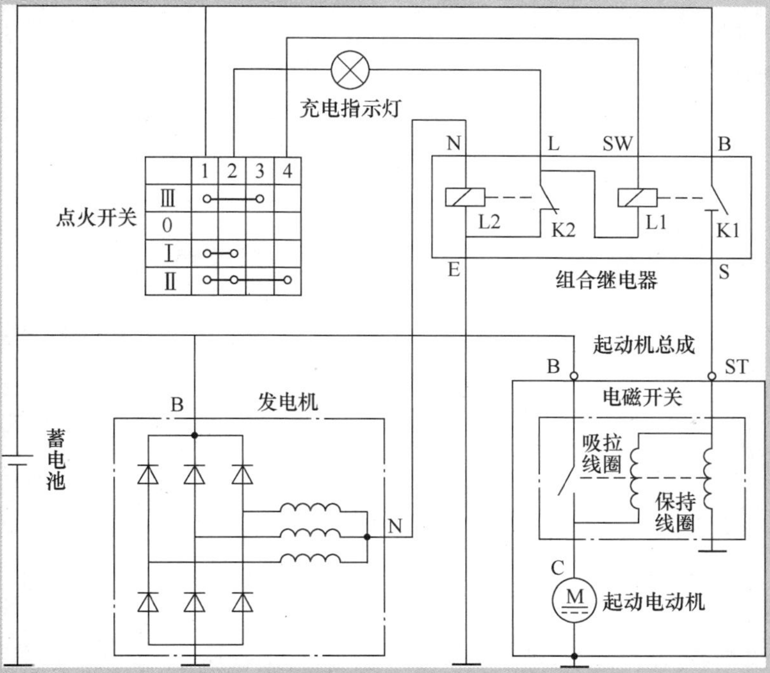

图 3-15　具有驱动保护功能的起动机控制电路

该起动机控制电路采用了由充电指示灯继电器和起动继电器组成的组合继电器。起动继电器触点 K1（常开）串联在起动机电磁开关电路中，当 K1 闭合时起动机电磁开关通电；起动继电器线圈 L1 通过充电指示灯继电器触点 K2（常闭）搭铁，使充电指示灯继电器线圈不仅可控制充电指示灯，同时也控制了起动继电器线圈 L1 的通、断电；充电指示灯继电器线圈 L2 的通断电由发电机的中性点（N）电压控制，当发电机正常发电时通电，L2 产生的磁力可将 K2 触点断开。组合继电器采用这样的一种连接方式，使得起动继电器线圈 L1 在发动机起动后和正常工作（发电机发电）时不通电，使之具有驱动保护作用。

起动时，点火开关拨至Ⅱ档（起动档），点火开关的 1 号端子与 4 号端子接通，使组合继电器中的起动继电器线圈 L1 通电。其电流通路为：蓄电池正极→点火开关 1 号端子→点火开关 4 号端子→组合继电器 SW 端子→L1 线圈→K2 触点→组合继电器 E 端子→搭铁→蓄电池负极。起动继电器线圈 L1 构成闭合回路，产生磁力，吸合触点 K1，接通了起动机电磁开关电路，使起动机通电工作。

发动机起动后发电机正常发电，发电机中性点电压通过组合继电器的 N 端子加在充电指示灯继电器线圈 L2 上，此时 L2 线圈产生磁力，将 K2 触点断开，K2 触点断开后使起动继电器线圈 L1 断电（即使点火开关仍在起动档），触点 K1 随即断开，使起动机电磁开关断电，起动机立刻停止工作。

在发动机工作时，由于有发电机的中性点电压作用在充电指示灯继电器线圈 L2 上，通电所产生的电磁力使其触点 K2 保持断开状态。因此，若点火开关误拨到起动档，起动继电器线圈 L1 也因无搭铁回路而不工作，起动机也不会通电工作。

三、起动系统电路图的绘制

图 3-16 是别克轿车起动机控制电路，从图中可以看出该车起动机控制电路除了常规的

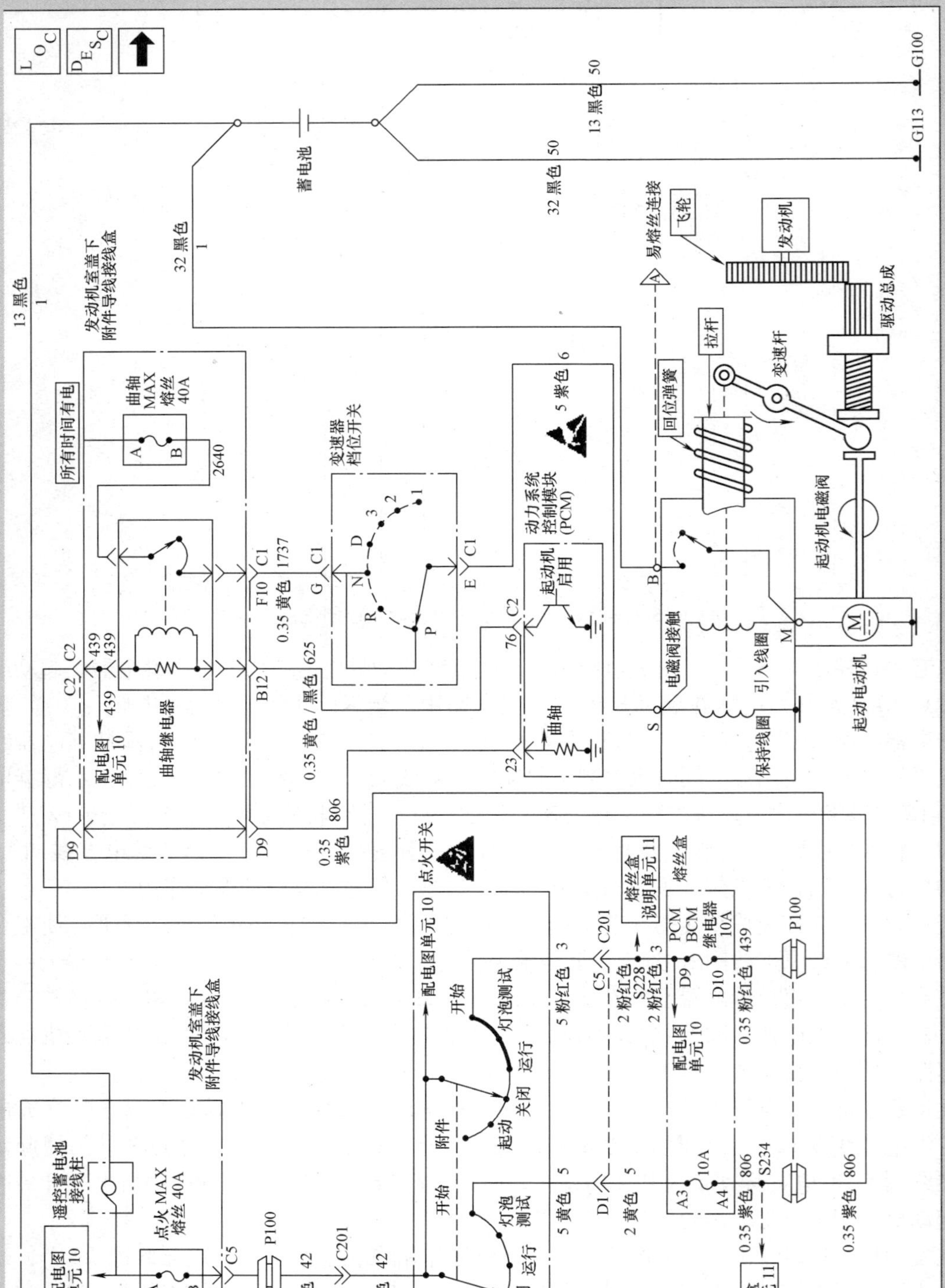

图 3-16　别克轿车起动机控制电路

起动开关、起动继电器、空档开关以外，起动时还必须得到动力系统控制模块（PCM）的认可方可接通起动机电路，而动力系统控制模块是根据车身控制模块提供的点火钥匙确认信号，才能使动力系统控制模块内部起动电路工作，这是车辆防盗装置的一种控制方法。

图中对起动机控制电路所涉及的部件、线路走向、导线颜色、导线横截面积以及导线号码等都反映得较为清楚，对于查找线路故障、确定故障部位有很好的指导意义。通过对电路图的阅读和理解，将原图改绘成原理图的形式，对起动机控制电路的工作原理，会有更深刻的理解，也会加深对电路结构的印象，同时也是对该电路学习、掌握原理的一种很好的方法。

提示

图 3-17 所示为改绘后的起动机控制电路原理图，从图中可以很清楚地看出电路结构和工作原理。

起动时，通过点火开关 C201 的 D1 端子给动力系统控制模块的 C2/23 号端子提供的是起动请求信号，而点火开关 C201 的 C5 端子给曲轴继电器（起动继电器）线圈提供的是正极性的准备信号，曲轴继电器线圈能否得到负极性的控制信号，则必须由动力系统控制模块的 C2/76 号端子来提供，这样，在空档开关处于 P 或 N 档位时，起动机电路才能接通。

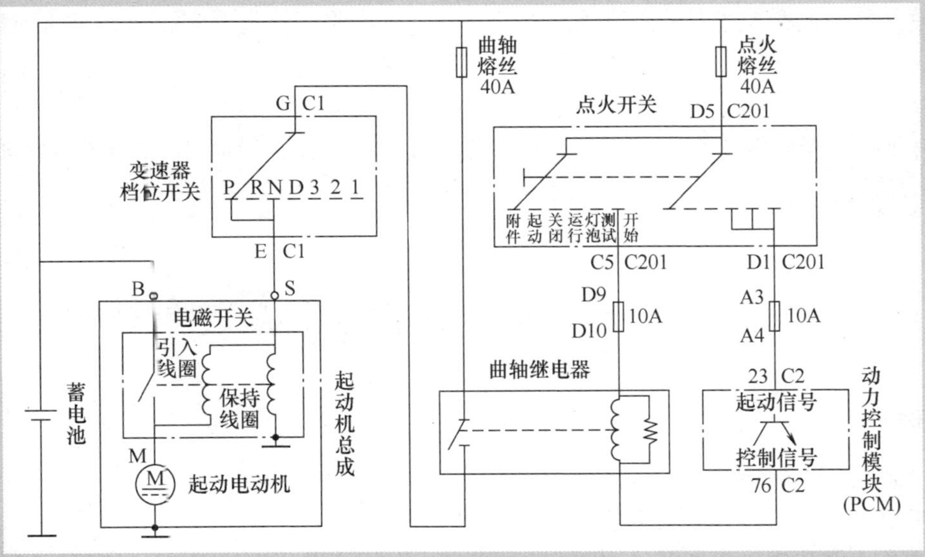

图 3-17　改绘后的别克轿车起动机控制电路原理图

案例分析

故障现象：以图 3-14 电路为例，分析起动时起动机不工作，无任何声响，发动机无法起动的故障原因。

故障分析：分析电路可知，导致起动机不工作的故障原因如下：

（1）控制电路

① 点火开关起动档没有输出起动信号。

② 起动信号至空档开关线路断路（包括熔丝 1 断路）。

③ 变速杆不在空档位置或空档开关断路。

④ 空档开关至起动继电器 85 线路断路。

⑤ 起动继电器线圈断路。

⑥ 起动继电器 86 至离合器开关线路断路。

⑦ 离合器开关没有闭合或开关损坏。

⑧ 离合器开关搭铁线断路。

（2）主电路

① 熔丝 2 没有蓄电池电源（包括线路断路）。

② 熔丝 2 断路。

③ 熔丝 2 至起动继电器 30 线路断路。

④ 起动继电器触点断路。

⑤ 起动继电器 87 至起动机 ST 线路断路。

（3）起动机

① 起动机内 ST 至保持线圈和吸拉线圈供电线路断路。

② 起动机内保持线圈和吸拉线圈同时断路（可能性很小）。

③ 起动机本身损坏（包括电刷严重磨损）。

故障排除：根据上述对故障原因的仔细分析，逐项进行检查落实，最终可找到真正的故障元件或故障点。

总结：

故障排除的基础源于对电路结构的了解程度，当对电路结构、工作原理了如指掌的时候，故障诊断、检查、排除便是轻而易举的事情。

◎◎◎　第三节　汽车点火系统电路图的识读　◎◎◎

学习目标：

1. 了解点火系统的基本组成。
2. 明确点火系统各部件的主要作用。
3. 熟悉点火系统的基本电路。
4. 掌握点火系统电路图的绘制方法。

一、点火系统的组成

点火系统主要由电源、点火开关、信号发生器、点火控制器、点火线圈、高压线、火花塞等组成。图 3-18 所示为点火系统原理框图。

图 3-18　点火系统原理框图

1. 信号发生器

作用

信号发生器主要指曲轴位置和凸轮轴位置传感器，其作用是确认发动机转速（转动）以及活塞在气缸内的实际位置，用电信号的方式传输给点火控制器，作为点火控制器接通或切断点火线圈初级绕组电流通路的主要依据，用于控制点火正时（点火提前角）和点火闭合角。

为了最大限度地发挥汽油机的功率，在闭环控制点火系统中还利用爆燃传感器作为检测发动机爆燃的信号，对点火提前角进行反馈控制，使点火提前角控制在接近临界爆燃点，同时又不能使发动机发生爆燃的边缘。

除此之外，车速、空气流量、节气门位置、冷却液温度、进气温度传感器以及蓄电池电压信号，均可被具有点火控制器的发动机电控单元所利用，使点火提前角得到精确的控制。

信号发生器大多采用磁感应式和霍尔式两种，安装在曲轴前后端或能检测曲轴、凸轮轴转动的地方。图 3-19 所示为磁感应式和霍尔式传感器及安装位置。

a)　　b)　　c)

图 3-19　磁感应式和霍尔式传感器及安装位置

a）磁感应式传感器　b）传感器安装位置　c）霍尔式传感器

磁感应式传感器是在永久磁铁的周围绕有线圈，线圈周围是钢材制成的齿轮，当齿轮旋转时，由于齿轮齿峰和齿根与永久磁铁间的间隙不断发生变化，导致通过线圈的磁力线发生变化，在线圈中就会产生交流电压，作为信号输入到点火控制器。

霍尔式传感器主要由触发齿圈、霍尔元件、永久磁铁和电子线路等组成。永久磁铁的磁力线穿过霍尔元件通向触发齿圈，这时齿圈相当于一个集磁器，齿轮转动齿峰与齿根的变化，导致通过霍尔元件的磁场强弱变化，这样就引起霍尔电压的变化，经过放大、整形输出数字信号输入点火控制器。

2. 点火控制器

作用

点火控制器又称为点火电子组件，是由电子元件组成的电子开关电路，其主要作用是根据信号发生器发出的点火脉冲信号，接通或切断点火线圈初级绕组电路。

目前有少部分车辆采用的是独立点火控制器，而大部分车辆的点火控制器集成在发动机电子控制器上。

图 3-20 所示为常见车型电子点火控制器。

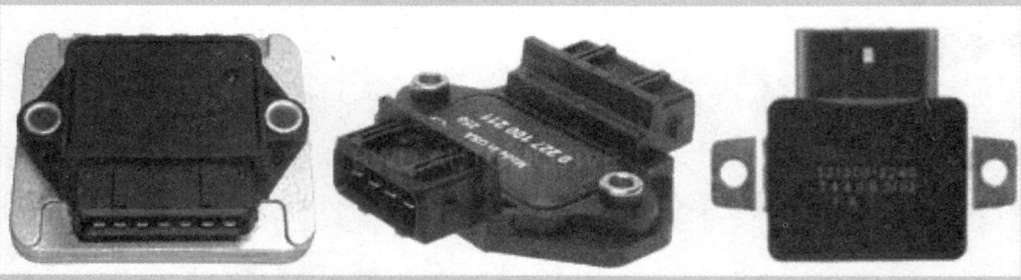

图 3-20 常见车型电子点火控制器

3. 点火线圈

作用

点火线圈的主要作用是将电源提供的 12V 低压电转变成能击穿火花塞电极间隙的高压电（15～30kV）。常见有双缸同时点火线圈和单缸点火线圈。

图 3-21 所示为双缸同时点火电路中的点火线圈。

图 3-21 双缸同时点火线圈

a）两个高压输出点火线圈 b）四个高压输出点火线圈 c）六个高压输出点火线圈

点火线圈可以是仅包括点火线圈部分，也可以包括点火控制器，这样该点火线圈实际上是一个点火组件（点火线圈和点火模块）。

目前发动机均采用闭磁式点火线圈，根据电磁感应原理，点火线圈初级绕组的正极端由点火开关提供电源，点火线圈负极则由点火控制器或发动机电控单元进行搭铁控制；当初级绕组得到电源电压时进行储能，当初级绕组负极端被点火控制器切断搭铁时，初级绕组会感生出自感电动势，根据升压变压器的工作原理，在次级绕组产生出能够击穿火花塞的高压电。

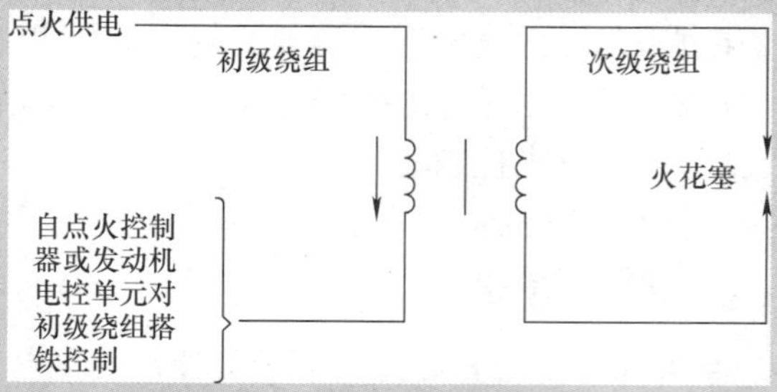

图 3-22 点火线圈工作原理

图 3-22 所示为点火线圈工作原理。

4. 高压线

作用

高压线用来将点火线圈的高压电送至火花塞。

现在大多采用电阻型高压线，以抑制点火系统所产生的无线电干扰。电阻型高压线的中心部分是注入石墨的细金属丝网线芯，线芯周围是绝缘层及外皮，如图 3-23 所示。

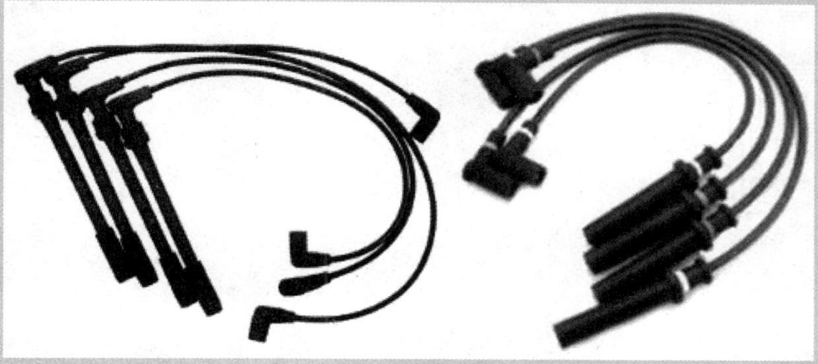

图 3-23 点火系统高压线

高压线两端的金属接头分别与点火线圈、火花塞连接，并用橡胶套套住金属连接部分，以保证密封和绝缘。

5. 火花塞

作用

火花塞将点火线圈产生的高压电引入发动机的燃烧室内，通过自身的间隙产生火花放电，点燃混合气。

火花塞的结构如图 3-24 所示。在钢质壳体内部固定着高氧化铝陶瓷绝缘体，绝缘体中心孔内有中心电极，中心电极上端有接线螺母，用来连接高压导线；壳体的下端面固定有弯曲的侧电极；壳体的上端有便于拆装的六角柱面，它与绝缘体之间装有紫铜垫片，主要起导热和密封的作用。

二、点火系统电路

1. 点火系统基本电路

点火系统主要由点火开关、信号发生器、点火控制模块（或点火放大器）、点火线圈、高压线、火花塞等组成。基本电路如图 3-25 所示。

注意

发动机工作时，信号发生器将曲轴转角、凸轮轴位置信号输入点火模块，点火模块对信号进行放大、整形后，最终控制晶体管输出点火线圈负极搭铁脉冲信号，由点火线圈产生高压电，经高压线送至火花塞，通过火花塞电极间歇在燃烧室放电，点燃混合气。

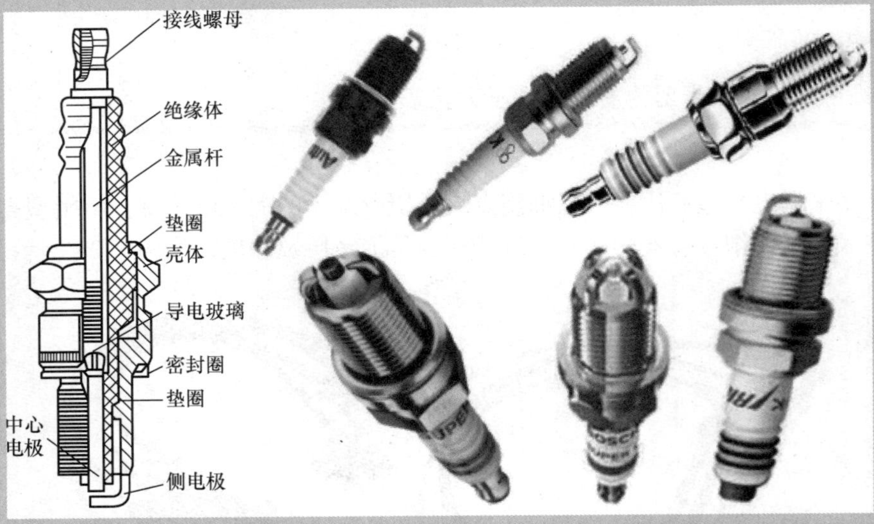

图 3-24　火花塞的结构

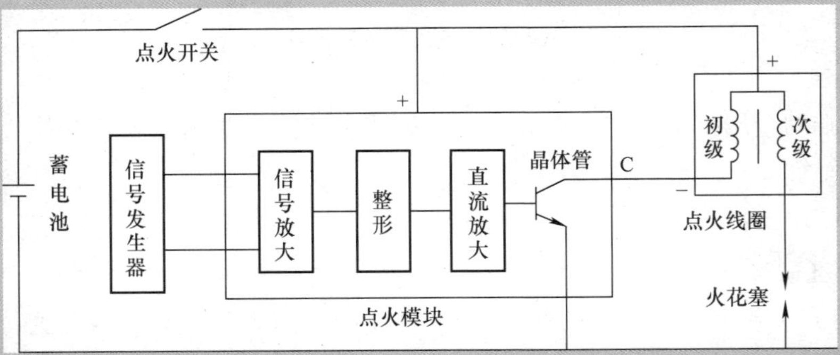

图 3-25　点火系统基本电路

2. 微机控制点火系统

微机控制点火系统主要由与点火有关的各种传感器、电子控制器（发动机 ECU）、点火模块、点火线圈、高压线、火花塞等组成。图 3-26 所示为微机控制电子点火电路原理框图。

传感器主要用来检测与点火有关的发动机工作状态，并将检测结果输入发动机电控单元，作为计算和控制点火时刻的依据。常用的传感器主要有曲轴转角与转速传感器、凸轮轴位置传感器、空气流量传感器、进气温度传感器、冷却液温度传感器、节气门位置传感器、爆燃传感器等。

电控单元用来接收各传感器及开关的信号，并按特定的程序进行分析判断及运算后，向点火控制器（点火线圈）输出最佳点火提前角和点火线圈初级绕组电路接通时间的控制信号。

点火控制器用来接收电控单元输出的点火控制信号并进行功率放大，以驱动点火线圈工作。

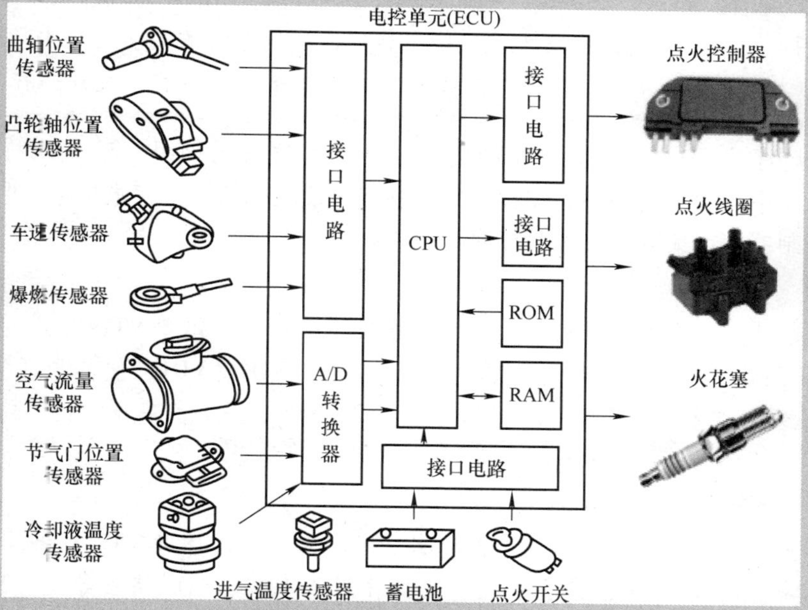

图 3-26　微机控制电子点火电路原理框图

提示

这种点火系统，点火控制器可以是独立的，也可以与发动机 ECU 集成于一体，有时点火模块与点火线圈为一个点火组件。

3. 双缸同时配电方式点火电路

双缸同时配电方式是指点火线圈每产生一次高压电，两个对称气缸的火花塞同时点火，一个气缸处于压缩行程末期，是有效点火，另一个气缸处于排气行程末期，是无效点火。由于无效点火的气缸温度较高而压力低，对有效点火气缸的影响很小。双缸同时配电方式有二极管配电方式和点火线圈配电方式两种形式。

（1）二极管配电方式点火电路　二极管配电方式点火电路如图 3-27 所示。

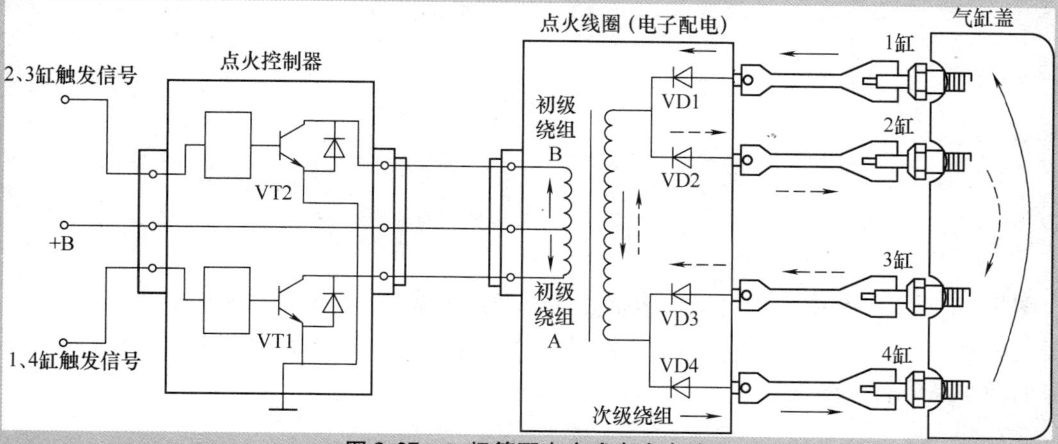

图 3-27　二极管配电方式点火电路

提示

点火线圈有两个初级绕组和一个次级绕组构成，次级绕组的两端通过4只高压二极管与火花塞串联构成回路。4只二极管有内装式（点火线圈内部）和外装式两种。

对于点火顺序为1—3—4—2的发动机，1、4对称气缸为一组，2、3对称气缸为另一组。点火控制器中的两只大功率晶体管分别控制点火线圈中的一个初级绕组，两只大功率晶体管由点火控制器按点火顺序控制其导通与截止。

注意

当1、4缸的点火触发信号输入点火控制器时，大功率晶体管VT1截止，初级绕组A通路切断，次级绕组产生的高压电正向作用于二极管VD4、VD1，使其导通，1、4缸火花塞产生电火花。二极管VD3、VD2反向截止，2、3缸火花塞无高压电而不能跳火。

注意

当2、3缸的点火触发信号输入点火控制器时，大功率晶体管VT2截止，初级绕组B中的电流通路切断，次级绕组产生高压电正向作用于VD2、VD3使其导通，2、3缸火花塞产生电火花。二极管VD1、VD4反向截止，1、4缸火花塞无高压电而不能跳火。

（2）点火线圈配电方式点火电路 点火线圈配电方式点火电路如图3-28所示。

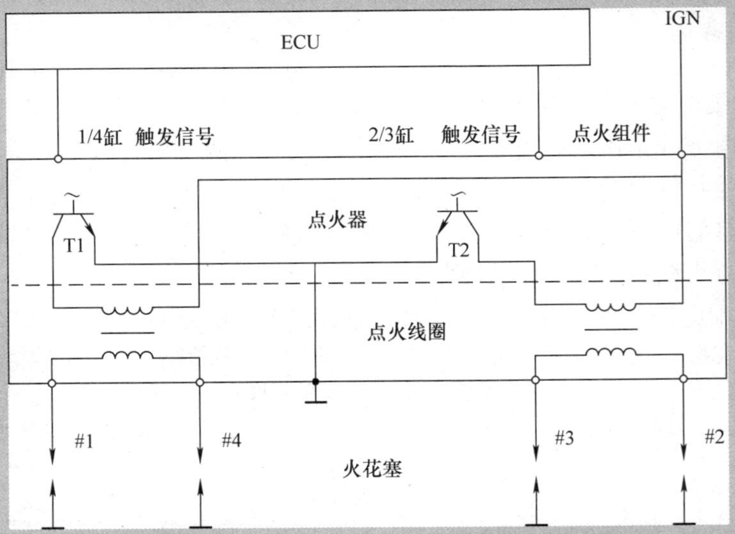

图3-28 点火线圈配电方式点火电路

图3-28所示电路中，点火组件包括点火器和点火线圈。4缸发动机有2个点火线圈，6缸发动机有3个点火线圈，每个点火线圈供给两个火花塞。点火器中设置有与点火线圈数量相等的功率晶体管，分别控制一个点火线圈的初级回路。

注意

发动机运转，发动机电控单元接收点火信号（曲轴位置、凸轮轴位置传感器接收 G、Ne 信号），依次向 T1、T2 输出点火控制信号，控制点火线圈初级绕组的搭铁回路，从而使次级绕组产生高压电，两个高压端同时输出。

一个气缸处于压缩行程末期，是有效点火；另一个气缸处于排气行程末期，缸内温度较高而压力很低，火花塞电极间隙的击穿电压很低，对有效点火气缸火花塞的击穿电压和火花放电能量影响很小，是无效点火。曲轴转一圈后，两缸所处行程恰好相反。

点火器根据 ECU 输出的点火控制信号，按点火顺序轮流触发功率晶体管导通与截止，从而控制每个点火线圈轮流产生高压电，再通过高压线直接输送到成对的两缸火花塞电极间隙上跳火点燃混合气。

4. 单独配电方式点火电路

单独配电方式点火电路如图 3-29 所示。

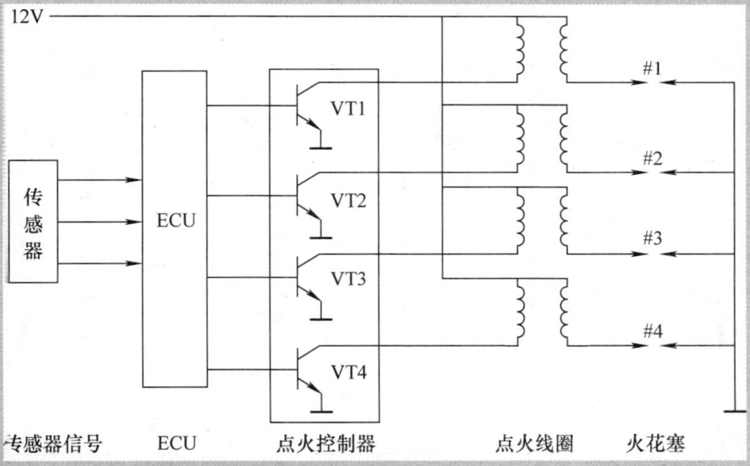

图 3-29　单独点火方式电路原理图

单独配电方式点火电路的特点是每个气缸配一个点火线圈，点火线圈可以是独立的点火线圈，也可以是与点火控制器集成的点火组件，如图 3-30 所示。

单缸独立点火的特点是点火线圈直接安装在火花塞顶上，取消了高压线，减少了高压电传输中的线路损耗。在点火控制器中配有与点火线圈数量相等的大功率晶体管，每个晶体管分别控制一个点火线圈的工作。

图 3-30　单缸点火线圈

三、点火系统电路图的绘制

图 3-31 所示为迈腾轿车点火系统电路图。

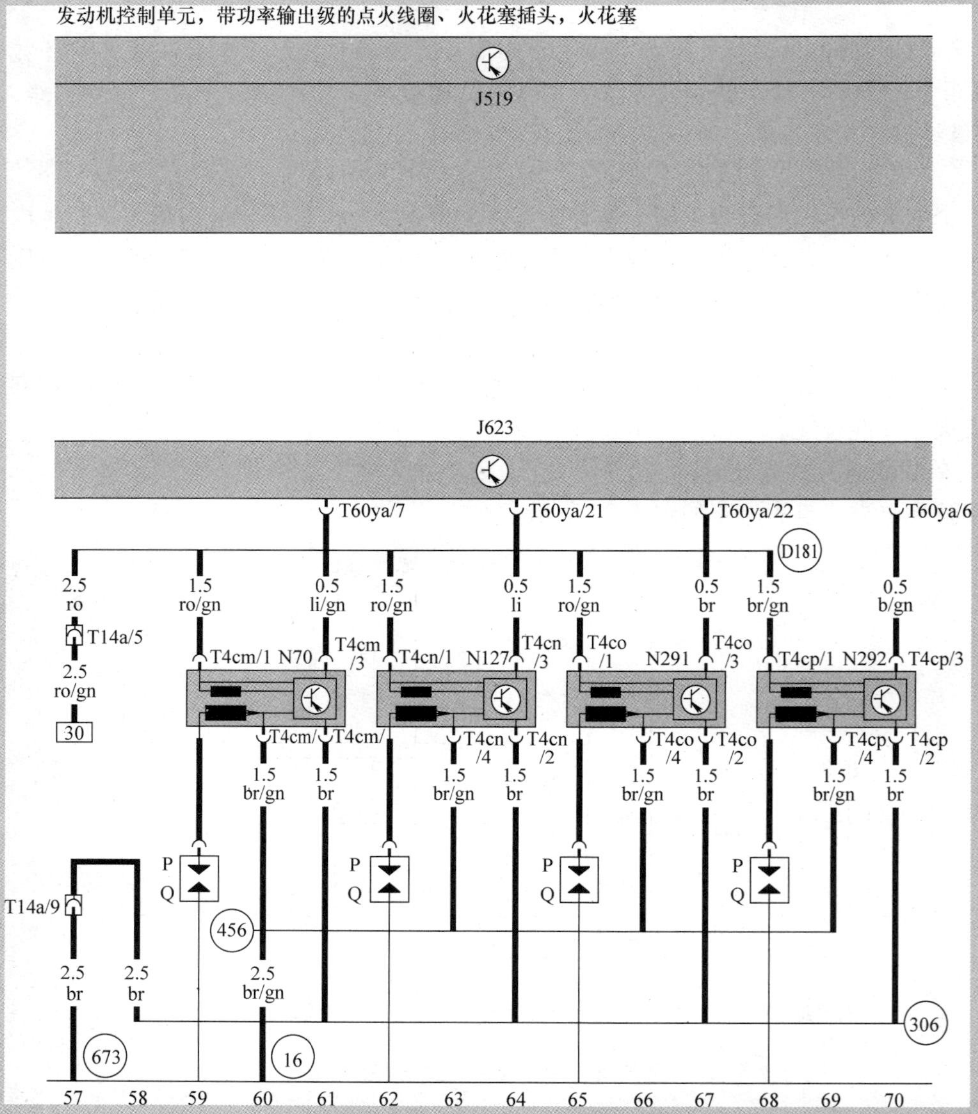

图 3-31　迈腾轿车点火系统电路图

J519—车载电网控制单元

J623—发动机控制单元

N70—带功率输出级的点火线圈 1

N127—带功率输出级的点火线圈 2

N291—带功率输出级的点火线圈 3

N292—带功率输出级的点火线圈 4

P—火花塞插头

Q—火花塞

T4cm—4 芯黑色插头连接

T4cn—4 芯黑色插头连接

T4co—4 芯黑色插头连接

T4cp—4 芯黑色插头连接

T14a—14 芯黑色插头连接，连接位置 1 在发动机舱内左侧

T60ya—60 芯黑色插头连接

(16)—搭铁点，气缸盖罩上的搭铁点

(306)—搭铁连接（点火线圈），在发动机预接线线束中

(456)—搭铁连接 3，在发动机预热线线束中

(673)—搭铁点 3，在左前纵梁上

(D181)—连接 2（87a），在发动机预接线线束中

提示

阅读电路图可知，该点火系统属于单缸点火电路形式，其点火线圈中集成有点火控制器，电路主要由发动机控制单元（J623）、点火线圈（N70、N127、N291、N292）以及各缸火花塞等组成。

由于大众车系电路图的特点，唯有点火线圈出现了电路接续号码，根据电路图注说明以及对点火电路的分析，将原图改绘成电路原理图的形式，使电路结构和工作原理更加清楚明了。

图 3-32 所示为改绘后的迈腾轿车点火系统电路原理图。

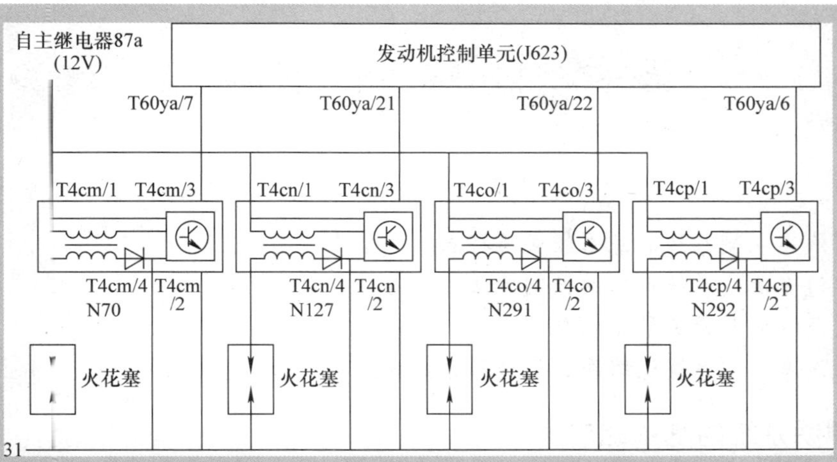

图 3-32　改绘后的迈腾轿车点火系统电路原理图

案例分析

故障现象 1：以图 3-32 电路为例分析四个缸均不点火，发动机无法起动的故障现象。

故障分析：分析电路可知，导致四个缸均不点火的故障原因主要有：

① 自主继电器 87a 供电线路断路，导致四个点火线圈无工作电源。

② ECU 没有得到点火信号发生器信号。

③ 四个缸的点火线圈同时搭铁断路（可能性很小）。

④ ECU 对四个点火线圈的点火信号同时没有输出。

⑤ 四个火花塞同时损坏（可能性很小）。

故障排除：重点检查落实点火线圈供电或信号发生器信号。

故障现象 2：以图 3-32 电路为例分析某缸不点火，导致发动机缺缸的故障现象。

故障分析：仅有一个缸不点火，说明点火线圈供电正常、点火信号正常，导致某缸不工作的主要原因有：

① 不工作缸点火线圈供电断路。

② 不工作缸点火线圈搭铁断路。

③ 不工作缸点火线圈本身损坏。

④ 不工作缸火花塞损坏。

故障排除：这种电路形式对称性很强，只要搞清楚正常工作缸的情况，然后针对性地检查、落实故障缸的情况，用对比的方法，很容易判断出真正的故障原因。

第四章 车身电气系统

◎◎◎ 第一节 照明系统电路图的识读 ◎◎◎

学习目标：

1. 了解汽车照明系统的基本组成与特点。
2. 明确汽车照明系统电路的控制方法。
3. 熟悉汽车照明开关的结构与原理。
4. 掌握汽车照明系统电路图的阅读和分析方法。

一、照明系统的基本组成

1. 照明系统的基本组成与功用

汽车照明系统主要用于夜间行车照明、车厢照明、仪表照明等。汽车照明系统主要由照明灯具、电源、线路和控制开关等组成。照明系统灯具在车辆上的位置如图 4-1 所示。

图 4-1 照明灯具在车辆上的位置

a）车辆前部灯具 b）车辆后部灯具

（1）前照灯　前照灯俗称大灯，安装于汽车头部的两侧，一般分为远光和近光两种照明方式，通过变光装置进行转换。车辆行驶时能够保证车前有明亮而又均匀的照明，一般应使驾驶人能够看清车前100m内路面上的物体。随着汽车行驶速度的不断提高，对前照灯的要求也越来越高，现代高速汽车前照灯的照明距离应达到200～250m。

（2）雾灯　在有雾、雪、暴雨或尘埃等恶劣条件下使用，以改善道路的照明情况。车头的雾灯称为前雾灯，作为照明；车尾的雾灯称为后雾灯，主要起信号作用。

（3）示廓灯　夜间行驶时用于表示汽车的长度、宽度以及高度，位于汽车前部靠外侧的灯称为小灯、后部靠外侧的灯称为尾灯，一些客车或大型货车的车厢顶部还有反映高度的示廓灯。

（4）仪表灯　仪表灯用于夜间行车时仪表的照明，它包括仪表板内的照明、各种电气设备操作开关的照明，便于驾驶人通过仪表观察汽车及发动机工作情况，为夜间操作提供方便。

（5）顶灯　顶灯又称室内灯，安装于驾驶室和车厢顶部，作为内部照明之用，一般由顶灯开关和门控灯开关共同控制。

（6）牌照灯　用于汽车夜间行驶时牌照的照明，安装于汽车牌照的上方或两侧，其亮度应保证在25m以外能认清牌照号码。

2. 照明系统的特点

汽车照明系统因车型配置不同，照明设备也不完全相同，其控制线路也有所差异，一般有如下特点。

（1）照明系统电源　汽车照明系统的电源一般采用两种方式提供：一种是全车所有照明设备由蓄电池直接提供；另一种是由点火开关的附件档控制，这样可在发动机起动时能够切断照明电源，以利于发动机起动时所需足够大的起动电流。

（2）照明控制开关　照明系统的控制开关一般有组合式和分体式两种。

组合式开关即把灯光开关、变光开关、扫描开关组合在一起，由同一个手柄完成不同的操作，大多与转向开关为一个组合件，安装于转向柱上，如图4-2所示。

a)　　　　　　b)

图4-2　组合式照明开关

a）灯光、变光及转向组合开关　b）灯光、变光、转向、雾灯组合开关

分体式开关即灯光开关独立安装在仪表台上，而变光开关则与转向开关组合在一起，安装于转向柱上，两个开关独立操作，但互有联系，如图4-3所示。

另外，照明开关有控制电源正极的、控制电源负极的，还有既控制正极又控制负极的，在分析电路时要特别注意。

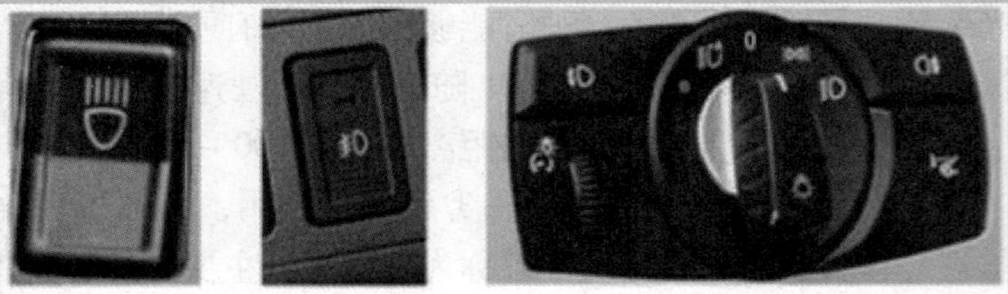

a)　b)　c)

图 4-3　分体式照明开关

a）灯光开关　b）雾灯开关　c）灯光雾灯、调光电阻组合开关

（3）照明系统常用灯泡　目前汽车照明系统常用灯泡以白炽灯泡为主，近年来仪表照明、示廓灯、转向信号灯、制动灯、倒车灯等采用 LED 作为发光源的车辆越来越多，有取代白炽灯的趋势。常见汽车灯泡如图 4-4 所示。

前照灯也一改传统的卤素灯泡，采用高强度气体放电灯（氙气灯），不仅提高了亮度而且色泽更好，目前高档车辆大多采用，预计氙气前照灯取代卤素灯是大势所趋。常见前照灯泡如图 4-5 所示。

超车灯信号用远光灯的亮灭来表示，由变光开关的超车扫描开关来控制，其电源不经过任何开关控制。

图 4-4　汽车常用灯泡

图 4-5　汽车前照灯泡

（4）照明系统的其他控制　大多数车辆照明系统的仪表照明设置有调光功能，简单的是通过调光电阻来调节仪表照明亮度，还有通过车身电控单元或仪表电控单元内部的调光器来改变仪表照明的亮度。除此之外，车辆停驶后，有些还增加了灯光忘关报警、强制关闭等功能，还有通过检测发电机的发电情况，确定是否可以正常使用照明的功能，也有些高级车辆增加了灯光自动光控功能。但无论增加什么控制，照明系统基本电路不会改变。

二、照明系统基本电路

1. 分体开关式照明电路

分体开关式照明电路的主要特点是灯光开关与变光开关各自独立，且灯光开关控制着变光开关的电源，但无论组合式开关或分体式开关照明电路中的超车扫描电源均不受任何开关控制。

图 4-6 所示为左、右小灯分别控制、具有仪表调光电阻、前后雾灯采用组合式开关的照明电路，为了强化记忆照明开关端子功能，图中开关端子选择了大众车系的标注方法。

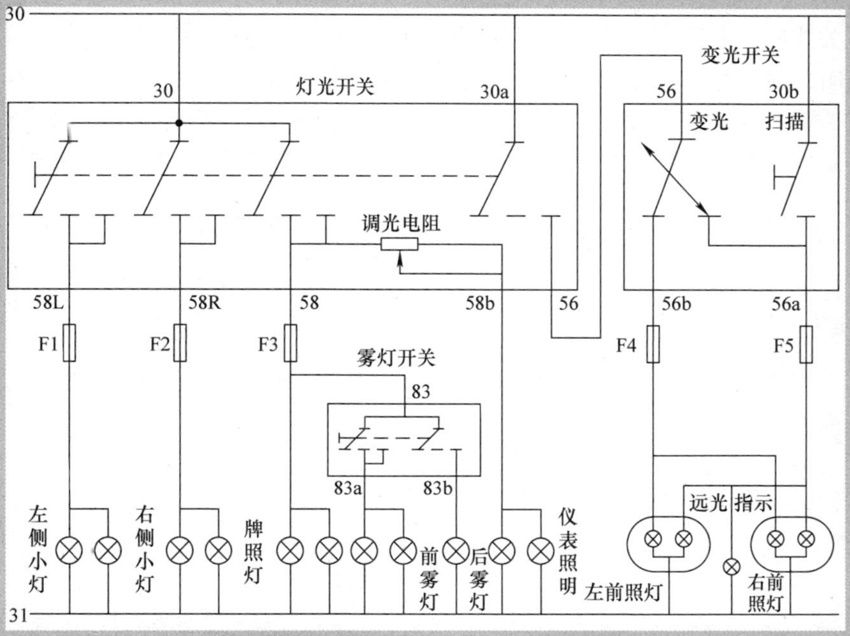

图 4-6　分体开关式照明电路

电路分析：

（1）尾灯、牌照灯电路　灯光开关置于一档时，蓄电池正极 30→灯光开关 30 端子→分别由三组触点同时输出：灯光开关 58L 端子→熔断器 F1 至左侧小灯；灯光开关 58R 端子→F2 熔断器至右侧小灯；灯光开关 58 端子→F3 熔断器至牌照灯，上述灯泡点亮。

（2）仪表照明电路　灯光开关置于一档时，由第三组触点至开关内部调光电阻→灯光开关 58b 端子至仪表及开关照明灯，根据需要可通过调光电阻对灯光亮度进行调整。

（3）雾灯电路　灯光开关置于一档时，由第三组触点经灯光开关 58 端子输出→熔断器 F3→组合式雾灯开关电源端子 83：前雾灯的工作，可将雾灯开关置于一档或二档，由雾灯开关 83a 端子输出正极点亮前雾灯；后雾灯工作时必须在雾灯开关位于二档时，由雾灯开关 83b 端子将电源正极送至后雾灯即可点亮。

（4）前照灯电路

1）近光灯电路。前照灯使用时必须是灯光开关处于二档时，蓄电池正极 30→灯光开关 30a 端子→灯光开关第四组触点→灯光开关 56 端子→变光开关 56 端子→近光触点→变光开关 56b 端子→熔断器 F4→分别至左、右侧前照灯的近光灯丝→搭铁，两个近光灯点亮。

2）远光灯电路。前照灯使用时必须是灯光开关处于二档时，蓄电池正极 30→灯光开关 30a 端子→灯光开关第四组触点→灯光开关 56 端子→变光开关 56 端子→远光触点→变光开关 56a 端子→熔断器 F5→分别至左、右侧前照灯的远光灯丝→搭铁，两个远光灯点亮，同时位于仪表板内的远光指示灯点亮。

3）超车扫描电路。超车扫描时，蓄电池正极 30→变光开关 30b 端子→扫描触点→变光开关 56a 端子→熔断器 F5→分别至左、右侧前照灯的远光灯丝→搭铁，两个远光灯点亮，同时位于仪表板内的远光指示灯点亮。

2. 组合开关式照明电路

组合开关式照明电路主要由组合式照明开关（灯光、变光、扫描）、前后示宽灯、牌照灯、仪表照明、前照灯（近光、远光）以及雾灯（前后）等组成，基本电路如图 4-7 所示。

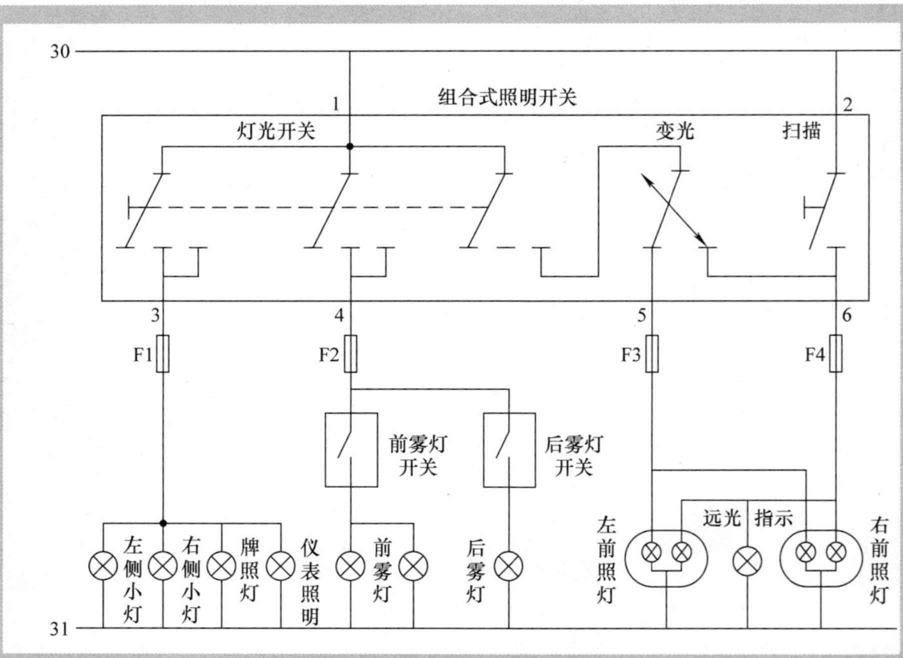

图 4-7　组合开关构成框图

在照明系统电路中，雾灯开关的电源一般受控于灯光开关的一档或二档，雾灯开关有些是前后开关独立，有些是前后开关组合在一起，有些前雾灯有雾灯继电器，本电路图中采用前后雾灯开关各自独立且无雾灯继电器的电路控制方式；仪表照明本电路中无调光功能。

电路分析：

（1）尾灯、牌照灯、仪表灯电路　将灯光开关置于一档位置时，蓄电池正极 30→组合式照明开关 1 号端子→组合式照明开关 3 号端子→熔断器 F1→分别至左、右侧尾灯、牌照灯以及仪表照明灯后搭铁，上述照明灯点亮。

（2）雾灯电路　灯光开关置于一档时，蓄电池正极 30→组合式照明开关 1 号端子→组合式照明开关 4 号端子→熔断器 F2→分别至前雾灯开关和后雾灯开关，需要雾灯时，可将前、后雾灯开关接通，点亮前、后雾灯。

（3）前照灯控制电路

1）近光灯控制电路。将灯光开关置于二档时，蓄电池正极 30→组合式照明开关 1 号端子→开关内部第三组触点至变光开关电源端→近光触点→组合式照明开关 5 号端子→熔断器 F3→分别至左、右侧近光灯丝→搭铁，两个近光灯点亮。

2）远光灯控制电路。将灯光开关置于二档时，蓄电池正极 30→组合式照明开关 1 号端子→开关内部第三组触点至变光开关电源端→远光触点→组合式照明开关 6 号端子→熔断器 F4→分别至左、右侧远光灯丝→搭铁，两个远光灯点亮，同时，位于仪表板内的远光指示灯点亮。

3）超车扫描信号灯电路。超车扫描时，蓄电池正极 30→组合式照明开关 2 号端子→组合式照明开关内部扫描开关触点→组合式照明开关 6 号端子→熔断器 F4→分别至左、右侧远光灯丝→搭铁，两个远光灯点亮，同时，位于仪表板内的远光指示灯点亮。

三、照明系统电路图的绘制

1. 开关既控制正极又控制负极的照明电路

图 4-8 所示为既控制正极又控制负极的照明电路，图中包括室内照明和室外照明。室内照明电路可以看出是由室内灯开关和门控灯开关共同控制的，而室外照明电路则将灯光开关分别（小灯开关、灯开关）绘制，看上去很难搞清开关属于组合式还是分体式，所以在阅读电路时，要根据车辆的实际情况并结合照明电路的工作原理加以分析。

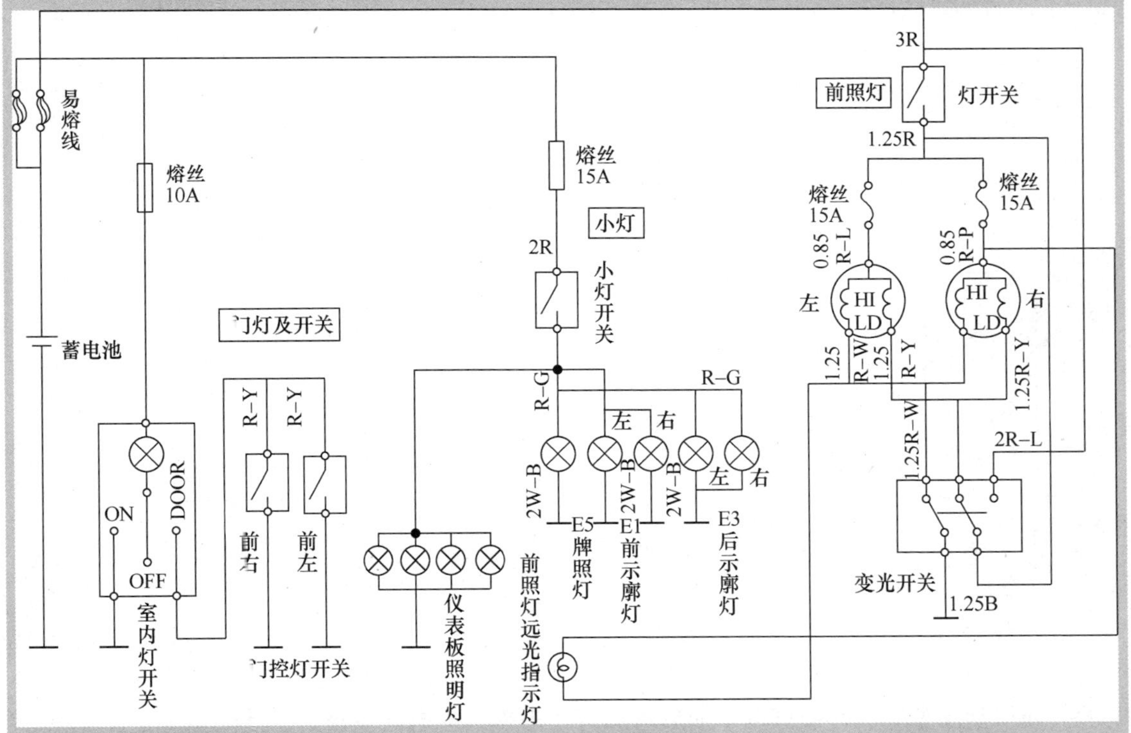

图 4-8　既控制正极又控制负极的照明电路

提示

图 4-8 中小灯开关和灯开关应属于灯光开关，小灯开关应为灯光开关一档，灯开关应为灯光开关二档；前照灯采用双丝灯泡，公共端子由灯开关控制电源正极，前照灯近光、远光灯丝则由变光开关控制电源负极，所以照明开关内既控制电源正极又控制电源负极，是一个较为典型的照明电路。

根据上述分析和电路图中所反映的电路结构，类似电路最好是根据照明电路的工作原理改绘出电路原理图，再通过电路原理图核实是否符合电路结构，以达到彻底理解和掌握的目的。

图 4-9 所示为改绘后的既控制正极又控制负极的照明电路原理图。

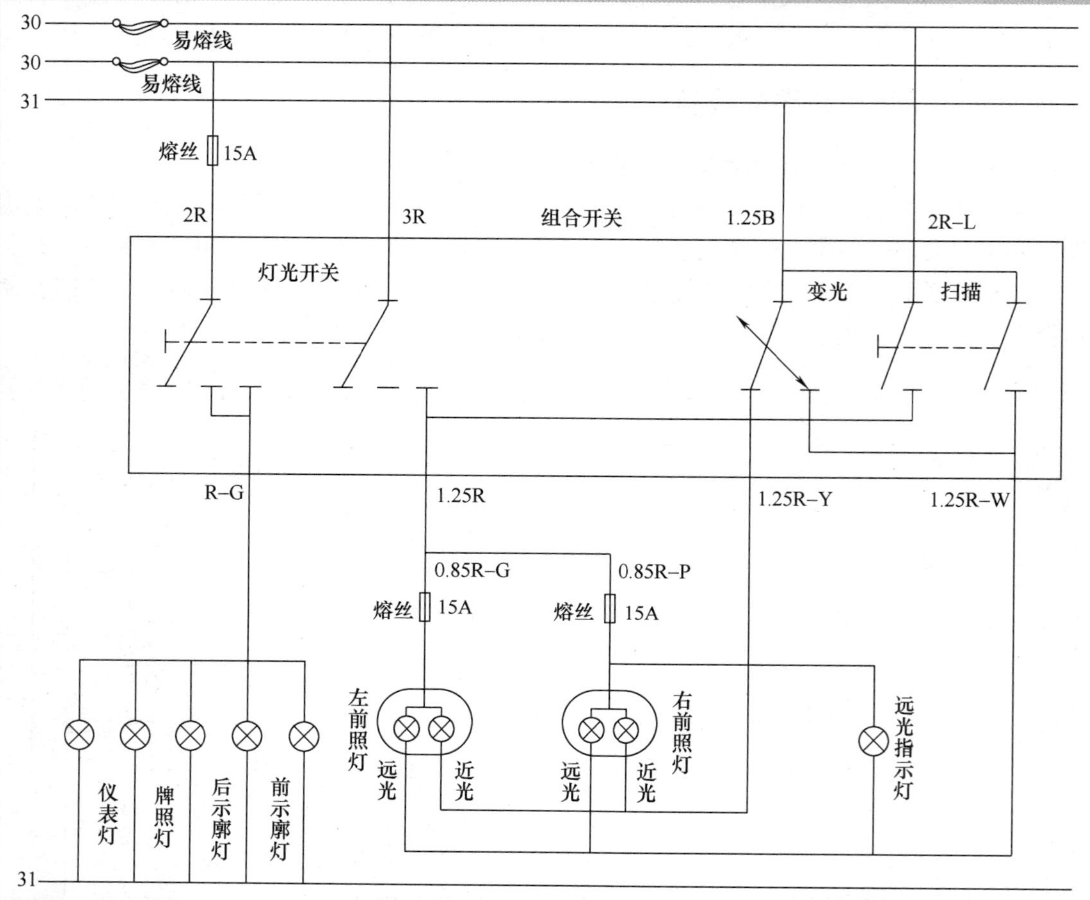

图 4-9　照明电路原理图

（1）仪表灯、牌照灯以及前后示廓灯电路　当灯光开关置于一、二档位置时，蓄电池正极→易熔线→熔丝（15A）→组合开关 2R（线径为 $2mm^2$ 红色导线）端子→组合开关 R/G 端子→分别至仪表灯、牌照灯以及前后示廓灯→搭铁→蓄电池负极，上述灯点亮。

（2）前照灯控制电路　使用前照灯时，将灯光开关置于二档位置，蓄电池正极→易熔线→组合开关 3R 端子→组合开关 1. 25R 端子，一路由熔丝（15A）→0. 85R/G 导线→左前照灯公共端子，另一路由熔丝（15A）→0. 85R/P 导线→右前照灯公共端子，为两个前照灯提供了电源正极。

当变光开关处于近光位置时，蓄电池负极→组合开关 1. 25B 端子→组合开关 1. 25R/Y 端子→左、右前照灯近光灯丝，此时，前照灯公共端子因有灯光开关二档提供的电源正极，近光灯丝构成闭合回路而点亮。

当将变光开关置于远光位置时，蓄电池负极→组合开关 1.25B 端子→组合开关 1.25R/W 端子→左、右前照灯远光灯丝，此时，前照灯公共端子因有灯光开关二档提供的电源正极，远光灯丝构成闭合回路而点亮，同时，位于仪表板内的远光指示灯也将点亮。

（3）超车扫描信号灯电路

注意

使用超车扫描信号灯时，需将变光开关抬起，此时，变光开关有两路输出，一路是给左、右前照灯的公共端子提供电源正极，其控制电路为：蓄电池正极→易熔线→组合开关 2R/L 端子→组合开关 1.25R 端子→左、右前照灯公共端子；另一路由变光开关给左、右前照灯的远光灯丝提供搭铁，其控制电路为：蓄电池负极→组合开关 1.25B 端子→组合开关 1.25R/W 端子→左、右前照灯远光灯丝，此时，前照灯公共端子因有组合开关 1.25R 端子提供的电源正极，远光灯丝构成闭合回路而点亮，同时，位于仪表板内的远光指示灯也将点亮。

2. 具有自动光控的照明电路

具有自动光控功能的照明电路选取别克轿车照明电路中的其中两个电路，图 4-10 所示为前照灯手动控制电路，图 4-12 所示为前照灯自动光控电路。

（1）前照灯手动控制电路

提示

从图 4-10 中可以看出，该照明电路采用分体式照明开关，开关均控制电源正极，变光开关电源仍然由灯光开关二档控制，超车扫描电源由蓄电池直接提供。

阅读电路，并将原图改绘成电路原理图，如图 4-11 所示。

电路分析：

1）近光灯控制电路。当灯光开关置于二档位置，变光开关置于近光位置时，蓄电池正极 30→熔丝盒 P1/P3 熔丝（20A）→灯光开关 A 端子→灯光开关 D 端子→变光开关 C201/A3 端子→变光开关 C201/A2 端子，一路至左前照灯插头 H 端子→近光灯丝→左前照灯插头 J 端子→搭铁→蓄电池负极；另一路至右前照灯插头 F 端子→近光灯丝→右前照灯插头 J 端子→搭铁→蓄电池负极。此时，左、右近光灯点亮。

2）远光灯控制电路。当灯光开关置于二档位置，变光开关置于远光位置时，蓄电池正极 30→熔丝盒 P1/P3 熔丝（20A）→灯光开关 A 端子→灯光开关 D 端子→变光开关 C201 插头 A3 端子→变光开关 C201 插头 A1 端子，一路至左前照灯插头 F 端子→远光灯丝→左前照灯插头 G 端子→搭铁→蓄电池负极；另一路至右前照灯插头 H 端子→远光灯丝→右前照灯插头 G 端子→搭铁→蓄电池负极。此时，左、右远光灯点亮，同时点亮仪表板上的远光指示灯。

3）超车扫描信号灯电路。使用超车扫描信号灯时，需将变光开关手柄抬起，其控制电路为：蓄电池正极 30→熔丝盒 P1/P3 熔丝（20A）→变光开关 C201 插头 A4 端子→变光开关 C201 插头 A1 端子，之后电路同远光灯电路。

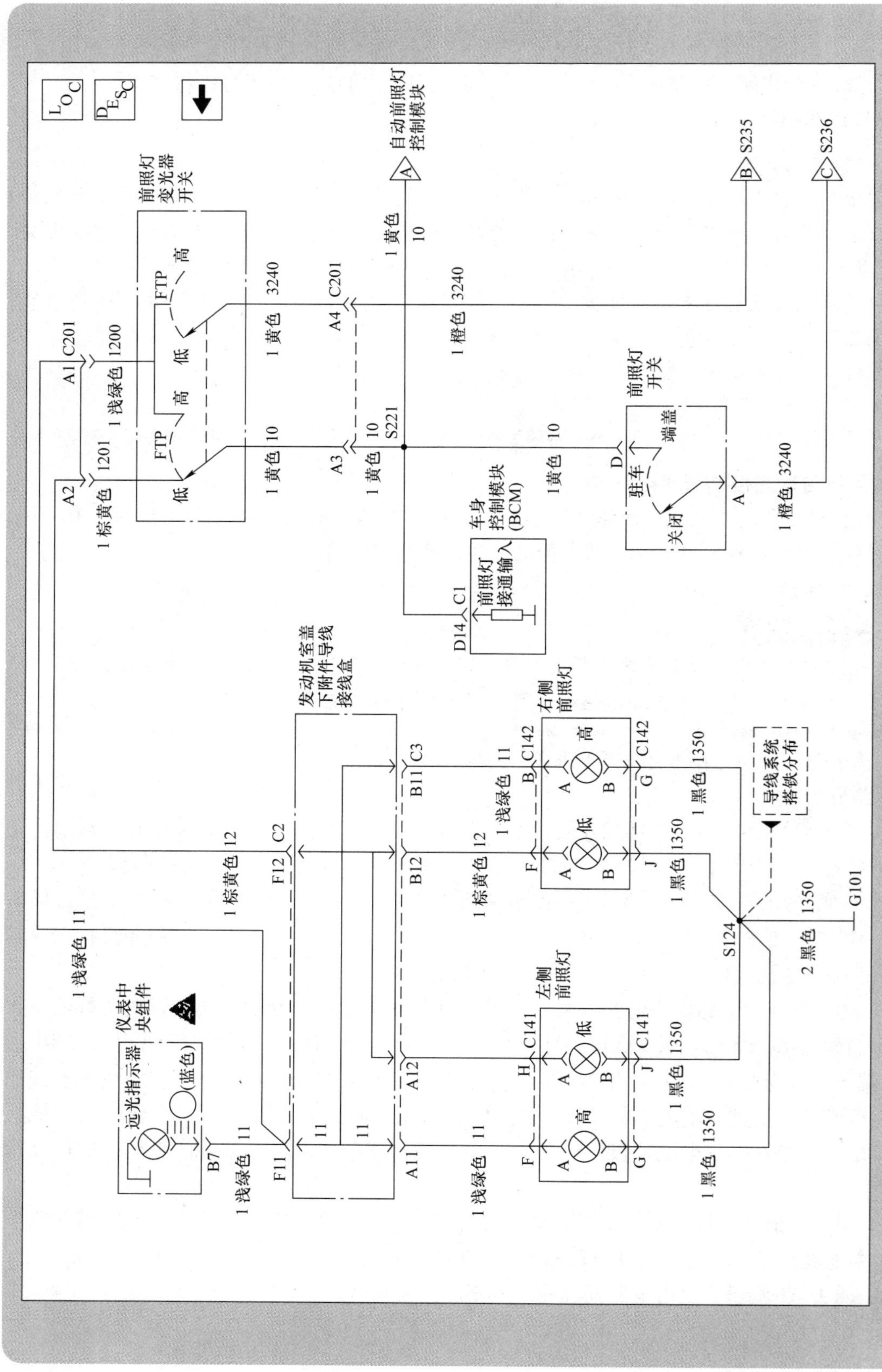

图 4-10　别克轿车前照灯电路

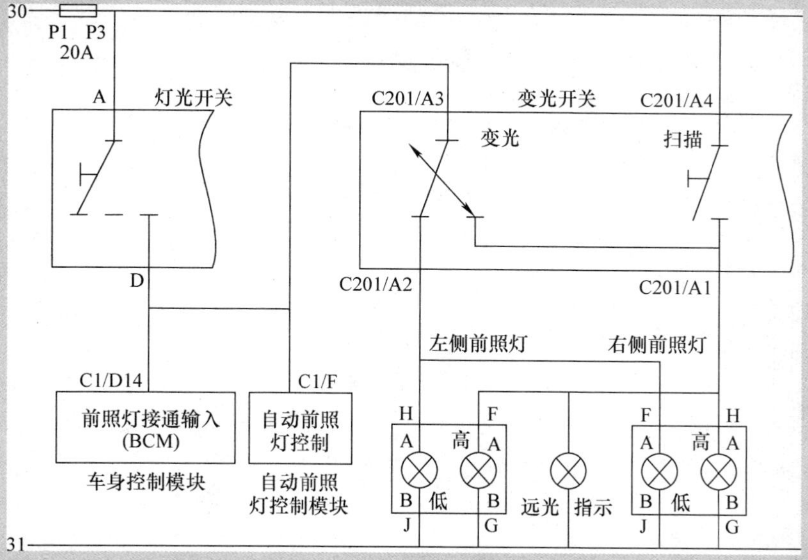

图 4-11　改绘后的别克前照灯电路原理图

（2）自动光控照明电路

提示

从图 4-12 中可以看出，该自动光控照明电路主要由自动前照灯控制模块、环境光照传感器以及驻车制动开关、车身控制模块等组成。

阅读电路，并将原图改绘成电路原理图，如图 4-13 所示。

电路分析：

1）自动光控照明电路的工作条件。从图 4-13 中可以看出，自动光控照明电路的工作条件有以下几个：

① 自动前照灯控制模块电源。自动前照灯控制模块 C1/A 端子、C1/D 端子连接蓄电池正极，C2/C 端子为点火起动均有供电，C2/F 端子为点火供电。

② 自动前照灯控制模块与环境光照传感器线路（自动前照灯控制模块 C2/G、C2/H）连接正常且环境光照传感器工作正常。

③ 灯光开关处于断开状态（自动前照灯控制模块 C1/H 端子未得到灯光开关的信号）。

④ 驻车制动器处于断开状态（自动前照灯控制模块 C2/E 端子未得到搭铁信号）。

2）自动前照灯控制电路。当满足上述条件时，车辆日间行驶至光线较暗的路段时（如进入隧道），自动前照灯控制模块便接通前照灯电路，具体电路控制为：自动前照灯控制模块的 C1/F 端子输出控制信号→灯光开关二档、变光开关插头 C201/A3→C201/A1 或 C201/A2（取决于当时变光器开关所处的位置）→近光或远光灯丝，自动点亮近光或远光灯泡（参照手动控制前照灯电路的工作情况）。当环境光照传感器检测出车辆处于较亮的路段时，自动前照灯控制模块便切断 C1/F 端子的输出，关闭前照灯。

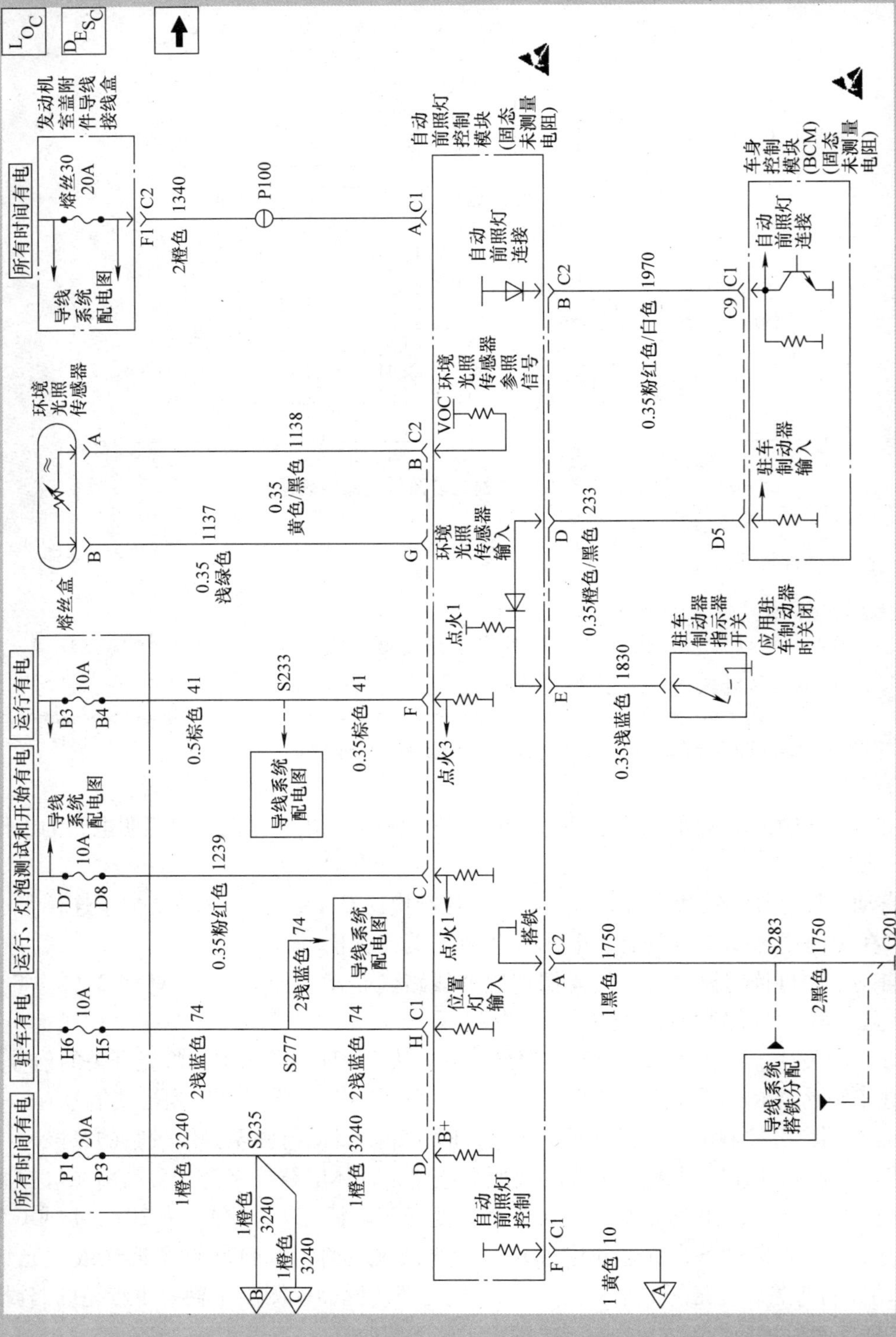

图 4-12　别克轿车自动前照灯电路

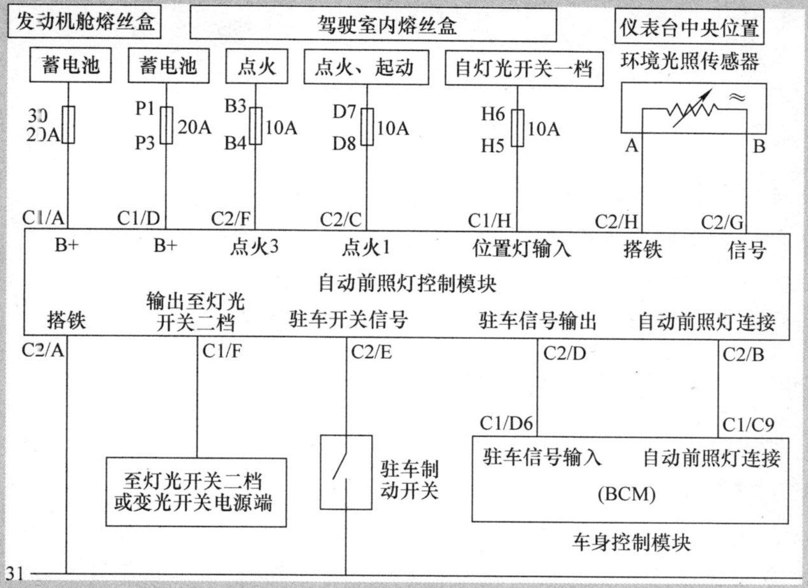

图 4-13　改绘后的别克轿车自动光控前照灯电路原理图

案例分析

故障现象 1：以图 4-11 别克轿车前照灯电路为例，分析小灯正常，扫描正常，但没有远近光功能的故障现象。

故障分析：分析电路可知，导致没有远近光功能的主要原因有：

① 灯光开关 D 端子至变光开关 C201/A3 线路断路（可能性较大）。

② 变光开关损坏（可能性较小）。

③ 变光开关内近光、远光输出同时断路（可能性较小）。

故障排除：根据上述分析，重点检查变光开关供电端 C201/A3。

故障现象 2：小灯正常，远光、扫描正常，但没有近光功能。

故障分析：小灯正常，远光、扫描正常，仅没有近光功能的主要原因有：

① 变光开关近光触点损坏（断路）。

② 变光开关 C201/A2 输出至左右前照灯近光端子线路断路。

③ 左右侧近光搭铁断路（同时断路的可能性很小）。

故障排除：根据上述分析，逐项检查落实，重点检查变光开关的性能。

提示：

故障诊断是检验维修人员对电路结构和工作原理的理解程度。故障检测应遵循先易后难、先简后繁、由外到内的基本原则，而故障排除仅仅是故障诊断的收获。

第二节 转向与危险报警信号电路图的识读

学习目标：

1. 了解汽车转向与危险报警系统的基本组成与特点。
2. 熟悉汽车转向与危险报警信号系统的电路结构。
3. 掌握转向与危险报警开关的结构与原理。
4. 掌握转向与危险报警系统电路图的阅读与分析方法。

一、转向与危险报警信号电路的组成

1. 电路组成与功用

作用

转向灯的作用是指示汽车的行驶趋向；危险警告灯的作用是，当车辆遇到紧急情况，将危险报警开关接通时，全车所有转向灯同时闪烁，请求其他车辆或行人避让。

转向与危险报警信号电路主要由转向灯开关、危险报警开关、闪光继电器（可共用，也有独立的）和转向信号灯及转向指示灯等组成。

2. 电路特点

（1）系统电源　转向与危险报警信号电路的电源由两种方式提供：

① 用于转向信号灯电路的电源由点火开关来提供。

② 用于危险报警信号灯电路的电源由蓄电池直接提供。

（2）控制开关　转向信号开关为选择开关，静止时在关闭状态，拨向左或右侧时接通左或右侧的信号灯电路。转向开关大多数与灯光、变光或组合式开关为同一组件，安装于转向柱上。

危险报警开关为档位开关，一般有两个档位，即转换闪光继电器电源和短接转向信号灯。静止时为转向信号电路提供电源（点火供电）通路，所以开关内部有一副常闭触点，接通危险报警开关时，一方面要将点火供电电源转换为蓄电池供电，另一方面要将所有转向信号灯电路接通，所以开关内至少有三副常开触点。

图4-14所示为常见转向与危险报警信号灯开关。

（3）闪光继电器　闪光继电器控制着转向信号灯的闪烁频率，有电热式、电容式和电子式三种，由于电子式闪光继电器具有性能稳定、可靠性高、寿命长的特点，目前已获得广泛应用。

最常见、应用最多的电子式闪光继电器为三端子，“B”表示电源端子，“E”表示搭铁端子，“L”表示输出端子（图4-15）。也有多端子的闪光继电器。大众车系用49表示闪光继电器的电源，49a表示闪光继电器的输出，31表示闪光继电器的搭铁。图4-16所示为常见闪光继电器。

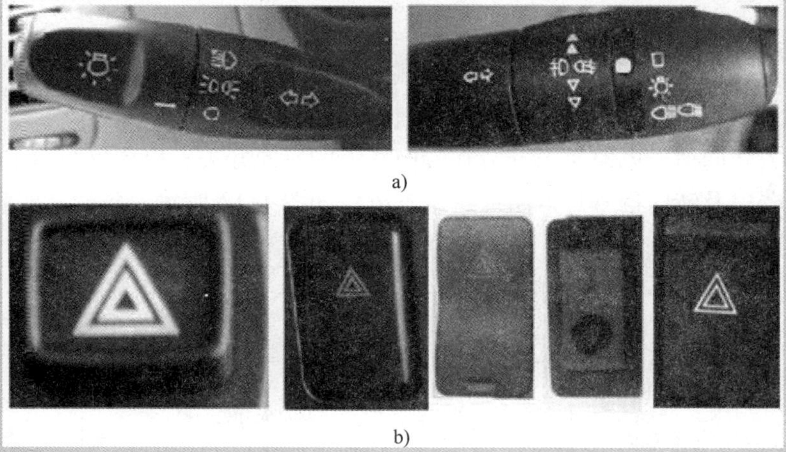

图 4-14　转向与危险报警信号开关

a）转向与照明组合开关　b）危险报警信号开关

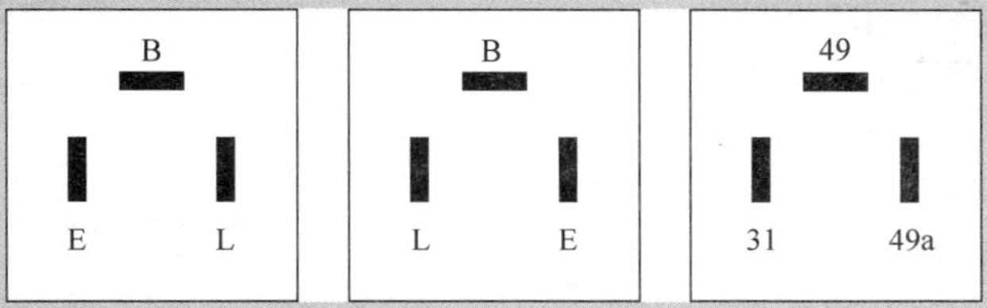

图 4-15　三端子电子闪光继电器插脚位置

图 4-16　常见车用闪光继电器

（4）转向信号灯　转向信号灯一般有左前、左后、右前、右后四个，也有在车辆侧面安装转向灯的，大多数为对称安装，主要是为了保证闪光继电器的闪烁频率，在仪表板内均设有转向信号指示灯，有些还具有危险警告灯的功能。转向信号灯的一端均为永久搭铁，因此电路控制均为电源正极。

二、转向与危险报警装置基本电路

1. 分体式开关转向信号电路

分体式开关转向信号电路是由安装在转向柱上的转向开关、位于仪表台上的危险报警开关、闪光继电器以及转向信号灯等组成，基本电路如图 4-17 所示。

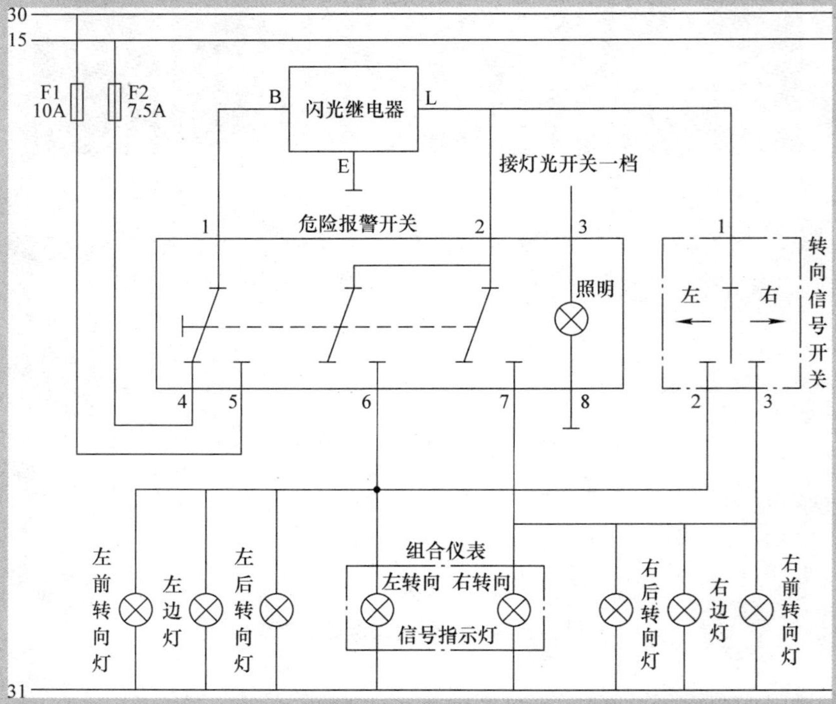

图 4-17 转向与危险报警信号基本电路（分体式开关）

可以看出这是一个较为典型的分体式开关转向与危险报警信号电路，转向与危险警告灯的工作情况如下：

在点火开关接通的情况下，点火供电 15→熔丝 F2（7.5A）→危险报警开关 4 号端子→危险报警开关内部常闭触点→危险报警开关 1 号端子→闪光继电器 B 端子（电源端），闪光继电器 E 端子搭铁，此时闪光继电器具备了工作条件。

（1）左转向信号灯控制电路　使用左转向信号灯时，需将转向信号开关拨至左侧位置，左转向信号灯电路为：闪光继电器 L 端子（输出端）→转向信号开关输入端 1 号端子→转向信号开关左侧输出端 2 号端子→分别至左前转向信号灯、左边灯、左后转向信号灯以及仪表板内左转向信号指示灯→搭铁→蓄电池负极，左侧转向信号灯受闪光继电器的输出频率闪烁点亮，表示车辆要左转行驶。

（2）右转向信号灯控制电路　使用右转向信号灯时，需将转向信号开关拨至右侧位置，右转向信号灯电路为：闪光继电器 L 端子（输出端）→转向信号开关输入端 1 号端子→转向信号开关右侧输出端 3 号端子→分别至右前转向信号灯、右边灯、右后转向信号灯以及仪表板内右转向信号指示灯→搭铁→蓄电池负极，右侧转向信号灯受闪光继电器的输出频率闪烁点亮，表示车辆要右转行驶。

（3）危险警告灯控制电路　当汽车发生故障或遇到紧急情况时，打开危险报警开关，此时全车（前、后、左、右）转向信号灯均应同时闪亮，以示警告，无论点火开关处于何种状态，危险警告灯都可以工作。

将危险报警开关接通时，危险报警开关内完成两项工作：一是切换蓄电池供电给闪光继电器；二是全部短接左、右转向信号灯电路。具体控制电路为：蓄电池正极→熔丝 F1（10A）→危险报警开关5号端子→危险报警开关内部已经闭合的常开触点→危险报警开关1号端子→闪光继电器 B 端子，闪光继电器 E 端子搭铁，此时闪光继电器具备了工作条件。同时，闪光继电器 L 端子→危险报警开关2号端子→危险报警开关6号、7号端子（分别至左侧、右侧所有转向信号灯及指示灯），接通全车所有转向信号灯电路并同时闪亮，发出警告信号，以警示其他行人或车辆注意。

2. 组合开关式转向与危险报警信号电路

组合开关式转向与危险报警信号电路的特点是转向开关与危险报警开关均安装在位于转向柱的组合开关上，转向开关一般与变光开关为同一手柄，危险报警开关置于组合开关上，两个开关的导线大多组合在组合开关的线束内。

组合开关式转向与危险报警信号电路主要由组合式转向/危险报警开关总成、闪光继电器、转向信号灯、指示灯等组成，其基本控制电路如图4-18所示。

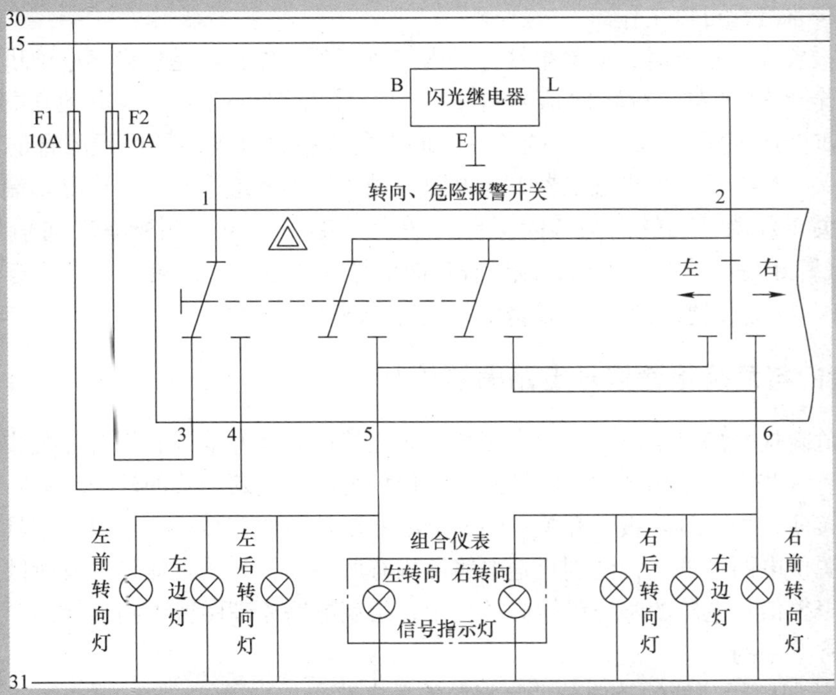

图4-18　转向与危险报警信号基本电路（组合开关式）

组合开关式转向与危险报警信号电路中的转向开关与危险报警开关组合在一起，且大多与灯光或变光开关（有时与刮水器开关）为同一组件，所以取消了危险报警开关内的照明，图 4-18 所示为基本电路。转向与危险报警信号电路的工作情况如下：

（1）左转向信号灯控制电路　在点火开关接通的情况下，使用左转向信号灯时，需将转向信号开关拨至左侧位置，左转向信号灯电路为：点火供电 15→熔丝 F2（10A）→转向与危险报警开关 3 号端子→转向与危险报警开关内部常闭触点→转向与危险报警开关 1 号端子→闪光继电器 B（电源）端子→闪光继电器 L（输出）端子→转向与危险报警开关 2 号端子→转向与危险报警开关 5 号端子→分别至左前转向信号灯、左边灯、左后转向信号灯以及仪表板内左转向信号指示灯→搭铁→蓄电池负极，左侧转向信号灯受闪光继电器的输出频率闪烁点亮，表示车辆要左转行驶。

（2）右转向信号灯控制电路　在点火开关接通的情况下，使用右转向信号灯时，需将转向信号开关拨至右侧位置，右转向信号灯电路为：点火供电 15→熔丝 F2（10A）→转向与危险报警开关 3 号端子→转向与危险报警开关内部常闭触点→转向与危险报警开关 1 号端子→闪光继电器 B（电源）端子→闪光继电器 L（输出）端子→转向与危险报警开关 2 号端子→转向与危险报警开关 6 号端子→分别至右前转向信号灯、右边灯、右后转向信号灯以及仪表板内右转向信号指示灯→搭铁→蓄电池负极，右侧转向信号灯受闪光继电器的输出频率闪烁点亮，表示车辆要右转行驶。

（3）危险警告灯电路　当汽车发生故障或遇到紧急情况时，打开危险警告灯开关，此时全车（前、后、左、右）转向信号灯均应同时闪亮，以示警告，无论点火开关处于何种状态，危险警告灯都可以工作。

将危险报警开关接通时，危险报警开关内完成两项工作：一是切换蓄电池供电给闪光继电器；二是全部短接左、右转向信号灯电路。具体控制电路为：蓄电池正极→熔丝 F1（10A）→转向与危险报警开关 4 号端子→转向与危险报警开关内部已经闭合的常开触点→危险报警开关 1 号端子→闪光继电器 B（电源）端子→闪光继电器 L（输出）端子→转向与危险报警开关 2 号端子→转向与危险报警开关 5 号端子（至左侧所有转向信号灯及指示灯）、危险报警开关 6 号端子（至右侧所有转向信号灯及指示灯）接通全车所有转向信号灯电路并同时闪亮，发出警告信号，以警示其他行人或车辆注意。

三、转向与危险报警信号电路图的绘制

转向与危险报警信号电路，目前大多数汽车仍然以分体开关式和组合开关式的电路结构为主，但也有一些汽车采用新型电路结构。无论传统的还是新型式的转向与危险报警信号电路，都是由转向开关、危险报警开关、闪光继电器以及转向信号灯等组成，都具备点火电源供电和常电源供电两种形式，区别只是电路结构有所不同，开关具体作用有所区别，所以在转向与危险报警信号电路的学习或检修过程中，绘制电路原理图或电路连接图都是非常必要的，也是非常实用的。

1. 具有转向照明功能的转向与危险报警信号电路

图 4-19 所示为别克轿车转向与危险报警信号电路图，像这样较为分散的电路图，在阅读和分析时（特别是对于一些初学者来说）会有一定的难度，所以培养、锻炼电路图的绘图能力和掌握电路工作原理同样重要。

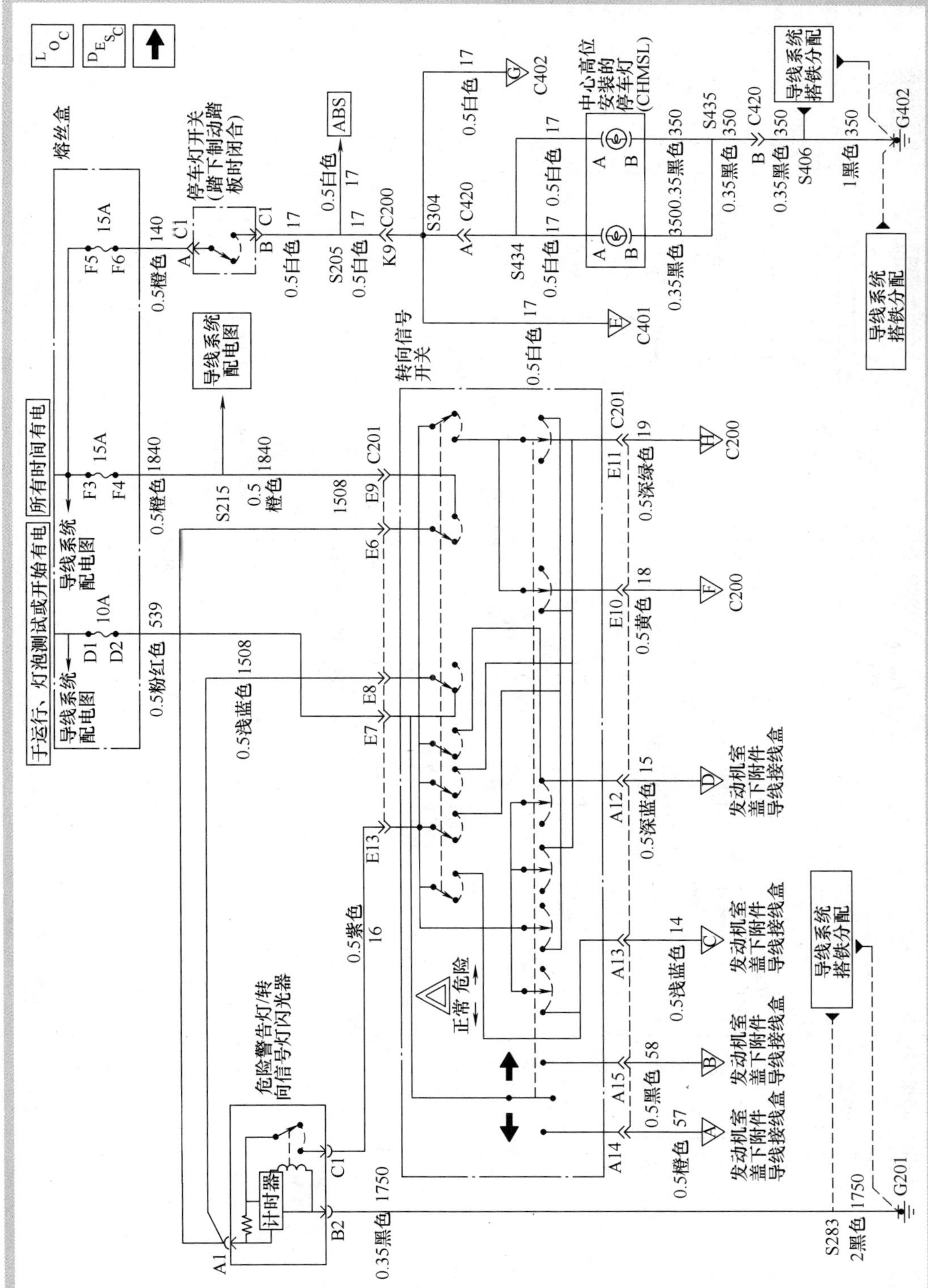

图 4-19 别克轿车转向与危险报警信号灯电路

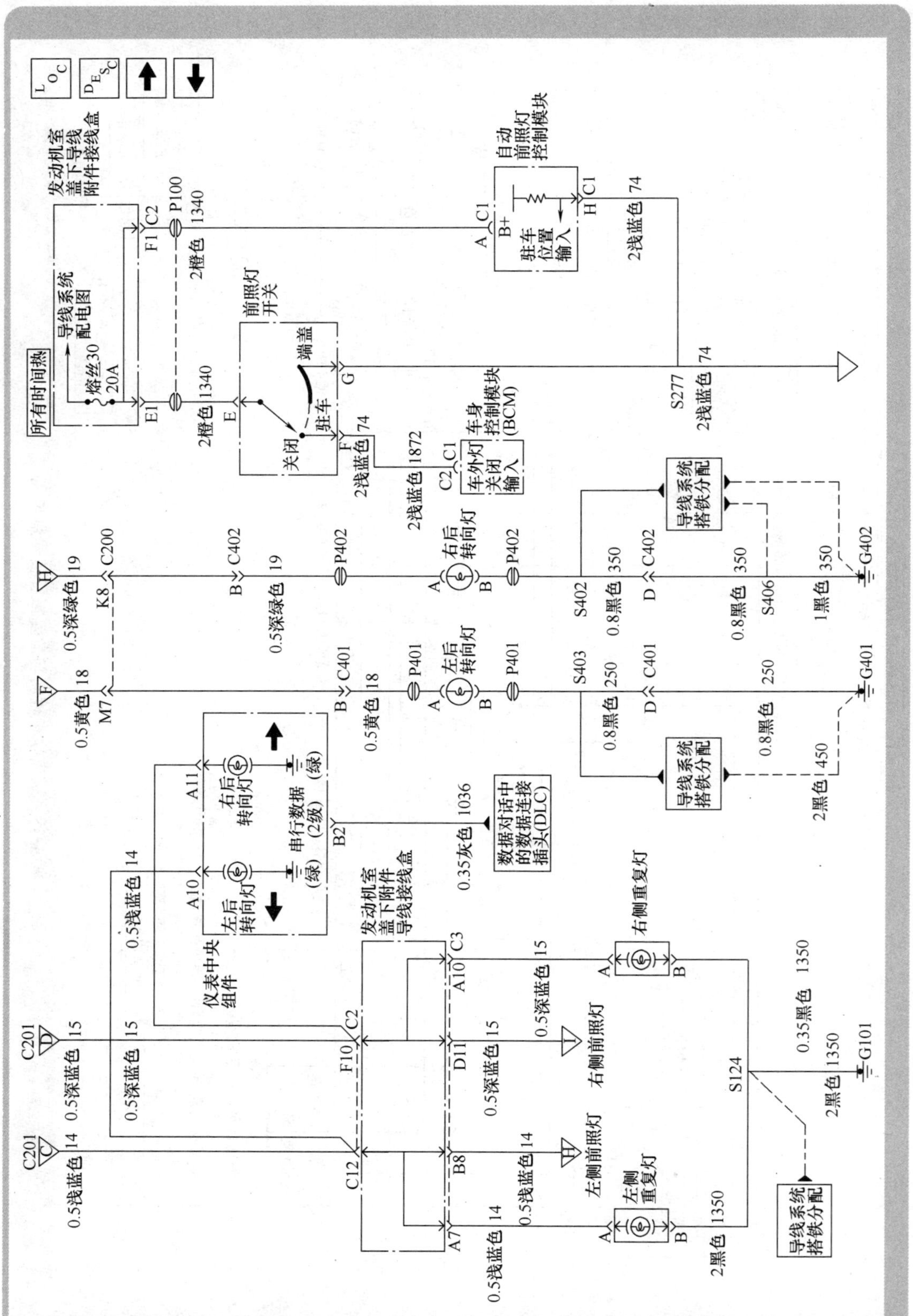
所有时间热
导线系统配电图
熔丝30 20A
发动机室盖下导线附件接线盒
前照灯开关
端盖
驻车
关闭
自动前照灯控制模块
驻车位置输入
车身控制模块(BCM)
车外灯关闭输入
右后转向灯
左后转向灯
导线系统搭铁分配
数据对话中的数据连接插头(DLC)
串行数据(2级)
仪表中央组件
右侧重复灯
右侧前照灯
左侧前照灯
左侧重复灯

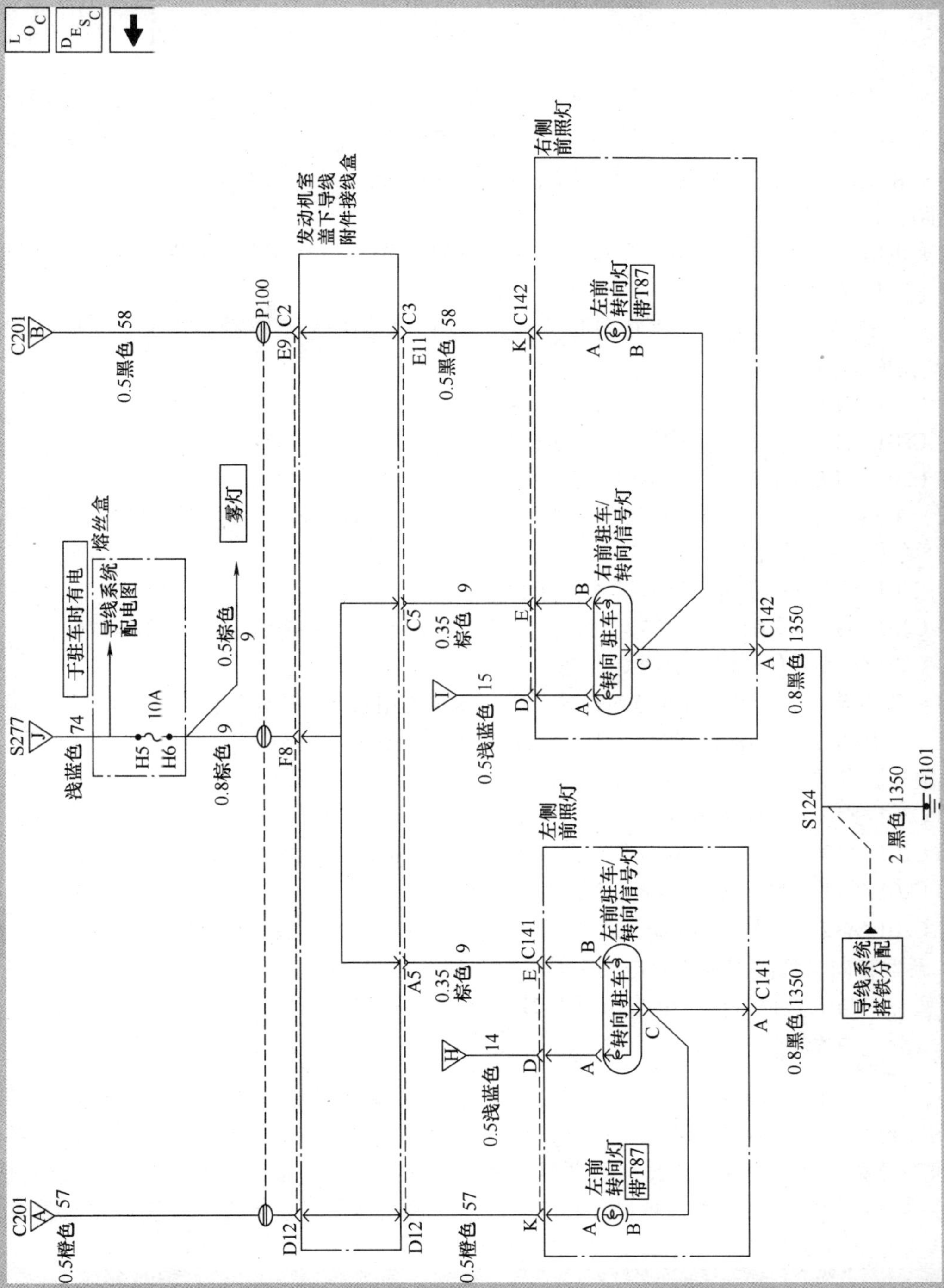

图 4-19　别克轿车转向与危险报警信号灯电路（续）

链接

针对转向与危险报警信号电路图的阅读，首先要了解电路结构，无论转向与危险报警开关是分体式还是组合式，闪光继电器是公用的还是独立的，接线端子、电源供电是否按常规有点火和常火，经过上述了解结合对系统电路工作原理的掌握，就可以将原图改绘成电路原理图了。

图4-20所示为改绘后的别克轿车转向与危险报警信号电路原理图，较图4-19电路图对电路结构和工作原理的反映更加清楚明了，对电路原理的理解和掌握意义重大。

电路分析：

点火供电15→D1/D2熔丝→C201/E7→E8→闪光器A1，闪光器B2搭铁，此时，闪光器具备了工作条件。

（1）左转向信号灯电路　将转向开关拨到左侧，左侧信号灯电路为闪光器C1→C201/E13→开关内有三路输出：

① C201/E10→左后转向灯→搭铁，开始闪烁。

② C201/A13→左前、左侧转向灯、仪表板上左侧指示灯→搭铁，开始闪烁。

③ C201/A14→左前转向照明灯点亮。

（2）右转向信号灯电路　将转向开关拨到右侧，右侧信号灯电路为闪光器C1→C201/E13→开关内有三路输出：

① C201/E11→右后转向灯→搭铁，开始闪烁。

② C201/A12→右前、右侧转向灯，仪表板上右侧指示灯→搭铁，开始闪烁。

③ C201/A15→右前转向照明灯点亮。

（3）危险警告灯电路　接通危险报警开关，蓄电池电源30→F3F4熔丝→C201/E9→E6→闪光器A1，闪光器B2搭铁，此时，闪光器具备了工作条件。

危险报警开关接通后，开关内有四路输出：

① C201/E10→左后转向灯→搭铁，开始闪烁。

② C201/A13→左前、左侧转向灯，仪表板上左侧指示灯→搭铁，开始闪烁。

③ C201/E11→右后转向灯→搭铁，开始闪烁。

④ C201/A12→右前、右侧转向灯，仪表板上右侧指示灯→搭铁，开始闪烁。

2. 新型转向与危险报警信号电路

新型转向与危险报警信号电路如图4-21所示。

链接

从图4-21中可以看出，新型转向与危险报警信号电路仍然由转向开关、危险报警开关、闪光继电器以及转向信号灯等组成，所不同的是转向开关不是串联在信号灯电路中，危险报警开关也没有切换闪光继电器电源和短接转向信号灯的作用，转向开关和危险报警开关在电路中对闪光继电器只起相关的信号作用，闪光继电器仍然需要常火和点火供电，符合转向与危险报警电路的特点。

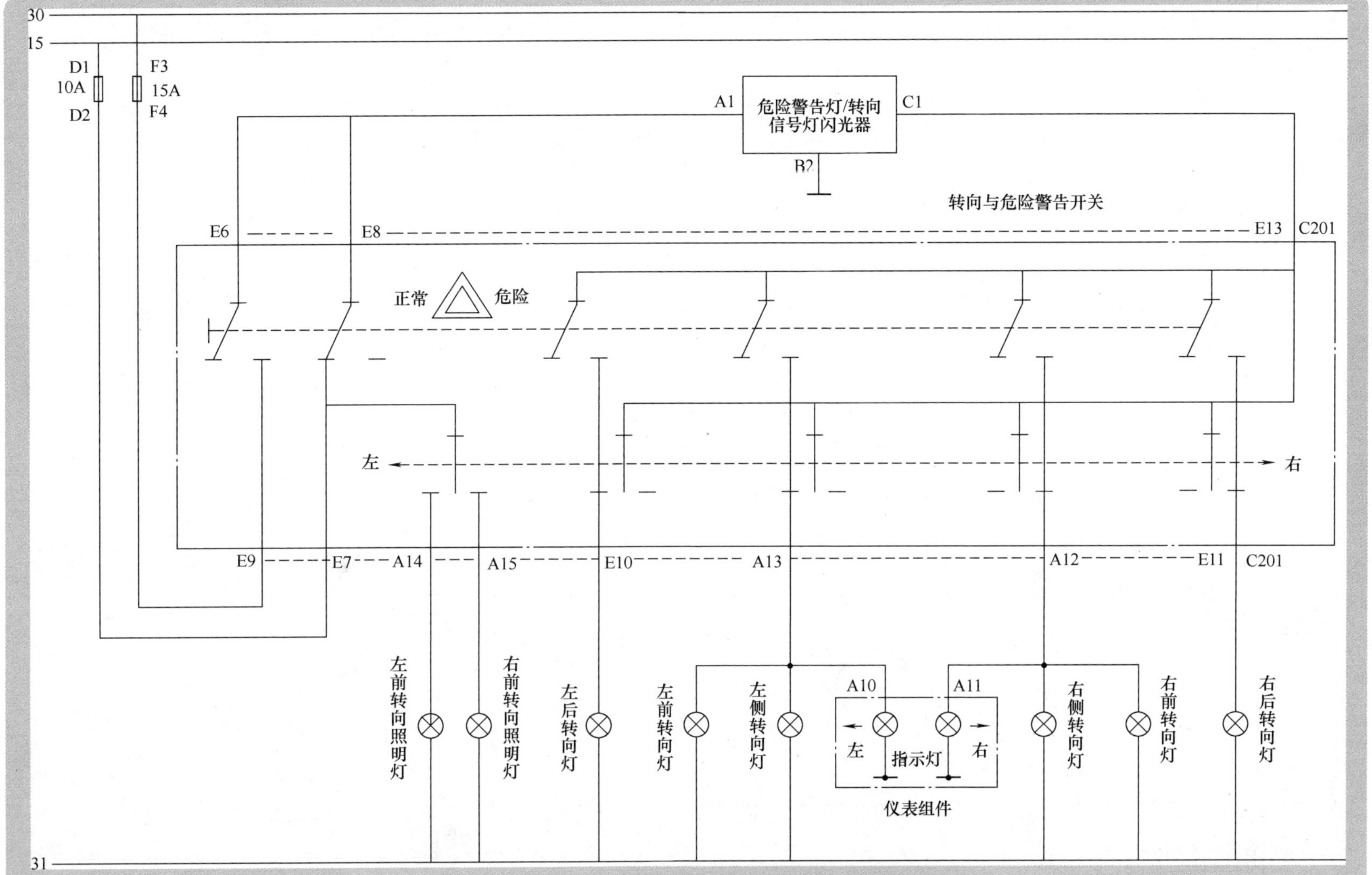

图 4-20　改绘后的别克车转向与危险报警信号电路原理图

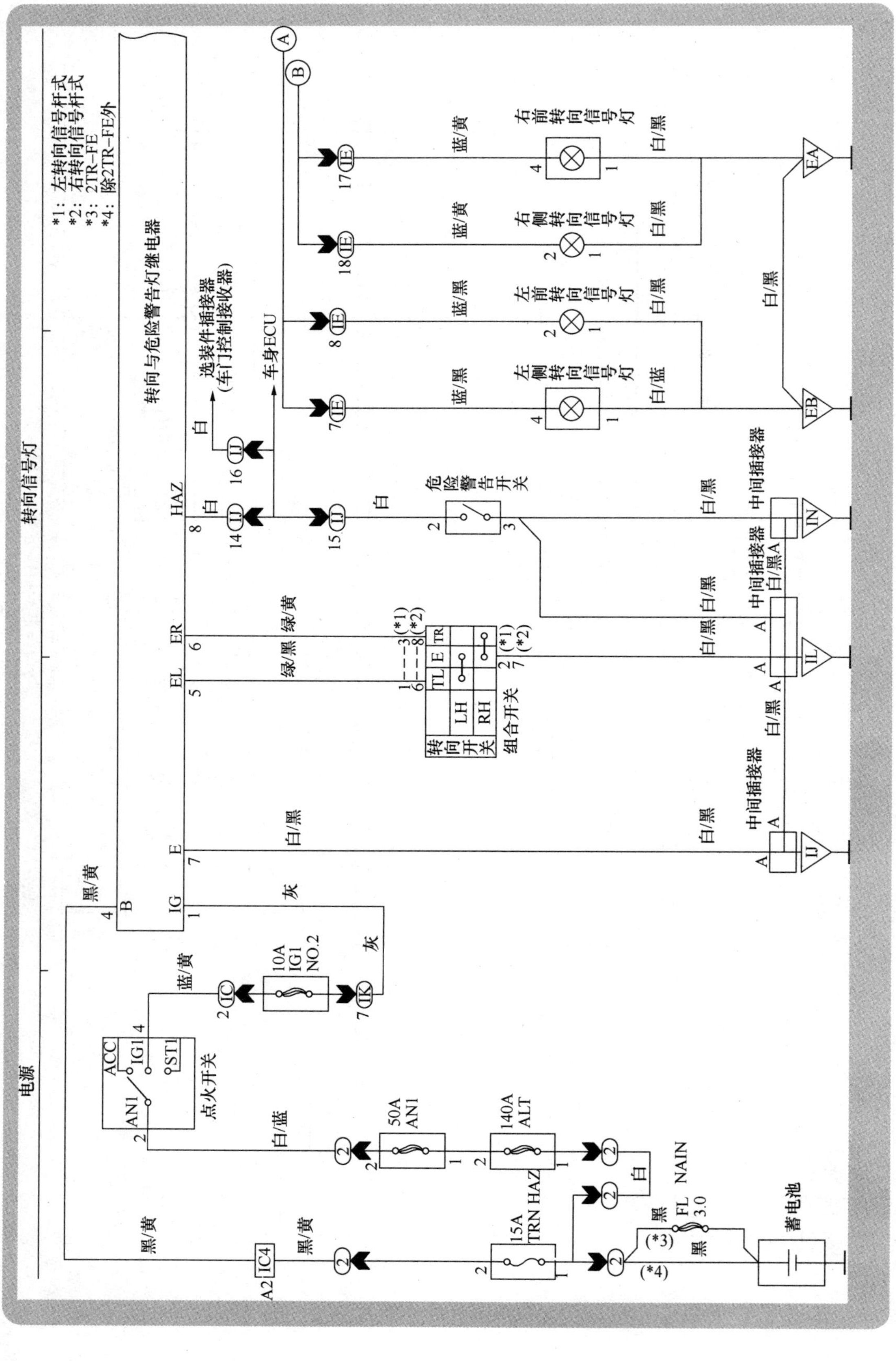
*1：左转向信号杆式
*2：右转向信号杆式
*3：2TR-FE
*4：除2TR-FE外
转向信号灯
电源
转向与危险警告灯继电器
选装件插接器
(车门控制接收器)
车身ECU
右前转向信号灯
右侧转向信号灯
左前转向信号灯
左侧转向信号灯
危险警告开关
中间插接器
转向开关
组合开关
点火开关
10A IG1 NO.2
50A AN1
140A ALT
15A TRN HAZ
FL NAIN 3.0
蓄电池

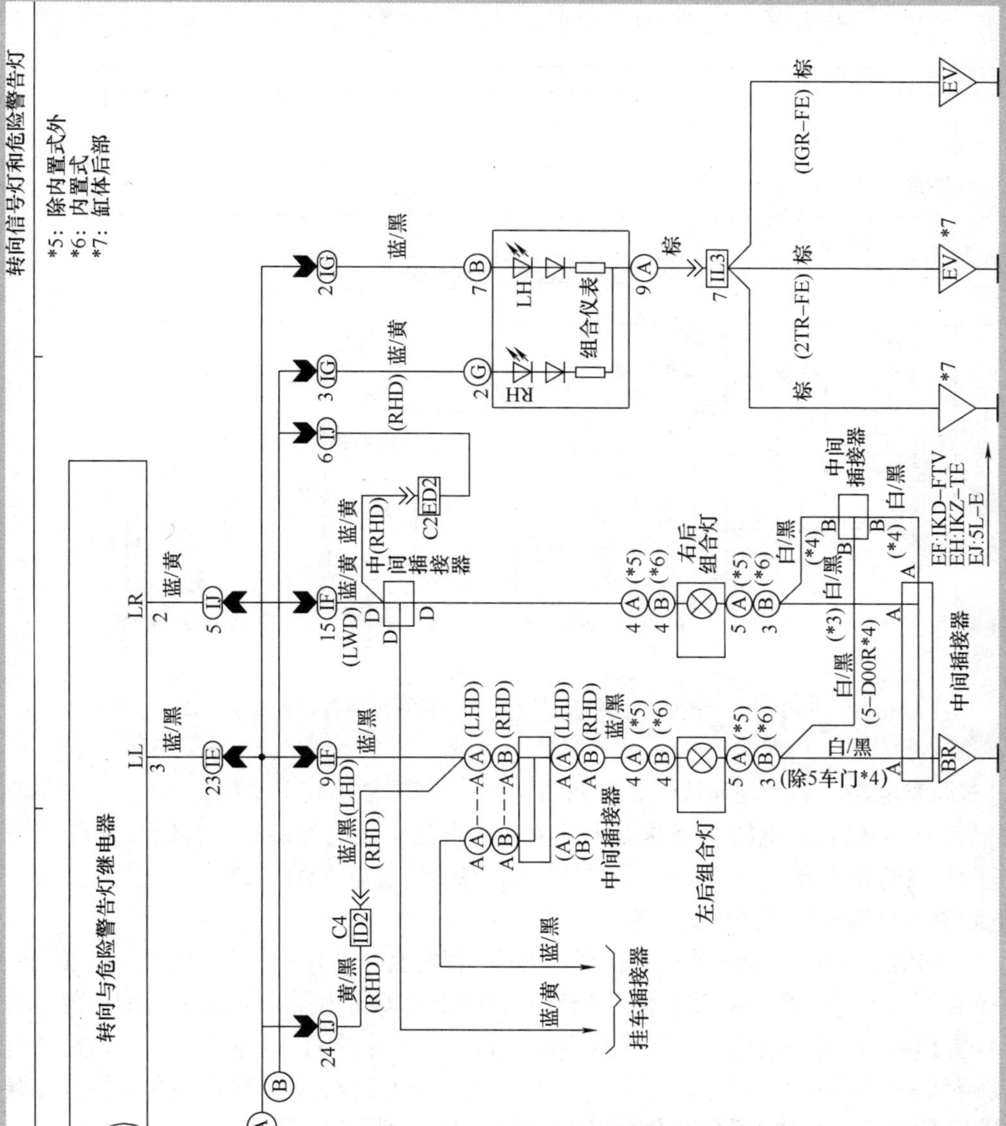

图 4-21　新型转向与危险报警信号电路

在阅读和分析电路时，对于不能在一张图中完成的电路图，有必要将原车电路改绘成电路原理图，这样有利于对电路结构的了解和工作原理的掌握。在检修故障、查找线路时原车电路图由于有较详细的线路连接，对维修工作会有一定的指导意义，所以原车电路图和改绘后的电路原理图各有不同的优势和作用。

通过对电路图的阅读和分析，结合转向与危险报警信号电路的特点，改绘后的转向与危险报警信号电路如图 4-22 所示。

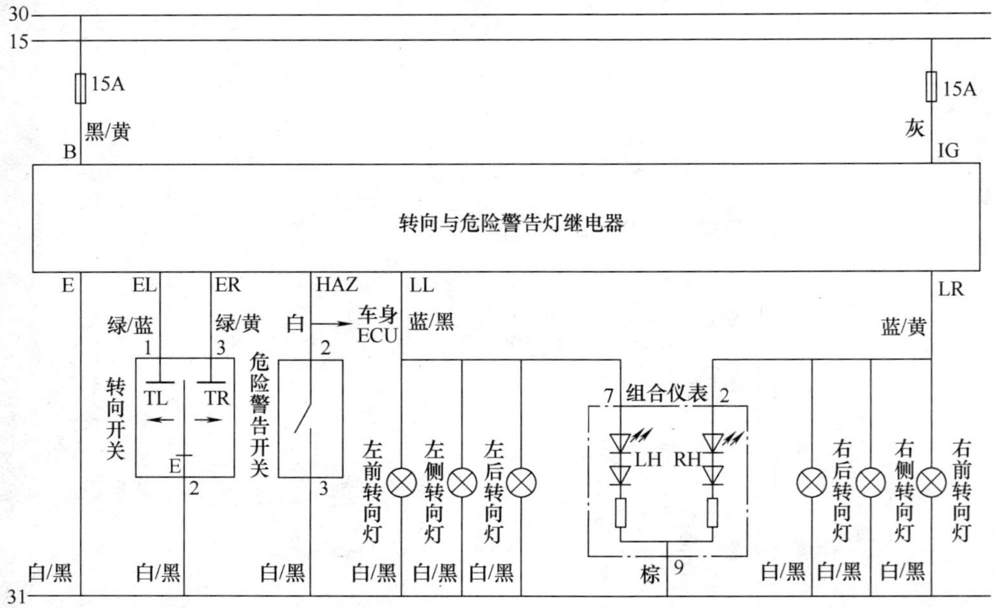

图 4-22　改绘后的转向与危险报警信号电路原理图

通过对原车电路图的整理和改绘，参照图 4-22 原理图描述其工作过程。

（1）转向信号灯控制电路　接通点火开关，蓄电池正极电源→15A 熔丝→灰色导线→转向与危险警告灯继电器的 IG 端子，转向与危险警告灯继电器的 E 端子永久搭铁，此时，转向与危险警告灯继电器已经做好了准备工作。

1）左转向信号灯电路。将转向开关拨至左侧时，蓄电池负极 31→白/黑色导线→转向开关 2 号端子→转向开关 1 号端子→绿/蓝色导线→转向与危险警告灯继电器 EL 端子；此时内部电路工作，由 LL 端子输出正极性的电源→蓝/黑色导线→分别至左前转向灯、左侧转向灯、左后转向灯→白/黑色导线→搭铁→蓄电池负极，接通所有左转向信号灯电路，根据转向与危险警告灯继电器的输出频率闪烁点亮，同时组合仪表板内的左侧转向指示灯同步闪烁。

2）右转向信号灯电路。将转向开关拨至右侧时，蓄电池负极 31→白/黑色导线→转向开关 2 号端子→转向开关 3 号端子→绿/黄色导线→转向与危险警告灯继电器 ER 端子；此时内部电路工作，由 LR 端子输出正极性的电源→蓝/黄色导线→分别至右前转向灯、右侧转向灯、右后转向灯→白/黑色导线→搭铁→蓄电池负极，接通所有右转向信号灯电路，根据转向与危险警告灯继电器的输出频率闪烁点亮，同时组合仪表板内的右侧转向指示灯同步闪烁。

（2）危险警告灯控制电路　蓄电池正极→15A 熔丝→黑/黄色导线→15A 熔丝→转向与危险警告灯继电器 B 端子，转向与危险警告灯继电器的 E 端子永久搭铁，为危险警告灯的工作提供了工作条件。

将危险报警开关接通时，蓄电池负极→白/黑色导线→危险报警开关 3 号端子→危险报警开关 2 号端子→白色导线→转向与危险警告灯继电器的 HAZ 端子，向转向与危险警告灯继电器提供了负极性的请求信号，此时，内部电路工作，同时由 LL 和 LR 端子输出频率闪烁信号，接通全车转向信号灯电路，所有转向信号灯同时闪亮。

提示

电路图中除了转向信号灯电路和危险警告灯电路外，在危险报警开关输出端即转向与危险警告灯继电器的 HAZ 端，还有与车身 ECU 的连接，这说明在某种情况下（例如，遥控开门锁门或遇到防盗系统动作时），可将搭铁信号送至转向与危险警告灯继电器的 HAZ 端，同样可以使全车转向信号灯同时闪烁。

案例分析

故障现象 1：参照图 4-17 分析，有危险报警功能，但没有转向信号功能的故障原因。

故障分析：根据故障现象描述，可以确定闪光继电器功能正常，所有信号灯正常，导致没有转向信号功能的故障原因主要有：

① 点火供电熔丝 F2 前线路断路或未送来电源。

② F2 熔丝断路。

③ 熔丝 F2 至危险报警开关 4 号端子连接线路断路。

④ 危险报警开关内常闭触点断路。

⑤ 闪光继电器 L 端子至转向开关 1 号端子线路断路。

⑥ 转向开关损坏（可能性很小）。

⑦ 转向开关 2 号、3 号端子至左右侧信号灯线路断路（可能性很小）。

故障排除：针对上述分析原因逐项检查，重点检查熔丝和危险报警开关内的常闭触点。

故障现象 2：参照图 4-17 分析，有转向信号功能，但没有危险报警信号功能的故障原因。

故障分析：根据故障现象描述，可以确定闪光继电器功能正常，所有信号灯正常，导致没有危险报警信号功能的故障原因主要有：

① 蓄电池电源熔丝 F1 前线路断路或未送来电源。

② F1 熔丝断路。

③ 熔丝 F1 至危险报警开关 5 号端子连接线路断路。

④ 危险报警开关端子 5 与端子 1 常开触点断路。

⑤ 闪光继电器 L 端子至危险报警开关 2 号端子线路断路。

⑥ 危险报警开关内部负责短接左右侧信号灯常开触点同时断路（可能性很小）。

故障排除：针对上述分析原因逐项检查，重点检查熔丝和危险报警开关内的常开触点

（端子 1 和端子 5）。

故障现象 3：参照图 4-17 分析，转向与危险报警信号功能全无的故障原因。

故障分析：根据故障现象描述，导致转向与危险报警信号全无的主要原因有：

① 危险报警开关 1 号端子至闪光继电器 B 端子线路断路。

② 闪光继电器 E 端子搭铁断路。

③ 闪光继电器本身损坏。

故障排除：针对上述分析原因逐项检查，重点检查闪光继电器。

◎◎◎　第三节　仪表与警告信号装置电路图的识读　◎◎◎

学习目标：

1. 了解汽车仪表报警系统电路的基本组成与特点。
2. 明确汽车仪表报警系统电路的控制方法。
3. 熟悉汽车仪表报警系统传感器、开关及显示仪表的结构与原理。
4. 掌握汽车仪表报警系统电路图的阅读分析方法。

一、仪表与报警系统的基本组成

作用

为使驾驶人随时了解汽车各系统的工作情况，汽车上都设有表示汽车状况的仪表、指示灯、警告灯等装置，以及时提醒驾驶人，以便做出正确的操作。

传统的机电模拟式仪表，为驾驶人提供的数据信息已远远不能满足现代汽车新技术、高速度的发展要求，因此电子仪表将逐渐取代常规仪表，成为发展的主流。

组合式仪表通常由车速里程表、发动机转速表、充电指示灯、机油压力警告灯等组成，图 4-23 所示为常见汽车组合仪表。

1. 定量显示

定量显示是指通过仪表的线性变化来反映信息状况，最常见的有电流表（现已很少应用）、电压表、冷却液温度表、燃油表、转速表、车速里程表，有些车辆还有机油压力表、气压表等。

2. 定性显示

定性显示是指通过指示灯的亮灭变化来反映信息状况，最常见的指示灯、警告灯有：充电指示灯、机油压力警告灯、远光指示灯、转向指示灯、制动液位警告灯，根据车辆配置的不同，指示灯、警告灯的种类和数量不胜枚举。

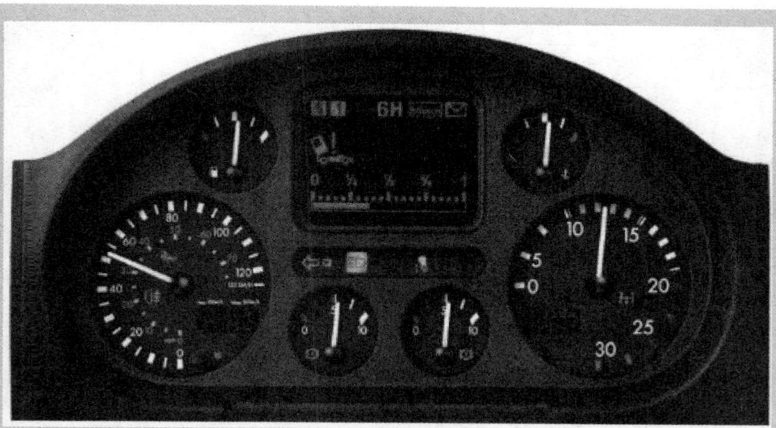

图 4-23　汽车组合仪表

二、仪表与报警系统基本电路

1. 分立元件式仪表与报警系统电路

图 4-24 所示为分立元件式仪表与报警系统电路，图中所示大多数为一般汽车常见的组合仪表显示功能。随着车辆配置的增加和车辆档次的提高，仪表显示项目越来越多，就本电路的阅读和分析，可以看出仪表与报警系统电路的一些特点和电路结构。

（1）仪表与报警系统电路电源

提示

在组合式仪表与报警系统电路中一般会有两种电源：

一种是用常电源供电（组合式仪表 3 号端子），主要用于不受点火开关控制的设备，本电路中专指时钟供电。

另一种是点火供电（组合式仪表 1 号端子），主要提供显示仪表和控制电源负极的警告灯的工作电源。

最少会有一条电源负极（组合式仪表 17 号端子）提供给组合式仪表，一方面是给电磁式或电子式显示仪表提供电源负极，另一方面是给控制电源正极的警告灯提供搭铁。

（2）控制电源负极的警告灯　图 4-24 电路中，控制电源负极的警告灯有充电指示灯、机油压力警告灯、发动机故障指示灯和驻车制动指示灯，这些警告灯均由点火开关供电，警告灯的另一端由相关开关（包括电子开关）控制搭铁，与大多数汽车组合式仪表的控制方法相同。

1）充电指示灯。一般会连接发电机或发电机调节器的 D+或 L 端子，接通点火开关时，从发电机或调节器端（组合式仪表 9 号端子）应该提供搭铁信号，点亮充电指示灯；当发动机起动后，发电机正常发电时，从发电机或调节器端应该送来正极性的信号，相当于发电电压，此时，充电指示灯两端因等电位而熄灭。

2）机油压力警告灯。机油压力警告灯大多数由机油压力开关直接控制（组合式仪表 10 号端子），通常采用常闭型开关，在发动机未起动前或发动机内机油压力因故欠压时，机油

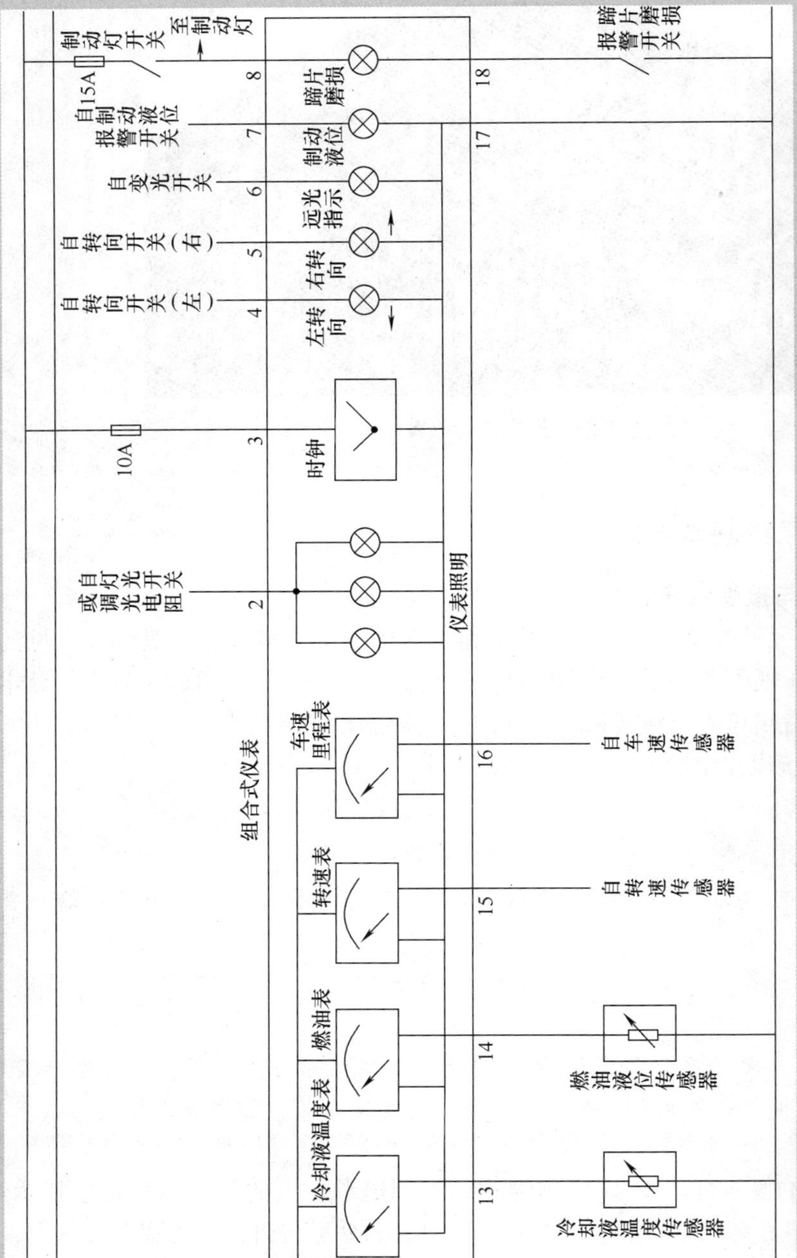

图 4-24　分立元件遗仪表与报警信号基本电路

压力开关保持闭合状态，机油警告灯点亮；发动机正常工作期间，机油压力开关处于断开状态，切断机油压力警告灯的电路。

3）发动机故障指示灯。到目前为止，绝大多数发动机故障指示灯是由发动机电控单元直接控制的（组合式仪表12号端子），而且是控制指示灯的负极。在接通点火开关后，发动机电控单元进行自检输出负极性的搭铁信号，给故障指示灯提供搭铁回路，使故障指示灯点亮；当自检结束或发动机正常工作期间，发动机电控单元会切断对故障指示灯的搭铁信号，故障指示灯熄灭。

4）驻车制动指示灯。驻车制动指示灯的作用是反映车辆运行状态，在车辆静止状态时，驻车制动开关应处于闭合状态，通过组合式仪表11号端子将搭铁信号送至驻车制动指示灯，因而在车辆停驶状态时，驻车制动指示灯应点亮，相反驻车制动指示灯应熄灭。

（3）控制电源正极的警告灯　图4-24电路中，控制电源正极的警告灯有转向指示灯、远光指示灯和制动液位警告灯，其中，转向指示灯和制动液位警告灯对于大多数汽车都是控制电源正极的，但远光指示灯却不一定，本电路中是控制电源正极的，有些汽车则是控制负极的，个别汽车则是既控制指示灯的正极又控制负极，所以在阅读和分析电路时要特别注意。

（4）定量显示仪表电路　图4-24电路中，定量显示的仪表有冷却液温度表、燃油表、转速表和车速里程表，它们共同的特点是电源并联、信号独立，图中所示为电磁式或电子式仪表，所以有三个端子，也有采用电热式的仪表（大多数为两个端子），同样有电源并联的特点。

冷却液温度表采用的是热敏电阻式传感器，通过温度变化改变传感器阻值，最常用的是外壳搭铁、单线传输信号的传感器，如图4-25a所示；而燃油表大多采用的是可变电阻式传感器，通过油浮子的移动来改变传感器阻值，如图4-25b所示。

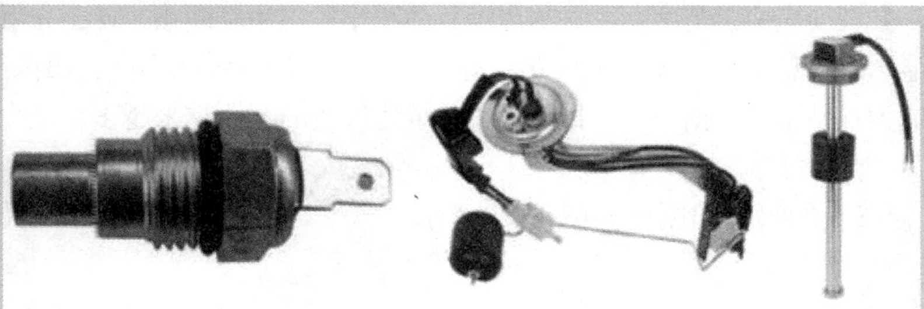

a)　　b)

图4-25　冷却液温度传感器和燃油液位传感器

a）冷却液温度传感器　b）燃油液位传感器

转速表和车速里程表采用了独立的传感器，有时也可能通过发动机控制单元传输信号。常见的转速传感器和车速里程传感器有磁电式、霍尔式和舌簧开关式。无论何种传感器，显示仪表的工作必须具备工作电源，再根据仪表所配传感器提供的信号，就能完成指示功能，所以掌握它们的电路结构和特点很重要。

常见的转速表传感器、车速里程传感器如图4-26所示。

（5）既控制电源正极又控制电源负极的警告灯　图4-24中既控制电源正极又控制电源负极的警告灯是制动蹄片磨损警告灯，它既受制动开关的控制（正极），又受蹄片磨损报警开关的控制（负极）。正常情况下，踩踏制动踏板时，警告灯不会点亮，因为蹄片磨损报警开关处于断开状态；如果蹄片磨损严重或达到使用极限时，蹄片磨损报警开关会处于闭合状态，这时，踏下制动踏板时，会点亮蹄片磨损警告灯，提醒驾驶人及时检查或更换制动蹄片。

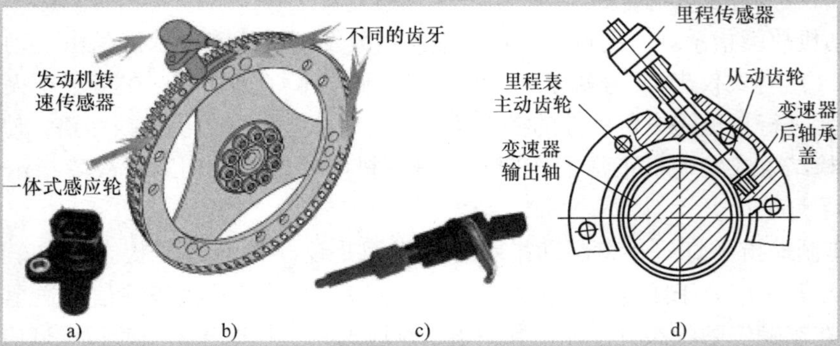

图 4-26　转速传感器、里程传感器及安装位置

a）转速传感器　b）转速传感器安装位置　c）里程传感器　d）里程传感器安装位置

类似电路在仪表电路中有可能还会出现，因为仪表、报警项目很难统一且数量不定，在阅读分析电路图时要特别注意。

（6）仪表照明电路　仪表照明电路是所有汽车仪表电路中必不可少的一个项目，一般受控于灯光开关或调光电阻，有控制仪表照明灯正极的，也有控制负极的；仪表照明灯有采用灯泡的还有采用发光二极管的，在阅读和分析电路图时要注意其电源极性。

2. 电子化仪表与报警系统电路

电子化仪表已经发展到由电控单元进行控制的程度，有些车型的仪表板电控单元甚至作为整车的控制中心，具有反应快、精度高、显示清晰、体积小、占用空间小、便于布置、信息量大等优点。此外，显示的信息越来越多，显示方式更多地采用了显示屏或文字、图像等方式，所以，电子化仪表将成为各系统的数据中心，目前采用电子化仪表的车辆越来越多，是今后汽车仪表的发展方向。

电子式组合仪表的组成和原理如图 4-27 所示。

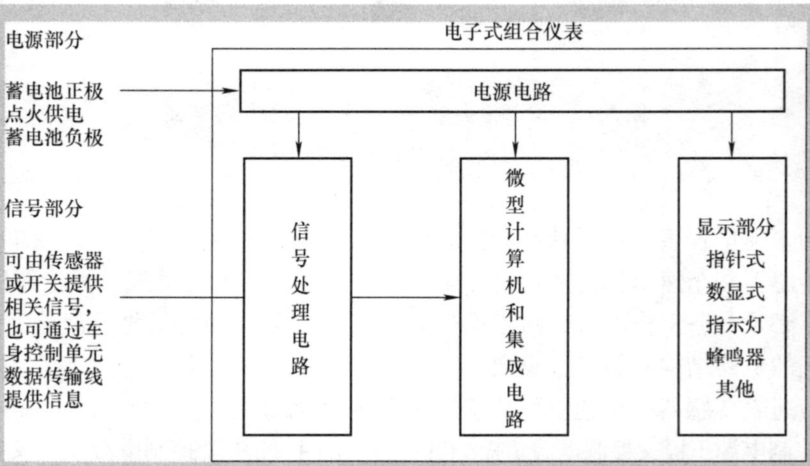

图 4-27　电子式组合仪表的组成和原理框图

图 4-28 所示为别克轿车电子式组合仪表电路。

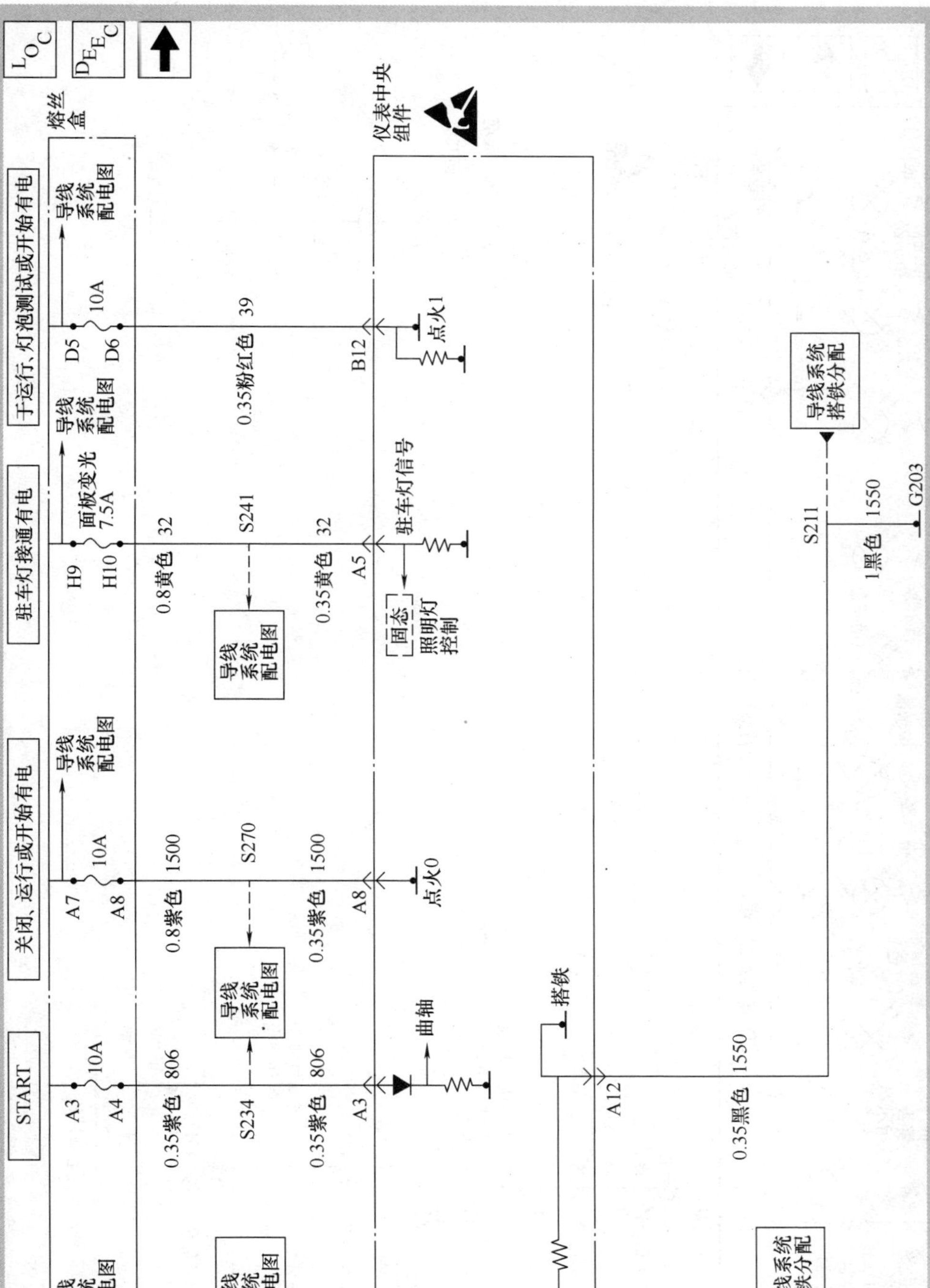

图 4-28 别克轿车仪表板电路

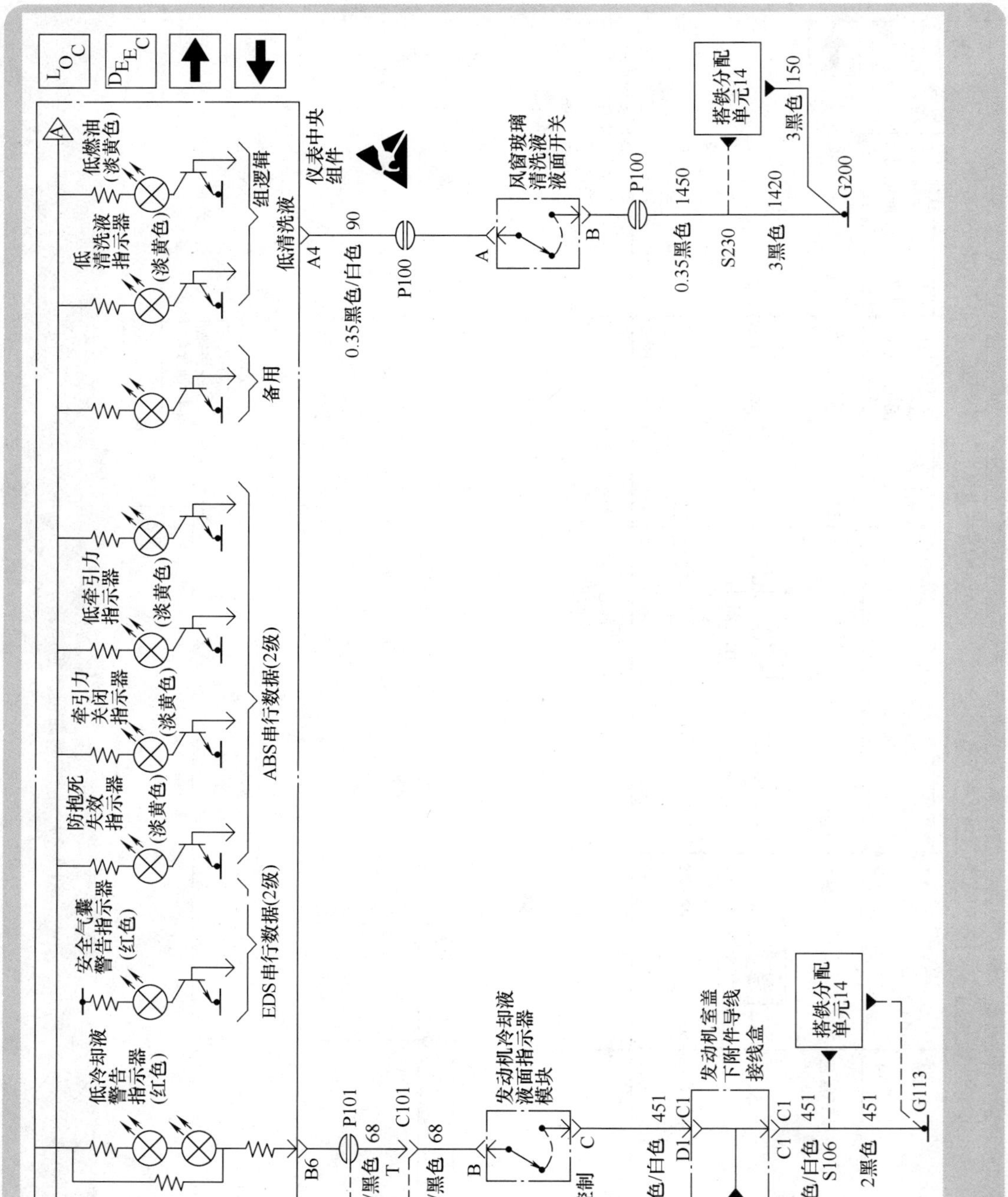

点火1
12V调节
功能失效指示器(立即维修发动机)(淡黄色)
低冷却液警告指示器(红色)
安全气囊警告指示器(红色)
EDS串行数据(2级)
防抱死失效指示器(淡黄色)
牵引力关闭指示器(淡黄色)
低牵引力指示器(淡黄色)
ABS串行数据(2级)
备用
低清洗液指示器(淡黄色)
低燃油(淡黄色)
低清洗液组逻辑
仪表中央组件
A4
90
0.35黑色/白色
P100
风窗玻璃清洗液液面开关
A
B
0.35黑色
1450
S230
1420
3黑色
G200
150
搭铁分配单元14
B6
B5
P101
68
T
0.35黄色/黑色
C101
419
V
0.35棕色/白色
发动机冷却液液面指示器模块
C
C2
5
MIL控制
动力系控制模块(PCM)
451
D1
C1
0.35棕色/白色
发动机室盖下附件导线盒
S106
0.5黑色/白色
2黑色
G113

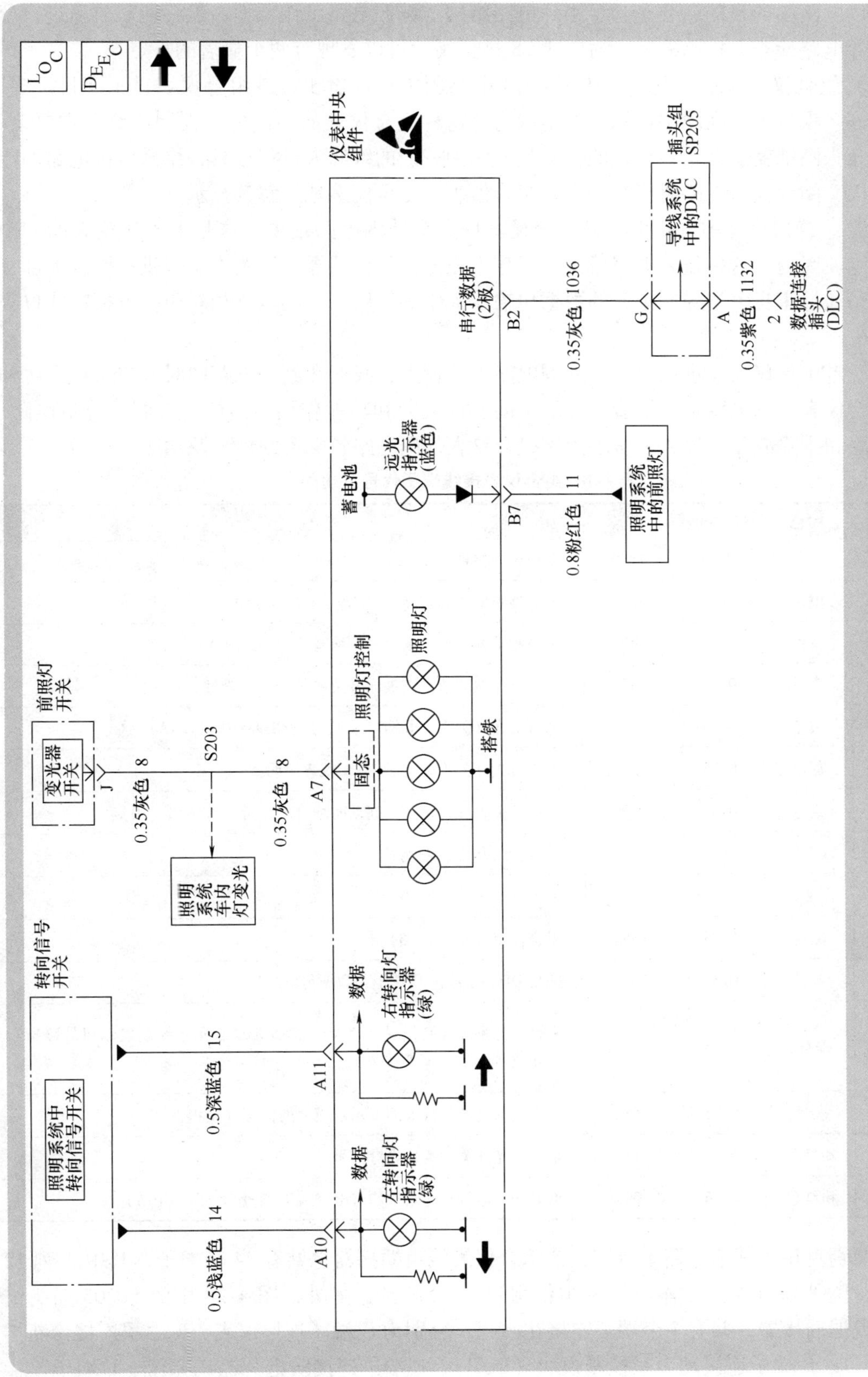

图 4-28　别克轿车仪表板电路（续）

阅读电路图的目的主要是为了了解电路结构、掌握电路工作原理，最终能对故障进行分析、指导电路检查并排除故障。对图4-28进行阅读可以发现有两个显著的特点：

（1）组合仪表显示项目多　从图4-28电路图中可以看出，该组合仪表显示项目很多，但还有许多项目未能在图中显示。这是因为，这种组合仪表的内部电子控制电路非常复杂，不是这几张图纸就能够全面反映的，况且，作为一般的维修人员很难具备维修内部电路的能力，所以，阅读仪表电路时要结合车上组合仪表，尽可能多地了解其显示项目。

（2）组合仪表外围电路少　另一个显著特点是外围电路很少，这是电子化仪表的一个共同特点。因为，这种仪表电路所需的信息不完全依靠传感器或开关直接提供，而且大部分的信息是通过车身电子控制单元的数据传输线提供的，所以外围电路相对于机电模拟式仪表电路要少。

针对电子化仪表显示项目多、外围电路少的特点，我们在阅读电路图时，要重点了解和掌握组合仪表外围电路中各导线、各端子的连接去向和功能作用，这样才有利于分析电路、检查电路和排除故障。表4-1所示为该组合仪表外围电路各端子的代号及功能。

表4-1　组合仪表接线端子代号及功能

端子	线色	线径/mm^2	线号	功能
A1	黑色	0.35	1750	组合仪表搭铁（G201）
A2	橙色	0.5	640	蓄电池正极（常电源），熔丝E1/E2（15A）
A3	紫色	0.35	806	来自起动开关的起动信号，熔丝A3/A4（10A）
A4	黑/白	0.35	99	来自风窗玻璃清洗液液面开关的信号（负极性）
A5	黄色	0.35	32	来自灯光开关Ⅰ、Ⅱ档（+），熔丝H9/H10（7.5A）
A7	灰色	0.35	8	来自灯光开关J端子（+），仪表照明
A8	紫色	0.35	1500	点火开关附件、运行、起动时均有电，熔丝A7/A8（10A）
A10	浅蓝色	0.5	14	来自转向开关（左侧）
A11	深蓝色	0.5	15	来自转向开关（右侧）
A12	黑色	0.35	1550	组合仪表搭铁（G203）
B2	灰色	0.35	1036	来自DLC插头组/G端子，数据传输
B5	棕/白	0.35	419	来自动力系统控制模块（PCM）C2/5端子，用于控制发动机故障指示灯（负极性）
B6	黄/黑	0.35	68	来自发动机冷却液液面指示器模块的信号（负极性）
B7	粉红色	0.35	11	来自变光开关中的远光灯信号
B12	粉红色	0.35	39	点火开关运行和起动时均有电（+）熔丝D5/D6（10A）

参照别克轿车其他电路图得知，该组合仪表线束插接器总共有24个端子，其中A列12个端子、B列12个端子，本电路图中仅用到15个端子。另外，图4-28中的SP205插头组为全车数据插接器，共有7个端子连接在一起，分别为G端子连接仪表、A端子连接诊断接口（DLC）、B端子连接动力系控制模块（PCM）、E端子连接防抱死制动系统、F端子连接

安全气囊控制系统、L 端子连接空调控制系统、M 端子连接车身控制系统。

3. 其他警告灯电路

除了仪表报警以外，制动信号灯、倒车信号灯以及喇叭报警电路也是汽车上的必备电路，这些电路一般都很简单，只是由于汽车上的电气设备、电控系统增加，这些电路有时不是独立的，可能会与其他电路共同控制。下面就常见的控制电路做一介绍。

（1）制动灯控制电路　制动灯控制电路一般由制动灯开关和制动信号灯组成。制动灯开关一般为单刀开关。即两个端子，主要是控制制动信号灯，当出现多端子制动灯开关时，就要考虑还有其他方面的控制，比如踩下制动踏板时，在接通制动灯的同时，要给自动巡航系统传输一个切断信号，以中止自动巡航功能。常见制动灯开关及电路如图 4-29 所示。

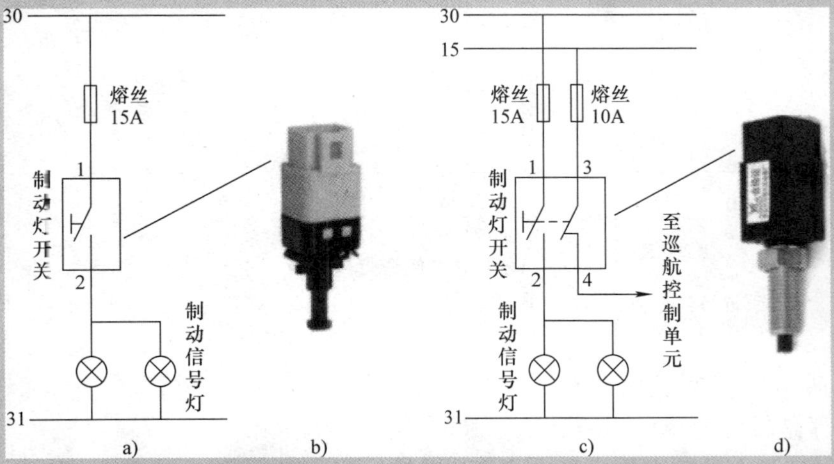

图 4-29　常见制动灯开关及制动灯控制电路

a）两端子制动灯电路　b）两端子制动灯开关　c）四端子制动灯电路　d）四端子制动灯开关

（2）倒车灯电路　倒车灯电路一般由倒车灯开关和倒车信号灯组成。手动变速器的车辆，倒车灯开关一般安装在变速器上；自动变速器的车辆，倒车灯开关集成在档位选择开关内，倒档时，除了接通倒车灯电路外，还有仪表显示功能。常见倒车灯开关如图 4-30 所示。

图 4-30　常见倒车灯开关及安装位置

a）手动变速器上的倒车灯开关　b）自动变速器上的档位开关　c）变速杆下方的档位开关

另外，在一些大型车辆上有时还会在接通倒车灯电路的同时，接通倒车蜂鸣器。常见倒车灯电路如图 4-31 所示。

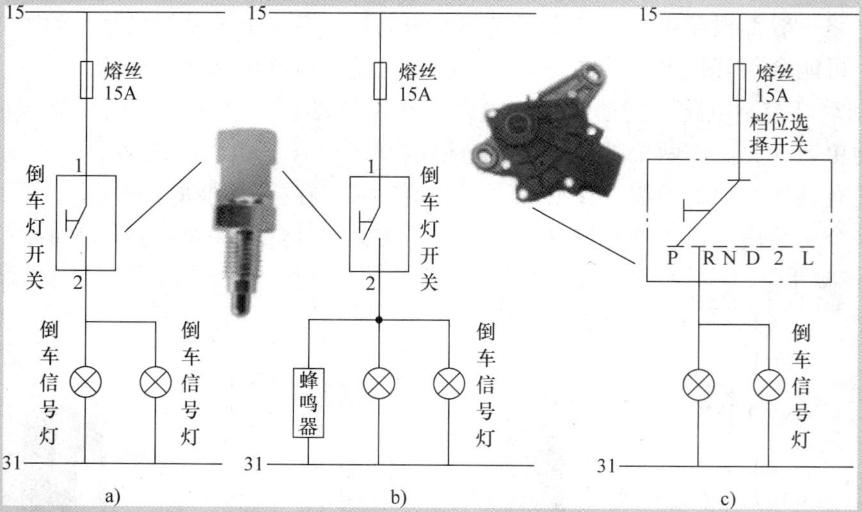

图 4-31　倒车灯电路

a）普通倒车灯电路　b）具有蜂鸣器的倒车灯电路　c）变速杆控制的倒车灯电路

（3）喇叭电路　喇叭电路在汽车电路中算是较为简单的电路，一般由位于转向盘上的喇叭按钮和喇叭（图 4-32）组成，有些喇叭电路中增加了喇叭继电器，用以保护喇叭按钮。

图 4-32　常见车用喇叭

a）电喇叭　b）气喇叭

传统的喇叭按钮都是通过转向盘下的滑动触点来连接线路的，触点、集电环如图 4-33 所示。

现代车辆大多安装了安全气囊装置，所以有些车辆的喇叭按钮是通过螺旋电缆来连接喇叭按钮的，在阅读电路图时要特别注意。螺旋电缆与转向柱位置如图 4-34 所示。

电喇叭除了用喇叭按钮控制外，有些车辆上的防盗报警装置、遥控门锁系统会利用电喇叭作为一种声响报警，在阅读电路图时要加以分析。图 4-35 所示为常见喇叭控制电路。

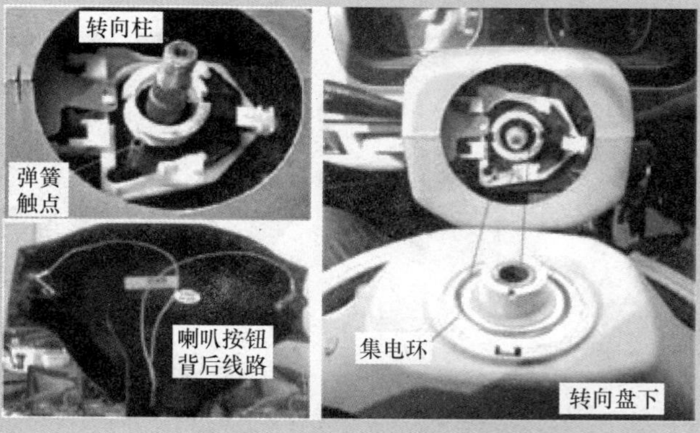

图 4-33　触点、集电环

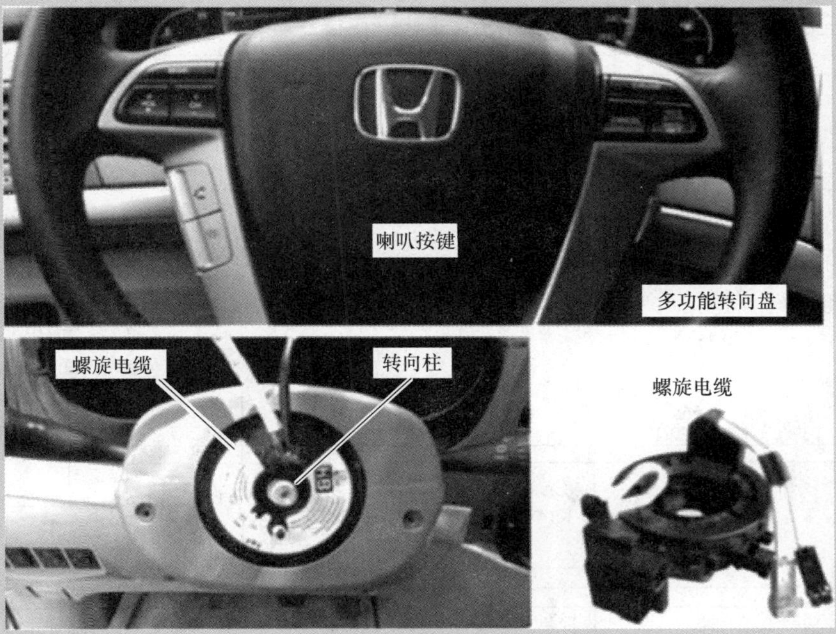

图 4-34　螺旋电缆与转向柱位置

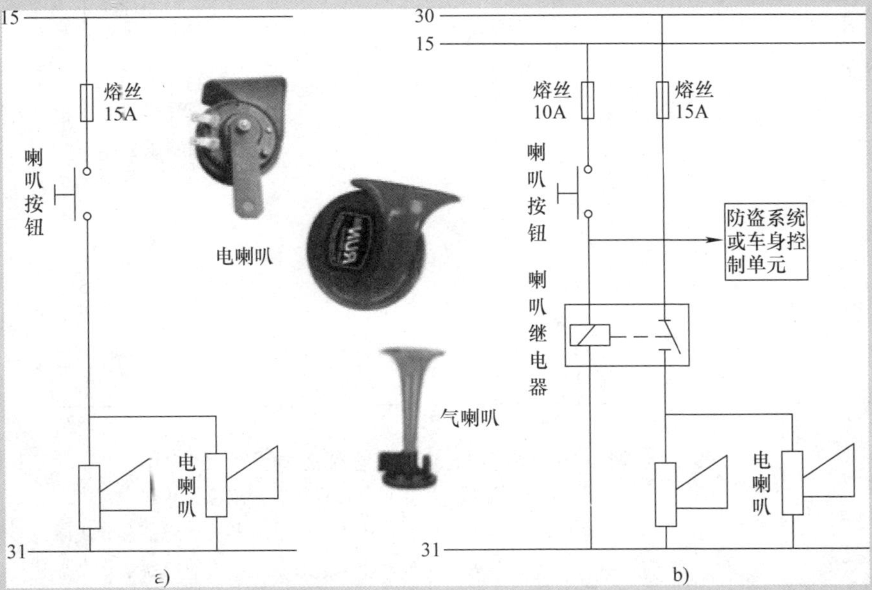

图 4-35　常见喇叭控制电路

a）无继电器的喇叭电路　b）与防盗系统共用的喇叭电路

三、仪表与报警系统电路图的绘制

图 4-36 所示为奥迪 A6 轿车组合仪表电路，该图的绘制采用了欧洲汽车电路图的绘制

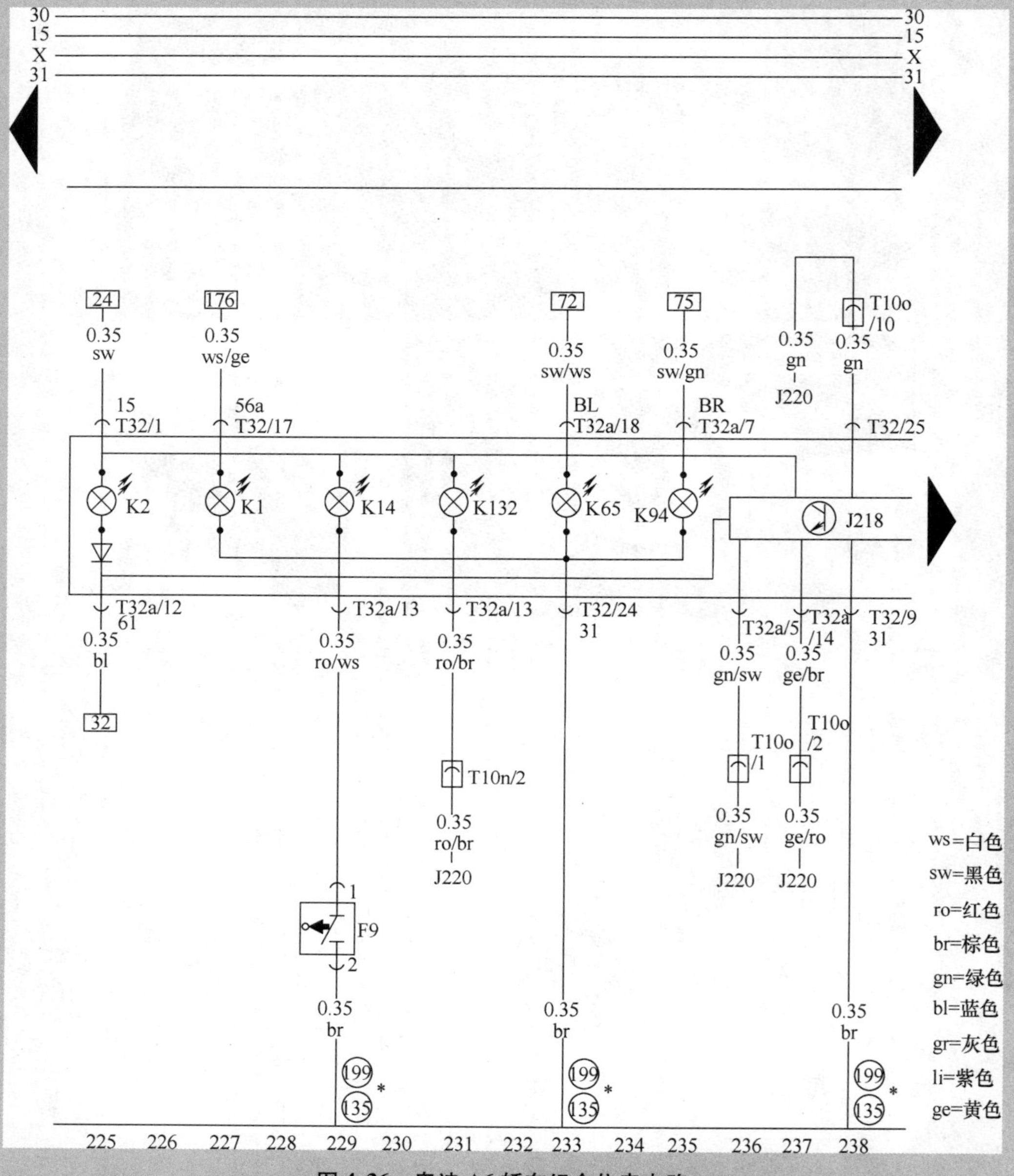

图 4-36　奥迪 A6 轿车组合仪表电路

F9—驻车制动器控制开关
J218—组合仪表板内组合处理器
J220—多点喷射控制单元
K1—远光指示灯
K2—发电机指示灯
K14—驻车制动器指示灯
K65—左转向指示灯
K94—右转向指示灯
K132—电子节气门操纵机构故障指示灯
T10n—插头，10 孔，橙色，压力舱电器盒分线器
T10o—插头，10 孔，棕色，压力舱电器盒分线器
T32—插头，32 孔，蓝色，在仪表板上
T32a—插头，32 孔，绿色，在仪表板上
(135)—搭铁连接 2，在仪表板线束内
(199)—搭铁连接 3，在仪表板线束内
* 两种都可能

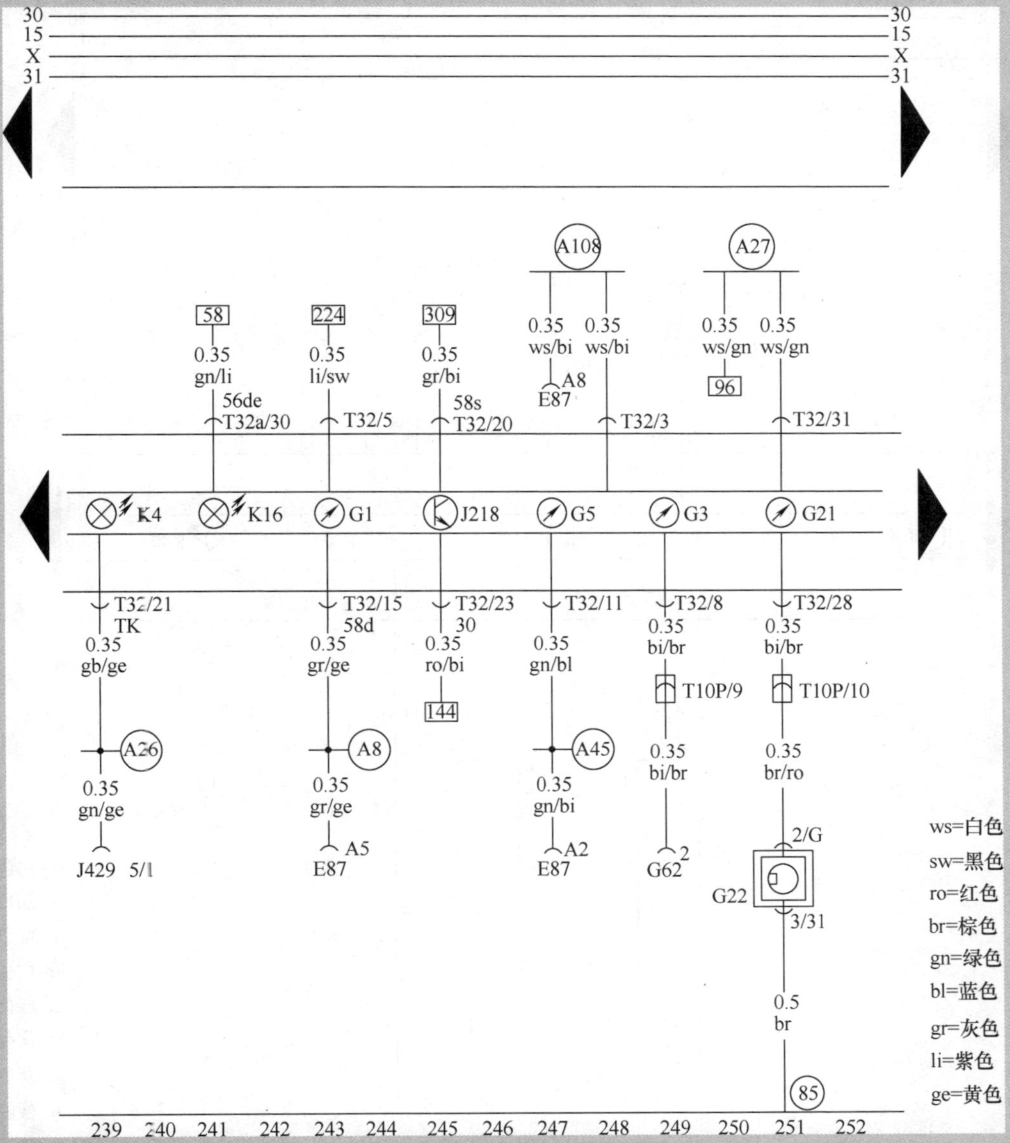

图 4-36　奥迪 A6 轿车组合仪表电路（续）

E87—空调控制和显示单元
G1—燃油表
G3—冷却液温度表
G5—转速表
G21—车速表
G22—车速表传感器（霍尔传感器，在变速器上）
G62—冷却液温度传感器
J218—仪表板内组合处理器
K4—停车指示灯
K16—燃油储备指示灯
T10P—插头，10 孔，黑色，压力舱电器盒分线器
T32—插头，32 孔，蓝色，在仪表板上
T32a—插头，32 孔，绿色，在仪表板上
(85)—搭铁连接 1，在发动机舱线束内
(A8)—正极连接（58d），在仪表板线束内（显示照明）
(A26)—连接（车门接触开关/驾驶员一侧），在仪表线束内
(A27)—连接（车速信号），在仪表板线束内
(A45)—连接（转速信号），在仪表板线束内
(A108)—连接（车速信号），在仪表板线束内

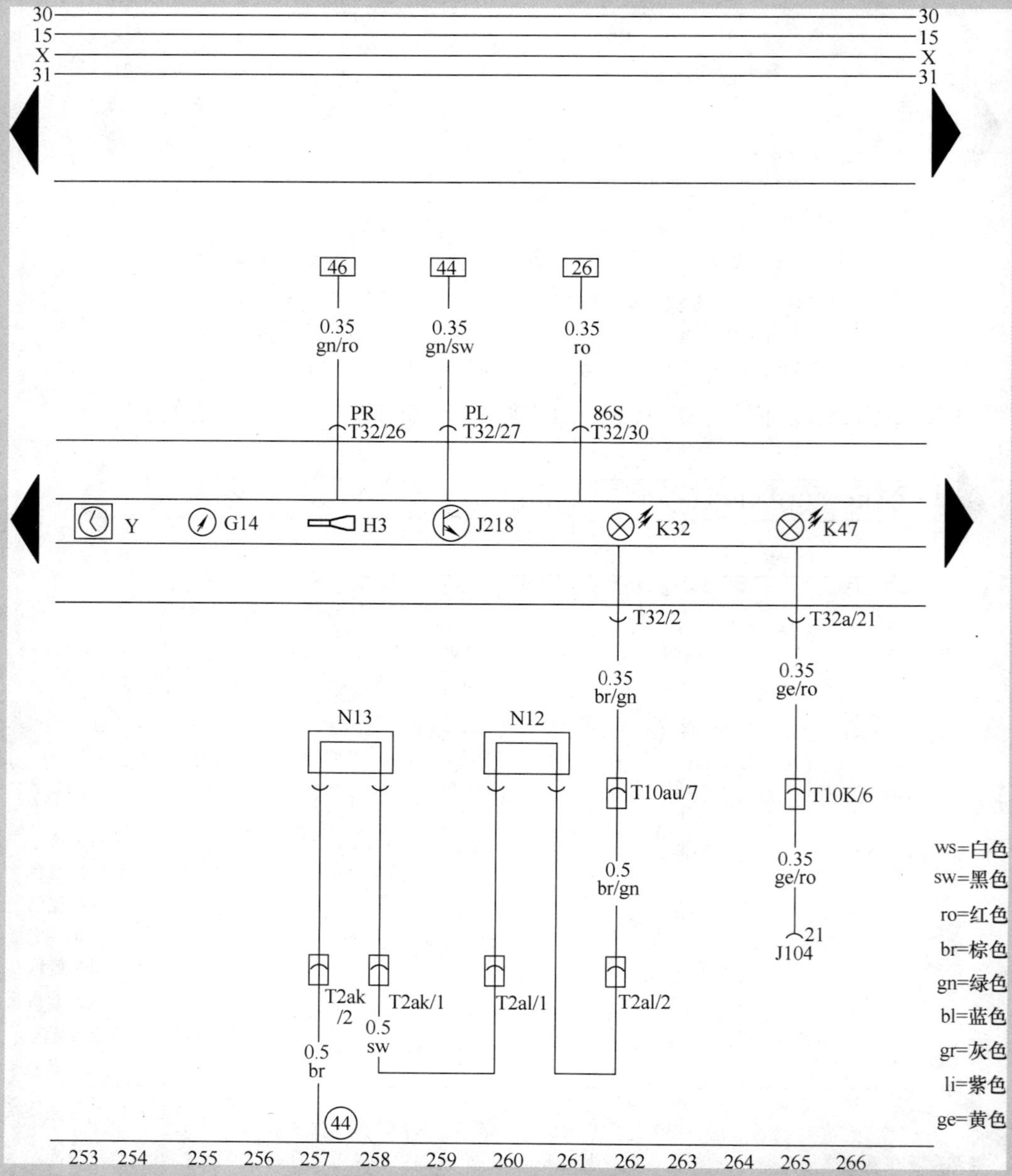

图 4-36　奥迪 A6 轿车组合仪表电路（续）

G14—电压表

H3—蜂鸣器

J104—给 EDS 的 ABS 控制单元

J218—仪表板内组合处理器

K32—制动摩擦衬片指示灯

K47—ABS 指示灯

N12—右制动接触器（断裂元件）

N13—左制动接触器（断裂元件）

T2ak—插头，2 孔，红色，在车身板左侧

T2al—插头，2 孔，红色，在车身板右侧

T10K—插头，10 孔，橙色，左侧 A 柱分线器

T10au—插头，10 孔，灰色，右侧 A 柱分线器

T32—插头，32 孔，蓝色，在仪表板上

T32a—插头，32 孔，绿色，在仪表板上

Y—时钟

搭铁点，左侧 A 柱下部

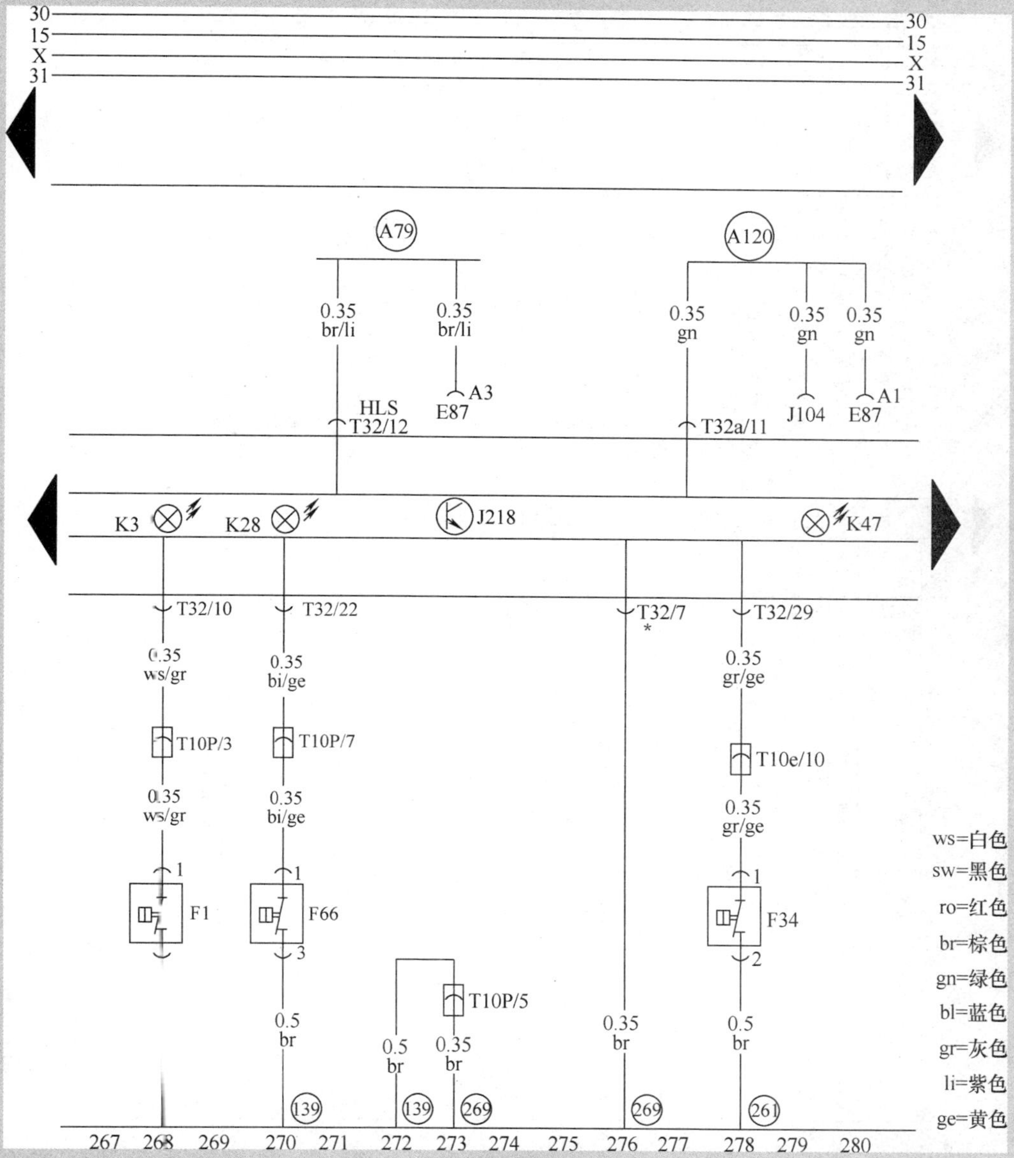

图 4-36 奥迪 A6 轿车组合仪表电路（续）

E87—空调控制和显示单元
F1—机油压力开关
F34—制动液液面高度警报接触点
F66—冷却液不足显示开关
J104—带 EDS 的 ABS 控制单元
J218—仪表板组合处理器
K3—机油压力指示灯
K28—冷却液温度/冷却液不足显示指示灯
T10e—插头，10 孔，紫色，左侧 A 柱分线器
T10P—插头，10 孔，黑色，压力输电器盒分线器
T32—插头，32 孔，蓝色，在仪表板上
T32a—插头，32 孔，绿色，在仪表板上
(139)—搭铁连接（传感器接地），在多点喷射线束内
(261)—搭铁连接，在加热式喷嘴线束内
(A79)—连接（加热灯开关），在仪表板线束内
(A120)—连接（停车时间），在仪表板线束内传感器接地输出
* 传感器接地输出

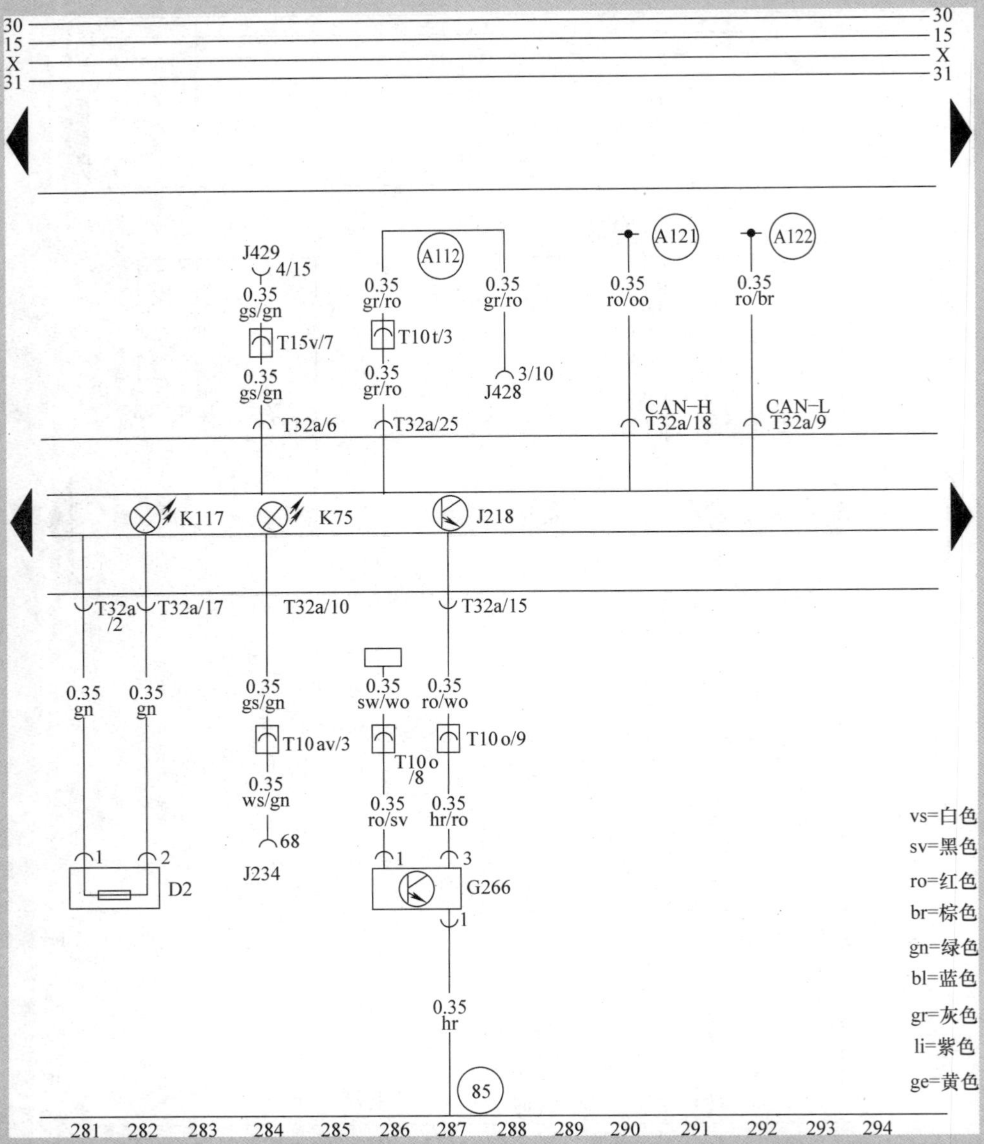

图 4-36　奥迪 A6 轿车组合仪表电路（续）

D2—防盗器读出线圈
G266—机油油面高度/温度传感器，技术保养周期
J218—仪表板内组合处理器
J234—安全气囊控制单元
J429—中央门锁控制单元
K75—安全气囊指示灯
K117—防盗警报指示灯
T10o—插头，10 孔，灰色，压力舱电器盒分线器
T10t—插头，10 孔，橙色，右侧 A 柱分线器
T10av—插头，10 孔，黄色，右侧 A 柱分线器
T15v—插头，10 孔，橙色，右侧 A 柱分线器
T32—插头，32 孔，蓝色，在仪表板上
T32a—插头，32 孔，绿色，在仪表板上
(85)—地线连接 1，在发动机舱线束内
(A112)—连接（发动机罩开关），在仪表板线束内
(A121)—连接（High - Bus），在仪表板线束内
(A122)—连接（Low - Bus），在仪表板线束内
* CAN 数据总线（数据线）

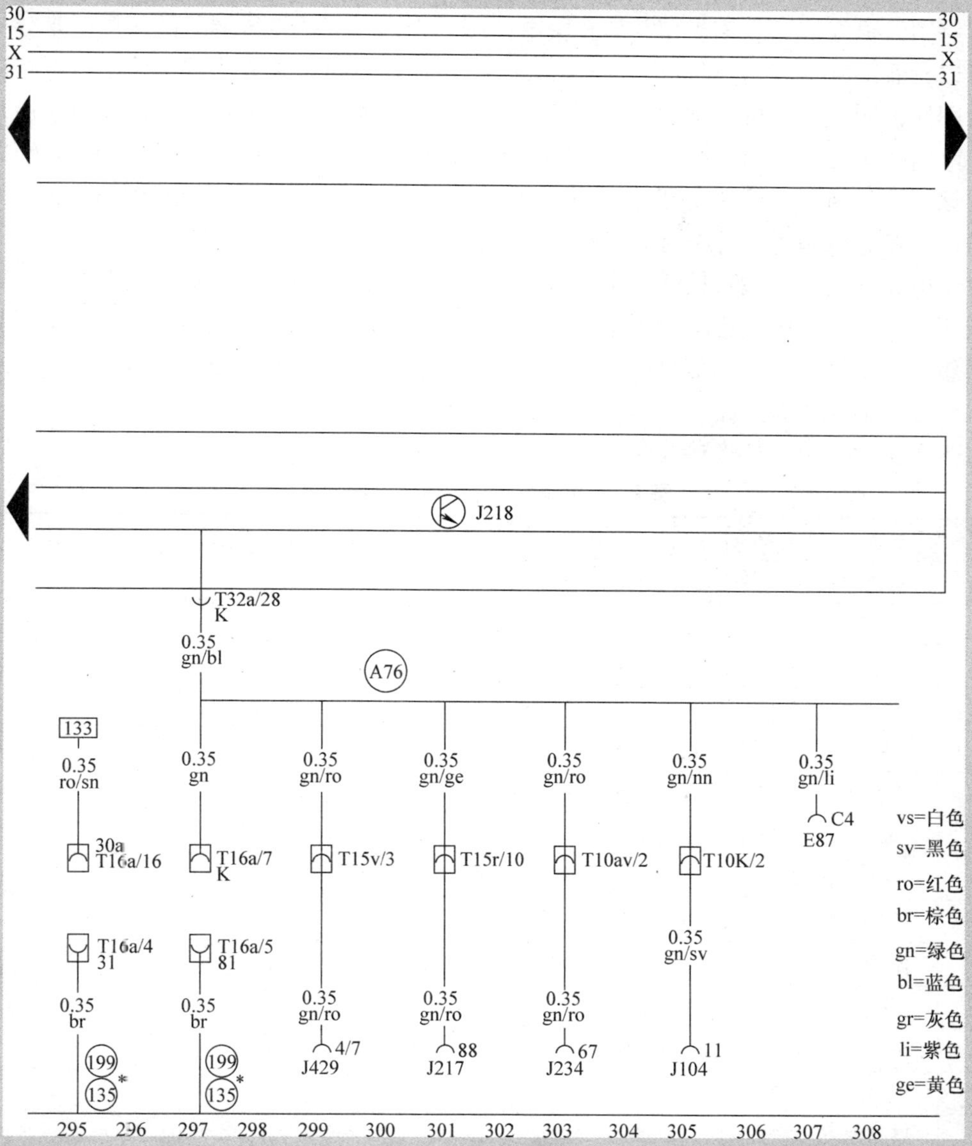

图 4-36 奥迪 A6 轿车组合仪表电路（续）

E87—空调控制和显示单元

J104—带 EDS 的 ABS 控制单元

J217—自动变速器控制单元

J218—仪表板内组合处理器

J234—安全气囊控制单元

J429—中央门锁控制单元

E—自诊断接口

T10K—插头，10 孔，橙色，左侧 A 柱分线器

T10av—插头，10 孔，黄色，右侧 A 柱分线器

T15r—插头，15 孔，棕色，右侧 A 柱分线器

T15v—插头，15 孔，橙色，右侧 A 柱分线器

T16a—插头，16 孔，自诊断接头

T32a—插头，32 孔，绿色，在仪表板上

(135)—搭铁连接 2，在仪表板线束内

(199)—搭铁连接 3，在仪表板线束内

(A76)—连接（自诊断电线），在仪表板线束内

* 两种都可能

方法，电路的连接主要依靠电路接续号码，有些项目在本电路图中不能完全体现。所以阅读这种电路图时最好能参看该车型其他相关电路图，否则，有些接线端子的作用很难分析。在没有可以参看的其他电路图时，有些接线端子也可以通过组合仪表内部电路中的电路连接关系或者图注说明进行分析。例如，组合仪表内部 K2 指示灯的两端均没有直接的连接，而是标注了电路接续号码，图注中 K2 为发电机充电指示灯，仪表插头 T32/1 端子标注有 15，这就说明该端子是由点火开关提供电源的，仪表插头 T32a/12 很可能是连接发电机或调节器的，用以控制充电指示灯，符合充电指示灯的控制原理。

对于电路图比较分散且接线端子较多的电子控制电路图的阅读，在浏览电路图时，最好是将各接线端子的相关信息记录下来，这样做有利于对电路连接和控制原理的了解和熟悉。因为要想把各个接线端子的信息记录完整，在阅读电路图时不可能放过任何一个可疑之处，这对于整理、消化大型电路图是一个非常好的方法。

表 4-2 所示为组合仪表接线端子功能含义。

表 4-2　组合仪表接线端子功能含义

端子	线色	线径/mm^2	功　能
T32/1	黑色	0.35	点火开关运行档供电（15）
2	棕/绿	0.35	来自制动接触器（断裂元件）的搭铁信号
3	白/蓝	0.35	车速信号
5	紫/白	0.35	来自燃油表传感器的油量信号
7	棕	0.35	组合仪表搭铁
8	蓝/棕	0.35	来自冷却液温度传感器信号
9	棕	0.35	组合仪表搭铁端（31）
10	白/灰	0.35	来自机油压力开关的搭铁信号
11	绿/蓝	0.35	发动机转速信号
12	棕/紫	0.35	来自空调控制和显示单元的加热灯开关信号
13	红/棕	0.35	连接发动机电控单元 J220
15	灰/黄	0.35	来自灯光开关（58d）
17	白/黄	0.35	变光开关远光灯输出（56a）
18	黑/白	0.35	转向开关左转向输出（BL）
20	灰/蓝	0.35	来自灯光开关（58s）
21	绿/黄	0.35	门灯开关（TK）
22	蓝/黄	0.35	来自冷却液不足显示开关的搭铁信号
23	红/蓝	0.35	蓄电池供电（30）
24	棕	0.35	组合仪表搭铁端（31）
25	绿	0.35	连接发动机电控单元 J220
26	绿/红	0.35	来自停车灯开关（PR）
27	绿/黑	0.35	来自停车灯开关（PL）
28	棕/红	0.35	车速传感器信号
29	灰/黄	0.35	来自制动液液面高度警报接触点（开关）的搭铁信号

（续）

端子	线色	线径/mm^2	功　能
30	红	0.35	来自点火开关 86s 端子（正极性）
31	白/绿	0.35	车速信号
T32a/2	绿	0.35	防盗器读出线圈的一端（1）
5	绿/黑	0.35	连接发动机电控单元 J220
6	黄/绿	0.35	来自中央门锁控制单元的信号
7	黑/绿	0.35	转向开关右转向输出（BR）
10	白/黄	0.35	来自安全气囊电控单元的信号
11	绿	0.35	停车时间信号，连接 ABS 和空调控制单元
12	蓝	0.35	发电机 D+端子（61）
13	红/白	0.35	来自驻车制动开关的输出（负极性）信号
14	黄/棕	0.35	连接发动机电控单元 J220
15	红/灰	0.35	来自机油液面高度/温度传感器的信号
17	黑	0.35	防盗器读出线圈的另一端（2）
18	红/黑	0.35	连接（High-Bus），数据传输线（CAN-H）
19	红/蓝	0.35	连接（Low-Bus），数据传输线（CAN-L）
21	黄/红	0.35	来自 ABS 电控单元的控制信号
25	灰/红	0.35	来自发动机罩开关的信号
28	绿/蓝	0.35	连接自诊断接口 16a/7 端子（K）
30	绿/紫	0.35	来自调光电阻的调光信号（58de）

通过对组合仪表接线端子的分析和记录，就可以改绘电路原理图了。绘制电路图时，将一些控制明显的指示灯尽可能地完整体现，将一些控制电源正极和电源负极的指示灯集中在一起，将一些受控于同一器件的信号线、指示灯尽可能地集中在一起，这样改绘后的电路原理图，能较为清楚地反映电路结构和工作原理，而且对于查找线路也有一定的帮助。

图 4-37 所示为改绘后的奥迪 A6 轿车组合仪表电路原理图。

案例分析

故障现象 1：以图 4-37 所示电路为例，分析驻车制动器指示灯不亮的故障原因。

故障分析：从图 4-37 中可以看出，该指示灯是由驻车制动开关直接控制的，指示灯不亮的主要原因有：

① 驻车制动开关触点不能闭合。

② 驻车制动开关 F9/2 搭铁断路。

③ 驻车制动开关 F9/1 至仪表 T32a/13 之间线路断路。

④ 驻车制动器指示灯 K14 损坏。

⑤ 驻车制动器指示灯 K14 点火供电断路。

故障检查：将灯泡测试灯一端连接正极，另一端背插 F9/1，拉动驻车制动开关，若测试灯有亮灭现象，故障原因①②即可排除；释放驻车制动开关，将灯泡测试灯的一端搭铁，另一端背插 F9/1，接通点火开关，若测试灯微亮，即可排除故障原因③④⑤。

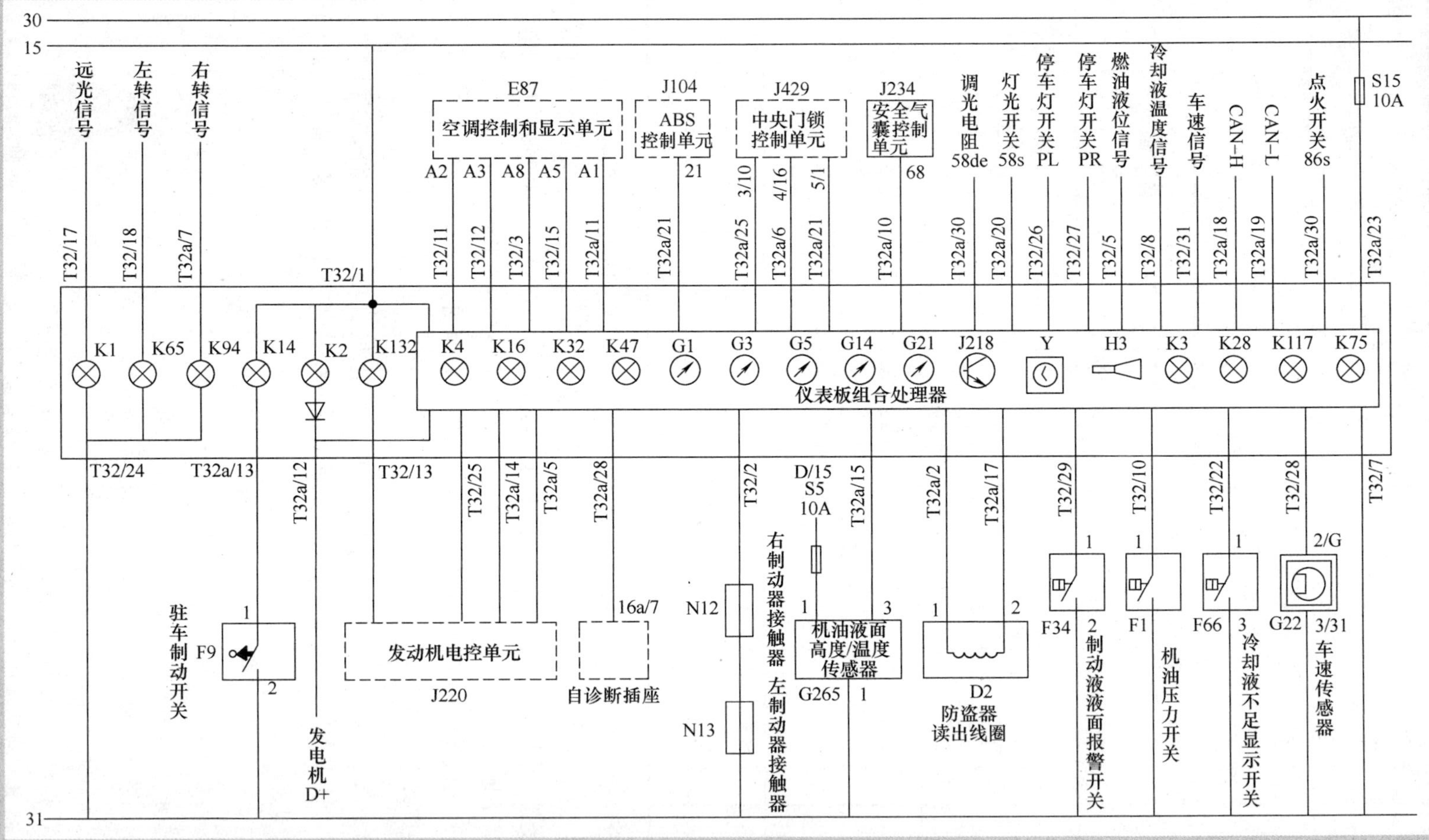

图 4-37　改绘后的奥迪 A6 轿车组合仪表电路原理图

K1—远光指示灯　K2—发电机指示灯　K3—机油压力指示灯　K4—停车指示灯　K14—驻车制动器指示灯　K16—燃油储备指示灯　K28—冷却液温度/冷却液不足指示灯　K32—制动摩擦衬片指示灯　K47—ABS 指示灯　K65—左转向指示灯　K75—安全气囊指示灯　K94—右转向指示灯　K117—防盗警报指示灯　K132—电子节气门操纵机构故障指示灯　G1—燃油表　G3—冷却液温度表　G5—转速表　G14—电压表　G21—车速表　Y—时钟　H3—蜂鸣器

故障排除：根据上述分析和检查，确定真正故障原因并酌情处理。

故障现象2：以图4-37所示电路为例，分析机油压力指示灯不亮的故障原因。

故障分析：从图4-37中可以看出，该指示灯不是由机油压力开关直接控制的，指示灯不亮的主要原因有：

① 机油压力开关触点不能闭合。

② 机油压力开关F1/1至仪表T32/10之间线路断路。

故障检查：在关闭点火开关的情况下，将LED测试灯的负极端搭铁，正极端背插F1/1，接通点火开关，观察LED是否点亮，若能点亮，即可排除故障原因②，若不亮说明线路断路或仪表内部故障；将LED测试灯的负极端背插F1/1，正极端连接正极，起动发动机至怠速，观察LED可否点亮，若点亮即可排除故障原因①以及发动机润滑系统；更加安全的做法还可对机油压力开关做性能检查。

故障排除：根据上述分析和检查，确定真正故障原因并酌情处理，但对于组合仪表内的问题，建议只有具备资质的人员才能进行检修。

◎◎◎　第四节　风窗刮水与洗涤装置电路图的识读　◎◎◎

学习目标：

1. 了解电动风窗刮水器的结构与工作原理。
2. 熟悉电动风窗刮水器的电路结构与工作原理。
3. 掌握风窗除霜装置的结构与控制方法。
4. 掌握电动风窗刮水器的自动复位机构与工作原理。
5. 掌握风窗刮水洗涤装置的故障诊断与检查方法。

一、风窗刮水与洗涤装置的基本组成

作用

为了提高汽车行驶安全性、可靠性及舒适性，减轻驾驶人的劳动强度，现代汽车上都安装有风窗刮水和洗涤装置，其目的是保证汽车在雨天、雪天或有尘埃环境下行驶时具有良好的视野，确保行驶安全。

一般风窗刮水和洗涤装置的电气部分由刮水和洗涤电动机、刮水和洗涤操作开关以及间歇继电器等组成。

1. 风窗刮水器与洗涤器开关

风窗刮水器开关一般为多档位开关，分为关闭档、低速档、高速档和间歇档，其中，关闭档具有一副常闭触点用于刮水器电动机自动复位的通路，是刮水器开关的最大特点；洗涤器开关大多数为点动开关，洗涤时或是将开关抬起或是按压开关。

刮水器开关和洗涤器开关大多为组合式开关，置于转向柱上，有些车辆还有调速旋钮。开关有控制正极的，也有控制负极的。常见刮水器与洗涤器开关如图4-38所示。

图 4-38　常见刮水器与洗涤器开关

2. 刮水器和洗涤器电动机

(1) 刮水器电动机　刮水器系统使用的刮水器电动机目前大多采用双速三刷永磁式直流电动机，常见刮水器电动机及结构如图 4-39 所示。

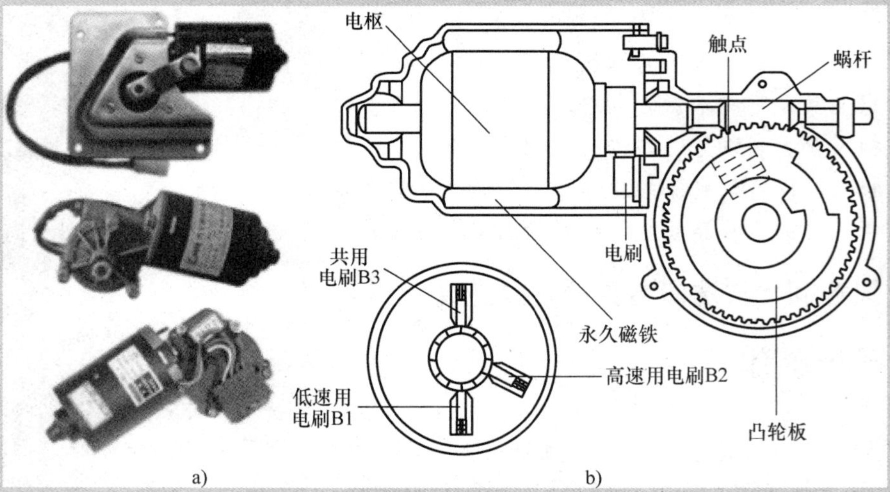

图 4-39　常见永磁式刮水器电动机及结构
a）刮水器电动机　b）刮水器电动机结构

工作原理：永磁式刮水器电动机是利用三个电刷来改变正、负电刷之间串联线圈的个数实现变速的，如图 4-40 所示。

当将风窗刮水器开关 K 拨向 L（低速）时，电源电压加在电刷 B1 和 B3 之间。在电刷 B1 和 B3 之间的两条并联支路中，每条支路中各有 4 个绕组，反电动势的大小与支路中反电动势的大小相等，由于外加电压需要平衡 4 个绕组所产生的反电动势，故电动机转速较低，如图 4-40a 所示。

当将风窗刮水器开关 K 拨向 H（高速）时，电源电压加在电刷 B2 和 B3 之间。绕组 1、

2、3、4、8 同在一条支路中，其中绕组 8 与绕组 1、2、3、4 的反电动势方向相反，相互抵消后，使每条支路变为 3 个绕组，如图 4-40b 所示。由于电动机内部的磁场方向和电枢的旋转方向没有变化，各绕组内反电动势的方向与低速时相同。但是，外加电压只需平衡 3 个绕组所产生的反电动势，故电动机的转速增高。

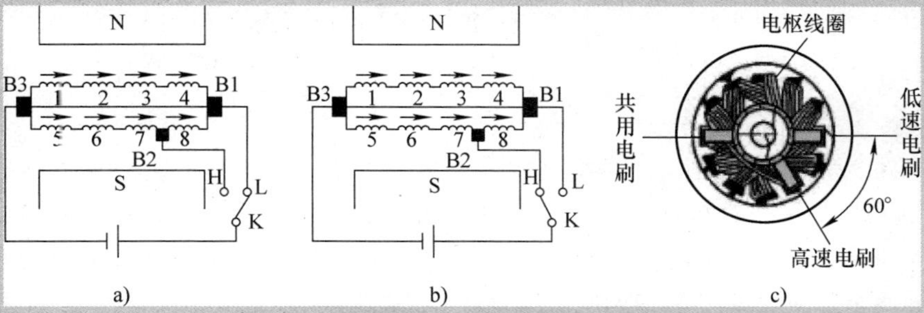

图 4-40　永磁式刮水器电动机的变速原理

a）低速旋转　b）高速旋转　c）电刷的布置

（2）洗涤器电动机　洗涤器电动机通常采用单速永磁式直流电动机，它是一个电动机和微型水泵组合在一起的组合件，一般称为洗涤器电动机，如图 4-41 所示。

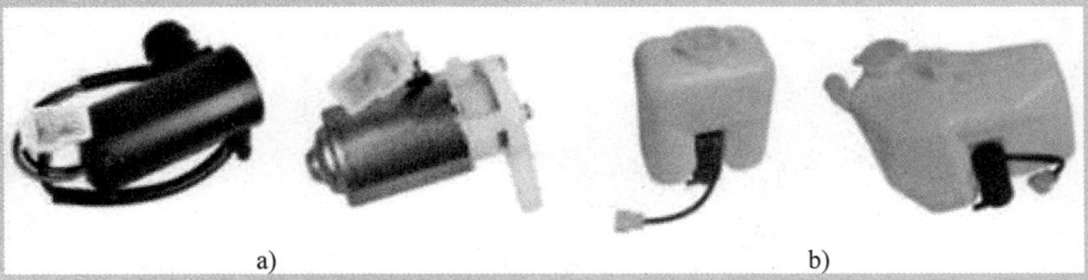

图 4-41　车用洗涤器电动机与喷水壶

a）洗涤器电动机　b）喷水壶

它的工作原理一般同普通直流电动机，大多数洗涤器电动机的一端搭铁，另一端受控于洗涤器开关，个别车辆的前后风窗玻璃采用一个洗涤器电动机，只是洗涤时根据需要通过洗涤开关切换电动机的电源极性。

3. 风窗刮水器间歇继电器

风窗刮水器间歇继电器是一个由电子振荡电路和电磁式继电器组成的电子继电器，在刮水器的间歇档时，电子振荡器主要是控制继电器线圈的工作频率，通过继电器触点使刮水器电动机按照一定的频率进行工作，从而使刮水器按照一定的周期刮水和停止，以使驾驶人获得更好的视线。常见车用刮水器间歇继电器如图 4-42 所示。

图 4-42 常见车用刮水器间歇继电器

提示

除了间歇档和高速档外，大多数刮水器电路中低速档的电流是通过间歇继电器内电磁继电器的常闭触点的；而在自动复位电路中，间歇继电器内电磁继电器的常闭触点是自动复位电路中的其中一个通路，它与刮水器开关静止状态时的常闭触点、刮水电动机内的自动复位开关是串联关系，缺一不可。

二、电动刮水器和洗涤器基本电路

1. 双速式刮水器电路

图 4-43 所示为开关控制正极的刮水器电路图，从图中可以看出，电动机静止时（刮

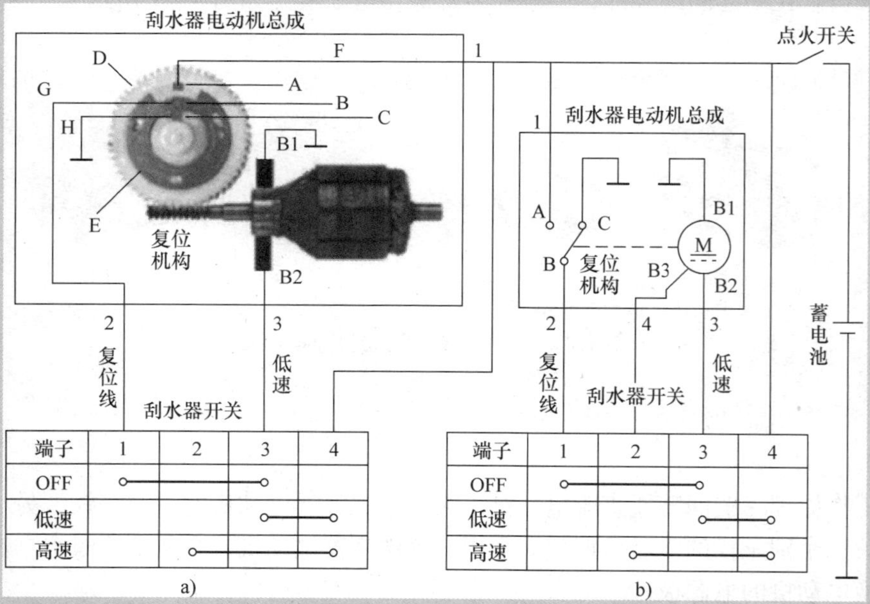

图 4-43 电动刮水器控制电路（静止状态）

A、B、C—复位机构触点，D—蜗轮，E—铜环，F、G、H—触点臂

a）刮水器控制电路（刮片最低位） b）刮水器控制等效电路（刮片最低位）

复位机构：触点 B 与触点 C 闭合，触点 B 与触点 A 断开；刮水器开关：端子 1 与端子 3 闭合

水片最低位)，搭铁→电动机 B1 电刷→B2 电刷→电动机 3 号端子→开关 3 号端子→开关 1 号端子→电动机 2 号端子→复位机构 B 触点→C 触点（常闭）→搭铁，刮水器电动机两端均为电源负极是其显著的特点。

图 4-44 所示为电动刮水器运转期间控制电路，各档位工作情况如下：

（1）刮水器的低速运转　将刮水器开关置于低速档时，蓄电池正极→点火开关→开关 4 号端子→开关 3 号端子→电动机 3 号端子→B2 电刷→B1 电刷→搭铁，电动机低速运转。

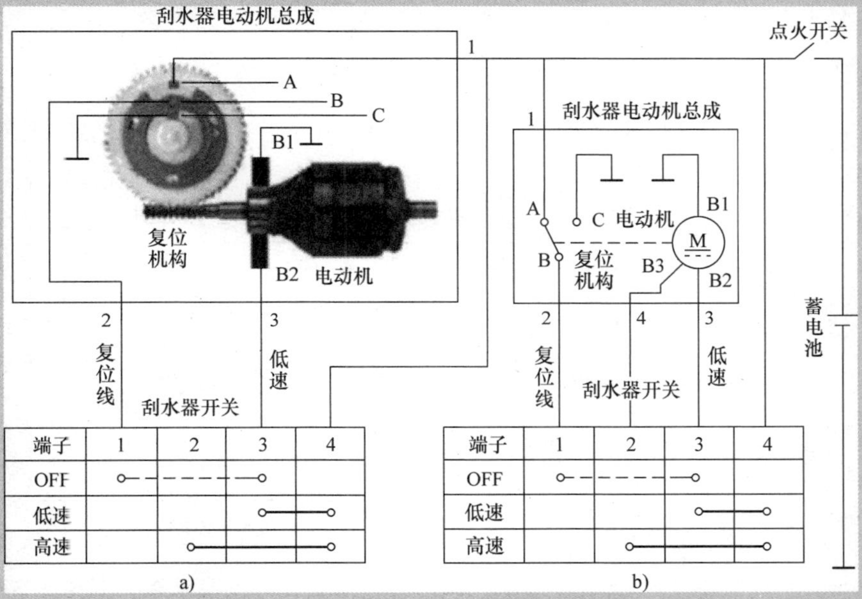

图 4-44　电动刮水器控制电路（运转期间）

a）刮水器控制电路（运转期间）　b）刮水器控制等效电路（运转期间）

复位机构：触点 B 和触点 A 闭合，触点 B 和触点 C 断开；刮水器开关：端子 1 与端子 3 断开

（2）刮水器的高速运转　将刮水器开关置于高速档时，蓄电池正极→点火开关→开关 4 号端子→开关 2 号端子→电动机 4 号端子→B3 电刷→B1 电刷→搭铁，电动机高速运转。

（3）刮水电动机自动复位　无论低速还是高速运转期间，当开关退回到关闭档（OFF）时，如果刮水片没有停止在规定的位置，由于复位机构的触点 B 和触点 A 通过铜环而处于闭合状态，电动机仍然有电流流入电枢，其电路为：蓄电池正极→点火开关→电动机总成 1 号端子→复位机构触点 A→触点 B→电动机总成 2 号端子→刮水器开关 1 号端子→3 号端子→电动机总成 3 号端子→B2 电刷→B1 电刷→搭铁。由此可以看出，电动机仍然以低速运转，直至蜗轮旋转到图 4-43 所示的特定位置（电动机静止时），电动机电源正极供电电路中断，电动机两端又恢复到等电位状态，电动机停转，此时刮水片停止在风窗玻璃的下部。

2. 间歇式刮水器

图 4-45 所示为具有间歇功能的电动刮水器电路，主要由刮水洗涤器开关、刮水器电动机、洗涤器电动机和间歇继电器等组成。

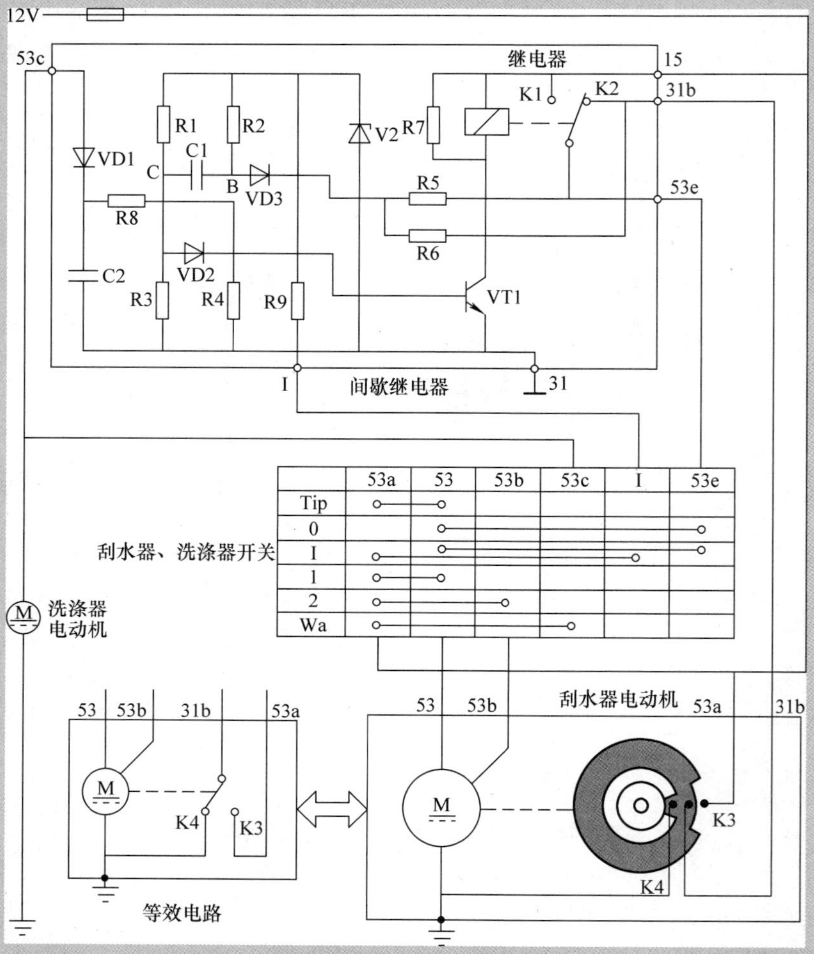

图 4-45 间歇式刮水洗涤器控制电路

提示

刮水器开关有 0 档、Tip 点动档、I 间歇档、1 慢速档、2 快速档、Wa 洗涤档；共 6 个接线端子：53a 开关电源输入端子，53 低速输出端子，53b 高速输出端子，53c 洗涤信号输出端子，53e 刮水器开关与间歇继电器的连接端子（为间歇动作时电动机电路提供通路），I 间歇信号输出端子。

链接

刮水器电动机总成内有双速电动机和复位装置，共5个端子：53低速输入端子，53b高速输入端子，31b复位触点，53a复位装置电源端子，搭铁端子31。

（1）刮水器静止时 刮水器电动机两端为同一极性，这是常规刮水器电路的显著特点，其电路为：蓄电池负极→复位装置触点K4→刮水器电动机端子31b→间歇继电器端子31b→内部常闭触点K2→间歇继电器端子53e→刮水器开关端子53e→开关内部常闭触点→刮水器开关端子53→刮水器电动机端子53→电枢→刮水器本身搭铁，电机两端处于同一电源极性（负极）。

（2）刮水器低速档的运转 刮水器开关置于低速档1时：电源端子15→熔丝→刮水器开关53a端子→刮水器开关53端子→刮水器电动机53端子→电枢→刮水器电动机本身搭铁→蓄电池负极，刮水器电动机构成闭合回路，低速运转。

（3）刮水器点动工作 刮水器开关置于点动档Tip时，与低速档工作相同，只是开关不能定位而已。

（4）刮水器高速档的运转 刮水器开关置于快速档2时：电源端子15→熔丝→刮水器开关53a端子→刮水器开关53b端子→刮水器电动机53b端子→电枢→刮水器电动机本身搭铁→蓄电池负极，刮水器电动机构成闭合回路，高速运转。

（5）刮水器的间歇运转 刮水器开关置于间歇档Ⅰ时：电源端子15→熔丝→刮水器开关53a端子→刮水器开关Ⅰ端子→间歇继电器Ⅰ端子→内部R9→R2→C1→VD2→晶体管VT1的基极、发射极→搭铁→蓄电池负极。此时C点电位为1.6V，B点电位为5.6V，C1两端有4V的电位差。C1充电时其充电电流为晶体管提供偏流，使VT1导通，接通了继电器线圈的电路，继电器的动合触点K1闭合，K2断开，电动机电路为：电源端子15→熔丝→间歇继电器15端子→继电器触点K1→间歇继电器端子53e→刮水器开关53e端子→刮水器开关53端子→刮水器电动机53端子→电枢→刮水器电动机本身搭铁→蓄电池负极，电动机低速运转。

当刮水片往返一次又回到风窗玻璃的最下位置时，刮水电动机也旋转至K4与31b闭合状态（运转时K3与31b闭合），31b端子搭铁，为C1的放电提供通路。

C1放电回路有两条，一条经R2、R1放电，另一条经VD3、R6、31b、电动机自动复位触点K4、搭铁放电。放电瞬间B点电压突然降到2.8V，由于C1原有4V电位差，使C点电位降为-1.2V，VT1的基极电位翻转为低电平，于是VT1截止，切断了继电器线圈的电路，动合触点K1又断开，动断触点K2又闭合，恢复到自然状态时的31b与53e接通，将电阻R5、R6并联，加速C1放电，为C1的再充电做准备。随着C1放电时间的增加，C点电位逐渐升高，当C点电位接近2V时，VT1又导通，C1恢复为充电状态。

只要刮水器开关置于间歇档，电源便接入间歇继电器的Ⅰ端子，C1就会不间断地充电、放电，VT1就会导通、截止反复翻转，使继电器反复接通与断开，形成间歇刮水的工作状态。刮水器的间歇时间就是C1的放电时间，所以间歇时间取决于C1的放电时间常数。

当操作洗涤器开关（Wa）时，电源端子15→熔丝→刮水器开关53a端子→刮水器开关53c端子→同时给洗涤电动机和间歇继电器提供信号。送至洗涤电动机的电源正极时，由于洗涤电动机本身搭铁，洗涤电动机运转；送至间歇继电器53c端子则作为信号，经间歇继电器内部电路使电磁式继电器同步于洗涤电动机工作，这样在洗涤时与刮水片一起完成洗涤工作。

（6）刮水电动机自动复位　关闭刮水器开关时，若刮水片未处于风窗玻璃最下面，刮水器进入自动复位状态，其电路为：刮水器电动机53a端子→刮水器电动机自动复位触点K3→刮水器电动机31b端子→间歇继电器31b端子→继电器触点K2→间歇继电器53e端子→刮水器开关53e端子→刮水器开关53端子→刮水器电动机53端子→电枢→刮水器电动机本身搭铁→蓄电池负极，继续给刮水器电动机提供电流，直至自动复位机构的K4触点闭合，切断了电动机的正极电路，电动机两端呈现等电位，电动机停转，刮水片停止在风窗玻璃的最下面。

三、风窗加热与除霜电路

雨雪天气，由于气温较低，风窗玻璃上容易结霜，特别是后窗玻璃，擦拭不便且风也不易吹到，所以在后窗玻璃多使用电热除霜。

图4-46所示为电动除霜自动控制电路。电路中采用的除霜热线是把多条电热线（镍铬丝）均匀地粘在后窗玻璃内部，热线两端加上电压后，即可产生热量加热玻璃，从而达到防止或清除结霜的目的。位于后窗玻璃上的除霜传感器是采用负温度系数的热敏电阻，用以检测是否结霜或结霜层的厚度。电路主要由除霜开关、除霜控制器、除霜热线以及连接电路等组成。

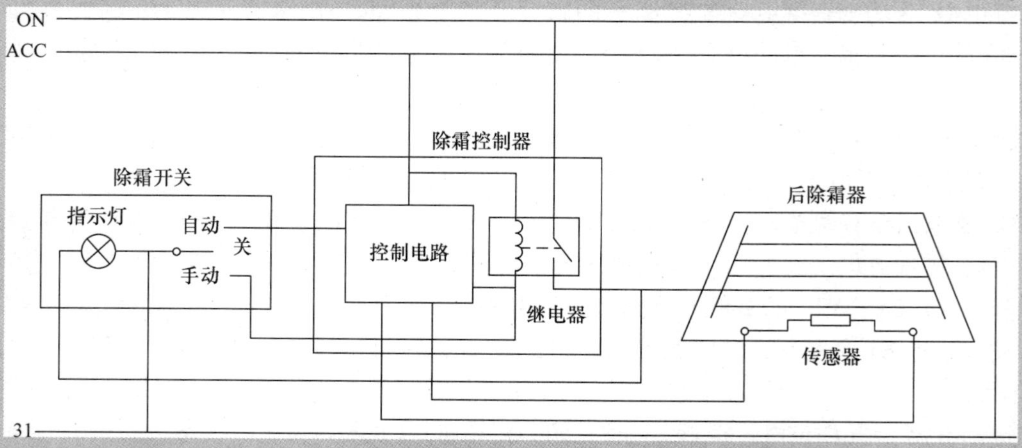

图4-46　后窗自动除霜控制电路

除霜热线的电路控制方式分手动和自动两种。

1. 手动控制

接通点火开关，将除霜开关置于手动位置时，可以看出蓄电池负极，经闭合的手动开关将搭铁信号直接送至除霜控制器内继电器线圈的一端，继电器线圈的另一端由点火开关ON

提供电源正极，线圈构成闭合回路，吸合触点。除霜加热电路为：蓄电池正极→点火开关ON→除霜控制器内继电器触点的一端→闭合的继电器触点→除霜加热器的一端→除霜加热器的搭铁端→蓄电池负极，加热器开始工作，同时点亮除霜指示灯。

2. 自动控制

在接通点火开关的情况下，将除霜开关置于自动位置，如果结霜层凝结到一定程度，除霜传感器电阻值减小到某一设定值以下，控制器即可使继电器线圈磁化，吸合触点，使电源正极送至除霜加热器，除霜加热器工作，同时点亮除霜指示灯。

当后窗玻璃上的结霜逐渐减少至消失后，除霜传感器的电阻值增大，控制器便切断继电器的搭铁回路，除霜加热器和指示灯电路被切断，除霜器停止工作，指示灯熄灭。

四、风窗刮水器与洗涤器电路图的绘制

风窗刮水器和洗涤器电路，相对于其他汽车电气设备的电路结构和特点，要有很大的区别，除了具备正常工作的条件以外，还有间歇功能以及自动复位的要求，所以在排除故障时大多数的维修人员都感觉有一定的难度。所以，除了掌握电路结构和工作原理外，阅读并改绘电路原理图是一个很重要的学习方法。

图 4-47 所示电路包括了前刮水器、后刮水器、前洗涤器、后洗涤器电路，且前后刮水器、洗涤器为同一操作开关。

提示

特别是洗涤器电动机的控制，是通过开关内部对电动机电源极性的换向来完成前、后洗涤功能的，是一个很经典的洗涤器电路。

通过对图 4-47 的阅读发现，该电路图的绘制不同其他车辆，有些开关触点的画法很难分析清楚动作情况或导通关系。所以，对这样的电路图在阅读和分析电路时，更需要借助对刮水器电路基本结构的了解以及所掌握的规律和特点，否则从图纸上很难彻底搞清楚其工作原理。

阅读、消化、整理，将原图改绘成电路原理图，如图 4-48 所示。

参阅图 4-48 进行电路分析：

1）刮水器开关档位：

前刮水器开关：有 5 个档位，M 为点动档、0 为关闭档、J 为间歇档、1 为慢速档、2 为快速档。

前洗涤开关：0 档关闭，1 档为洗涤。

后刮水器和洗涤器开关：0 档关闭、1 档刮水、2 档刮水和洗涤。

2）自动复位电路：

前刮水器自动复位电路：刮水器开关 A4 和 B5 常闭触点以及前刮水器延时器 9N2 和 9N5 常闭触点以及前刮水器电动机 5B5 和 5B2 常闭触点串联，前刮水器电动机两端为同一极性（负极）。

后刮水器自动复位电路：后刮水器延时器 9N2 和 9N5 常闭触点与后刮水器电动机 G 和 N 常闭触点串联，后刮水器电动机两端为同一极性（负极）。

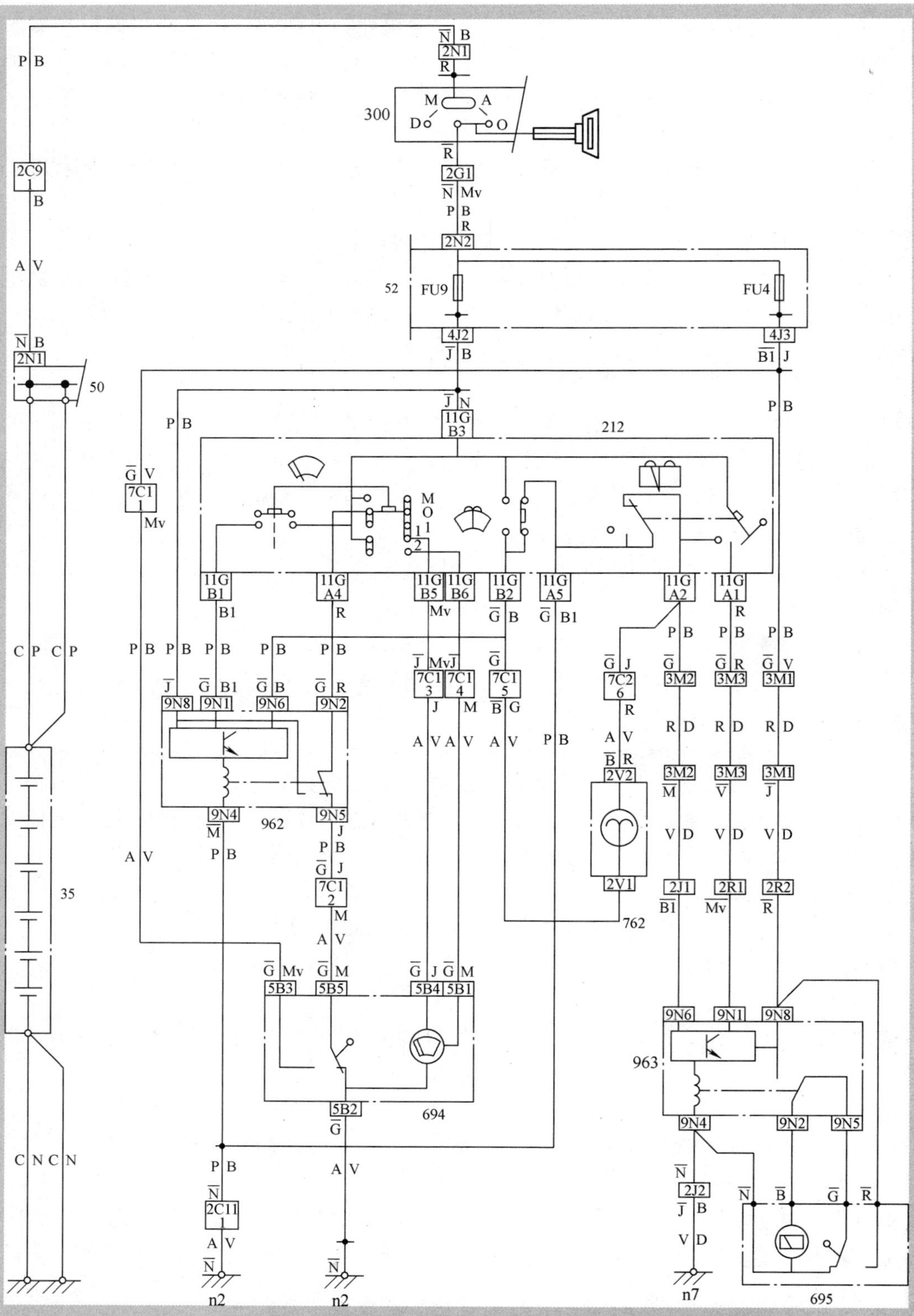

图 4-47　具有前后刮水、洗涤功能的控制电路

35—蓄电池　50—电源盒　52—室内熔断器盒　300—点火开关　212—前后风窗玻璃刮水、洗涤器开关

694—前刮水器电动机　695—后刮水器电动机　762—洗涤器电动机　962—前刮水器延时器　963—后刮水器延时器

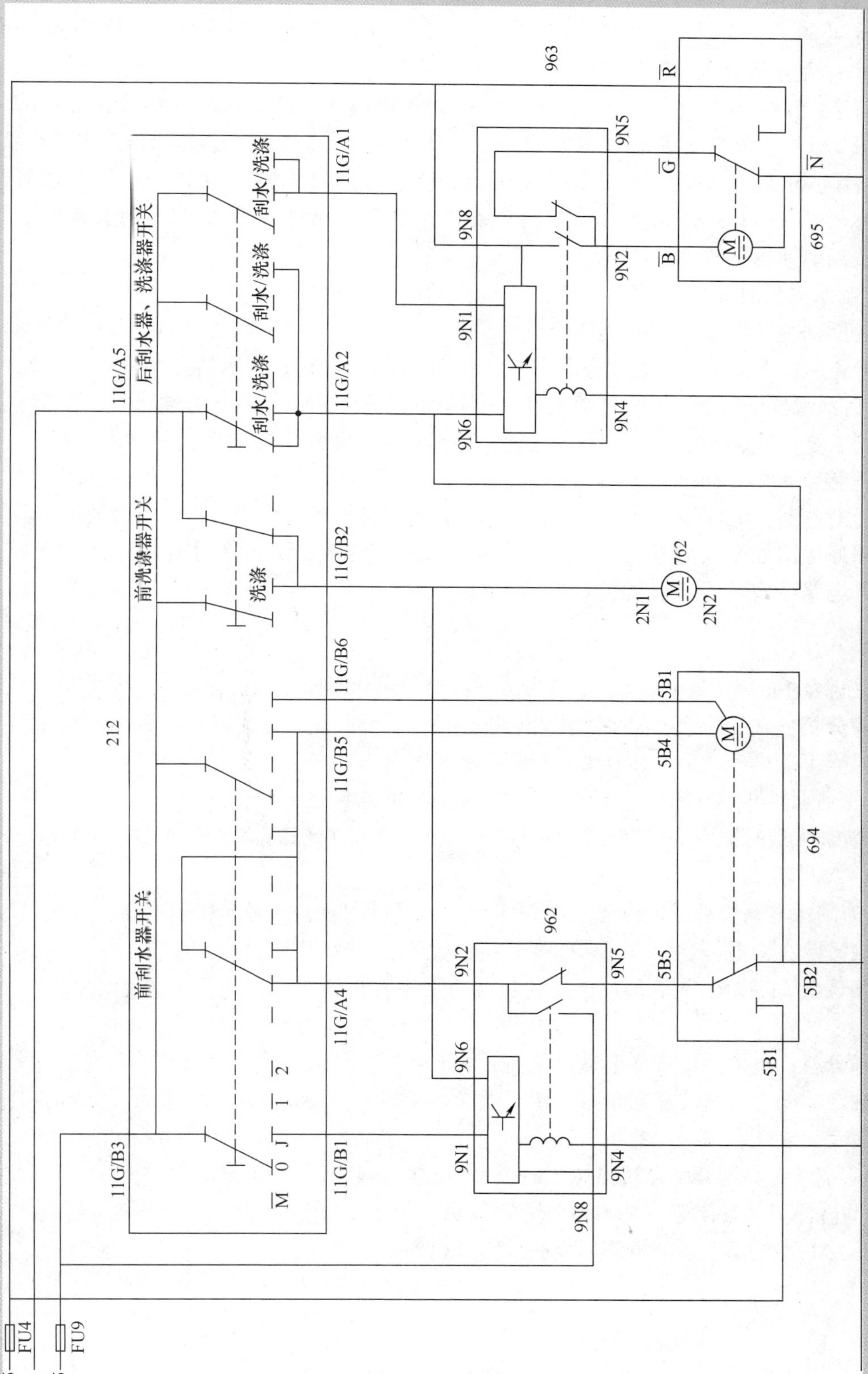

图 4-48　改绘后的刮水，洗涤器电路原理图

3）洗涤电动机换向电路：

① 静止时：洗涤电动机两端为同一极性（负极），电路为搭铁→刮水器开关 A5→刮水器开关 B2→刮水器开关 A2→搭铁。

② 前洗涤时：将刮水器开关向上抬起，电源正极→刮水器开关 B3→刮水器开关 B2→洗涤电动机 2N1→洗涤电动机 2N2→刮水器开关 A2→刮水器开关 A5→搭铁，洗涤电动机正转。

③ 后洗涤时：将后刮水器开关旋钮至第二档（可自动回位），电源正极→刮水器开关 B3→刮水器开关 A2→洗涤电动机 2N2→洗涤电动机 2N1→刮水器开关 B2→刮水器开关 A5→搭铁，洗涤电动机反转。

4）刮水器延时器：

① 前刮水器延时器：9N8 电源正极、9N4 电源负极、9N1 间歇信号端子、9N6 洗涤信号端子、9N2 复位端子（连接刮水器开关）、9N5 复位端子（连接刮水器电动机）。

② 后刮水器延时器：9N8 电源正极、9N4 电源负极、9N1 刮水信号端子、9N6 洗涤信号端子、9N2 复位兼延时器输出端子（连接延时器的输出和刮水器电动机的输入）、9N5 复位端子（连接刮水器电动机）。

通过对电路图的仔细阅读和上述分析，结合电路结构和工作原理，改绘后的刮水器、洗涤器电路原理图如图 4-48 所示，相比图 4-47 能较为清楚地反映电路工作原理，同时对于彻底理解其电路结构、工作原理意义重大。

案例分析

故障现象 1：以图 4-48 所示电路为例分析前刮水片不回位，其他功能正常的故障原因。

故障分析：该故障说明前刮水器电动机、前刮水器开关基本正常，导致前刮水片不回位的故障原因可能出现在刮水片自动复位部分，主要有：

① 前刮水器开关常闭触点 11G/A4 与 11G/B5 可能断路。

② 前刮水延时器内电磁继电器常闭触点 9N2 与 9N5 可能断路以及 9N5 与前刮水电动机总成 5B5 线路断路。

③ 前刮水电动机总成内复位触点 5B5 与 5B1 不能闭合，或者 5B1 没有得到点火供电。

故障排除：根据上述分析逐项检查落实，找到真正故障点。

故障现象 2：以图 4-48 所示电路为例分析后刮水器正常，后洗涤时仅刮水不喷水的故障原因。

故障分析：本电路中洗涤电动机是前后洗涤共用，且通过改变电动机的电流方向来实现前或后洗涤的功能，前洗涤器正常，说明洗涤电动机本身没有问题，导致后洗涤器不工作的主要原因有：

① 后刮水洗涤器开关在洗涤位置时开关内触点 11G/B3 与 11G/A2 不能闭合。

② 前洗涤开关常闭触点 11G/A5 与 11G/B2 可能断路。

故障排除：根据上述分析逐项检查落实，找到真正故障点。

第五章 舒适性电气设备系统

第一节 空调系统电路图的识读

学习目标：

1. 了解汽车空气调节系统的基本组成与作用。
2. 熟悉汽车空气调节系统电路的控制方法。
3. 明确汽车空气调节系统开关和执行器的结构与原理。
4. 掌握汽车空气调节系统电路故障的诊断检测与维修技能。

一、空调系统的组成与作用

汽车空调系统主要由通风、暖风、制冷、空气净化和控制系统等组成，如图 5-1 所示。

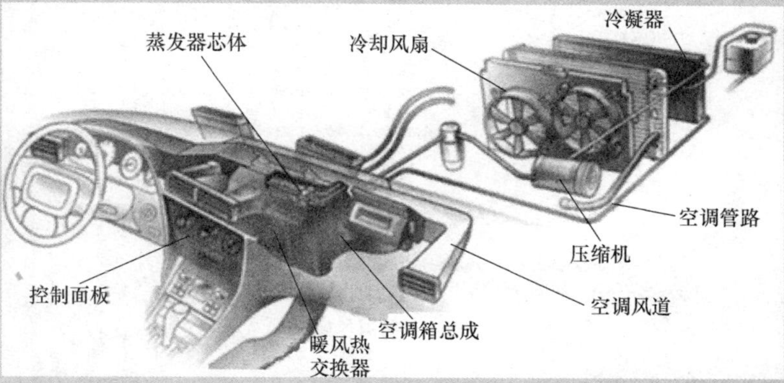

图 5-1 空调系统组成

1. 通风系统

通风系统的作用是将外部的新鲜空气吸入车厢内，达到换气的目的。通常分为自然通风和强制通风。自然通风是利用汽车行驶时产生的风压，通过车上适当位置的进风口和出风口实现通风；强制通风是采用鼓风机强制通风，并与自然通风一起工作。

2. 暖风系统

暖风系统大多是把发动机冷却液引入暖风散热器中，通过鼓风机将被加热的车厢内或外部进入车厢的新鲜空气吹入车厢内，达到取暖、除湿的目的。

图 5-2 所示为轿车或轻型车辆利用发动机冷却液采暖的系统组成。

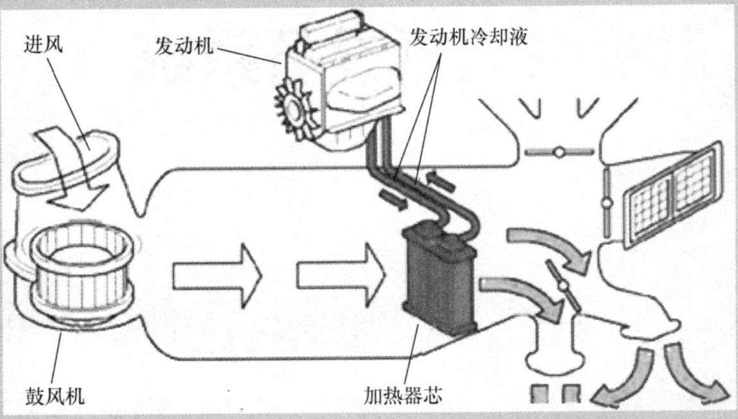

图 5-2　利用发动机冷却液的采暖系统

3. 制冷系统

制冷系统的作用是对车厢内的空气或由外部进入的新鲜空气进行冷却，以降低车厢内的温度，同时制冷系统还具有除湿和净化空气的功能。

制冷系统一般由压缩机、冷凝器、干燥罐、膨胀阀、蒸发器以及空调管路等组成，图 5-3 所示为制冷系统的基本组成示意图。

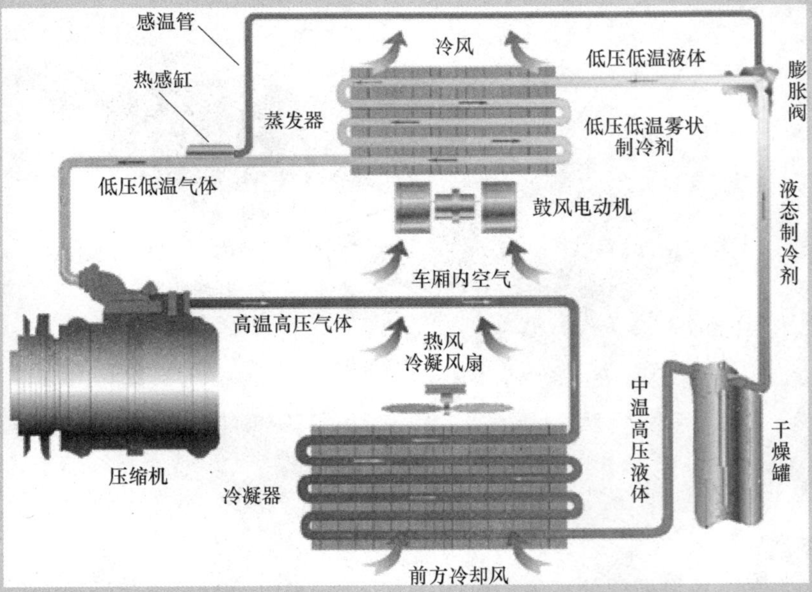

图 5-3　汽车空调制冷系统

4. 空气净化系统

空气净化装置的作用是通过空气过滤器除去车厢空气中的尘埃、臭味、烟气等，使空气变得清新。

5. 控制系统

控制系统由电器件、操纵机构等组成，其作用是对暖风、制冷以及通风系统的温度、压力、空气风量、风速、风向等进行控制，以完善空调系统的各项功能。

图 5-4 所示为手动空调系统空调操作面板。

图 5-4 手动空调操作面板

图 5-5 所示为自动空调系统操作面板。

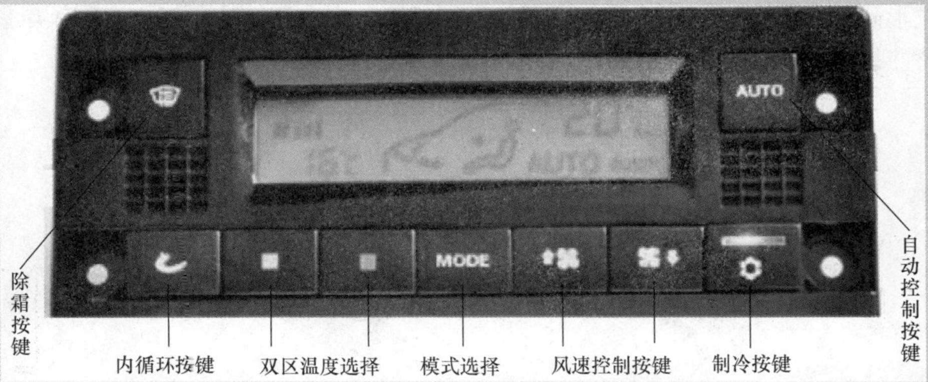

图 5-5 自动空调操作面板

二、空调系统基本电器件与作用

1. 控制开关

(1) 空调开关　空调开关（A/C 或雪花图标）在系统电路中的主要作用是对系统的继电器或控制器发出制冷请求的信息，目的是使制冷系统中的压缩机电磁离合器进入工作状态，同时，系统中的冷凝风扇、鼓风电动机同步工作，发动机提高转速。

（2）鼓风机开关　无论是通风、取暖还是制冷，都离不开鼓风机的通风作用。鼓风机开关主要是接通鼓风机的工作电路，并通过转换开关内部的连接触点配合变阻器来改变鼓风机的运转速度。

（3）低压开关　低压开关安装于制冷系统的低压管路中，检测管路的制冷剂量和低压管路的压力，用以接通或切断压缩机的工作电路，使压缩机不会在缺少制冷剂的情况下运转，起到了保护压缩机的作用，如图 5-6 所示。

（4）高压开关　高压开关安装于制冷系统的高压管路中，检测高压管路压力，当管路压力超出设定极限压力时，向系统控制器发出报警信号，切断压缩机的工作电路，同时打开冷凝风扇高速档，以保护管路不至于因超高压力而损坏，如图 5-7 所示。

图 5-6　低压开关

图 5-7　高压开关

低压开关、高压开关可以是独立式安装，也有组合式开关，安装于制冷剂高压管路中。除了开关形式外，还有压力传感器，它们的作用相同，但电路结构不同，在阅读电路图时要分别对待。组合式压力开关、压力传感器如图 5-8 所示。

a)　　b)

图 5-8　组合式压力开关与压力传感器

（5）防霜开关　防霜开关安装在蒸发器上，有时也称蒸发器温控开关，现在大多采用的是蒸发器温度传感器，在制冷系统中主要用作检测制冷效果的标准，用以接通或切断压缩机的工作电路，它在制冷系统控制电路中是一个很重要的电气元件。常见的蒸发器温度传感器如图 5-9 所示。

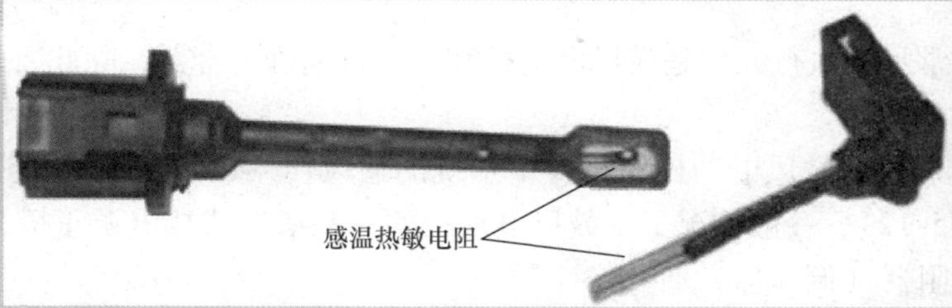

图 5-9　常见蒸发器温度传感器

2. 变阻器与调速器

变阻器是鼓风电动机改变转速的最基本、最原始的一种电气元件，它串接于鼓风电动机电路中，通过鼓风机开关来改变串联在鼓风电动机线路中的电阻数量，达到改变鼓风电动机运转速度的目的。鼓风电动机速度的改变呈阶梯式变化，所以采用变阻器的鼓风机称为有级调速。

常见车用鼓风机变阻器如图 5-10 所示。

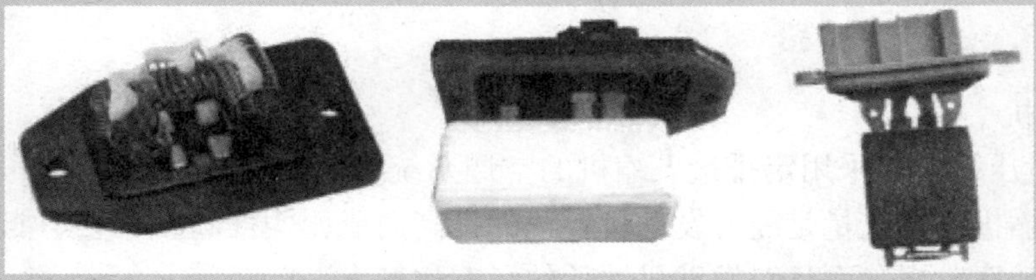
图 5-10　常见车用鼓风机变阻器

提示

调速器在鼓风电动机控制电路中相当于变阻器的角色，它是一个由电子元器件组成的调速电路，位于鼓风电动机和鼓风机开关之间，只是鼓风机开关不同于有极调速电路中的鼓风机开关，它类似一个电位器的形式，通过改变电位器输出电压的大小，来改变调速器内部晶体管的控制信号，最终由功率晶体管控制鼓风电动机搭铁电路（或正极电路）的导通情况，实现无级调速的目的。现在大多车辆均有采用。

常见车用鼓风机调速器（模块）如图 5-11 所示。

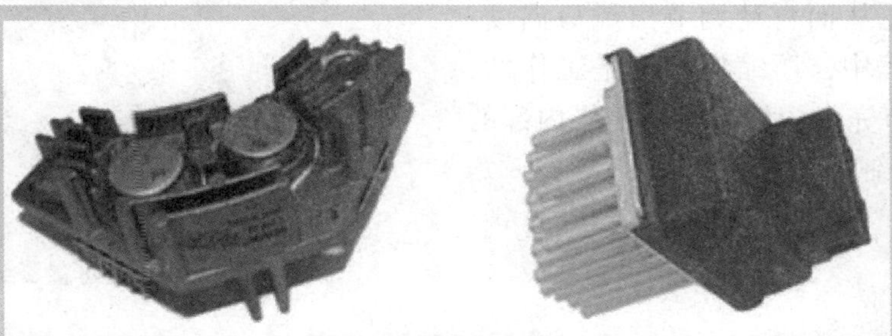
图 5-11　常见车用鼓风机调速器

3. 执行元件

空调系统最常见的执行元件是鼓风电动机和压缩机电磁离合器，除此之外，还有电磁阀和伺服电动机等。

（1）鼓风电动机 鼓风电动机用于整个系统的通风作用，大多数为单速两端子永磁式直流电动机（图5-12），一般情况下，鼓风电动机的一端搭铁或接电源正极，另一端受控于鼓风机开关和变阻器（调速器）。

图 5-12 常见车用鼓风电动机

（2）压缩机

1）定排量压缩机。采用定排量压缩机的空调系统，压缩机与发动机是通过电磁离合器来连接的，压缩机的排气量是随着发动机转速的提高而成比例提高的，它不能根据制冷的需求而自动改变功率输出，而且对发动机油耗的影响比较大。

链接

定排量压缩机的控制一般通过采集蒸发器出风口的温度信号来实现，当温度达到设定的温度，压缩机停止工作；当温度升高后，压缩机开始工作。图 5-13 所示为定排量压缩机。

2）变排量压缩机。变排量压缩机可以根据设定的温度自动调节功率输出。空调控制系统不仅采集蒸发器出风口的温度信号，而且还根据空调管路内压力变化信号来控制压缩机的压缩比从而自动调节出风口温度。在制冷的全过程中，压缩机始终是工作的，制冷强度的调节完全依赖装在压缩机内部的压力调节阀来控制。

图 5-13 定排量压缩机

链接

当空调管路内高压端压力过高时，压力调节阀缩短压缩机内活塞行程以减小压缩比，这样就会降低制冷强度；当高压端压力下降到一定程度，低压端压力上升到一定程度时，压力调节阀则增大活塞行程以提高制冷强度。图 5-14 所示为可变排量压缩机。

（3）伺服电动机　自动空调系统中，根据设置在车内外的各种温度传感器的温度信号，由空调 ECU 中的微机进行处理，对进气转换风扇、送气转换风扇、混合风门、压缩机、鼓风机等进行自动控制，按照操作者输入的指令，使车厢内的温度、湿度等小气候保持在一个最舒适的状态。

伺服电动机的主要作用则是根据 ECU 的指令做相关的运动，改变风门位置，以达到调节车厢内温度的目的。图 5-15 所示为伺服电动机及安装位置。

图 5-14　可变排量压缩机

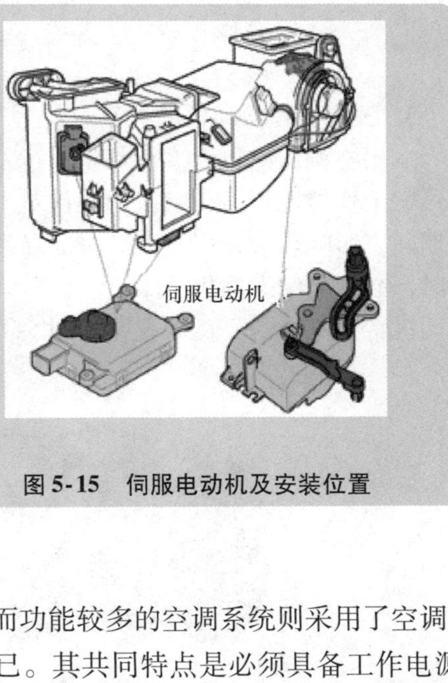

图 5-15　伺服电动机及安装位置

4. 空调放大器和空调控制器

一些功能简单的空调系统采用的是空调放大器，而功能较多的空调系统则采用了空调控制器，其实都是电子控制装置，只是功能多少不同而已。其共同特点是必须具备工作电源，接收相关传感器提供的信息并对其分析、判断、处理，最终发出驱动指令，使系统执行元件或显示装置处于正常有序的工作状态。

三、空调系统电路特点

1. 压缩机与鼓风机的关系

在空调制冷系统工作时，蒸发器的作用是将膨胀阀出来的低压制冷剂蒸发而吸收车内空气的热量，从而达到车内降温的目的。鼓风机在这个环节中起着至关重要的作用，如果此时鼓风电动机不工作将严重影响制冷效果，甚至制冷系统无法正常工作。

提示

必须遵循的一个原则，只要 A/C 开关接通，鼓风电动机就必须处于最低工作转速，因为 A/C 开关接通后意味着压缩机开始工作，如图 5-16 所示。

2. 压缩机与冷凝风扇的关系

根据制冷原理的需要，在压缩机电磁离合器工作的同时，冷凝风扇必须正常运转，否则制冷剂管路将无法及时地散热，严重时会导致管路压力超高，制冷效果无法保障，所以在压缩机电磁离合器工作的同时，冷凝风扇应同步工作，如图 5-17 所示。

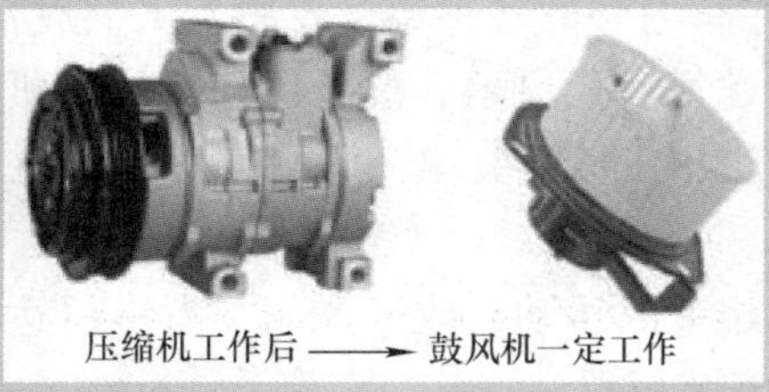

图 5-16　压缩机与鼓风机的关系

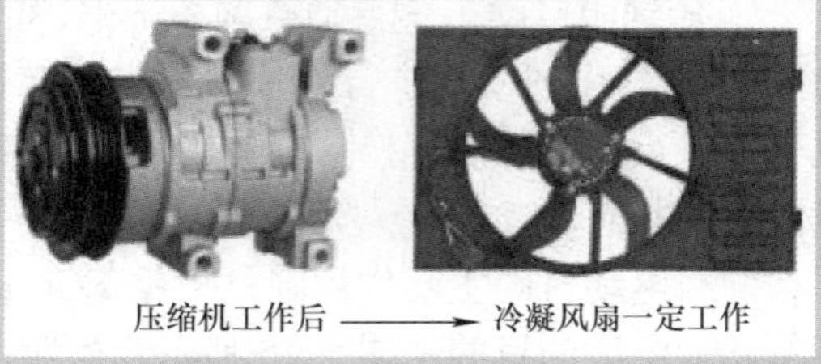

图 5-17　压缩机与冷凝风扇的关系

3. 压缩机和发动机的关系

车用空调压缩机大多数都是通过发动机的传动带来驱动的（除了独立式空调），在发动机正常工作情况下，压缩机的工作对于发动机增加额外负荷是较为明显的，特别是发动机怠速期间，影响较大，严重时有可能导致发动机怠速不稳甚至熄火。所以在压缩机投入工作的同时，必须要给发动机一个请求信号，使发动机及时提高转速，以减少由压缩机工作带来的发动机转速不稳的不良现象，如图 5-18 所示。

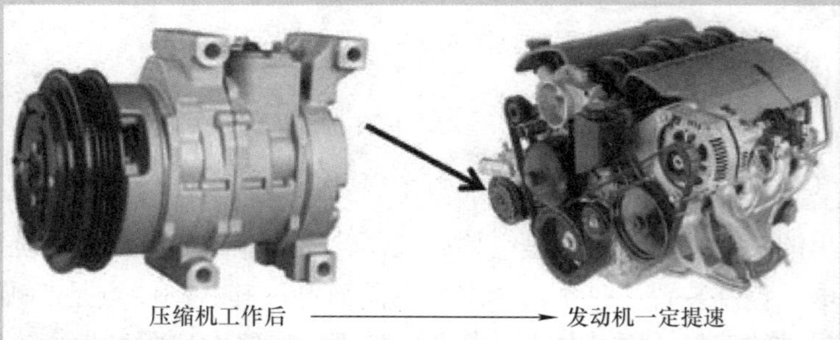

图 5-18　压缩机与发动机的关系

四、空调系统控制电路

1. 鼓风机控制电路

（1）鼓风机有极调速控制电路　鼓风机有极调速控制电路主要由鼓风机开关、变阻器和鼓风电动机等组成。鼓风机开关常采用多档位开关，通过开关内部的触点配合变阻器来改变鼓风机的运转速度。根据空调电路结构的不同，鼓风机开关有单纯控制鼓风机和同时控制 A/C 开关两种类型。后者是在任何有效档位均有专门输出线至 A/C 开关，即给 A/C 开关提供电源。

图 5-19 和图 5-20 所示为鼓风机开关实物及内部电路结构。

图 5-19　鼓风机开关实物

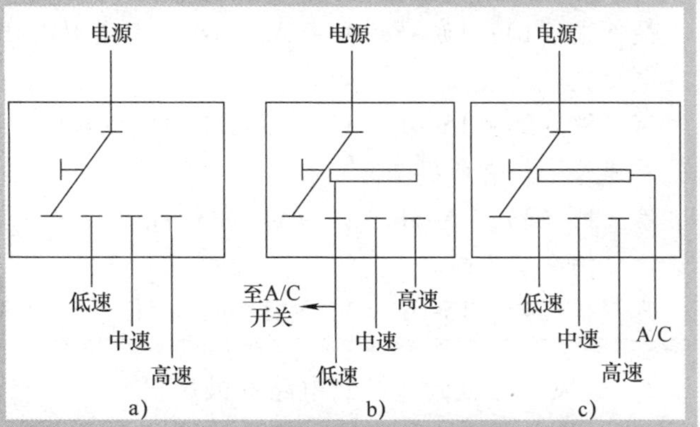

图 5-20　鼓风机开关内部电路结构

a）仅鼓风机开关　b）、c）鼓风机开关控制 A/C 开关形式一和形式二

常见有鼓风机开关控制正极或负极两种电路形式，如图 5-21 所示。

图 5-21a 所示电路中，鼓风电动机的一端（M2）连接搭铁，改变开关的不同档位也就是切除串联在鼓风电动机电路中的电阻数量，可实现鼓风机风速的变化。

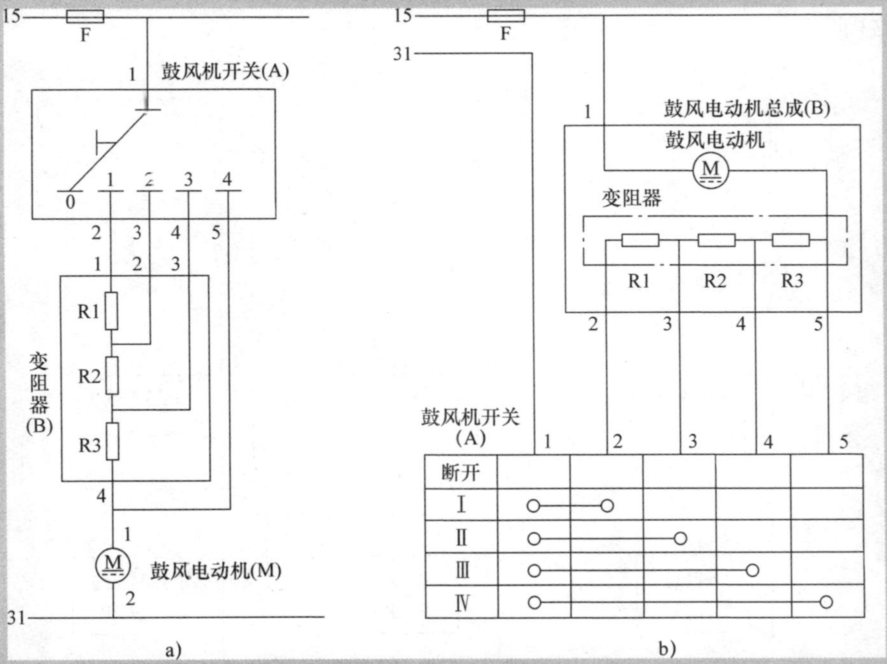

图 5-21　鼓风机有级调速控制电路

a）开关控制正极的鼓风机电路　b）开关控制负极的鼓风机电路

工作过程

最低档（1）：15→F→A1→A2→B1→串联 R1、R2、R3 三个电阻→B4→M1→M2 搭铁，电动机转速最低。

第二档（2）：15→F→A1→A3→B2→串联 R2、R3 两个电阻→B4→M1→M2 搭铁，电动机转速较一档有所提高。

第三档（3）：15→F→A1→A4→B3→串联 R3 一个电阻→B4→M1→M2 搭铁，电动机转速较二档有所提高。

第四档（4）：15→F→A1→A5→M1→M2 搭铁，无电阻串联，电动机处于最高转速。

（2）鼓风机无级调速控制电路　鼓风机无级调速电路主要包括调速控制信号（调速开关或空调 ECU 输出）、调速模块和鼓风电动机（与有极调速电路中的电动机相同）。调速旋钮如图 5-22 所示。

图 5-22　常见调速旋钮

调速模块目前常见有三端子、四端子和五端子等形式。要想鼓风机工作，首先要由操作者通过空调面板的旋钮或按键，给空调电控单元发出调速请求信号，然后由空调 ECU 对调速模块进行控制。常见鼓风机无级调速电路如图 5-23 所示。

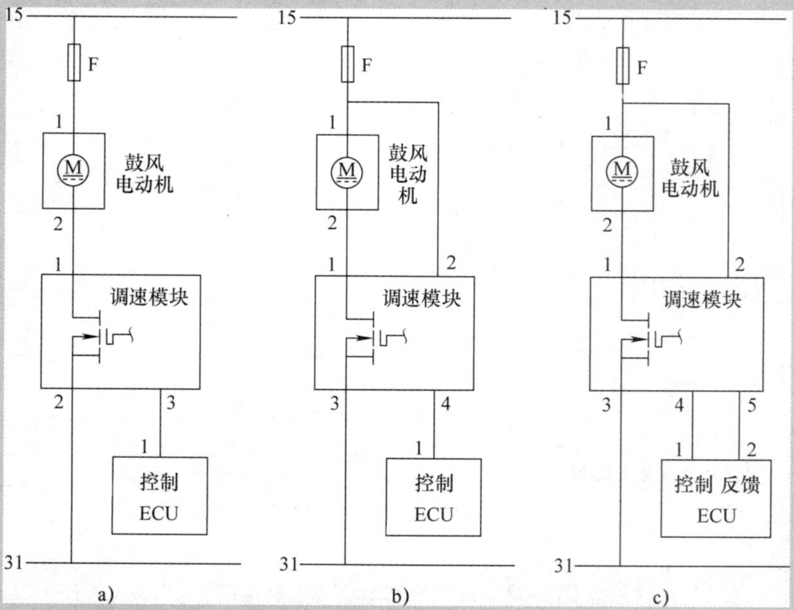

图 5-23　常见鼓风机无级调速控制电路

a）三端子调速模块　b）四端子调速模块　c）五端子调速模块

工作过程

图 5-23c 电路中，接通点火开关后，15→F→电动机 1→电动机得到电源正极；由空调 ECU 的 1 号端子输出调速控制信号至调速模块（4 号端子），模块内晶体管根据调速信号的大小，通过模块 1 号端子输出电动机搭铁信号，此时电动机工作在无级调速状态；再由模块 5 号端子输出电动机工作反馈信号至 ECU 的 2 号端子，当电动机或模块故障时，ECU 将停止对模块的控制。

2. 压缩机电磁离合器控制电路

（1）手动空调压缩机离合器控制基本电路　手动空调系统中，压缩机控制涉及的信号至少包括空调开关、低压开关、蒸发器温度传感器以及高压开关等信号；而满足压缩机工作的条件后，空调电控单元或发动机电控单元则会控制压缩机继电器工作，最终离合器线圈产生磁力，使压缩机与发动机同步工作。常见压缩机电磁离合器如图 5-24 所示。

图 5-24　压缩机电磁离合器

图 5-25 所示为手动空调压缩机离合器控制基本电路。

（2）自动空调压缩机控制基本电路

1）采用固定排量压缩机控制电路。采用固定排量压缩机的自动空调系统电路中，获取的信号一般包括制冷剂压力传感器（高、低）、蒸发器温度传感器、环境温度传感器、室内温度传感器（各个出风口）以及光照传感器。图 5-26 所示为采用压缩机离合器的自动空调控制电路。

图 5-26 中，空调电控单元一般均包括有系统操作面板，当操作制冷时，空调电控单元根据系统相关传感器信号，通过数据传输总线（CAN－H、CAN－L）至发动机电控单元，作为空调请求信号，当满足压缩机工作条件时，发动机电控单元控制离合器继电器使离合器线圈工作，压缩机开始工作。

2）采用变排量压缩机控制电路。采用变排量压缩机的自动空调系统电路，与采用固定排量压缩机自动空调系统电路基本相同，所不同的是变排量压缩机取消了电磁离合器，取而代之的是压缩机调节阀（图 5-27）。所以，这种空调电路的压缩机处于连续工作的状态，制冷效果是通过空调电控单元对压缩机调节阀进行控制来实现的。

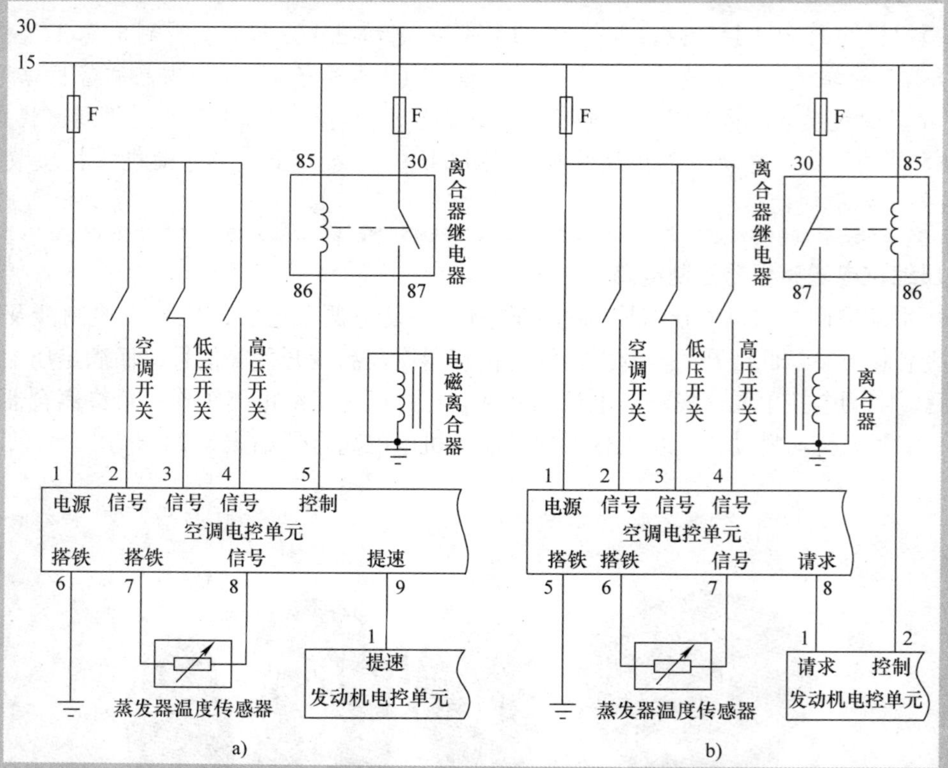

图 5-25　手动空调压缩机离合器控制基本电路

a）空调电控单元控制压缩机离合器　b）发动机电控单元控制压缩机离合器

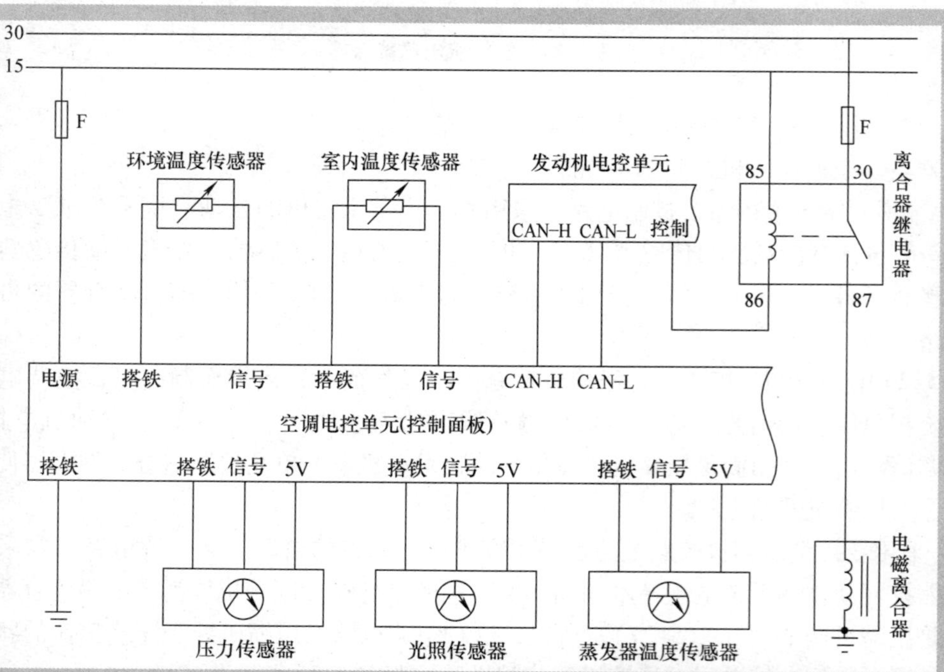

图 5-26　自动空调压缩机电磁离合器控制基本电路

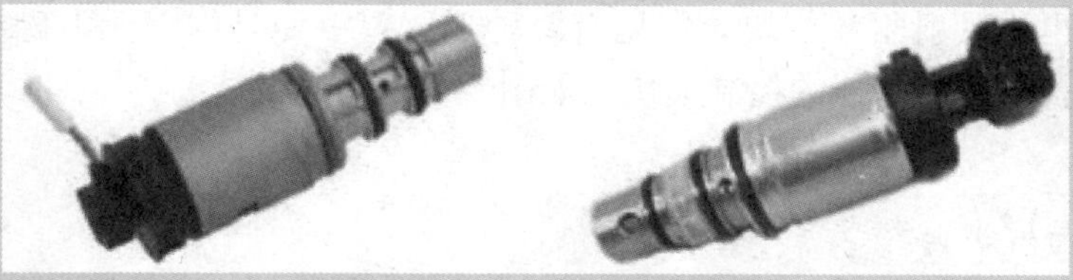

图 5-27　变排量压缩机压力调节阀

图 5-28 所示为自动空调压缩机压力调节阀控制基本电路。

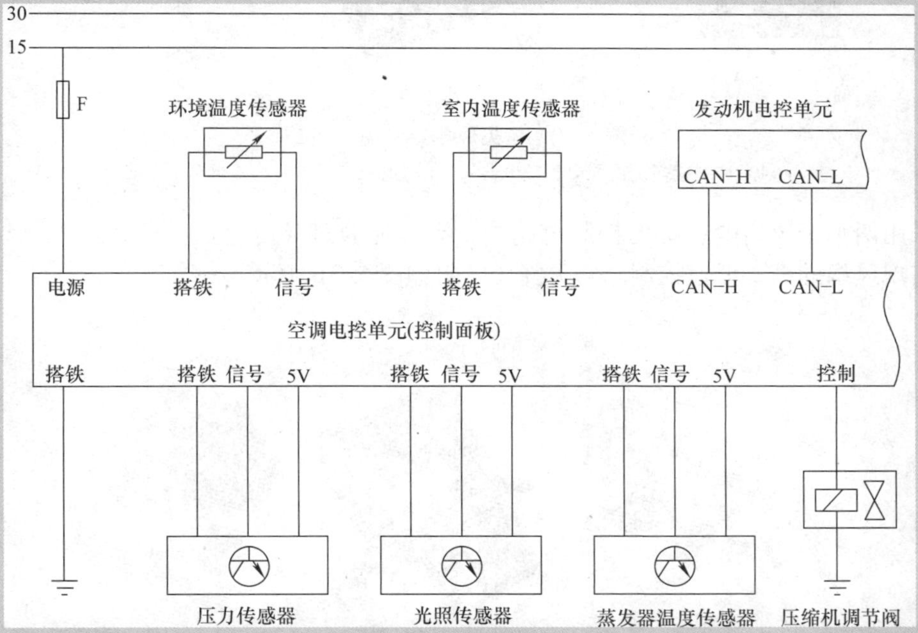

图 5-28　自动空调压缩机压力调节阀控制基本电路

3. 冷凝风扇控制电路

冷却风扇控制电路主要包括温控开关、风扇继电器、风扇控制器、风扇串联电阻以及冷却风扇电动机等。

常见的用于风扇控制的温控开关有单线、双线、三线和四线等形式，如图 5-29 所示。

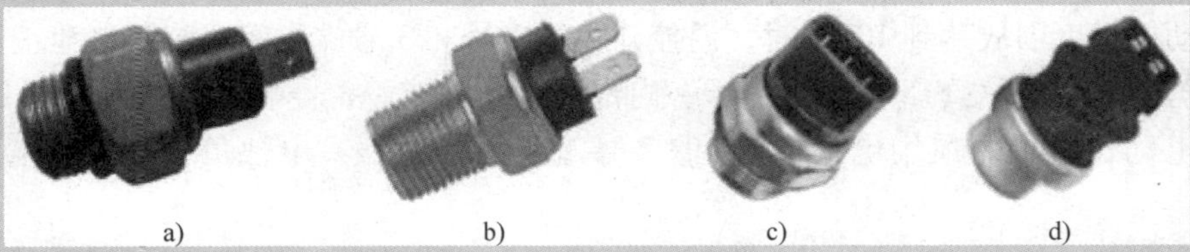

图 5-29　常见温控开关

a）单线温控开关　b）双线温控开关　c）三线温控开关　d）四线温控开关

风扇控制器也称风扇驱动模块，常见有两种形式：一种是内部无电磁继电器的控制模块，另一种是内置电磁继电器的控制模块，如图 5-30 所示。

a)　　b)

图 5-30　常见风扇控制器（盒）

a）风扇控制盒（内部无电磁继电器）　b）风扇控制器（内置电磁继电器）

在采用两端子风扇电动机的控制电路中，有可能通过降压电阻串联在风扇电动机电路中，来实现风扇的高、低速控制。常见降压电阻如图 5-31 所示。

图 5-31　常见风扇用串联电阻

（1）利用温控开关控制的冷凝风扇电路　图 5-32 所示为利用温控开关控制的冷凝风扇电路，从图中可以看出，空调系统和发动机共用一个风扇。

1）发动机冷却时的风扇电路分析。当发动机温度达到 95℃时，温控开关的 1 号和 2 号端子闭合，蓄电池正极→30 导线→S1 熔丝→温控开关 F18 的 1 号端子→内部闭合的触点→2 号端子→风扇电动机 V7 的 1 号端子→电动机内部电阻 R→电动机电枢→风扇电动机 V7 的 2 号端子→搭铁→蓄电池负极，风扇电动机低速运转。

当发动机温度因故达到 105℃时，温控开关的 1 号和 3 号端子闭合，蓄电池正极→30 导线→S1 熔丝→温控开关 F18 的 1 号端子→内部闭合的触点→3 号端子→风扇电动机 V7 的 3 号端子→电动机电枢→风扇电动机 V7 的 2 号端子→搭铁→蓄电池负极，风扇电动机高速运转。

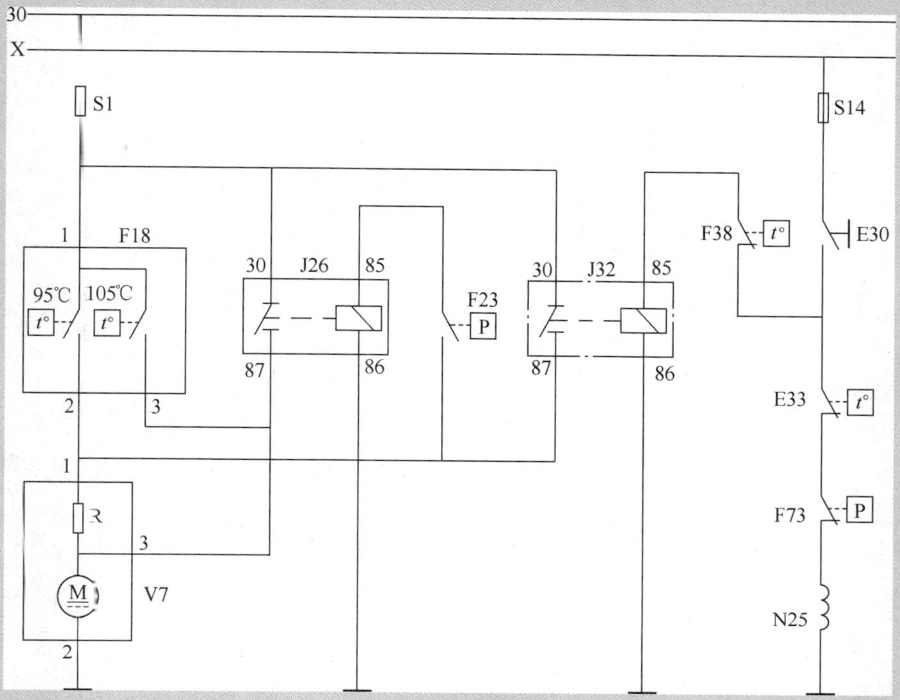

图 5-32　温控开关控制的冷凝风扇电路

X—点火开关附件档　30—常电源　S1、S14—熔丝　F18—冷凝器冷却风扇温度控制开关
F23—高压开关　F38—环境温度开关　F73—低压开关　E30—空调 A/C 开关
E33—蒸发器温度传感器　J26—冷凝器风扇继电器　J32—空调继电器
N25—电磁离合器　V7—冷凝器风扇电动机

2）空调制冷时的风扇电路分析。当打开空调 A/C 开关（E30）时，点火开关附件档电源 X→S14 熔丝→E30 空调开关，一路经蒸发器温度控制器 E33→低压开关 F73→电磁离合器 N25；另一路经环境温度开关 F38→空调继电器 J32 的 85 号端子→86 号端子→搭铁→蓄电池负极，J32 继电器线圈产生磁力，吸合触点。冷凝风扇电动机电路：蓄电池正极→30 导线→S1 熔丝→J32 继电器的 30 端子→87 端子→风扇电动机 V7 的 1 号端子→电动机内部电阻 R→电动机电枢→风扇电动机 V7 的 2 号端子→搭铁→蓄电池负极，风扇电动机低速运转。

当空调管路压力因故达到或超过管路极限压力时，高压开关闭合，冷凝风扇高速工作，具体电路：高压开关 F23 闭合后，将来自 J32 继电器 87 号端子的电源正极送给 J26 冷凝风扇继电器的 85 号端子，由 86 号端子搭铁，J26 继电器线圈磁化吸合触点，冷凝风扇电动机电路：蓄电池正极→30 导线→S1 熔丝→J26 的 30 号端子→87 号端子→风扇电动机 V7 的 3 号端子→电动机电枢→风扇电动机 V7 的 2 号端子→搭铁→蓄电池负极，风扇电动机高速运转。

（2）利用温度传感器作为信号的冷凝风扇电路　图 5-33 所示为雪佛兰轿车空调系统和发动机系统共同控制的冷却（冷凝）风扇电路，图中主要由两个风扇电动机、三个风扇继电器和发动机控制模块（ECM）等组成，是一个典型的风扇控制电路。通过继电器的转换，低速时两个风扇电动机串联，高速时两个风扇电动机并联。这类电路目前很多汽车都在采用，如通用别克轿车、东风雪铁龙轿车等，掌握和了解其工作原理很有必要。

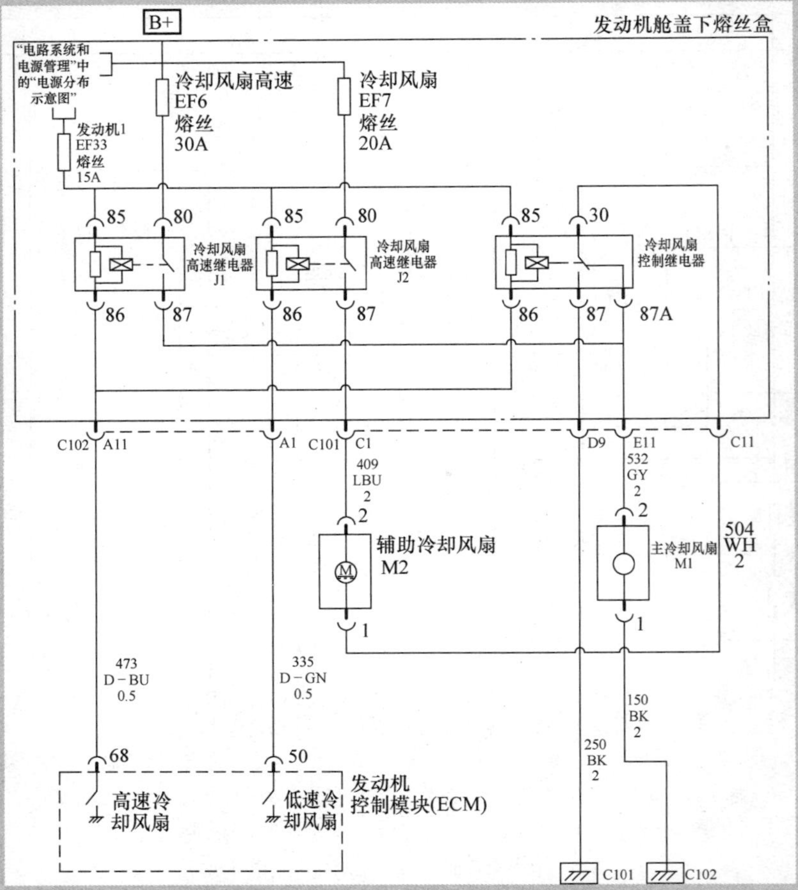

图 5-33 雪佛兰轿车冷却（冷凝）风扇控制电路

图中较为详细地反映了各个电器件之间的连接关系，对检修电路、查找故障参阅是很有帮助的，但电路分析能力欠缺，阅读和分析该电路时，会有一定的难处。所以，作为典型电路和学习、了解其工作原理时，不妨在阅读电路图时动手将其改绘成原理图，这样便于更深刻地了解和掌握，图 5-34 所示为改绘后的风扇控制电路原理图。

该风扇电路无论是空调系统冷凝还是发动机冷却，工作过程都相同。

低速时冷却风扇工作过程：

提示

发动机 ECM 通过冷却液温度传感器的温度信息，判断达到低速风扇工作的条件，或接收到空调请求信号时，控制两个风扇电动机串联工作。

熔丝 EF33 为风扇电路中三个继电器的 85 端子提供电源正极，为风扇工作做好准备。当发动机控制模块 50 号端子输出继电器控制信号，J2 继电器 86 号端子搭铁，J2 继电器线圈磁化吸合触点，冷却风扇电动机工作电路：蓄电池正极→30 导线→熔丝 EF7→J2 继电器 30 端子→J2 继电器 87 端子→M2 电动机 2 端子→1 端子→J3 继电器 30 端子→J3 继电器 87a 端子→M1 电动机 2 端子→1 端子→搭铁→蓄电池负极，此时，两个电动机串联分压（电源电压的一半）低速运转。

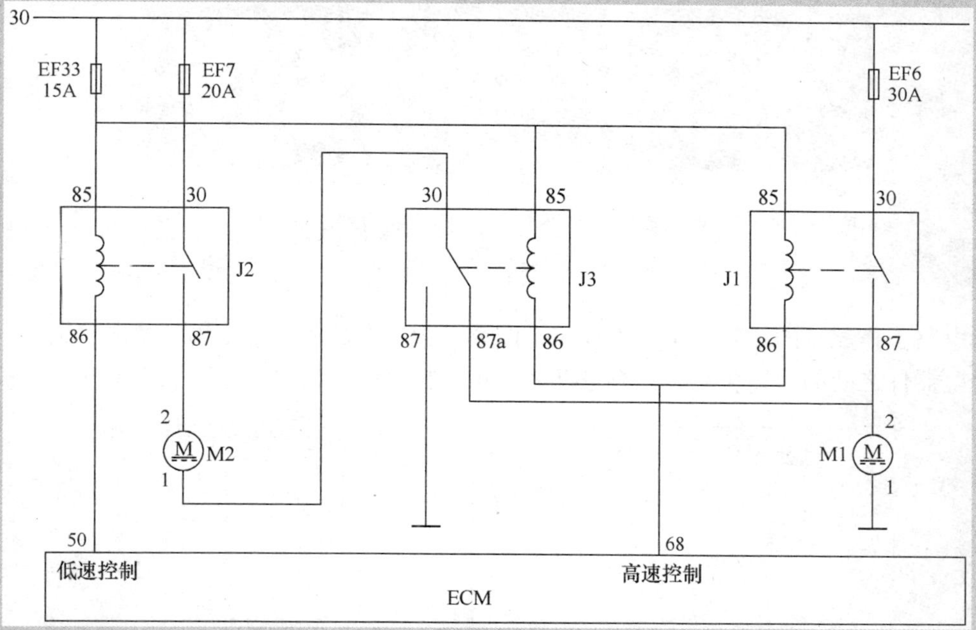

图 5-34　改绘后的冷却风扇控制电路原理图

J1—冷却风扇高速继电器　J2—冷却风扇低速继电器　J3—冷却风扇控制继电器

ECM—发动机控制模块　M1—主冷却风扇　M2—辅助冷却风扇

高速时冷却风扇工作过程：

提示

发动机控制模块通过发动机冷却液温度传感器的温度信息，判断达到高速风扇工作的条件时，控制两个风扇电动机并联工作。

熔丝 EF33 为风扇电路中三个继电器的 85 端子提供电源正极，为风扇工作做好准备。当发动机控制模块 68 号端子输出继电器控制信号，由于 J1 和 J3 继电器线圈并联连接，J1、J3 继电器的 86 号端子同时搭铁，此时，包括 J2 在内的三个继电器同时工作。

风扇电动机 M1 的控制电路：蓄电池正极→30 导线→熔丝 EF6→J1 继电器的 30 端子→J1 继电器的 87 号端子→M1 电动机的 2 端子→1 端子→搭铁→蓄电池负极，M1 电动机得到蓄电池电源电压，全速运转。

风扇电动机 M2 的控制电路：蓄电池正极→30 导线→熔丝 EF7→J2 继电器的 30 端子→J2 继电器的 87 端子→M2 电动机的 2 端子→1 端子→J3 继电器的 30 端子→J3 继电器的 87 端子→搭铁→蓄电池负极，M2 电动机得到蓄电池电源电压，全速运转。

常见的冷却风扇目前有两端子通过串并联实现高、低速控制，两端子加风扇电阻进行高、低速控制，三端子内置高、低速绕组实现高、低速控制等形式，如图 5-35 所示。

4. 手动空调系统控制电路

手动空调系统控制电路选自捷达轿车，原车空调系统电路如图 5-36 所示。它的电路结构既体现了空调开关与鼓风机开关的关系，又突出了系统中各个元器件的具体作用。在压缩机工作的同时，鼓风机、冷却风扇、怠速提升等空调系统的显著特点都反映得非常清楚，是学习空调系统电路的典型电路，也是熟悉、掌握电路识图很好的例子。

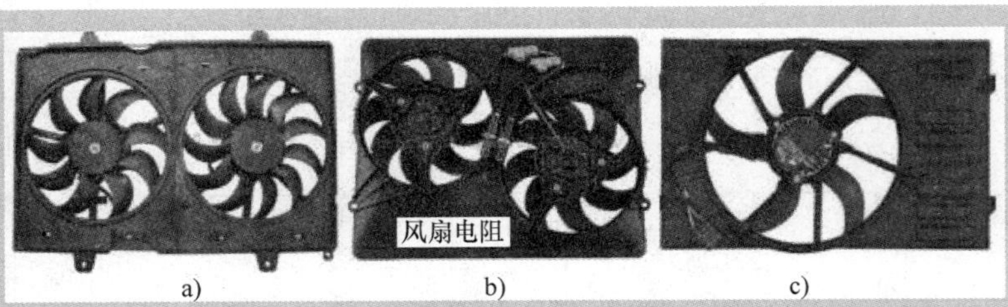

图 5-35 常见冷却（冷凝）风扇

a）两端子电动机 b）两端子电动机加风扇电阻 c）三端子双速风扇电动机

对电路工作原理的了解和掌握不仅仅是阅读，很重要的一点是要搞清楚电路结构，也就是各个电器件之间的连接关系，只有这样才便于分析电路，最终掌握其工作原理。所以在阅

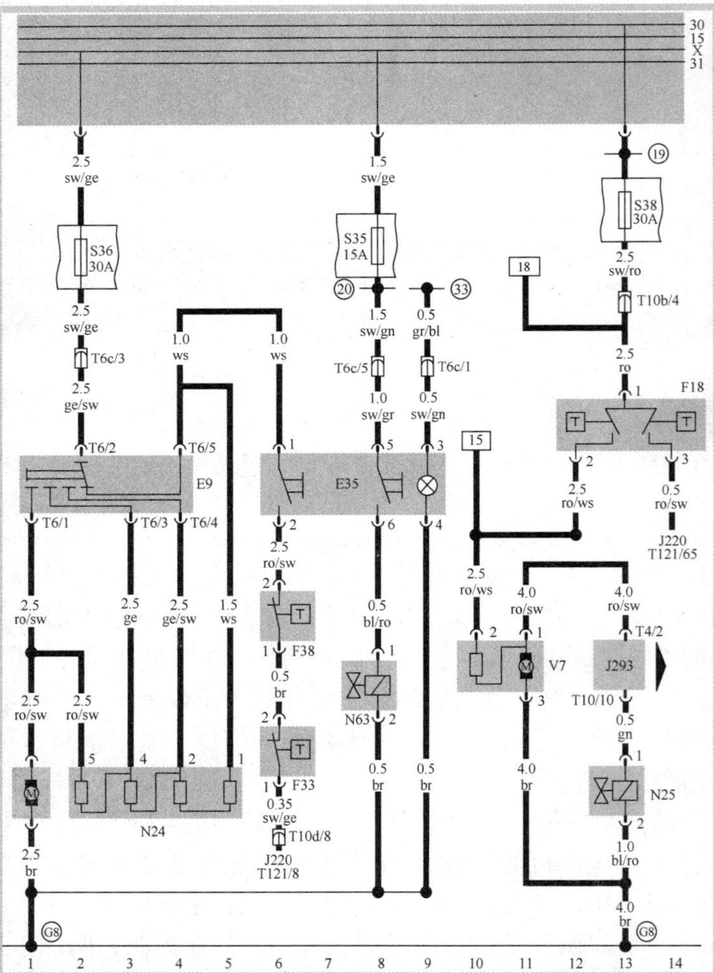

图 5-36 捷达轿车手动空调系统电路

E9—鼓风机开关
E35—空调开关
N24—调速电阻
N25—电磁离合器
N63—空调内循环风扇
T10d—10 孔红色插头，继电器支架上
T6c—6 孔棕色插头，继电器支架上
F33—蒸发器温度开关
V7—散热器风扇
J293—空调控制单元
J220—发动机控制单元
F38—外界温度开关
F18—双温开关
⑲—螺栓连接（30），继电器支架上
㉝—正极连接，仪表照明线束中
G8—搭铁线，左前翼子板（A 柱下）
⑳—线速连接，车身线束内

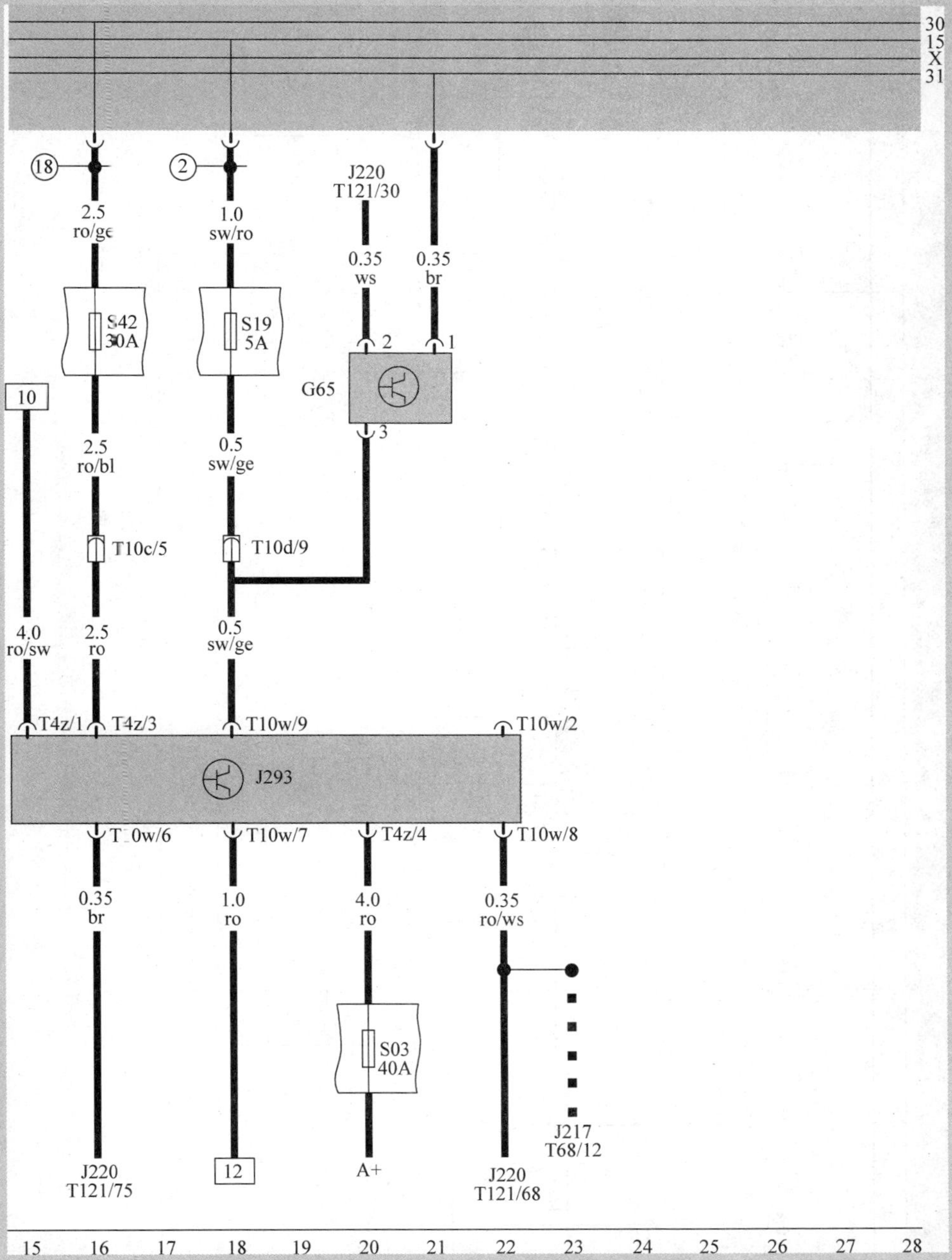

图 5-36　捷达轿车手动空调系统电路（续）

G65—高压传感器
J293—空调控制单元
J220—发动机控制单元
J217—自动变速器控制单元
T4z—4 孔插头
T10c—10 孔黑色插头，继电器支架上
T10d—10 孔红色插头，继电器支架上
T10w—10 孔插头
②—正极连接（15），车身线束内
⑱—正极连接，仪表照明线束中

读电路图的同时，动手绘制电路原理图意义重大。

图 5-37 是通过整理、消化后绘制的电路原理图，参阅其分析电路工作原理相对简单明了。

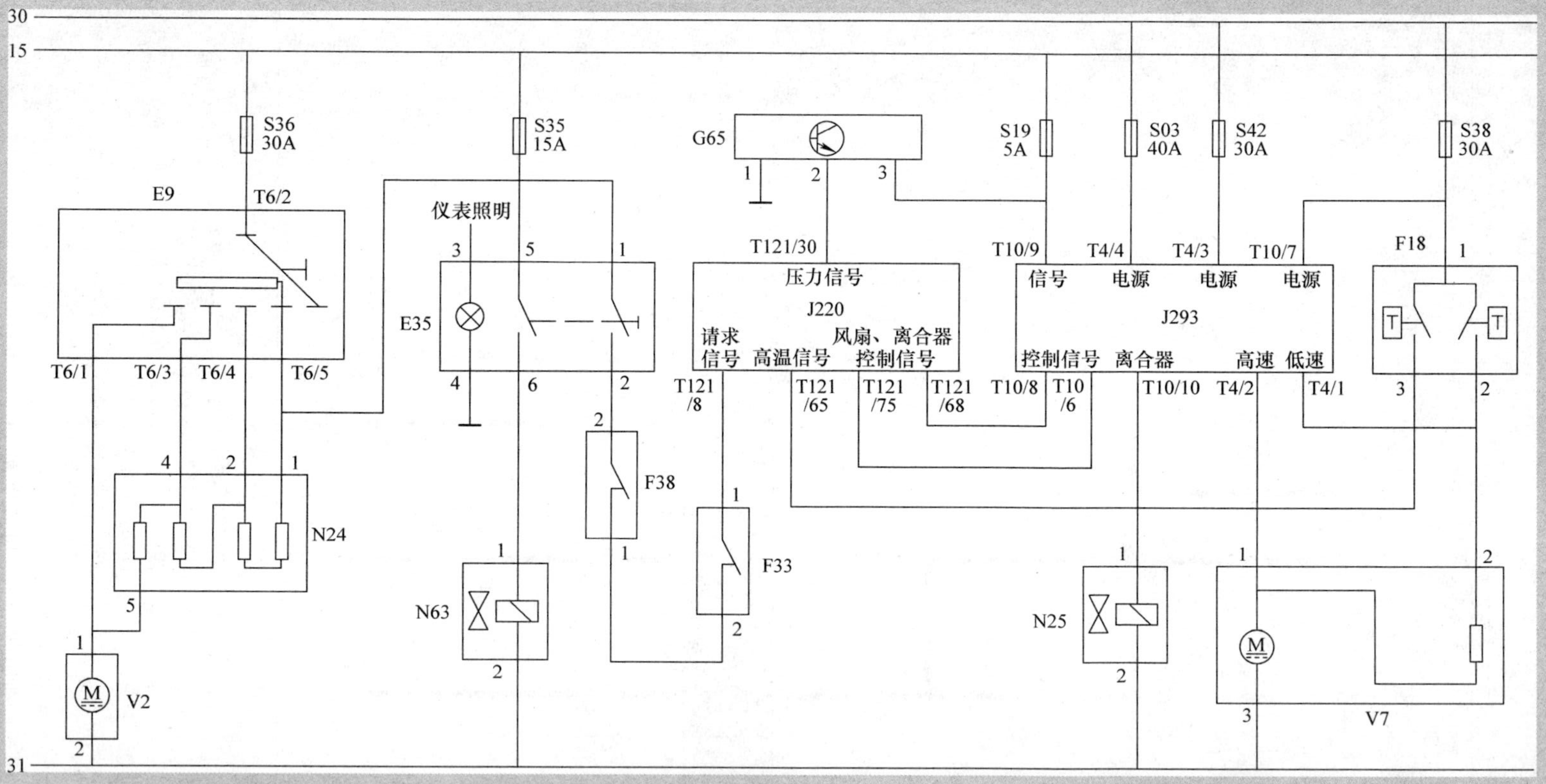

图 5-37 改绘后的捷达轿车手动空调系统电路原理图

E9—鼓风机开关 E35—空调开关 F38—外界温度开关 F33—蒸发器温度开关 F18—双温开关 G65—高压传感器 N24—调速电阻 N25—电磁离合器 N63—空调内循环电磁阀 V2—鼓风机 V7—散热器风扇 J220—发动机控制单元 J293—空调控制单元

（1）鼓风机控制电路　鼓风机开关 E9/2 号端子取自点火开关的电源，鼓风机开关旋至 1 档时：电源正极 15→S36→E9/2→E9/5，一路至空调开关 E35/1 号端子提供电源，另一路至 N24/1 号端子→内部四个电阻→N24/5 号端子→鼓风机 V2/1→电枢→V2/2 号端子→搭铁→蓄电池负极。

鼓风机开关旋至 2 档时：电源正极 15→S36→E9/2→E9/4→N24/2 号端子→内部三个电阻→N24/5 号端子→鼓风机 V2/1→电枢→V2/2 号端子→搭铁→蓄电池负极。

鼓风机开关旋至 3 档时：电源正极 15→S36→E9/2→E9/3→N24/4 号端子→内部两个电阻→N24/5 号端子→鼓风机 V2/1→电枢→V2/2 号端子→搭铁→蓄电池负极。

鼓风机开关旋至 4 档时：电源正极 15→S36→E9/2→E9/1→鼓风机 V2/1→电枢→V2/2 号端子→搭铁→蓄电池负极。

鼓风机因各档位串联电阻数量不同而工作在不同的转速状态。

（2）冷却风扇控制电路　冷却风扇的工作可以由发动机系统的双温开关 F18 进行控制，也可以由空调系统的空调开关和高压开关进行控制。

1）用于发动机温度的冷却。安装于发动机冷却液管路中的双温开关 F18，随时检测发动机冷却液的温度，根据不同的温度值接通低速或高速风扇电路。

链接

当温度达到设定低速风扇工作的温度值时，双温开关 F18/1 和 F18/2 端子之间的触点闭合。其电路为：蓄电池正极→30→S38→F18/1→F18/2→V7/2→电枢→V7/3→搭铁→蓄电池负极，风扇电动机因串联电阻低速运转。

链接

当发动机温度因故升高，达到高速风扇工作的温度值时，F18/1 和 F18/3 端子之间的触点闭合，将高温信号送入发动机电控单元 J220（T121/65），J220 的 T121/75 或 T121/68 将风扇高速运转控制信号送入 J293 的 T10/6 或 T10/8，高速风扇控制电路为：蓄电池正极→30→S03（S42）→J293 内部继电器→J293 的 T4/2→V7/1→电枢→V7/3→搭铁→蓄电池负极，风扇电动机因无串联电阻而高速运转。

2）用于空调系统的冷凝。接通鼓风机开关后，将 A/C 开关 E35 闭合，正常时风扇应处于低速运转状态。

链接

正极性的空调请求信号由 E35/2 号端子，经外界温度开关 F38、蒸发器温度开关 F33 输入到 J220 的 T121/8 端子，J220 的 T121/75 或 T121/68 将风扇低速运转控制信号送入 J293 的 T10/6 或 T10/8，由 J293 的 T4/1 输出电源正极→V7/2→电枢→V7/3→搭铁→蓄电池负极，风扇电动机因串联电阻低速运转。

当制冷剂管路压力升高至高压极限值时，高压传感器 G65 将高压信号送入 J220 的 T121/30，J220 的 T121/75 或 T121/68 将风扇高速运转控制信号送入 J293 的 T10/6 或T10/8，高速风扇控制电路为：蓄电池正极→30→S03（S42）→J293 内部继电器→J293 的T4/2→V7/1→电枢→V7/3→搭铁→蓄电池负极，风扇电动机因无串联电阻而高速运转。

（3）离合器和内循环电磁阀控制电路

1）内循环电磁阀控制电路。在接通鼓风机开关后，将 A/C 开关 E35 闭合后，电源正极 15→E35/5 号→E35/6 号→N63/1 号→N63/2 号端子搭铁，内循环电磁阀工作。

2）离合器电磁线圈控制电路。正极性的空调请求信号由 E35/2 号端子，经外界温度开关 F38、蒸发器温度开关 F33 输入到 J220 的 T121/8 端子，J220 的 T121/75 或 T121/68 将离合器、风扇控制信号送入 J293 的 T10/6 或 T10/8，由 J293 的 T10/10 输出电源正极→N25/1→N25/2→搭铁→蓄电池负极，压缩机电磁离合器工作。

五、空调系统电路图的绘制

对于一些不能在一张图纸中全部反映的电路图，尤其是电路中采用电气元件较多的电路图，有时因线路连接较长且有接续标注，电器件各端子功能、连接去向不很明显，在阅读电路图时费时费力。所以，在阅读较为复杂的电路图时，充分利用系统工作原理，对电路图进行简化、整理，分门别类、各个击破。

图 5-38 所示为速腾轿车自动空调系统电路图，它是一个电子控制系统，主要元件（也是接线端子较多的器件）是空调控制单元，在阅读电路图的同时首先应将其端子功能、连接去向做一个记录，为消化电路、理解原理打好基础。

空调控制单元各端子功能见表 5-1。

表 5-1　空调控制单元 J255 各端子功能

端子	功能及连接去向	端子	功能及连接去向
T16e		7	新鲜空气、车内空气循环、速滞压力风门伺服电动机电位计信号
1	左侧风门伺服电动机控制信号		
2	左侧风门伺服电动机控制信号	8	右侧脚部空间出风口温度传感器信号
3	除霜风门伺服电动机控制信号	9	左侧脚部空间出风口温度传感器信号
4	除霜风门伺服电动机控制信号	11	蒸发器温度传感器信号
5	中央风门伺服电动机控制信号	14	传感器搭铁
6	中央风门伺服电动机控制信号	T20C	
9	新鲜空气、车内空气循环、速滞压力风门伺服电动机控制信号	1	阳光照射传感器信号
		2	高压传感器信号
10	新鲜空气、车内空气循环、速滞压力风门伺服电动机控制信号	3	阳光照射传感器信号
		5	数据传输总线 CAN－H
11	右侧风门伺服电动机控制信号	6	数据传输总线 CAN－L
12	右侧风门伺服电动机控制信号	9	阳光照射传感器电源
15	新鲜空气鼓风机反馈信号	10	座椅加热控制信号
16	新鲜空气鼓风机控制信号	11	座椅加热控制信号
T16g		13	左侧出风口温度传感器信号
1	传感器 5V 电源	14	右侧出风口温度传感器信号
2	左侧温度风门伺服电动机电位计信号	17	传感器搭铁
3	右侧温度风门伺服电动机电位计信号	18	空调压缩机调节阀控制信号
4	除霜风门伺服电动机电位计信号	19	空调 ECU 搭铁
5	中央风门伺服电动机电位计信号	20	空调 ECU 电源

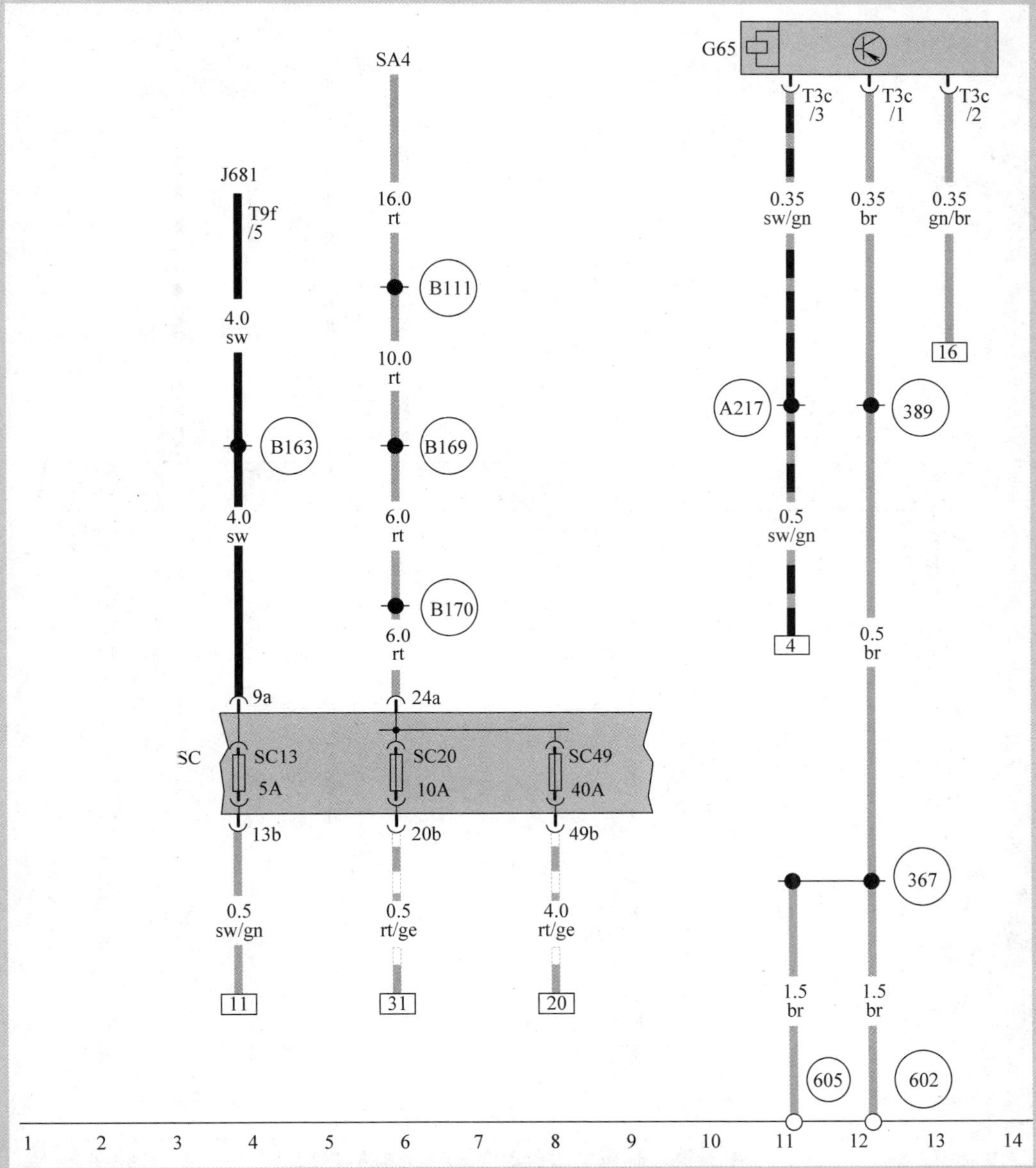

图 5-38　速腾轿车自动空调系统电路

G65—高压传感器

J681—供电继电器 2，端子 15

SA4—熔丝架 A 上的熔丝 4

SC—熔丝座 C

SC13—熔丝架 C 上的熔丝 13

SC20—熔丝架 C 上的熔丝 20

SC49—熔丝架 C 上的熔丝 49

T3c—3 芯插头连接

T9f—9 芯插头连接

(367)—接地连接 2，在主导线束中

(389)—搭铁连接 24，在主导线束中

(602)—左前脚部空间内的搭铁点

(605)—搭铁点，在上部转向柱上

(A217)—正极连接 8（15a），在仪表板导线束中

(B111)—正极连接 1（30a），在车内导线束中

(B163)—正极连接 1（15），在车内导线束中

(B169)—正极连接 1（30），在车内导线束中

(B170)—正极连接 2（30），在车内导线束中

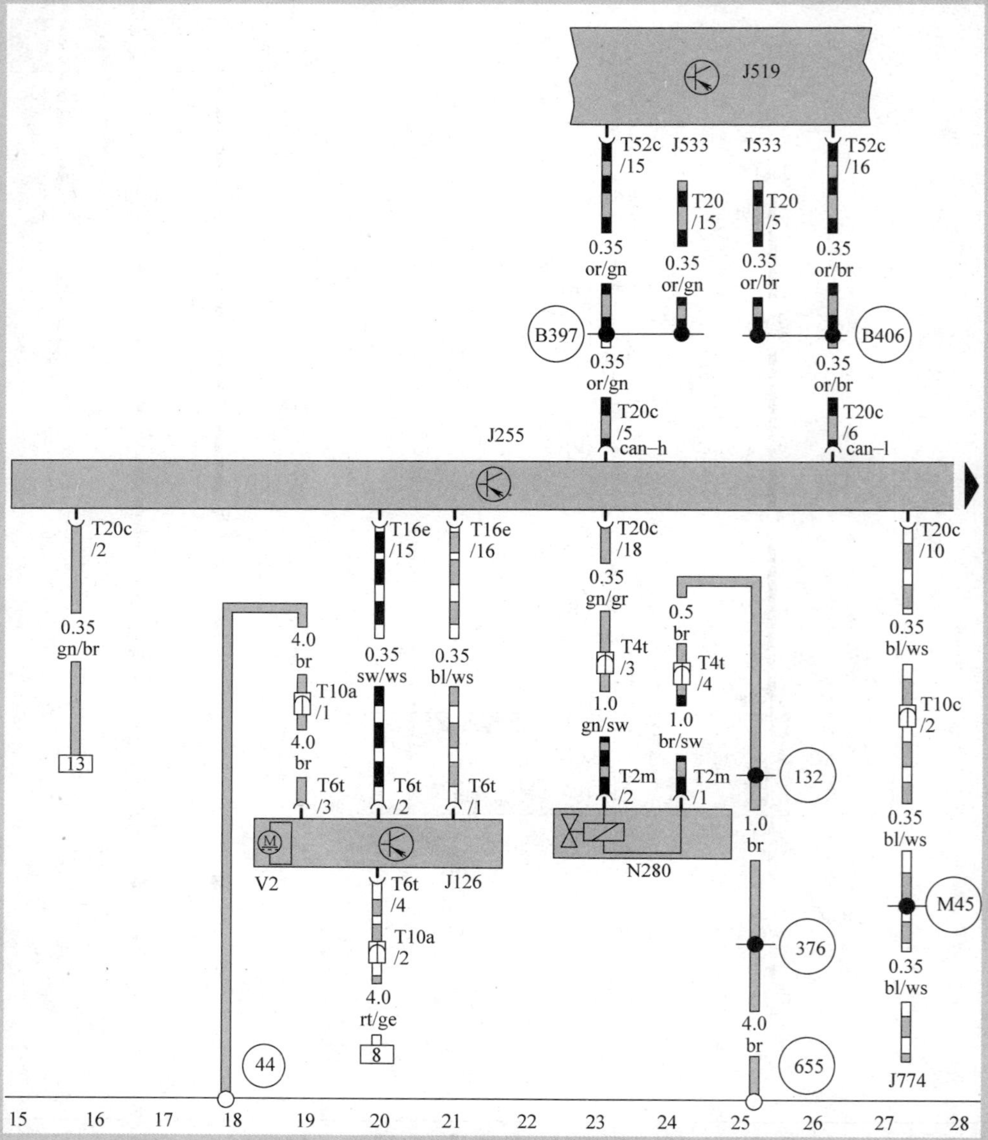

图 5-38　速腾轿车自动空调系统电路（续）

J126—新鲜空气鼓风机控制单元
J255—空调控制单元
J519—车载电网控制单元
J533—数据总线诊断接口
J774—可加热前座椅控制单元
N280—空调压缩机调节阀
T2m—2 芯插头连接
T4t—4 芯插头连接
T6t—6 芯插头连接
T10a—10 芯插头连接
T10c—10 芯插头连接
T16e—16 芯插头连接
T20—20 芯插头连接
T20c—20 芯插头连接
T52c—52 芯插头连接
Ⓥ2—新鲜空气鼓风机
(44)—搭铁点，左侧 A 柱下部
(132)—搭铁连接 3，在发动机舱导线束中
(376)—搭铁连线 11，在主导线束中
(655)—搭铁点，在左侧大灯上
(B397)—连接 1（舒适/便捷系统 CAN 总线 . High），在主导线束中
(B406)—连接 1（舒适/便捷系统 CAN 总线，Low），在主导线束中
(M45)—连接 5，在驾驶人侧座椅导线束中

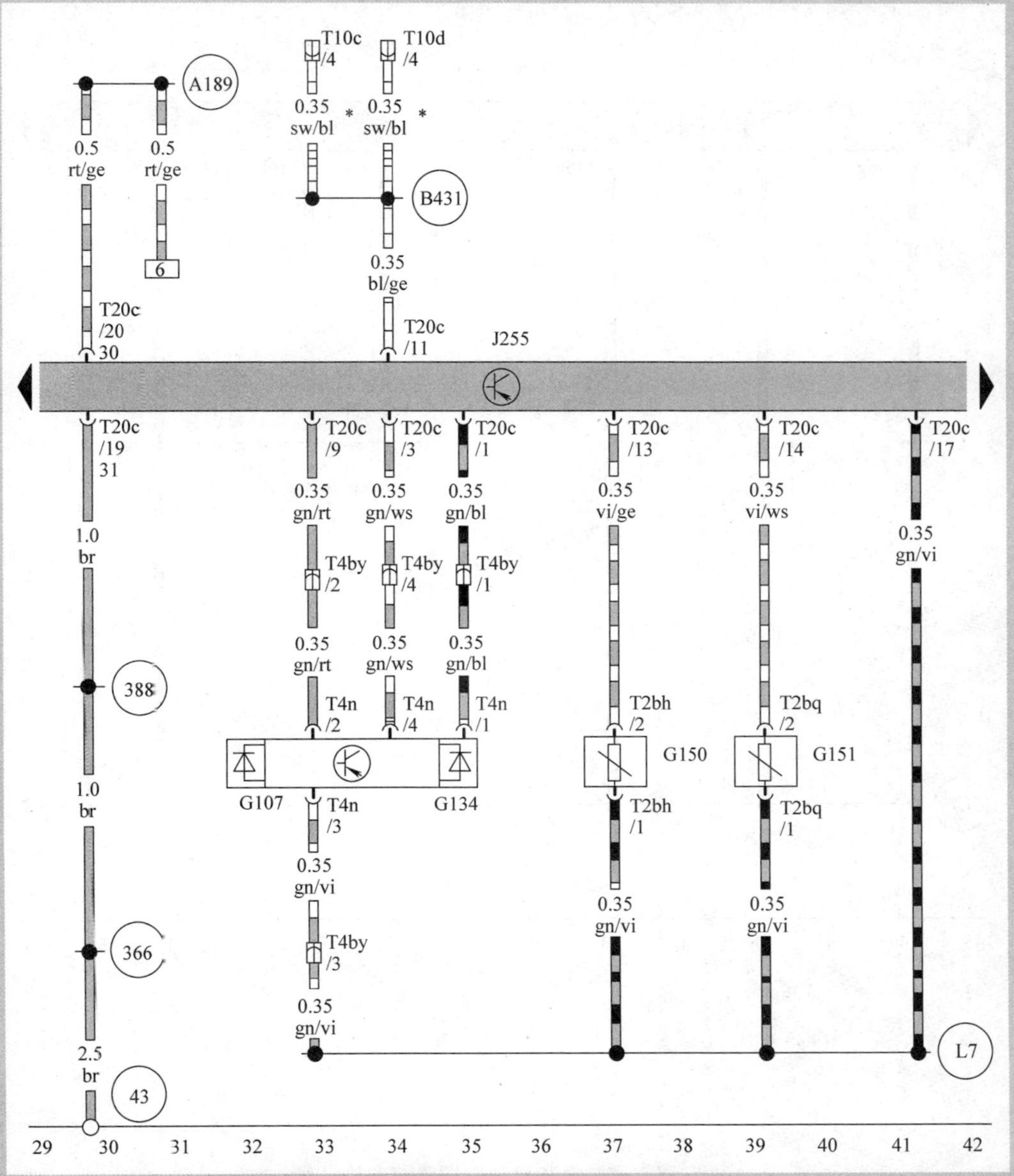

图 5-38 速腾轿车自动空调系统电路（续）

G107—阳光照射光电传感器
G134—日照光电传感器 2
G150—左侧出风口温度传感器
G151—右侧出风口温度传感器
J255—空调控制单元
T2bh—2 芯插头连接
T2bq—2 芯插头连接
T4by—4 芯头连接
T4n—4 芯插头连接
T10c—10 芯插头连接
T10d—10 芯插头连接
T20c—20 芯插头连接
* 仅适用于带座椅加热的车辆
(43)—搭铁点，右侧 A 柱下部
(366)—搭铁连接 1，在主导线束中
(388)—搭铁连接 23，在主导线束中
(A189)—正极连接 5（30a），在仪表板导线束中
(B431)—连接（座椅加热），在主导线束中
(L7)—连接 1，在空调器导线束中

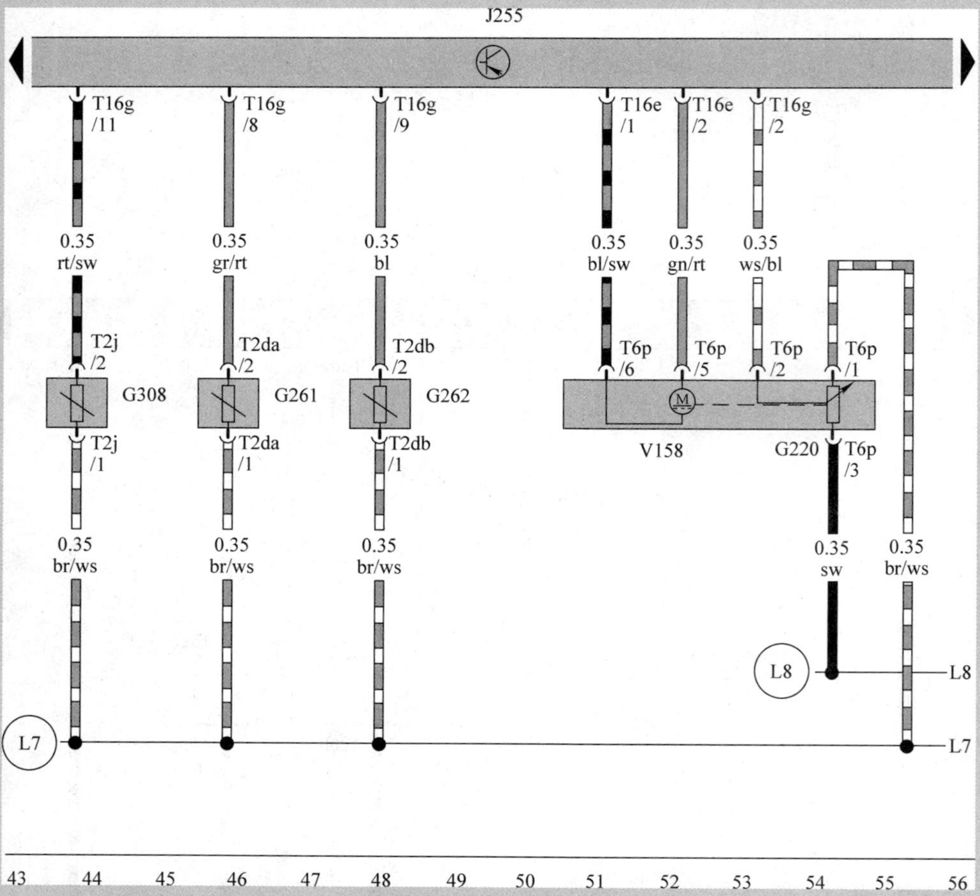

图 5-38　速腾轿车自动空调系统电路（续）

G220—右侧温度风门伺服电动机电位计
G261—左侧脚部空间出风口温度传感器
G262—右侧脚部空间出风口温度传感器
G308—蒸发器温度传感器
J255—空调控制单元
T2da—2 芯插头连接
T2db—2 芯插头连接
T2j—2 芯插头连接
T6p—6 芯插头连接
T16e—16 芯插头连接
T16g—16 芯插头连接
V158—左侧温度风门伺服电动机
(L7)—连接 3，在空调器导线束中
(L8)—连接 4，在空调器导线束中

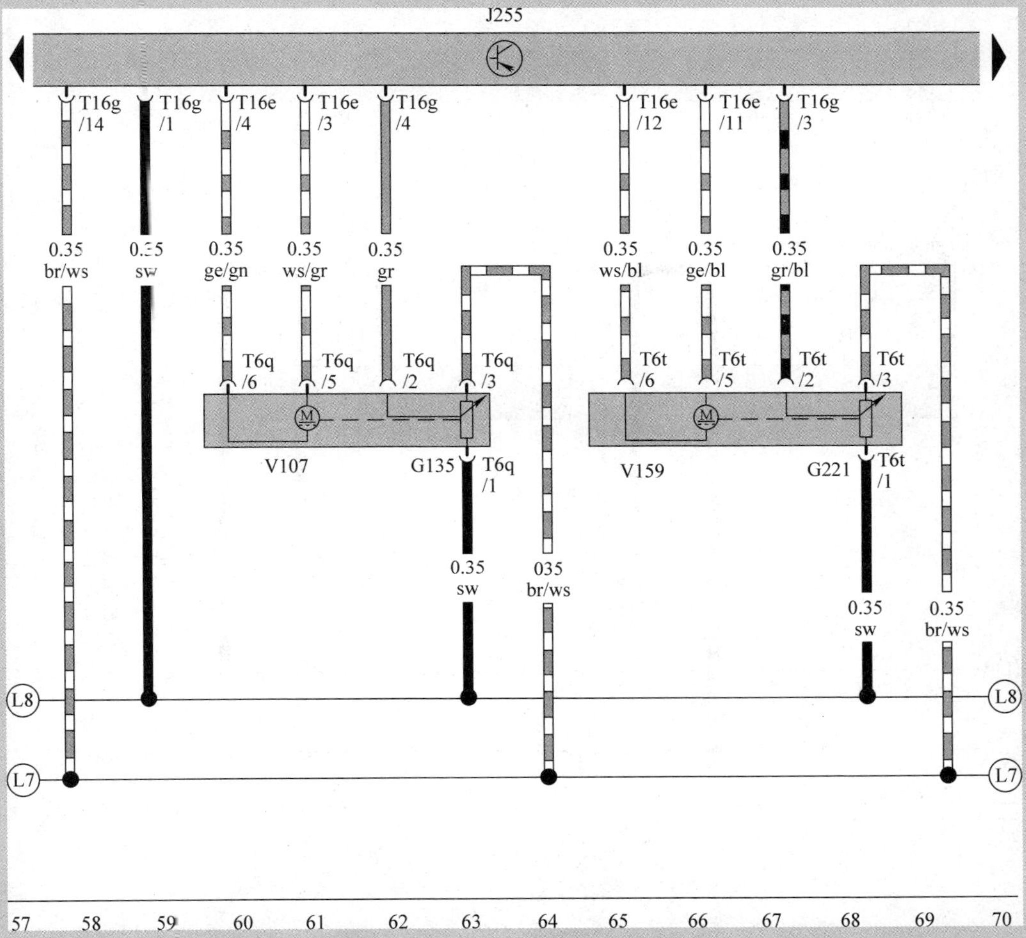

图 5-38　速腾轿车自动空调系统电路（续）

G135—除霜风门伺服电动机电位计

G221—右侧温度风门伺服电动机电位计

J255—空调控制单元

T6q—6 芯插头连接

T6t—6 芯插头连接

T16e—16 芯插头连接

T16g—16 芯插头连接

V107—除霜风门伺服电动机

V159—右侧温度风门伺服电动机

(L7)—连接 3，在空调器导线束中

(L8)—连接 4，在空调器导线束中

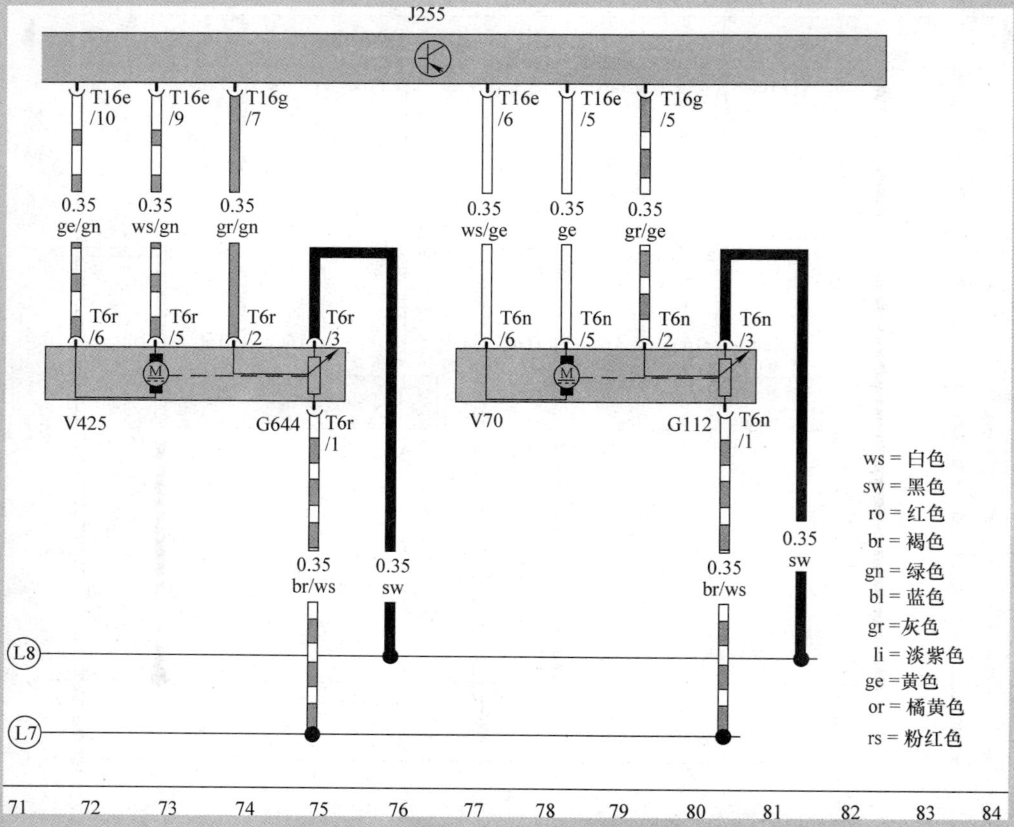

图 5-38 速腾轿车自动空调系统电路（续）

G112—中央风门伺服电动机电位计
G644—新鲜空气－车内空气循环－速滞压力风门伺服电动机电位计
J255—空调控制单元
T6n—6 芯插头连接
T6r—6 芯插头连接
T16e—16 芯插头连接
T16g—16 芯插头连接
V70—中央风门伺服电动机
V425—新鲜空气/车内空气循环/速滞压力风门伺服电动机
Ⓛ7连接 3，在空调器导线束中
Ⓛ8连接 4，在空调器导线束中

提示

通过阅读、分析、简化、整理、记录工作后，对该电路的工作原理已基本消化，图 5-39 为改绘后的自动空调系统电路原理图，能较为清楚地反映系统中各电器件之间的连接关系以及各电器件接线端子的基本作用。

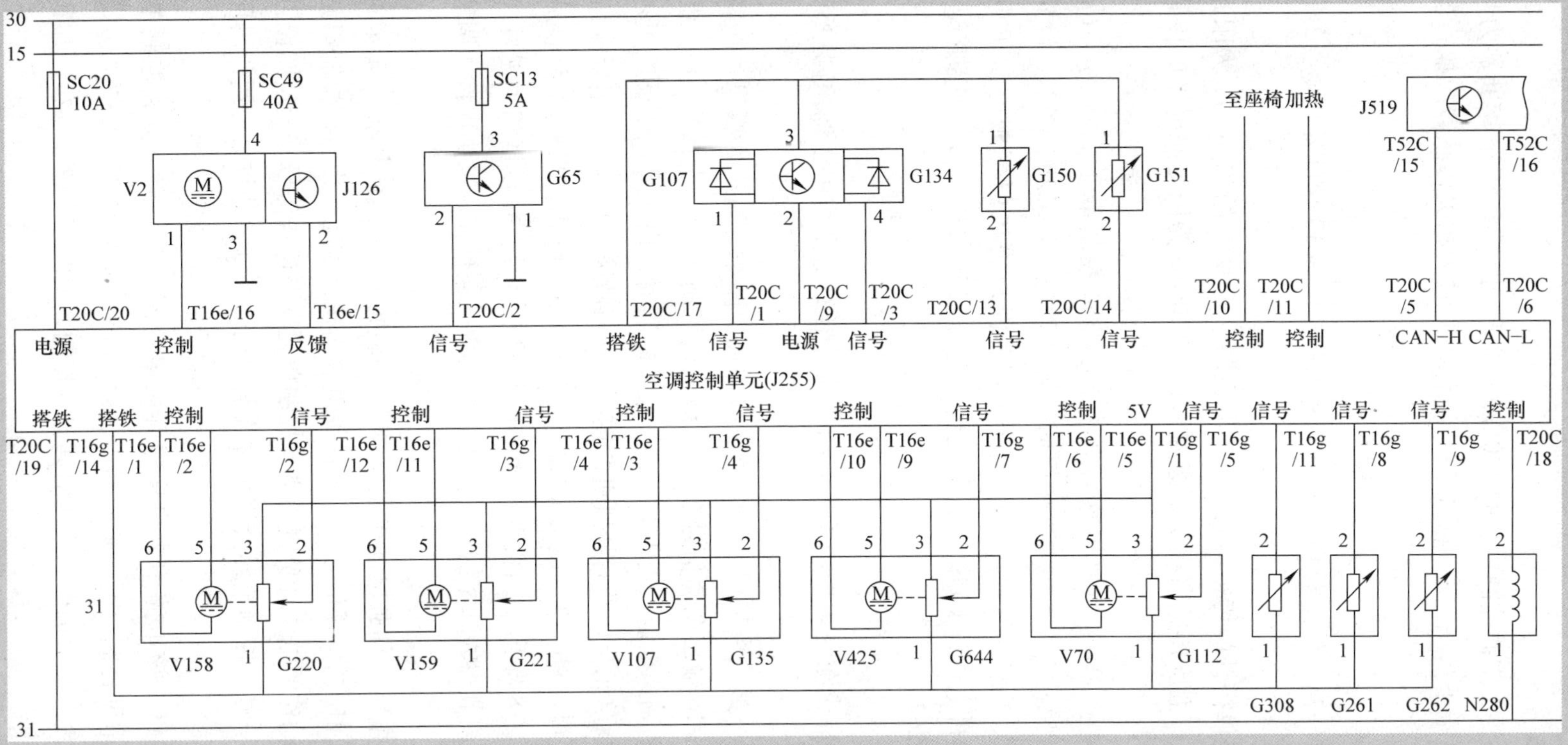

图 5-39　改绘后的速腾自动空调系统电路原理图

G65—高压传感器　J519—车载电网控制单元　J255—空调控制单元　V2—新鲜空气鼓风机　J126—新鲜空气鼓风机控制单元　N280—空调压缩机调节阀　G107—阳光照射光电传感器　G134—日照光电传感器　G150—左侧出风口温度传感器　G151—右侧出风口温度传感器　G308—蒸发器温度传感器　G261—左侧脚部空间出风口温度传感器　G262—右侧脚部空间出风口温度传感器　V158—左侧温度风门伺服电动机　G220—左侧温度风门伺服电动机电位计　G135—除霜风门伺服电位计　V107—除霜风门伺服电动机　G221—右侧温度风门伺服电动机电位计　V159—右侧温度风门伺服电动机　G112—中央风门伺服电动机电位计　V70—中央风门伺服电动机　G644—新鲜空气、车内空气循环、速滞压力风门伺服电动机电位计　V425—新鲜空气、车内空气循环、速滞压力风门伺服电动机参阅图 5-39 电路原理图，介绍其中部分电路的工作情况。

1. 电控单元电源电路

电控单元电源电路主要由空调控制单元的 T20C/20 端子，接收由 SC20 熔断器为其提供的电源正极，由 T20C/19 端子搭铁，即可具备工作电源，同时为相关传感器或执行器提供工作电源。

2. 传感器电路

（1）高压传感器电路　高压传感器 G65 采用 12V 电源，由 SC13 熔断器供电，2 号为信号端子。

（2）空调控制单元提供搭铁的传感器电路　空调控制单元 J255 的 T20C/17 为阳光照射光电传感器、左右侧出风口温度传感器提供传感器搭铁，T20C/9 为阳光照射光电传感器提供 5V 工作电源。

（3）空调控制单元提供 5V 电源的传感器电路　由空调控制单元 J255 的 T16g/1 和 T16g/14 提供 5V 电源的传感器有左右侧温度风门伺服电动机电位计 G220、G221，除霜风门伺服电动机电位计 G135，新鲜空气、车内空气循环、速滞压力风门伺服电动机电位计 G644，中央风门伺服电动机电位计 G112 以及蒸发器温度传感器 G308，左右侧脚部空间出风口温度传感器 G261、G262。

3. 执行器控制电路

该空调系统操作面板集成在空调控制单元，相关执行器的工作均由空调控制单元 J255 发出指令。

（1）鼓风机控制电路　鼓风机采用了无级变速的方式，操作者通过面板风速按键的增减，由空调控制单元 T16e/16 输出调速信号至 J126 鼓风机控制单元 1 号端子，在控制单元内完成对鼓风电动机 V2 的调速控制；当 J126 或 V2 发生故障时，由 2 号端子反馈至空调控制单元 T16e/15，空调控制单元会切断对鼓风机的控制，并将故障用代码形式记录保存。

（2）空调压缩机调节阀控制电路　该系统采用了可变排量压缩机，当使用系统制冷时，空调控制单元会通过 T20C/18 输出压缩机调节阀的脉宽调制信号，并根据相关温度、压力等信号，改变空调压缩机调节阀的脉宽信号，使压缩机改变压缩行程，以实现自动调节制冷效果的目的。

（3）伺服电动机控制电路　伺服电动机是空调系统各种风道、风向切换、选择的执行元件，主要由执行电动机和反馈位置信号的电位计等组成。执行电动机由空调控制单元进行步进控制，与电动机同轴动作的电位计负责向空调控制单元反馈位置信号，当反馈位置信号与控制单元内存信号不相符时，控制单元会停止对该电动机的控制，并将故障用代码形式记录保存。

（4）冷凝风扇控制电路　该电路中未出现冷凝风扇控制电路，它由空调控制单元的 T20C/5 和 T20C/6 与车载电网控制单元，通过数据总线 CAN－H 和 CAN－L 信息传输，当需要冷凝风扇工作时，将会由发动机控制单元对其进行控制，说明该车辆发动机冷却和空调系统共同使用公共冷却风扇。

另外，空调系统工作时发动机的提速，同样是通过数据总线传输信息，由发动机电控单元进行控制。

案例分析

故障现象1：接通空调开关后，压缩机、冷凝风扇均不工作，以图5-37电路为例。

故障分析：根据故障现象，应该重点考虑相关信号方面是否满足空调系统的工作条件，对电路进行分析，主要原因有：

① 鼓风机开关E9的T6/5至空调开关E35的1号端子线路是否断路。

② 空调开关E35内部触点是否接触不良。

③ 空调开关E35至外界温度开关F38、F38与蒸发器温度开关F33、F33与发动机电控单元J220的T121/8之间线路断路。

④ 外界温度开关F38、蒸发器温度开关F33本身断路。

⑤ 高压传感器G65电源断路。

⑥ 高压传感器本身损坏。

⑦ 高压传感器2号端子至发动机电控单元J220的T121/30线路断路。

⑧ 发动机电控单元J220的T121/68、T121/75与空调控制单元J293的T10/6、T10/8之间线路断路。

⑨ 空调控制单元J293的离合器控制、低速风扇控制信号同时断路（可能性极小）。

故障排除：根据上述分析，对可能导致故障现象的原因逐个检查，找出真正的故障点，进行修复或换件处理。

故障现象2：制冷剂不循环、无制冷效果，以图5-39电路为例。

故障分析：图5-39所示电路为自动空调系统，采用了可变排量压缩机，制冷剂的循环取决于压缩机的调节阀，而调节阀是由空调控制单元J255通过采集制冷剂管路压力、蒸发器温度传感器等信号进行控制的，导致制冷剂不循环的主要原因有：

① 空调控制单元J255电源T20C/20和T20/19供电中断（可能性不大）。

② 高压传感器G65的3号端子和2号端子供电中断。

③ 高压传感器G65本身损坏，无信号输出。

④ 高压传感器G65信号输出2号端子至空调控制单元J255的T20C/2端子断路。

⑤ 蒸发器温度传感器G308供电中断。

⑥ 蒸发器温度传感器G308本身损坏无信号输出。

⑦ 蒸发器温度传感器G308信号输出2号端子至空调控制单元J255的T16g/11端子之间线路断路。

⑧ 空调压缩机调节阀供电中断或本身电磁线圈断路或短路。

⑨ 空调压缩机调节阀2号端子至空调控制单元J255的T20C/18端子之间线路断路。

⑩ 空调控制单元J255本身无调节阀控制信号输出。

故障排除：根据上述分析，对可能导致故障现象的原因逐个检查，找出真正的故障点，进行修复或换件处理。

第二节 电动车窗电路图的识读

学习目标：

1. 了解电动车窗的基本组成与特点。
2. 熟悉电动车窗系统控制开关的结构与原理。
3. 掌握电动车窗的基本控制电路。
4. 能对电动车窗系统故障进行诊断与维修。

一、电动车窗的基本组成与特点

电动车窗电路主要由控制开关、车窗电动机及其升降器等组成，具有自动升降功能的车窗电路还包括自动升降控制器。

1. 控制开关

车窗电路中的控制开关主要有主控开关、分控开关以及锁止开关。

（1）主控开关　主控开关由驾驶人操作，可以对全部车窗进行控制，在主控开关上还有锁止开关，同样由驾驶人操作，可以接通或切断除驾驶人外的其他车窗开关的电源，其目的是防止行车时儿童随意操作可能带来的危险。主控开关一般安装在左前车门上，如图5-40所示。

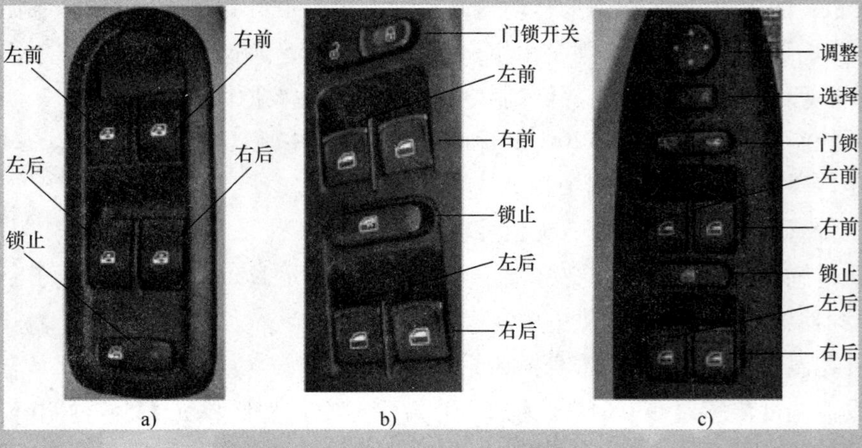

图 5-40　常见轿车主控开关

a）仅主控开关　b）包括门锁开关　c）包括门锁、后视镜开关

（2）分控开关　分控开关置于除驾驶人车门外的其他车门上，由乘客操作，受锁止开关控制，仅能对本车窗进行升降控制，如图 5-41 所示。

（3）锁止开关　锁止开关一般安装在主控开关上（图 5-40），由驾驶人操作，可以接通或切断乘客分控开关的电源，当切断电源时，乘客无法开启电动车窗。

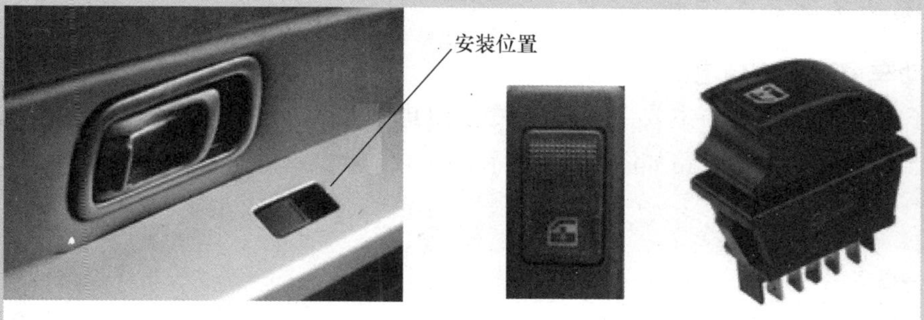

a)　　b)

图 5-41　分控开关及安装位置

a）分控开关安装位置　b）常见分控开关

2. 车窗电动机

电动车窗的驱动装置一般采用永磁式直流电动机，每车窗安装一只电动机，通过开关控制其电流的方向从而实现车窗的升降。为了防止电动机过载，在电路或电动机内装有一个或多个热敏开关，当车窗玻璃上升到极限位置或出现卡滞时，即使操纵控制开关，热敏开关也会自动断路，避免电动机通电时间过长而烧坏。常见车窗电动机如图 5-42 所示。

图 5-42　常见车窗电动机

3. 车窗升降器

电动车窗玻璃的升降一般是通过电动机的齿轮和传动机构的有机结合来实现的，常见有齿条式、交叉臂式和钢丝绳轮式升降器，如图 5-43 所示。其中，德系轿车常采用钢丝绳轮式，日系轿车常用交叉臂式。

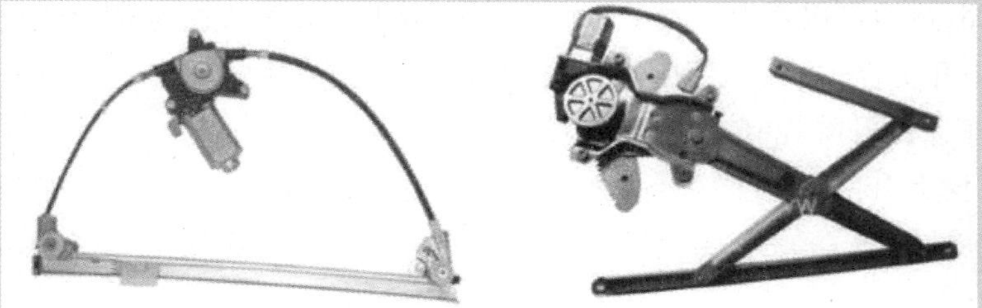

a)　　b)

图 5-43　常见电动车窗升降器

a）钢丝绳轮式升降器　b）交叉臂式升降器

二、电动车窗基本电路

1. 电动车窗基本控制电路

电动车窗基本控制电路主要由主控开关（锁止开关）、分控开关和升降电动机等组成，电源采用点火供电，基本电路如图 5-44 所示。

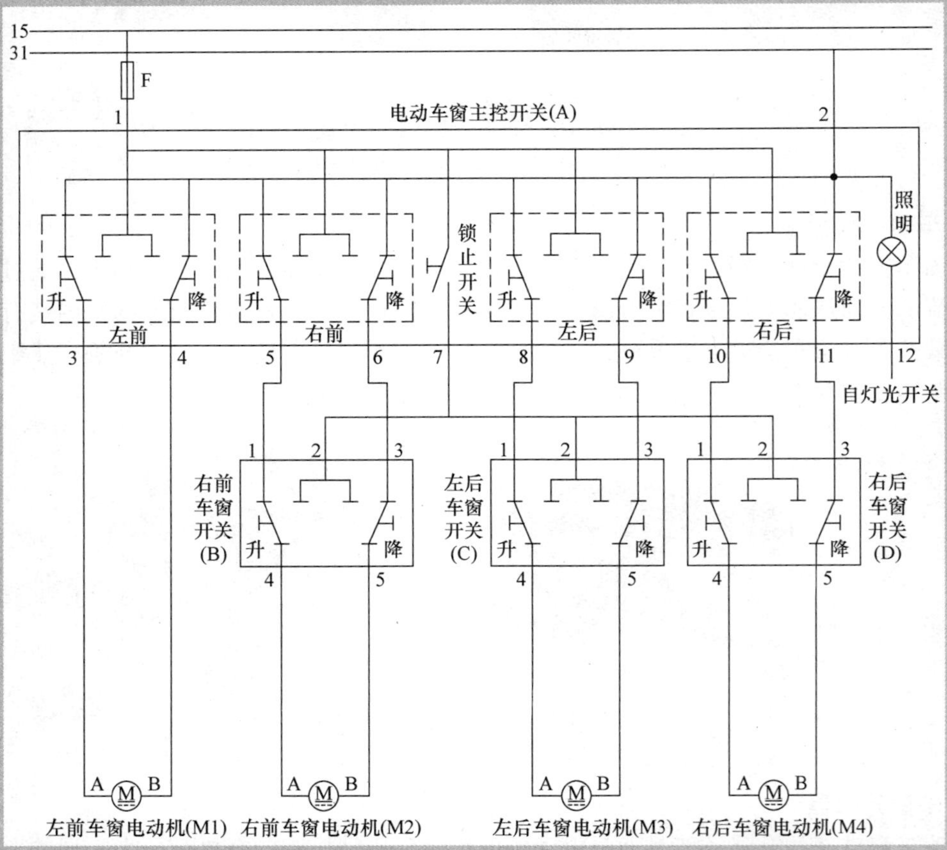

图 5-44　电动车窗基本控制电路原理图

从图 5-44 电路中可以看出，左前车窗电动机由主控开关直接控制；其他车窗分控开关的电源是由锁止开关提供的，工作原理完全相同。

（1）左前车窗的升降控制

1）左前车窗上升。按下主控开关上升按钮，电源正极 15→F→A/1→A/3→M1/A→M1/B→A/4→A/2→31 搭铁→蓄电池负极，此时，M1/A 端子正 B 端子负，电动机正转，玻璃上升。

2）左前车窗下降。按下主控开关下降按钮，电源正极 15→F→A/1→A/4→M1/B→M1/A→A/3→A/2→31 搭铁→蓄电池负极，此时，M1/B 端子正 A 端子负，电动机反转，玻璃下降。

（2）右前车窗的升降控制

1）右前车窗主控开关上升控制。由驾驶人将主控开关内的右前车窗升降开关上升按键按下，电源正极 15→F→A/1→A/5→B/1→B/4→M2/A→M2/B→B/5→B/3→A/6→A/2→31 搭铁→蓄电池负极，此时，M2/A 端子正 B 端子负，电动机正转，玻璃上升。

2）右前车窗主控开关下降控制。由驾驶人将主控开关内的右前车窗升降开关下降按键按下，电源正极 15→F→A/1→A/6→B/3→B/5→M2/B→M2/A→B/4→B/1→A/5→A/2→31 搭铁→蓄电池负极，此时，M2/B 端子正 A 端子负，电动机反转，玻璃下降。

（3）分控开关控制右后车窗升降

1）右后车窗分控开关上升控制。在锁止开关闭合的前提下，由乘客将右后车窗分控开关上升按键按下，电源正极 15→F→A/1→A/10→D/1→D/4→M4/A→M4/B→D/5→D/3→A/11→A/2→31 搭铁→蓄电池负极，此时，M4/A 端子正 B 端子负，电动机正转，玻璃上升。

2）右后车窗分控开关下降控制。在锁止开关闭合的前提下，由乘客将右后车窗分控开关下降按键按下，电源正极 15→F→A/7→A/11→D/2→D/5→M4/B→M4/A→D/4→D/1→A/10→A/2→31 搭铁→蓄电池负极，此时，M4/B 端子正 A 端子负，电动机反转，玻璃下降。

特点

电动车窗基本电路中，主控开关和分控开关为串联关系，控制开关内有两副常闭触点、两副常开触点，车窗静止时电动机两端均为同一极性，这些是其显著的特点。

2. 具有自动升降功能的电动车窗电路

电动车窗自动升降是在车窗基本控制电路的基础上增加的功能，其主要目的是为了给驾驶人提供方便，实现自动下降或上升，防止因操作而影响驾驶安全。随着电子技术的提高和舒适性的要求越来越高，有些车辆还具有防夹功能。如果与安全气囊、防盗系统、自动空调进行有机结合，可根据需要实现自动打开或关闭。

电动车窗自动升降一般包括控制开关、电子控制单元、升降电动机以及延时继电器（或延时电路）。为了能直观地了解自动升降控制电路，选择了图 5-45 所示的具有独立延时继电器和自动控制继电器的典型电路进行分析。

图 5-45 所示电路主要由车窗主控开关（S40、S41、S52、S54）、分控开关（S53、S55）、安全开关 S39、自动继电器 K51、延时继电器 K52 以及车窗电动机（M14、M15、M26、M27）等组成。

提示

延时继电器 K52 是一个电子继电器，在系统电路中相当于主继电器的作用，为系统提供蓄电池负极（P-），同时还有延时供电的作用，能在点火开关关闭后对车窗电路延时供电 50s 后再断开。

自动继电器 K51 也是一个电子继电器，接收来自左前玻璃升降开关的信号，对左前车窗电动机进行自动控制。

接通点火开关后，延时继电器 K52 得到 X 电源，内部电路工作，吸合触点，为系统电路提供蓄电池负极（P-），而 P+ 通过熔断器 FU37 与电源相通，此时，系统电路具备工作条件。

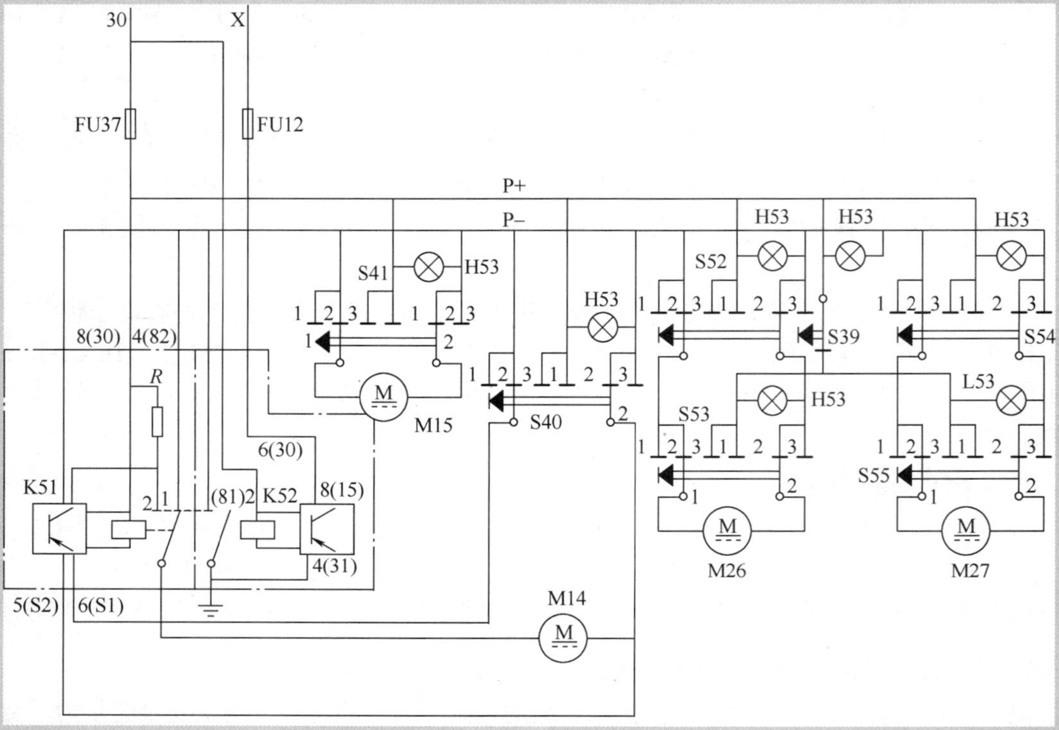

图 5-45　电动车窗基本控制电路原理图（具有自动升降功能）

S39—安全开关　S40—左前玻璃升降开关　S41—右前玻璃升降开关　S52—左后玻璃升降开关　S54—右后玻璃升降开关　S53—左后分控开关　S55—右后分控开关　K51—自动继电器　K52—延时继电器　M14—左前车窗电动机　M15—右前车窗电动机　M26—左后车窗电动机　M27—右后车窗电动机

（1）左前车窗电动机的控制

1）左前车窗上升。按下左前车窗开关 S40 的上升键时，电源 30→熔断器 FU37→电源线 P+→S40 第二掷第一位→K51 的输入端（S2）；同时 K51 的输入端（S1）还得到 S40 第一掷第二位输入的搭铁信号。此时，K51 继电器内触点 1 仍然保持闭合状态，左前车窗电动机电路：30 电源→熔断器 FU37→电源线 P+→S40 第二掷第一位→车窗电动机 M14→K51 的常闭触点 1→电源线 P-→K52 触点→搭铁→蓄电池负极。此时，左前车窗电动机 M14（图中左负右正）正转，玻璃上升，欲停止时松开按键即可。

2）左前车窗下降。按下左前车窗开关 S40 的下降键时，电源 30→熔断器 FU37→电源线 P+→S40 第一掷第三位→K51 的输入端（S1）；同时 K51 的输入端（S2）还得到 S40 第二掷第二位输入的搭铁信号。此时，K51 继电器内触点 2 闭合，左前车窗电动机电路：30 电源→熔断器 FU37→电源线 P+→K51 内取样电阻→R→K51 触点 2→车窗电动机 M14→S40

第二掷第二位→电源线 P-→K52 触点→搭铁→蓄电池负极。此时，左前车窗电动机 M14（图中左正右负）反转，玻璃下降，欲停止时松开按键即可。

3）左前车窗自动控制。当按下开关 S40 下降键的时间小于等于 300ms 时，自动继电器 K51 判断为点动自动下降操作，于是，继电器动作，K51 内部继电器触点 2 闭合。左前车窗电动机 M14 工作电流及电路同正常下降操作时相同，电动机反转，车窗玻璃下降，直至玻璃下降到底。此时，电动机电枢电流将会增大，当电流增至约 9A 时，取样电阻 R 上的电压使继电器 K51 动作，触点 2 将断开，自动切断车窗电动机的通电电路，电动机停转。如果在下降期间按下 S40 的上升键，继电器 K51 将判断为下降操作结束，触点 2 断开，车窗电动机停转。这样，通过对按键开关 S40 进行点动控制就可以使左前车窗玻璃停止在任意位置。

（2）左后车窗电动机的控制

1）驾驶人控制上升。按下 S52 的上升键，电源 30→熔断器 FU37→电源线 P+→S52 第二掷第一位→S53 第二掷第二位→左后门窗电动机 M26→S53 第一掷第二位→S52 第一掷第二位→电源线 P-→K52 触点→搭铁→蓄电池负极。此时，左后车窗电动机 M26（图中左负右正）正转，玻璃上升，欲停止松开按键即可。

2）驾驶人控制下降。按下 S52 的下降键，电源 30→熔断器 FU37→电源线 P+→S52 第一掷第三位→S53 第一掷第二位→左后门窗电动机 M26→S53 第二掷第二位→S52 第二掷第二位→电源线 P-→K52 触点→搭铁→蓄电池负极。此时，左后车窗电动机 M26（图中左正右负）反转，玻璃下降，欲停止松开按键即可。

3）乘客控制上升。在确保安全开关 S39 闭合的情况下，按下左后车窗开关 S53 的上升键，电源 30→熔断器 FU37→电源线 P+→S39→S53 第二掷第一位→左后车窗电动机 M26→S53 第一掷第二位→S52 第一掷第二位→电源线 P-→K52 触点→搭铁→蓄电池负极。此时，左后车窗电动机 M26（图中左负右正）正转，玻璃上升，欲停止松开按键即可。

4）乘客控制下降。在确保安全开关 S39 闭合的情况下，按下左后车窗开关 S53 的下降键，电源 30→熔断器 FU37→电源线 P+→S39→S53 第一掷第三位→左后车窗电动机 M26→S53 第二掷第二位→S52 第二掷第二位→电源线 P-→K52 触点→搭铁→蓄电池负极。此时，左后车窗电动机 M26（图中左正右负）反转，玻璃下降，欲停止松开按键即可。

三、电控车窗电路图的绘制

图 5-46 所示为北京现代索纳塔轿车电动门窗电路图，具有自动升降功能，电路图分三页完成。

阅读这样的电路图时可结合车窗电路工作原理，将电路分为三个部分进行分析。首先了解系统电源电路，然后了解左前车窗控制电路，最后分析其他车窗控制电路（除左前车窗电路外，其他车窗电路的结构基本相同），这样，简化了电路，便于整体分析。

图 5-47 所示为改绘后的电动门窗控制电路原理图，相对于原车电路图，能更加清楚地反映工作原理和电路结构，有利于电路分析和掌握工作原理。

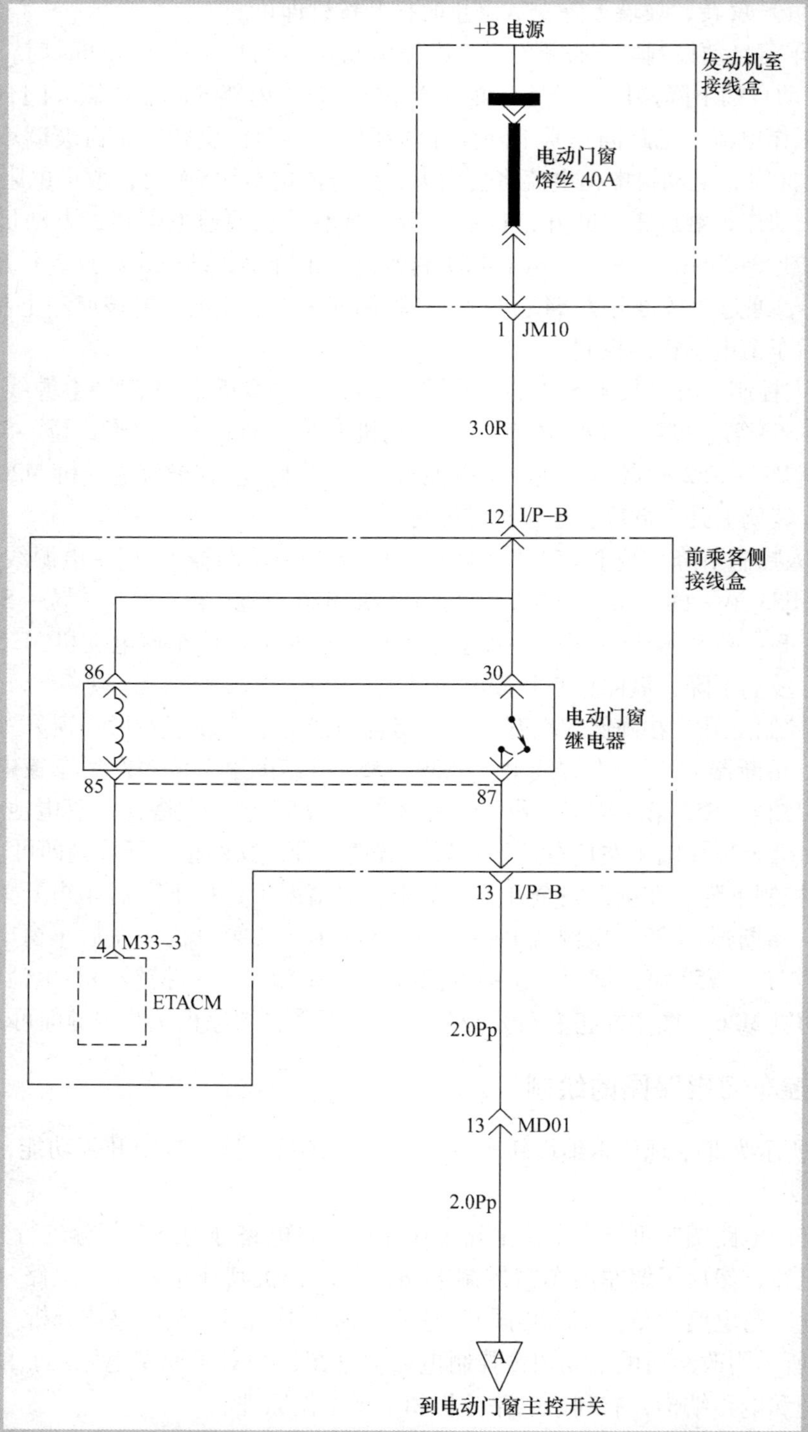
+B 电源
发动机室
接线盒
电动门窗
熔丝 40A
1 JM10
3.0R
12 I/P–B
前乘客侧
接线盒
86
30
电动门窗
继电器
85
87
13 I/P–B
4 M33–3
ETACM
2.0Pp
13 MD01
2.0Pp
A
到电动门窗主控开关

图 5-46 现代索纳塔

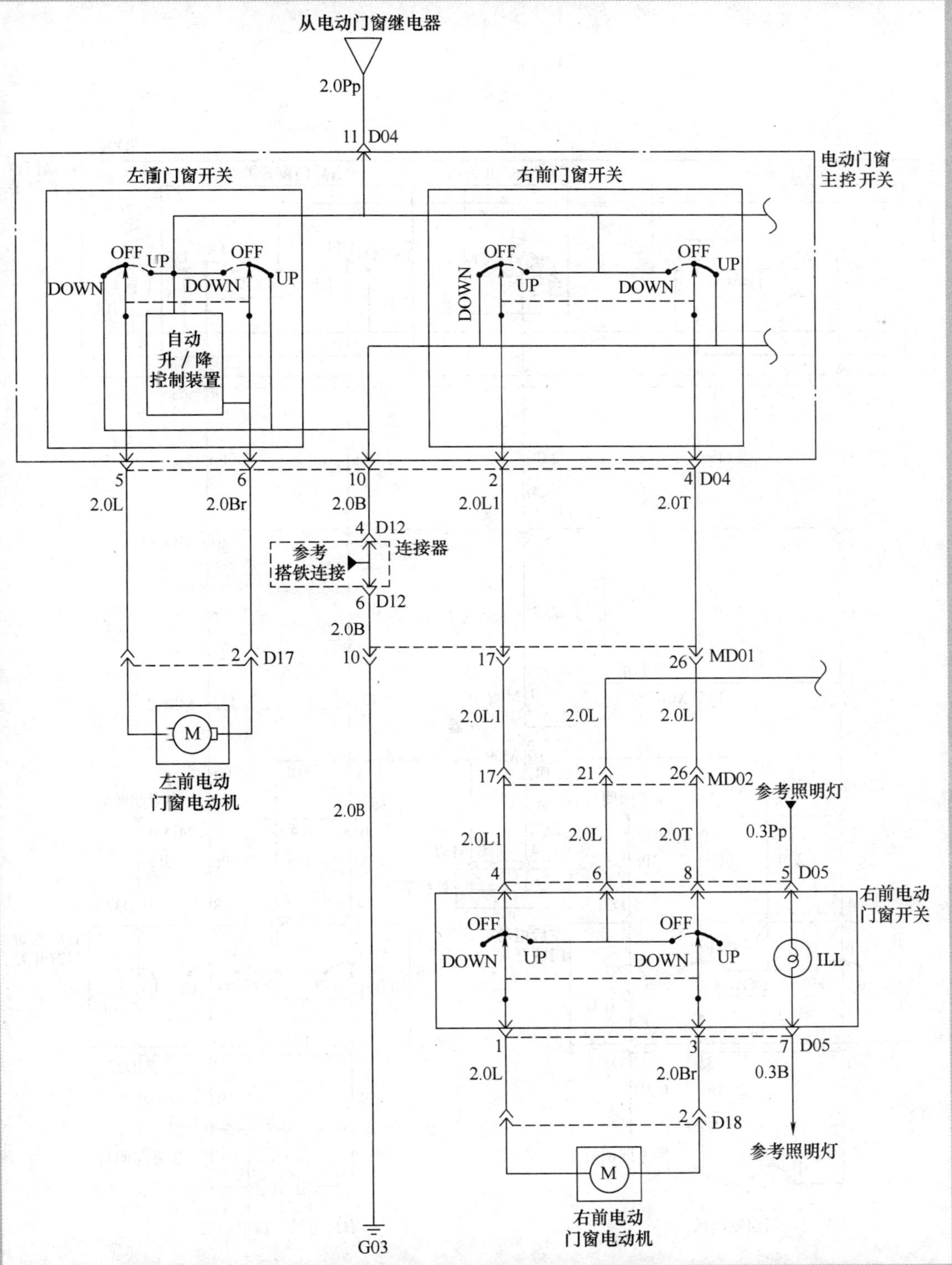
从电动门窗继电器
2.0Pp
11 D04
电动门窗
主控开关
左前门窗开关
右前门窗开关
OFF
UP
DOWN
自动
升／降
控制装置
5
6
10
2
4 D04
2.0L
2.0Br
2.0B
2.0L1
2.0T
4 D12
参考
搭铁连接
连接器
6 D12
2 D17
10
17
26 MD01
左前电动
门窗电动机
2.0L
17
21
26 MD02
参考照明灯
0.3Pp
4
6
8
5 D05
右前电动
门窗开关
ILL
1
3
7 D05
0.3B
2 D18
右前电动
门窗电动机
G03

轿车电动门窗电路图

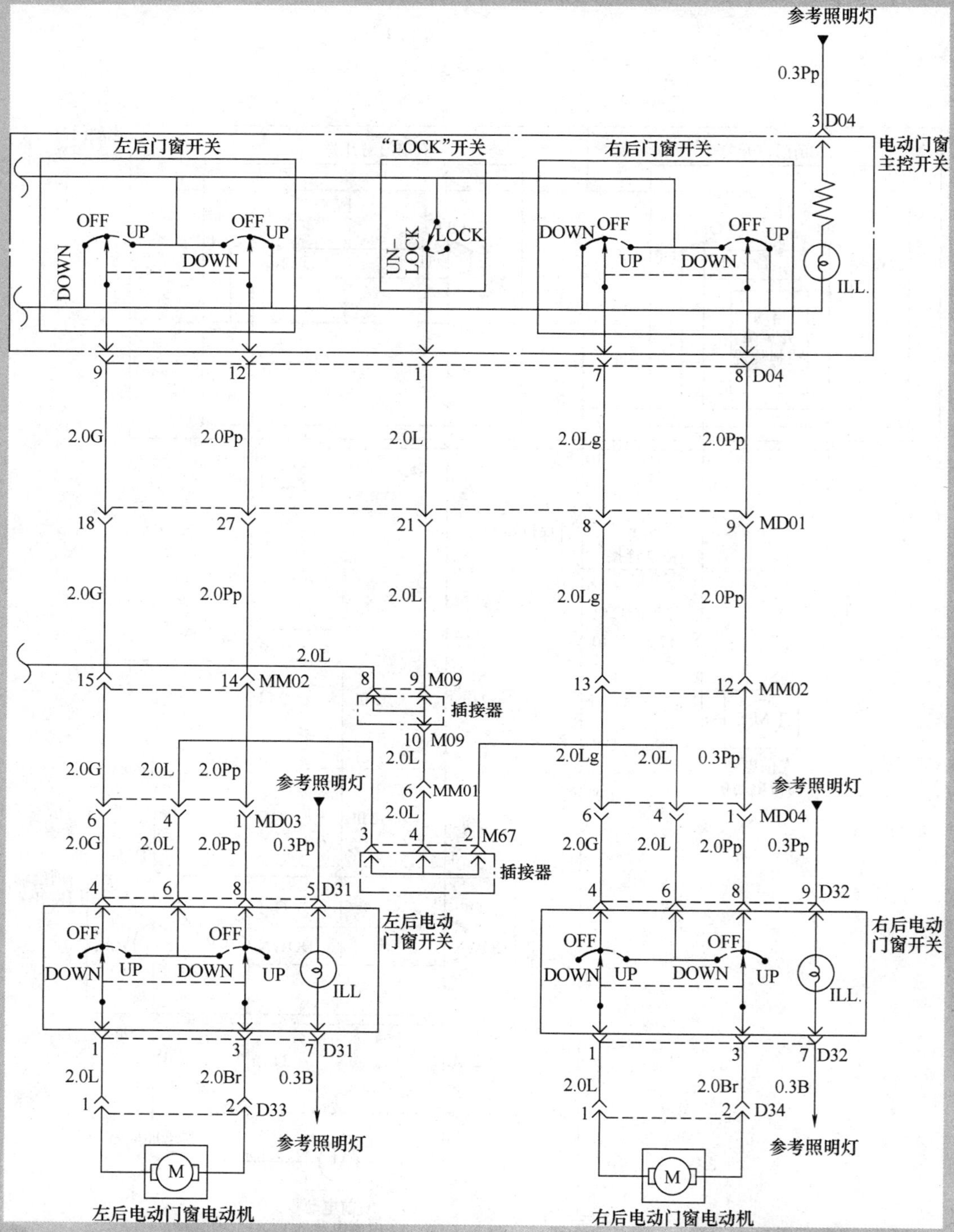

图 5-46　现代索纳塔轿车电动门窗电路图（续）

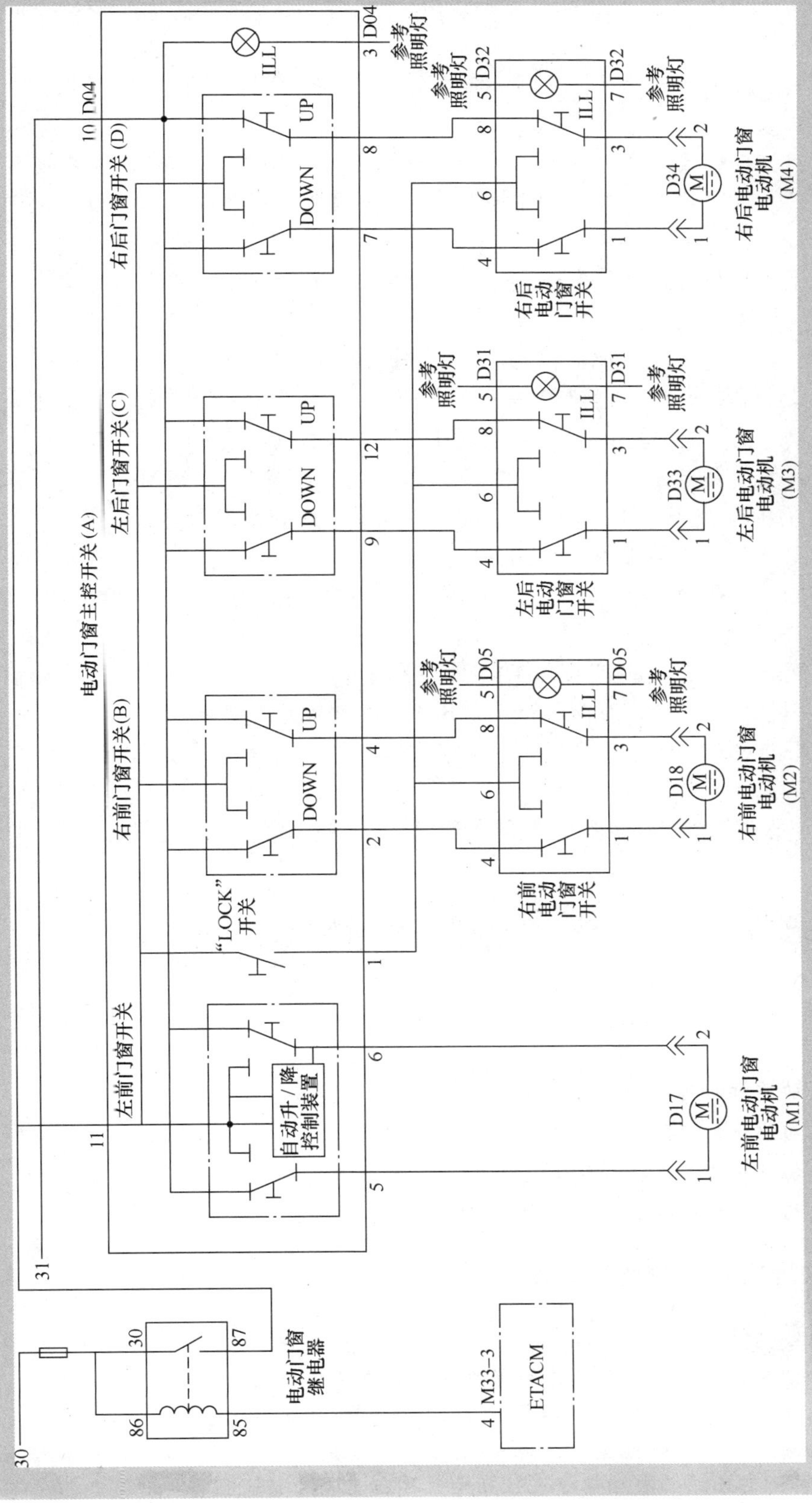

图 5-47　改绘后的电动门窗基本电路原理图

案例分析

故障现象1：

驾驶人能对右后车窗进行上下控制，但乘客不能上下控制。参照图5-47所示电路分析右后车窗故障。

故障分析：根据故障描述，说明右后车窗电动机、右后车窗分控开关两副常闭触点（D/4和D/1、D/3和D/8）正常，而主控开关内右后车窗开关的两副常闭触点同时断路的可能性很小。

乘客不能上下控制的原因，最大可能性就是主控开关内锁止开关输出电源线A/1至右后车窗分控开关D/6线路断路。

故障排除：重点查找右后车窗分控开关供电线路。

故障现象2：驾驶人能对右前车窗进行上升控制，而不能进行下降控制；右前乘客能对其进行下降控制，而不能进行上升控制。参照图5-47所示电路分析右前车窗故障。

故障分析：驾驶人能对其进行上升控制，说明主控开关内右前车窗开关上升常开触点A/11和A/2，右前分控开关B/4和B/1常闭触点、B/3和B/8常闭触点，主控开关右前车窗开关下降常闭触点A/4和A/10均为正常。

驾驶人不能对其进行下降控制的原因主要是主控开关内右前车窗开关常开触点A/11和A/4断路。

右前乘客能对其进行下降控制，说明主控开关A/10和A/2常闭触点，右前车窗分控开关B/4和B/1常闭触点，右前车窗分控开关B/3和B/6常开触点正常。

右前乘客不能对其进行上升控制的原因主要是右前车窗分控开关常开触点B/1和B/6断路。

故障排除：根据上述分析，针对主要故障原因进行检查落实，视情况修复或更换。

◎◎◎ 第三节 电动座椅电路图的识读 ◎◎◎

学习目标：

1. 了解电动座椅的基本组成与特点。
2. 熟悉电动座椅系统控制开关的结构与原理。
3. 掌握电动座椅的基本控制电路。
4. 能对电动座椅系统故障进行诊断与维修。

一、电动座椅电路的基本组成

注意

电动座椅系统基本电路主要由座椅调整开关和座椅电动机等组成，按座椅移动的方向数目不同可分为两方向、四方向、六方向、八方向以及更多方向等。

如具有八种调节功能的电动座椅，其动作方式有座椅的前后调节、上下调节，座位前部的上下调节，靠背的倾斜调节，侧背支撑调节，腰椎支撑调节以及靠枕上下、前后调节。

1. 座椅调节开关

座椅调节开关一般采用换向开关，内部结构与工作原理类似电动车窗升降开关，其主要目的是对座椅电动机电源极性进行换向控制。

常见的座椅调节开关如图 5-48 所示。

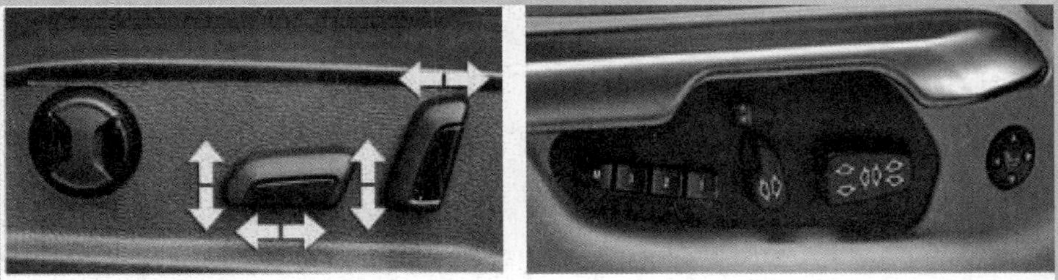

a)　　b)

图 5-48　常见电动座椅调节开关

a）普通电动椅调节开关　b）具有记忆功能的电动座椅调节开关

2. 座椅电动机

座椅电动机采用可逆性永磁直流电动机，受控于调节开关或控制器分别驱动某个调整方向的传动部件，实现座椅的不同调整。

座椅电动机以及电动机在座椅的安装位置如图 5-49 所示。

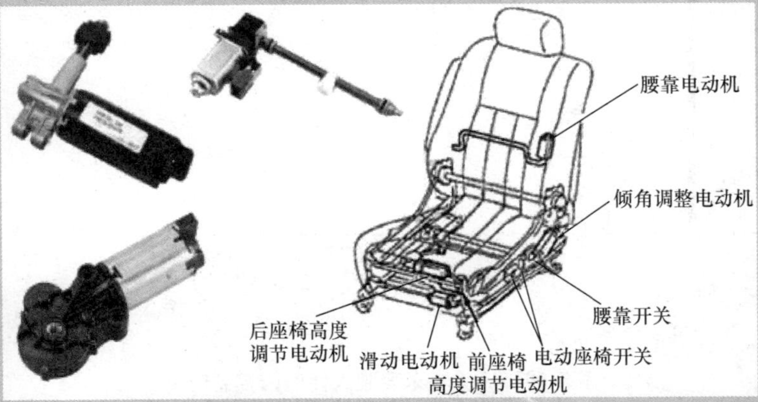

图 5-49　座椅电动机及其安装位置

二、电动座椅控制电路

电动座椅电路一般可分为普通座椅控制电路和具有记忆功能的控制电路两大类型，个别车辆还具有座椅加热功能。

1. 普通电动座椅调整电路

图 5-50 所示为迈腾轿车驾驶人侧座椅调整电路，具有三只电动机、六个调整方向，由

座椅调节开关直接控制。

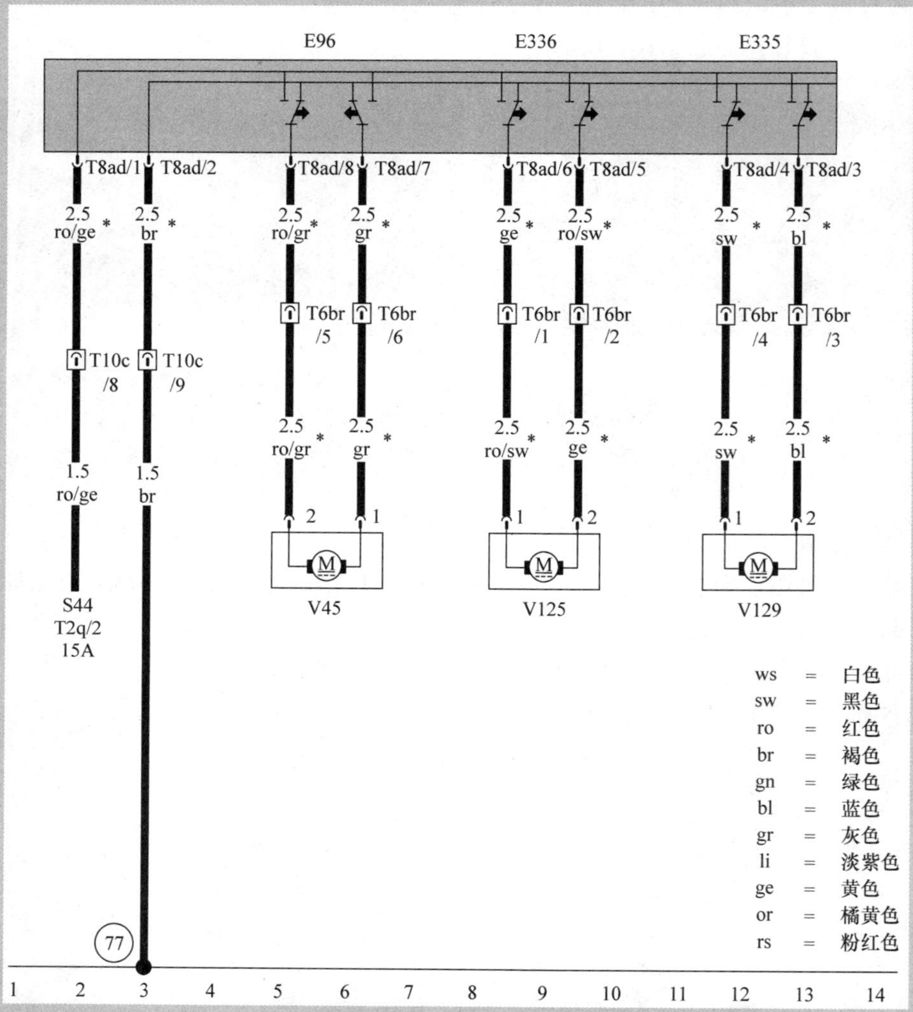

图 5-50　迈腾轿车驾驶人侧座椅控制电路

E96—驾驶人座椅靠背调整开关
E335—腰部支撑装置高度调节按钮
E336—腰部支撑装置纵向调节按钮
S44—驾驶人座椅调整装置的热敏熔丝 1
T2q—2 芯插头连接
T6br—6 芯黑色插头连接，在座椅内
T8ad—8 芯插头连接
T10c—10 芯黑色插头连接，驾驶人侧连接位置，在座椅下
V45—驾驶人座椅靠背调整电动机
V125—驾驶人座椅腰部支撑装置纵向调节电动机
V129—驾驶人座椅腰部支撑装置高度调节电动机
⑦—左侧 B 柱下部搭铁点

从图中可以看出，三只电动机的电路结构和控制方式相同，下面仅列举驾驶人座椅靠背调整电动机的工作情况。

接通点火开关后，S44/15A 熔丝经 T18ad/1 为开关总成提供正极电源，由 T18ad/2 为开关总成提供搭铁，电动座椅即可调整操作。

按下靠背调整开关（E96），电源正极 S44→开关总成 T18ad/1→开关总成 T18ad/8→T6br/5→V45/2 端子→V45/1 端子→T6br/6→开关总成 T18ad/7→开关总成 T18ad/2→搭铁→蓄电池负极。此时，座椅靠背调整电动机 V45/2 端子为正，V45/1 端子为负，电动机正转，座椅靠背前倾，欲停止松开按键即可。

按下靠背调整开关（E96），电源正极 S44→开关总成 T18ad/1→开关总成 T18ad/7→T6br/6→V45/1 端子→V45/2 端子→T6br/5→开关总成 T18ad/8→开关总成 T18ad/2→搭铁→蓄电池负极。此时，座椅靠背调整电动机 V45/1 端子为正，V45/2 端子为负，电动机反转，座椅靠背后仰，欲停止松开按键即可。

2. 带记忆功能的电动座椅调整电路

图 5-51 所示为电动座椅系统控制电路，其具有存储记忆功能，主要包括电动座椅 ECU、倾斜和伸缩 ECU、电动座椅开关、驾驶位置储存和复位开关、腰垫开关、位置传感器和电动机等。

各主要部件功能如下：

① 电动座椅 ECU——控制电动座椅的电源通断、存储执行和复位动作。当收到来自电动座椅开关的输入信号后，在 ECU 内的继电器动作，控制电动座椅运动。座椅的存储和复位由电驱动的倾斜和伸缩 ECU 以及座椅 ECU 之间的相互联系进行控制。

② 电动座椅开关——主要是向 ECU 输入滑动、前垂直、后垂直、倾斜或头枕位置信号。

③ 驾驶位置储存和复位开关——该开关将储存或复位信号送给倾斜和伸缩 ECU 后再将记忆和复位信号输送给座椅 ECU。

④ 腰垫开关——该开关直接控制腰部电动机，不具备储存记忆或复位功能。

⑤ 位置传感器——用于检测每个电动机位置信号并送至座椅 ECU，用作存储、记忆和复位。

⑥ 电动机——电动机由来自电动座椅 ECU 或腰垫开关的电流驱动，用来驱动座椅的动作机构；每个电动机内部均设有热保护触点，以防止电动机过载损坏。

当电动座椅控制系统在电动座椅开关接通后，开关的位置信号送至电动座椅 ECU，ECU（内部继电器）控制相应的电动机运转，各个电动机使座椅实现滑动、前垂直、后垂直、倾斜、头枕位置的调整动作。同时，系统还增加了存储记忆和位置复位功能，座椅滑动、前垂直、后垂直、倾斜、头枕位置的信号通过位置传感器送至电动座椅 ECU，电动座椅 ECU 将这些位置信号送至倾斜与伸缩 ECU 中储存记忆并可复位。

三、电动座椅电路图的绘制

图 5-52 所示为雅阁轿车座椅加热控制电路，主要由座椅加热器继电器、驾驶人座椅加热器开关、乘客室前座椅加热器开关、驾驶人座椅加热器、乘客室前座椅加热器等组成。

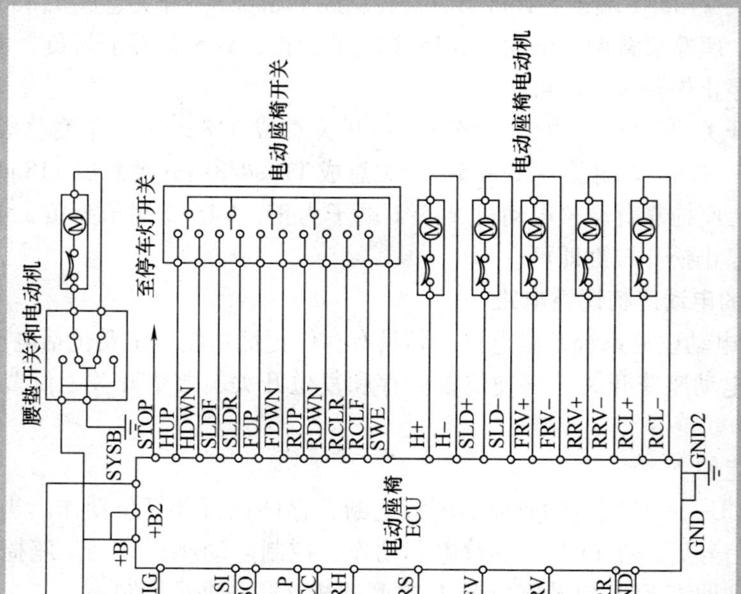

图 5-51　带存储功能电动座椅电路

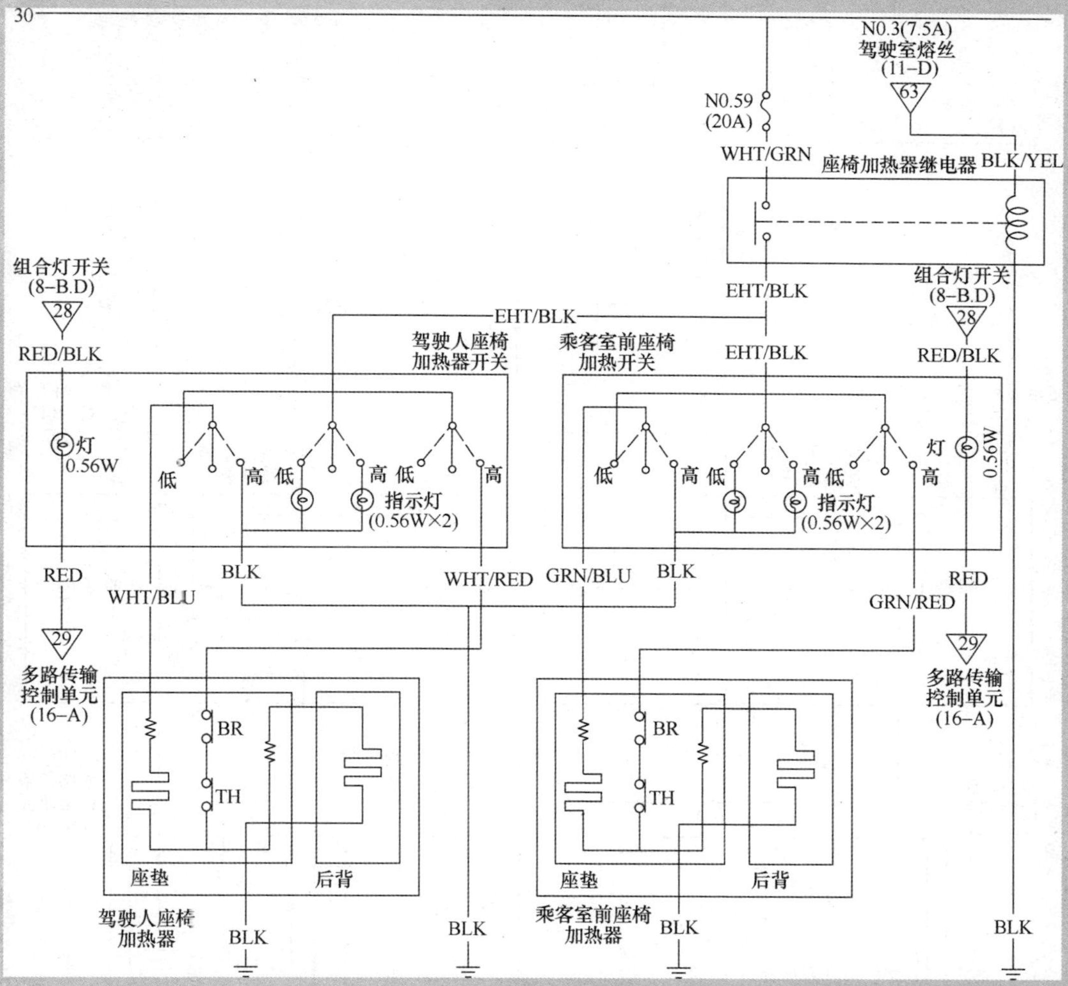

图 5-52　雅阁轿车座椅加热控制电路

阅读分析电路：

① 座椅加热电源电路是由点火开关控制的座椅加热器继电器提供的。

② 驾驶人和乘客室前座椅加热器开关为选择开关且同轴动作，并有加热指示灯以及开关照明灯。

③ 驾驶人、乘客室前座椅加热器内包括座垫和靠背加热器。

④ 低温加热为串联电路，即座垫和靠背加热器串联，高温加热为并联电路，即座垫和靠背加热器并联。

通过上述电路分析，绘制成图 5-53 所示电路原理图，对电路结构及工作原理反映得更加清楚明了。

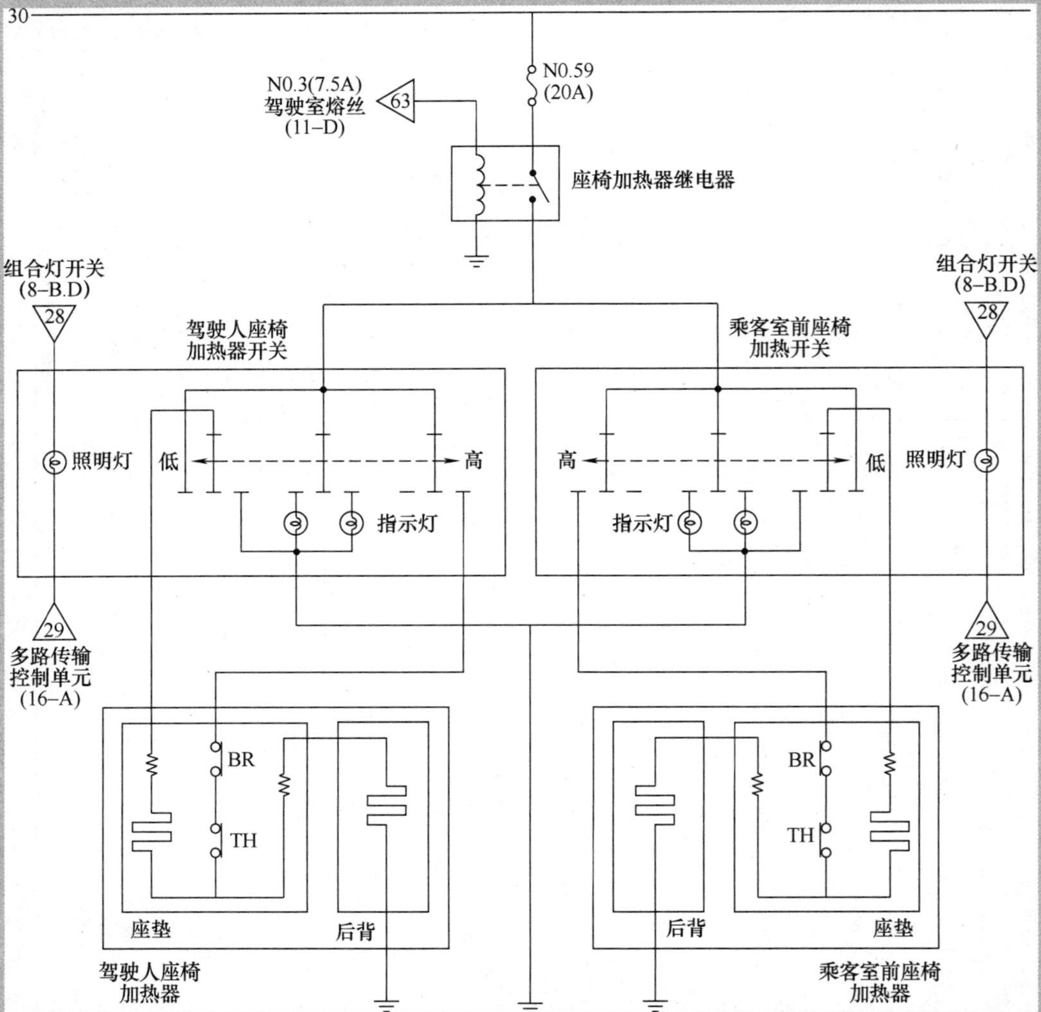

图 5-53　改绘后的雅阁轿车座椅加热控制电路

案例分析

故障现象1：参照图5-50所示电路分析驾驶人座椅全部不能调整的故障原因。

故障分析：根据故障描述驾驶人座椅全部不能调整的原因，可能是开关总成无法提供工作电源，而各个调整开关同时损坏的可能性很小。

电源正极可能是S44熔丝断路、S44熔丝至T10c/8之间导线断路、T10c/8至开关总成T8ad/1之间导线断路。

电源负极可能是搭铁点至T10c/9之间导线断路、T10c/9至开关总成T8ad/2之间导线断路。

故障排除：根据上述分析对各个故障原因逐一检查落实并排除。

故障现象2：参照图5-50所示电路分析驾驶人座椅腰部高度不能调节的故障原因。

故障分析：腰部高度不能调节的故障原因主要有：

① V129电动机本身损坏。

② V129/1号端子至开关总成T8ad/4端子之间导线断路。

③ V129/2号端子至开关总成T8ad/3端子之间导线断路。

④ 开关总成内部E335座椅腰部支撑装置高度调节按钮供电断路。

故障排除：根据上述分析对各个故障原因逐一检查落实并排除。

◎◎◎　第四节　电动天窗电路图的识读　◎◎◎

学习目标：

1. 了解电动天窗的基本组成与特点。
2. 熟悉电动天窗系统控制开关的结构与原理。
3. 掌握电动天窗的基本控制电路。
4. 能对电动天窗系统故障进行诊断与维修。

一、电动天窗基本构成

汽车电动天窗主要由滑动机构、驱动机构、开关、控制系统（主要包括ECU、限位传感器）、电动机、传动机构、滑动螺杆、导向销、导向块、连杆、托架、（前、后）枕座等组成。

电动天窗结构如图5-54所示。

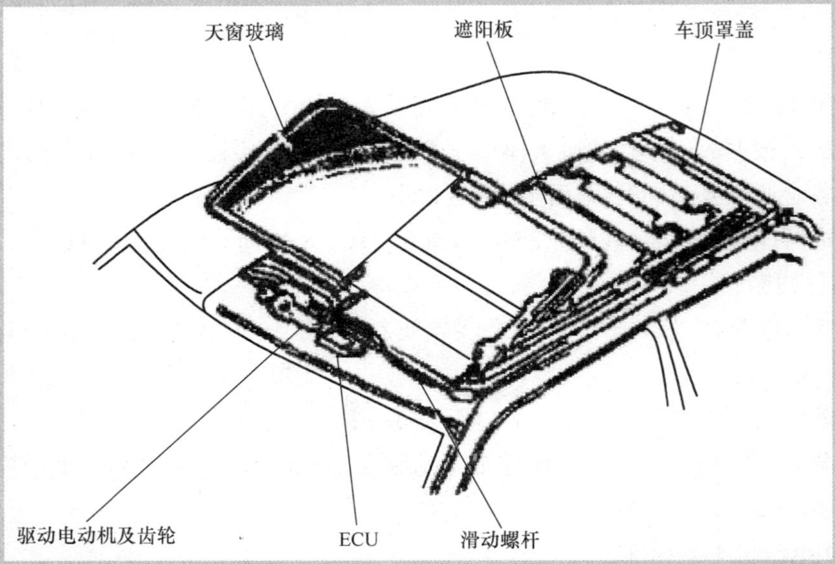

图 5-54　电动天窗（车顶）基本结构

二、电动天窗控制电路

1. 电动天窗基本控制电路

原理

电动天窗基本电路由天窗控制开关、限位开关、控制器、继电器和天窗驱动电动机等组成。系统控制原理与电动车窗基本相同，利用开启和关闭两个继电器，改变电动机电流方向，驱动电动机实现正、反转，使天窗实现不同状态下的工作。

电动天窗开关由控制开关和限位开关组成。

控制开关主要包括滑动开关和斜升开关。滑动开关有滑动打开、滑动关闭等；倾斜开关有倾斜上升、倾斜下降等。通过操作这些开关，使天窗驱动机构的电动机实现正反转，在不同状态下正常工作。

常见天窗控制开关如图 5-55 所示。

限位开关主要是用来检测天窗所处的位置。限位开关靠凸轮转动实现断开和闭合。凸轮安装在驱动机构的动力输出端。当电动机将动力输出时，通过驱动齿轮和滑动螺杆减速以后带动凸轮转动，于是凸轮周边的凸起部位触动开关使其开闭，以实现对天窗的自动控制。

限位开关和滑动机构如图 5-56 所示。

控制器根据天窗开启功能的不同分为电子式控制器和继电器式控制器，其主要任务是对天窗驱动电动机进行换向控制，以实现天窗的开启与关闭。

图 5-57 所示为索纳塔轿车电动天窗的电路。

图 5-55　常见轿车天窗控制开关

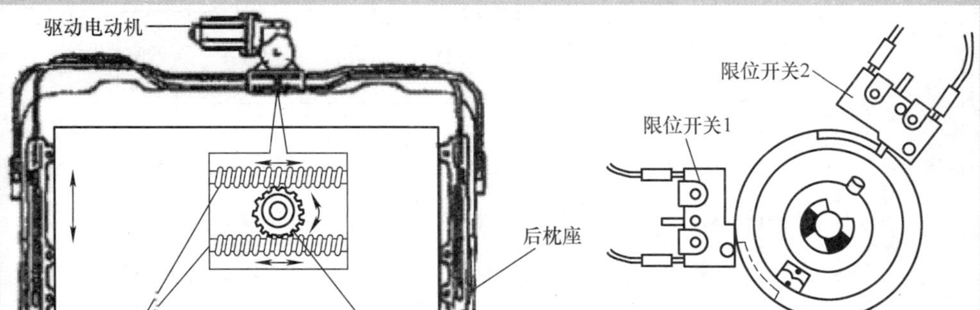

图 5-56　滑动机构和限位开关

a）滑动机构　b）限位开关

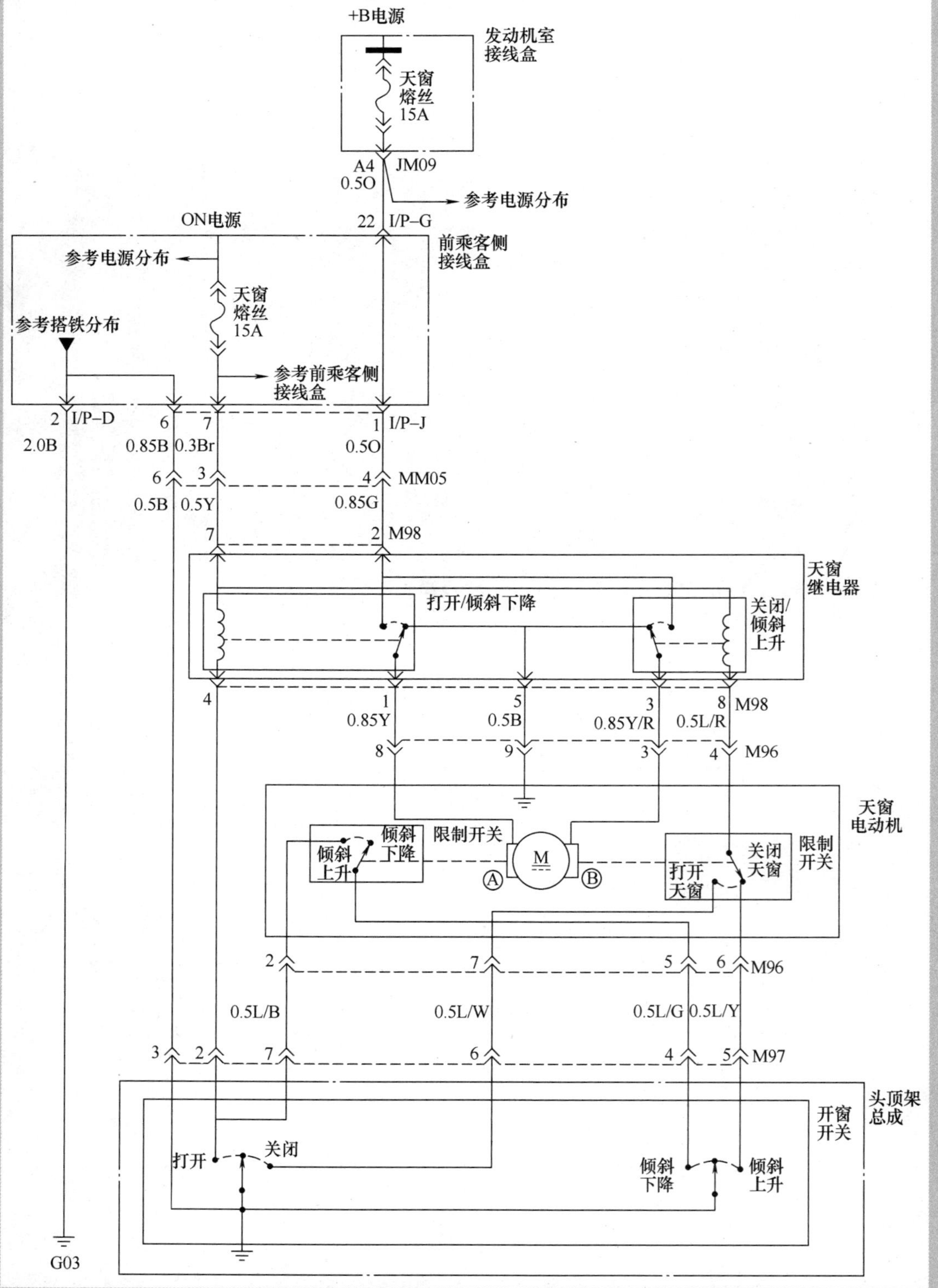

图 5-57　索纳塔轿车电动天窗电路图

开启天窗——按下天窗开关打开键，天窗继电器控制电路为：点火供电→熔丝（15A）→天窗继电器 M98/7 号端子→打开继电器线圈→天窗继电器 M98/4 号端子→天窗开关 M97/2 号端子→搭铁→蓄电池负极，打开继电器线圈磁化吸合触点。天窗电动机电路为：蓄电池电源→熔丝（15A）→天窗继电器 M98/2 号端子→1 号端子→天窗电动机 M96/8 号端子→天窗电动机 A 端子→B 端子→天窗电动机 M96/3 号端子→天窗继电器 M98/3 号端子→关闭继电器常闭触点→天窗继电器 M98/5 号端子→搭铁→蓄电池负极。此时，天窗电动机 A 端子正、B 端子负，电动机工作，开启天窗。

关闭天窗——按下天窗开关关闭键，天窗继电器控制电路为：点火供电→熔丝（15A）→天窗继电器 M98/7 号端子→关闭继电器线圈→天窗继电器 M98/8 号端子→天窗电动机 M96/4 号端子→限位开关打开天窗触点→天窗电动机 M96/7 号端子→天窗开关 M97/6 号端子→搭铁→蓄电池负极，关闭继电器线圈磁化吸合触点。天窗电动机电路为：蓄电池电源→熔丝（15A）→天窗继电器 M98/2 号端子→3 号端子→天窗电动机 M98/3 号端子→天窗电动机 B 端子→A 端子→天窗电动机 M96/8 号端子→天窗继电器 M98/1 号端子→打开继电器常闭触点→天窗继电器 M98/5 号端子→搭铁→蓄电池负极。此时，天窗电动机 B 端子正、A 端子负，电动机工作，关闭天窗。

倾斜上升——按下天窗开关倾斜上升键，天窗继电器控制电路为：点火供电→熔丝（15A）→天窗继电器 M98/7 号端子→关闭继电器线圈→天窗继电器 M98/8 号端子→天窗电动机 M96/4 号端子→限位开关关闭天窗触点→天窗电动机 M96/6 号端子→天窗开关 M97/5 号端子→搭铁→蓄电池负极，关闭继电器线圈磁化吸合触点。天窗电动机电路为：蓄电池电源→熔丝（15A）→天窗继电器 M98/2 号端子→3 号端子→天窗电动机 M96/3 号端子→天窗电动机 B 端子→A 端子→天窗电动机 M96/8 号端子→天窗继电器 M98/1 号端子→打开继电器常闭触点→天窗继电器 M98/5 号端子→搭铁→蓄电池负极。此时，天窗电动机 B 端子正、A 端子负，电动机工作，天窗倾斜上升。

倾斜下降——按下天窗开关倾斜下降键，天窗继电器控制电路为：点火供电→熔丝（15A）→天窗继电器 M96/7 号端子→打开继电器线圈→天窗继电器 M98/4 号端子→天窗开关 M97/2 号端子→天窗开关 M97/7 号端子→天窗电动机 M98/2 号端子→限位开关倾斜上升触点→天窗电动机 M96/5 号端子→天窗开关 M97/4 号端子→搭铁→蓄电池负极，打开继电器线圈磁化吸合触点。天窗电动机电路为：蓄电池电源→熔丝（15A）→天窗继电器 M96/2 号端子→1 号端子→天窗电动机 M96/8 号端子→天窗电动机 A 端子→B 端子→天窗电动机 M96/3 号端子→天窗继电器 M98/3 号端子→关闭继电器常闭触点→天窗继电器 M98/5 号端子→搭铁→蓄电池负极。此时，天窗电动机 A 端子正、B 端子负，电动机工作，天窗倾斜下降。

2. 具有控制器的天窗控制电路

图 5-58 所示为滑移式天窗系统电路，主要由滑移天窗控制继电器（电子继电器或电子控制器）、电动机、限位开关和车顶开关等组成。

该系统电源采用了继电器供电的方式，接通点火开关后，电动天窗主继电器工作，通过继电器触点将点火供电送给滑移天窗控制继电器的 6 号端子，滑移天窗控制继电器的 11 号端子直接搭铁，为系统工作提供了工作电源。滑移天窗控制继电器的 12 号端子则作为系统储存、记忆的永久电源。

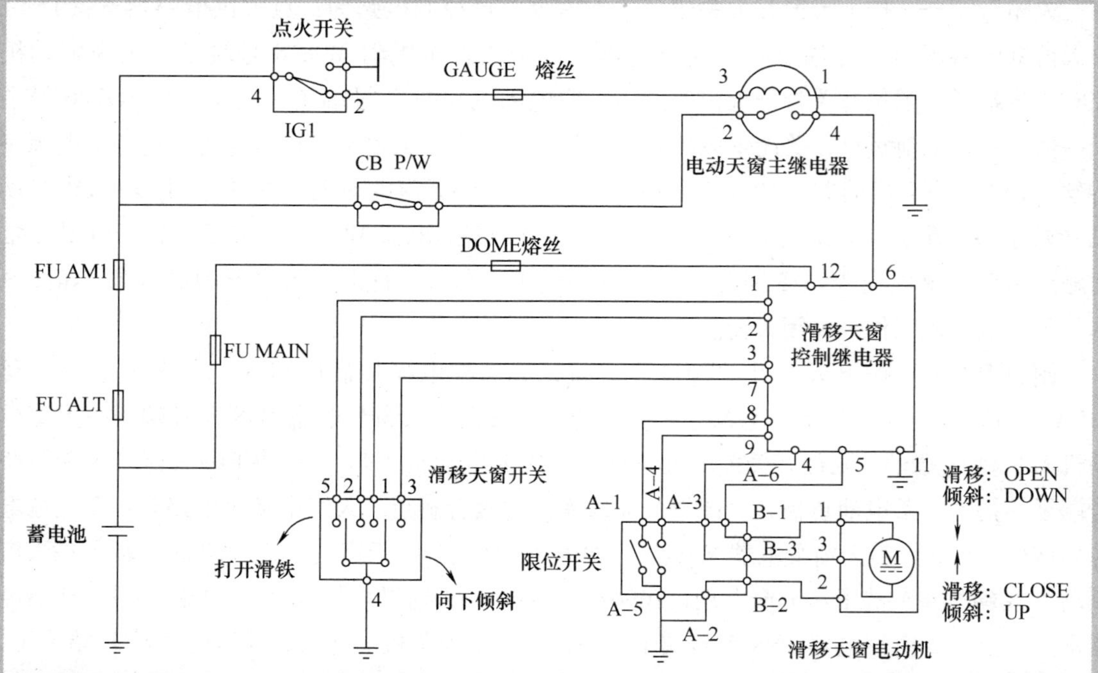

图 5-58　滑移式天窗系统电路

（1）当按下控制开关的“OPEN”位置时　搭铁→天窗开关 4 号端子→天窗开关 5 号端子→天窗控制继电器的 1 号端子得到搭铁信号，天窗控制继电器内部继电器工作。点火供电→天窗控制继电器 6 号端子→5 号端子→天窗电动机 1 号端子→电动机 3 号端子→天窗控制继电器的 4 号端子→11 号端子→车身搭铁→蓄电池负极，电动机 1 号端子为正，3 号端子为负，电动机开始运转，打开天窗。

（2）当按下控制开关的“CLOSE”位置时　搭铁→天窗开关 4 号端子→天窗开关 2 号端子→天窗控制继电器的 2 号端子得到搭铁信号，天窗控制继电器内部继电器工作。点火供电→天窗控制继电器 6 号端子→4 号端子→天窗电动机 3 号端子→电动机 1 号端子→天窗控制继电器的 5 号端子→11 号端子→车身搭铁→蓄电池负极，电动机 3 号端子为正，1 号端子为负，电动机开始运转，关闭车顶窗。

（3）当滑移式天窗到达 200mm 左右（不到全关位置）时　限位开关由开转为关，使天窗控制继电器的 8 号端子与搭铁断路，滑移式天窗停在这个位置。

（4）当控制开关拨到“UP”位置时　搭铁→天窗开关 4 号端子→天窗开关 1 号端子→天窗控制继电器的 3 号端子得到搭铁信号，天窗控制继电器内部继电器工作。点火供电→天窗控制继电器 6 号端子→4 号端子→天窗电动机 3 号端子→电动机 1 号端子→天窗控制继电器的 5 号端子→11 号端子→车身搭铁→蓄电池负极，电动机 3 号端子为正，1 号端子为负，电动机开始运转，使滑移式天窗上倾。

（5）当控制开关拨到“DOWN”位置时　搭铁→天窗开关 4 号端子→天窗开关 3 号端子→天窗控制继电器的 7 号端子得到搭铁信号，天窗控制继电器内部继电器工作。点火供电→天窗控制继电器 6 号端子→5 号端子→天窗电动机 1 号端子→电动机 3 号端子→天窗控制继电器的 4 号端子→11 号端子→车身搭铁→蓄电池负极，电动机 1 号端子为正，3 号端子为负，电动机开始运转，使滑移式天窗向下倾。

当滑移式天窗仍处于某一向上倾斜位置（两个限位开关关）时，如将点火开关转到 ACC 或 OFF 位置，就会出现蜂鸣声提醒驾驶人，滑动天窗仍在向上倾斜位置。

三、电动天窗电路图的绘制

图 5-59 所示为本田奥德赛轿车电动天窗的电路，主要由天窗开关、天窗（开启、关闭）继电器和天窗电动机等组成。

系统电源与电动天窗电源共同由电动天窗继电器提供，图 5-60 所示为改绘后的电动天窗电路原理图。

案例分析

故障现象 1：参照图 5-57 所示电路，分析电动天窗全部失效的故障原因。

故障分析：天窗全部失效的故障原因主要有：

① 天窗熔丝 15A 断路。

② 天窗熔丝 15A 至天窗继电器 M98/2 端子之间导线断路。

③ 天窗电动机损坏。

故障排除：根据上诉分析，本着先外后内的检修原则，对故障原因逐项进行检查。

故障现象 2：参照图 5-60 所示电路，分析天窗不能关闭的故障原因。

故障分析：天窗不能关闭的故障应该排除天窗电动机，重点考虑以下几点。

① 天窗开关的关闭触点断路。

② 天窗开关 4 号端子至天窗关闭继电器 3 号端子线路断路。

③ 天窗关闭继电器 6 号端子点火供电断路。

④ 天窗关闭继电器常开触点 2 号和 1 号端子断路。

⑤ 天窗开启继电器 4 号和 2 号常闭触点断路。

故障排除：根据上述分析，本着先外后内的检修原则，对故障原因逐项进行检查。

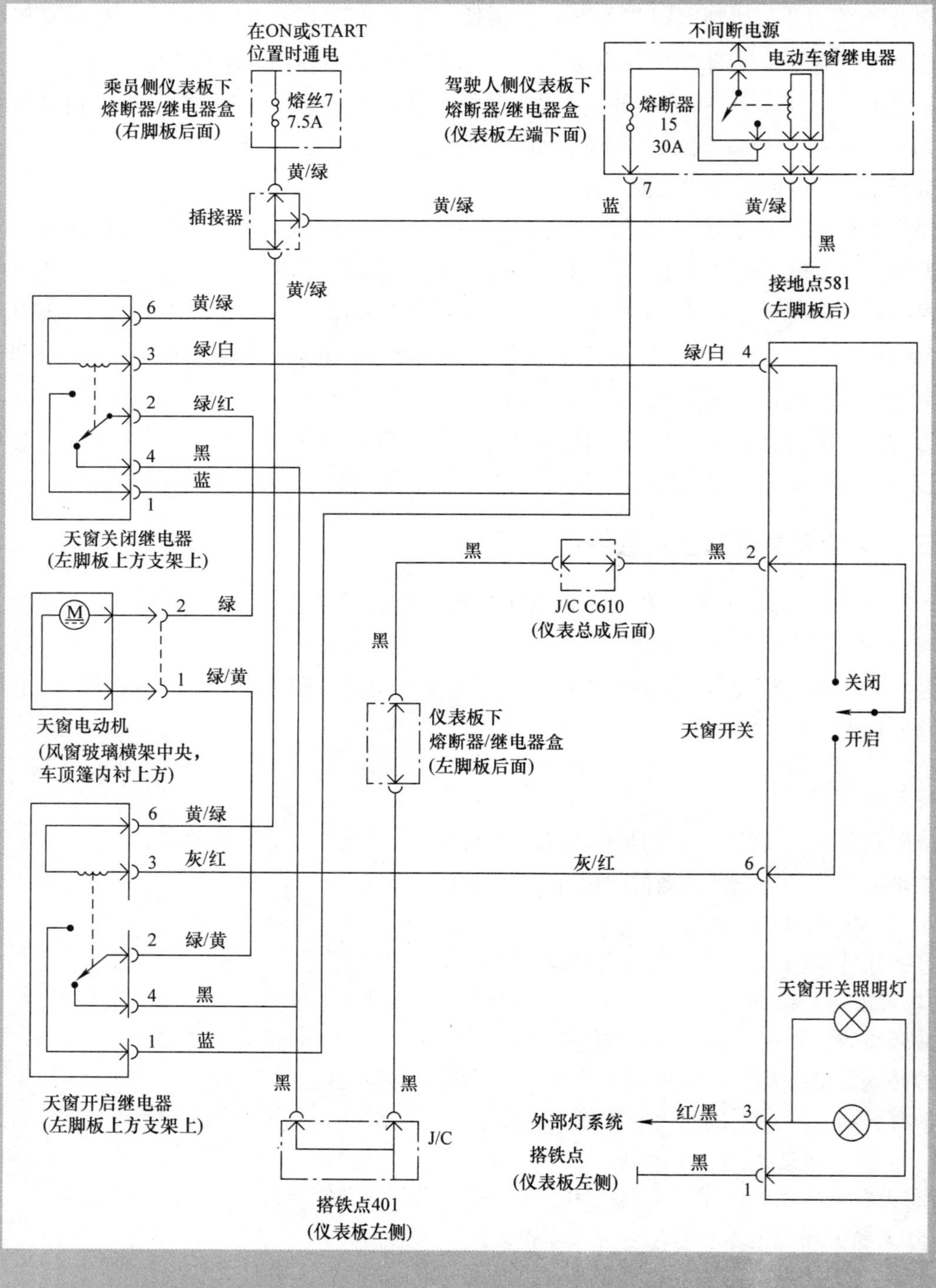

图 5-59 奥德赛轿车电动天窗电路

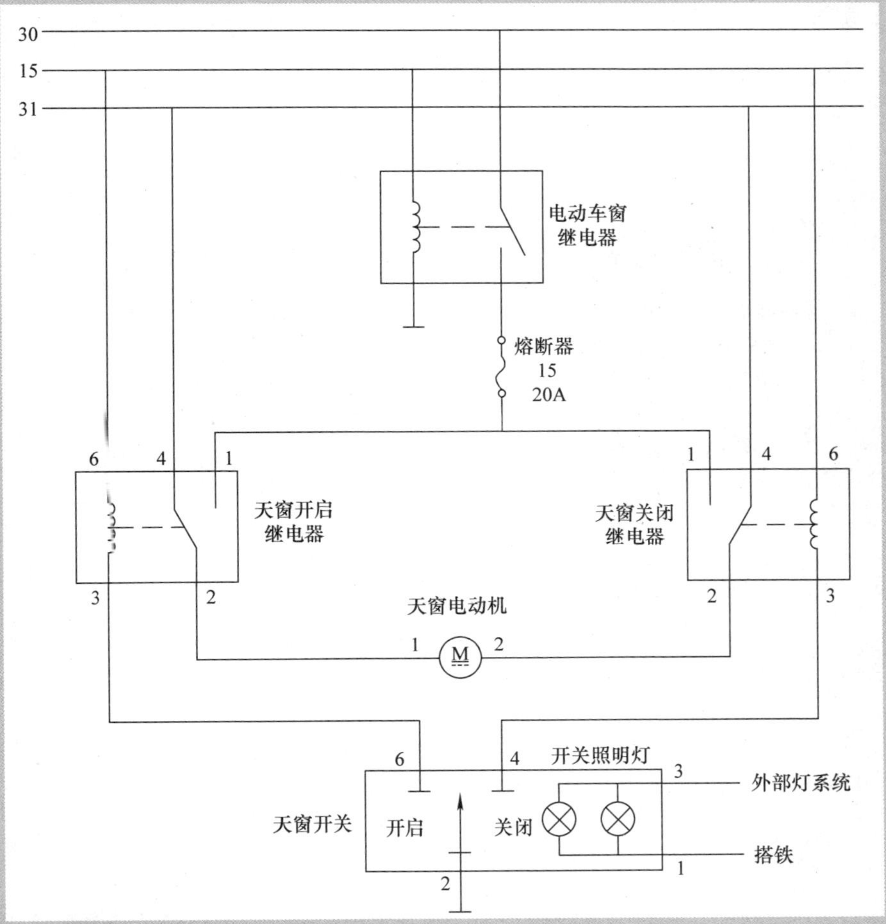

图 5-60　改绘后的奥德塞轿车电动天窗电路原理图

第五节　电动后视镜电路图的识读

学习目标：

1. 了解电动后视镜的基本组成与特点。
2. 熟悉电动后视镜控制开关的结构与原理。
3. 掌握电动后视镜的基本控制电路。
4. 能对电动后视镜故障进行诊断与维修。

一、电动后视镜电路的基本组成

电动后视镜电路主要由后视镜开关和后视镜调整电动机等组成。

后视镜开关包括：选择开关，主要负责切换左侧或右侧后视镜电路；调整开关，可以调整左右侧后视镜电动机的四个方向；折回开关，可将后视镜总成折回。常见轿车后视镜开关如图 5-61 所示。

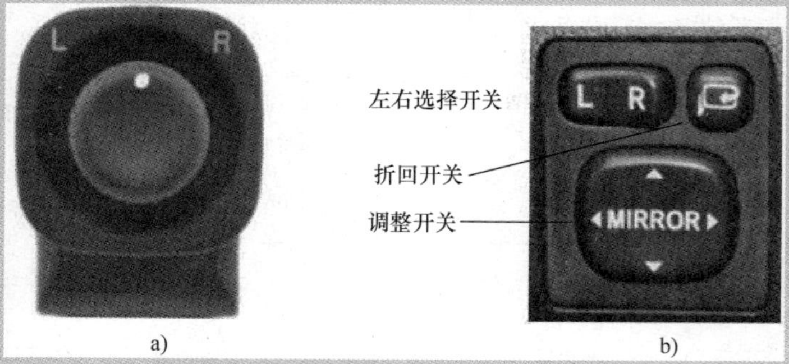

图 5-61　常见轿车后视镜开关

a）仅选择和调整开关　b）包括选择、调整和折回开关

电动机分为左侧后视镜电动机和右侧后视镜电动机，每一侧后视镜又分为上下调整和左右调整两个电动机，若有折回功能还有一个折回电动机，如图 5-62 所示。

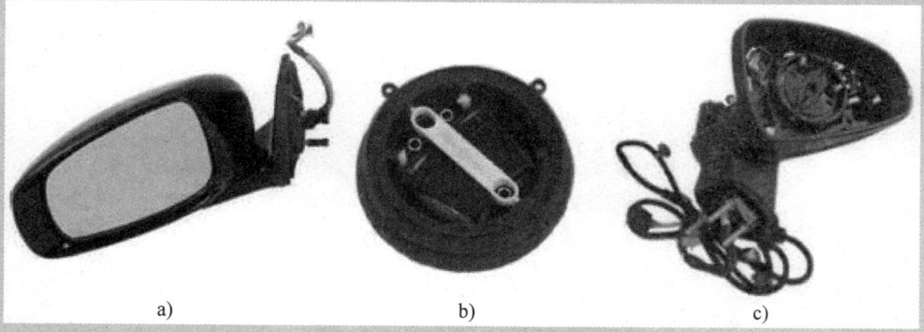

图 5-62　后视镜及后视镜电动机

a）后视镜总成　b）后视镜电动机　c）后视镜内部结构

二、电动后视镜电路

1. 不带记忆功能的后视镜电路

图 5-63 所示为别克轿车电动后视镜电路，电路中仅有后视镜开关和后视镜电动机，不

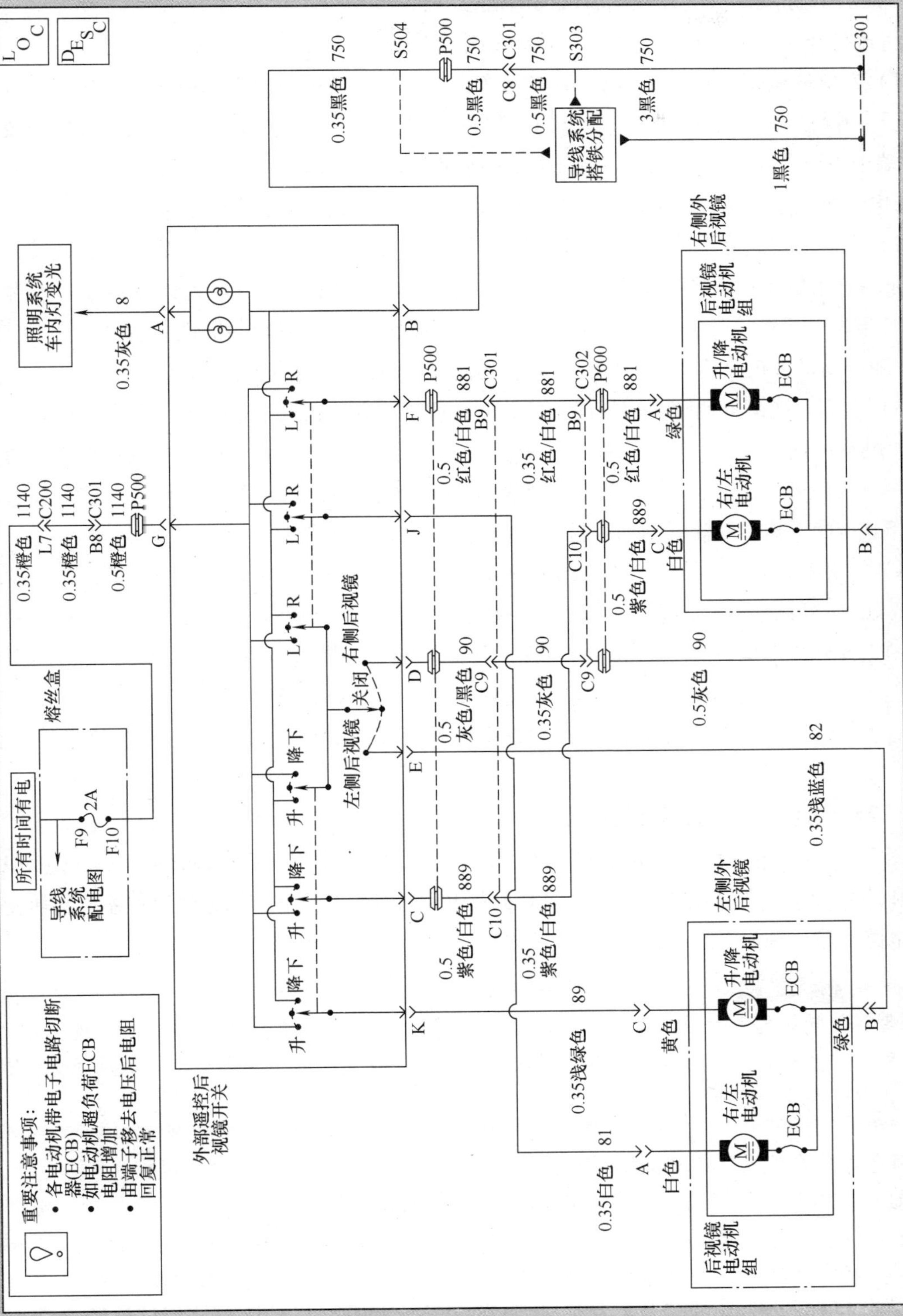

图 5-63　别克轿车电动后视镜电路

带记忆和伸缩功能。

电路工作原理如下（以左侧后视镜调整为例）：

将选择开光拨至左侧后视镜，即可对左侧后视镜进行各种方向的调整。

1）左侧后视镜上升调整。按下调整开关上升按键，蓄电池正极→熔断器→后视镜开关G端子→升触点→后视镜开关K端子→左侧后视镜C端子→左侧后视镜B端子→后视镜开关E端子→选择开关左侧触点→上升触点→后视镜开关B端子→搭铁→蓄电池负极。左侧升/降电动机上正下负，电动机正转对后视镜进行调整，欲停止松开按键即可。

2）左侧后视镜降下调整。按下调整开关降下按键，蓄电池正极→熔断器→后视镜开关G端子→降下触点→选择开关左侧触点→后视镜开关E端子→左侧后视镜B端子→左侧后视镜C端子→后视镜开关K端子→降下触点→后视镜开关B端子→搭铁→蓄电池负极。左侧升/降电动机下正上负，电动机反转对后视镜进行调整，欲停止松开按键即可。

3）左侧后视镜L调整。按下调整开关L按键，蓄电池正极→熔断器→后视镜开关G端子→L触点→选择开关左侧触点→后视镜开关E端子→左侧后视镜B端子→左侧后视镜A端子→后视镜开关J端子→L触点→后视镜开关B端子→搭铁→蓄电池负极。左侧左/右电动机下正上负，电动机正转对后视镜进行调整，欲停止松开按键即可。

4）左侧后视镜R调整。按下调整开关R按键，蓄电池正极→熔断器→后视镜开关G端子→R触点→后视镜开关J端子→左侧后视镜A端子→左侧后视镜B端子→后视镜开关E端子→选择开关左侧触点→R触点→后视镜开关B端子→搭铁→蓄电池负极。左侧左/右电动机上正下负，电动机反转对后视镜进行调整，欲停止松开按键即可。

右侧后视镜的调整只是将选择开关拨至右侧，其他方向的调整可参考左侧后视镜的调整。

2. 带记忆功能的电动后视镜电路

图5-64所示为带有记忆功能的电动后视镜电路，电路中包括后视镜开关、后视镜ECU、倾斜和伸缩ECU、驱动位置存储和恢复开关及电动机等。其具有存储记忆和伸缩控制功能。

电路工作原理如下：

提示

带存储功能的电动后视镜电路中，后视镜ECU的电源需具备蓄电池电源正极、点火开关供电以及搭铁，通过操作后视镜开关即可对后视镜进行调整。下面以右侧后视镜调整为例，说明其工作过程。

将选择开关拨至右（R）侧，即可对右侧后视镜进行各种方向的调整。

① 向左调整——将调整开关向左（L）按下，后视镜开关端子1与端子3接通，端子7与端子8接通。后视镜ECU的端子19与端子20导通，此时，后视镜ECU得到端子19与端子20等电位的信号后，即控制端子3为正、端子1为负，输出系统电源电压至右侧后视镜，控制左右位置电动机M的端子1为12V，M的端子3为0V，电动机M逆时针旋转，带动右侧后视镜向左转动。

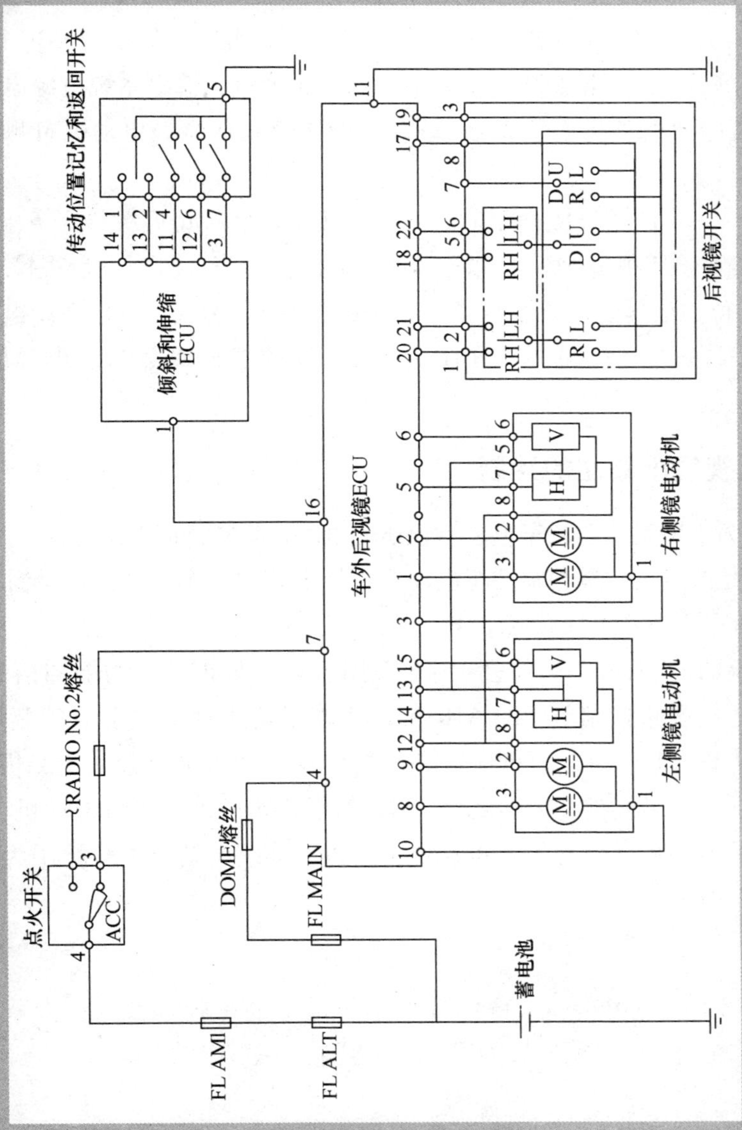

图5-64 带记忆功能的电动后视镜电路

② 向右调整——将调整开关向右（R）按下，后视镜开关端子1与端子8接通，端子3与端子7接通。后视镜ECU的端子17与端子20导通，此时，后视镜ECU得到端子17与端子20等电位的信号后，即控制端子1为正、端子3为负，输出系统电源电压至右侧后视镜，控制左右位置电动机M的端子3为12V，M的端子1为0V，电动机M顺时针旋转，带动右侧后视镜向右转动。

③ 向上调整——将调整开关向上（UP）按下，后视镜开关端子3与端子5接通，端子7与端子8接通。后视镜ECU的端子18与端子19导通，此时，后视镜ECU得到端子18与端子19等电位的信号后，即控制端子2为正、端子3为负，输出系统电源电压至右侧后视镜，控制上下位置电动机M的端子2为12V，M的端子1为0V，电动机M顺时针旋转，带动右侧后视镜向上转动。

④ 向下调整——将调整开关向下（DOWN）按下，后视镜开关端子5与端子8接通，端子3与端子7接通。后视镜ECU的端子17与端子18导通，此时，后视镜ECU得到端子17与端子18等电位的信号后，即控制端子3为正、端子2为负，输出系统电源电压至右侧后视镜，控制上下位置电动机M的端子1为12V，M的端子2为0V，电动机M逆时针旋转，带动右侧后视镜向下转动。

三、电动后视镜电路图的绘制

图5-65所示为本田奥德赛轿车电动后视镜的电路，具有折回功能。

图5-66所示是改绘后的奥德赛轿车电动后视镜电路原理图，从图面上看没有太大的变化，但通过整理可以更清楚地反映其工作原理。

例如，后视镜的伸缩控制是通过伸缩开关闭合后，将正极性的缩回信号送给车门多路控制单元，由车门多路控制单元的A10和A12端子输出伸缩电动机的驱动电流，伸缩电动机2号端子为正，1号端子为负，这是通过伸缩电动机限位开关上二极管来决定的。相反，当将伸缩开关断开时的信号送给车门多路控制单元后，伸缩电动机电流方向将会改变，因为，伸缩电动机限位开关触点换位，所以，伸缩电动机1号端子为正，2号端子为负，电动机方向改变。

案例分析

故障现象1：参照图5-66所示电路，分析后视镜功能全无的故障原因。

故障分析：后视镜功能全无的故障现象，一般应考虑系统供电问题，常见原因有：

① 点火供电熔断器断路。

② 熔断器至电动后视镜开关1号端子之间线路断路。

③ 电动后视镜2号端子搭铁断路。

故障排除：根据上述分析，对故障原因逐项检查。

故障现象2：参照图5-66所示电路，分析左侧后视镜不能调整的故障原因。

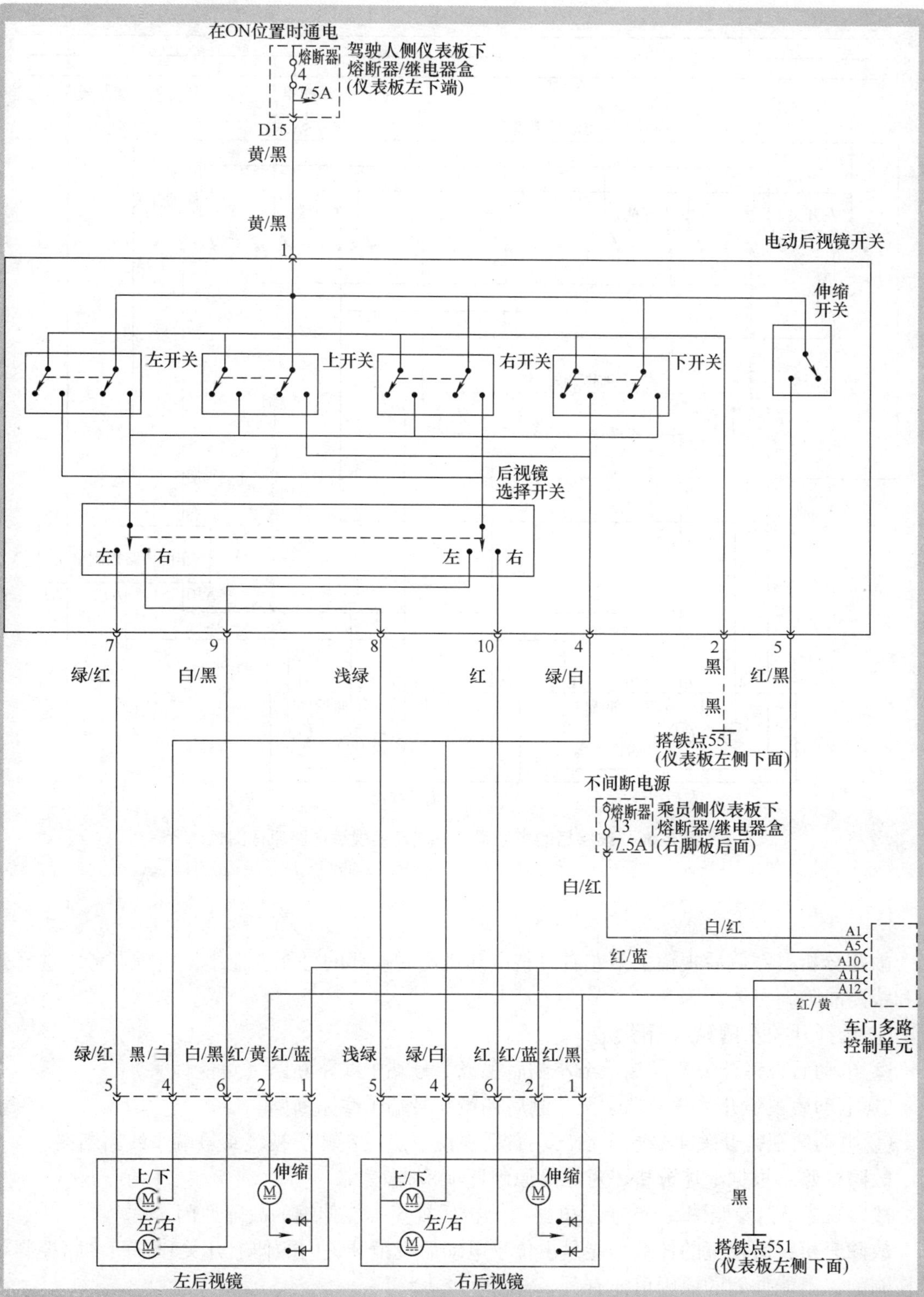

图 5-65 本田奥德赛轿车电动后视镜电路

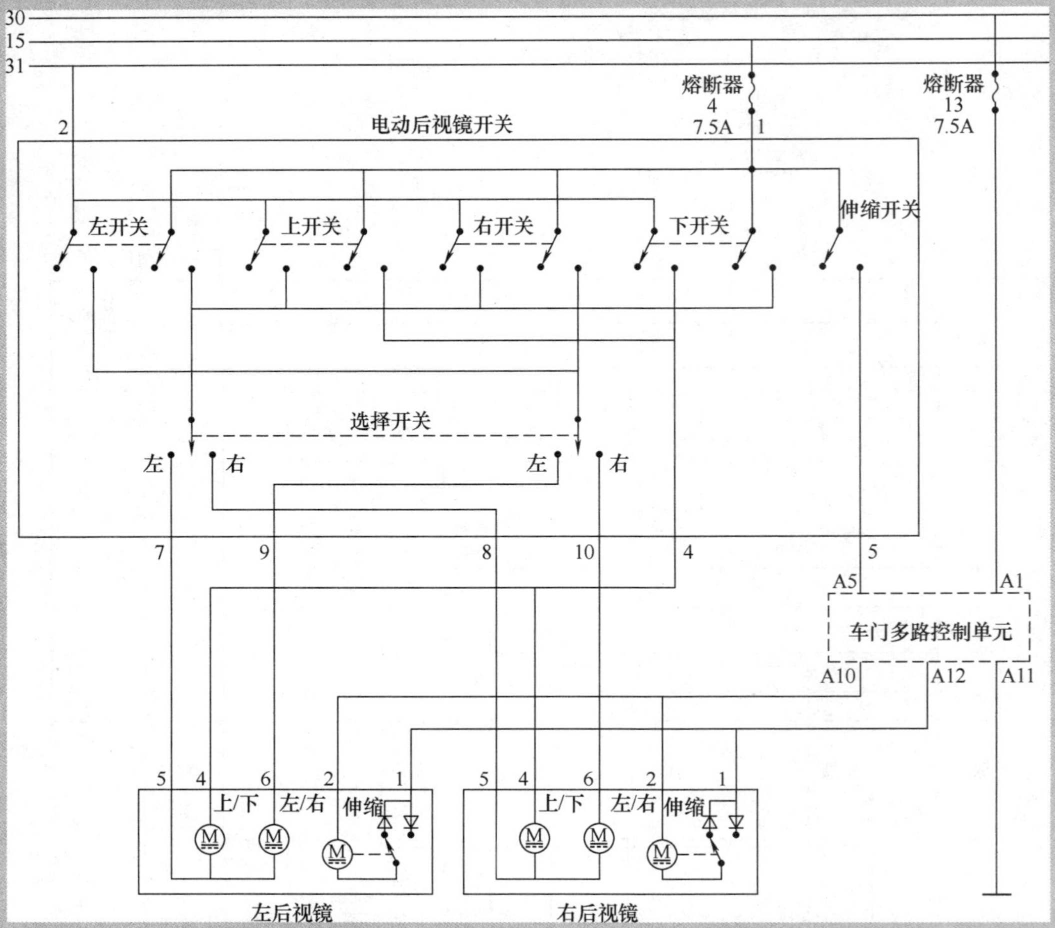

图 5-66　改绘后的奥德赛轿车电动后视镜电路原理图

故障分析：左侧后视镜上下左右调整电动机同时损坏的可能性很小，应重点考虑选择开关和线路故障，可能原因有：

① 选择开关左侧触点断路。

② 电动后视镜开关 7 号端子至左侧后视镜 5 号端子线路断路（可能性大）。

③ 电动后视镜开关 9 号端子至左侧后视镜 6 号端子线路断路。

④ 电动后视镜开关 4 号端子输出左右后视镜节点至左侧后视镜 4 号端子线路断路。

故障排除：根据上述分析，对故障原因逐项检查。

故障现象 3：参照图 5-66 所示电路，分析后视镜不能伸缩的故障原因。

故障分析：后视镜的伸缩功能是由位于电动后视镜开关内的伸缩开关和车门多路控制单元控制的，不能伸缩的原因可能有：

① 伸缩开关触点断路，不能将伸缩信号输出。

② 电动后视镜开关 5 号端子至车门多路控制单元 A5 线路断路。
③ 车门多路控制单元内部电动后视镜伸缩控制部分故障。
④ 车门多路控制单元 A10 端子至后视镜总成线路断路。
⑤ 车门多路控制单元 A12 端子至后视镜总成线路断路。
故障排除：根据上述分析，对故障原因逐项检查。

第六节　中控门锁电路图的识读

学习目标：

1. 了解中控门锁的基本组成与特点。
2. 熟悉中控门锁电动机的换向原理。
3. 掌握中控门锁的基本控制电路。
4. 能对中控门锁故障进行诊断与维修。

一、中控门锁电路的基本组成

中控门锁电路主要由门锁开关、门锁控制器和门锁执行器等组成。其中，门锁开关可以是门锁钥匙，也可以是车门内的门锁开关，或者是通过门锁提钮来完成门锁的启闭；门锁控制器可以是独立装置，也可以集成于防盗电控单元或车身控制单元内，其作用是完成对门锁电动机的换向和时间控制；执行器有独立的门锁电动机，也有集成在锁块内的，它是最终完成门锁启闭的动作元件。

常见中控门锁开关如图 5-67 所示。

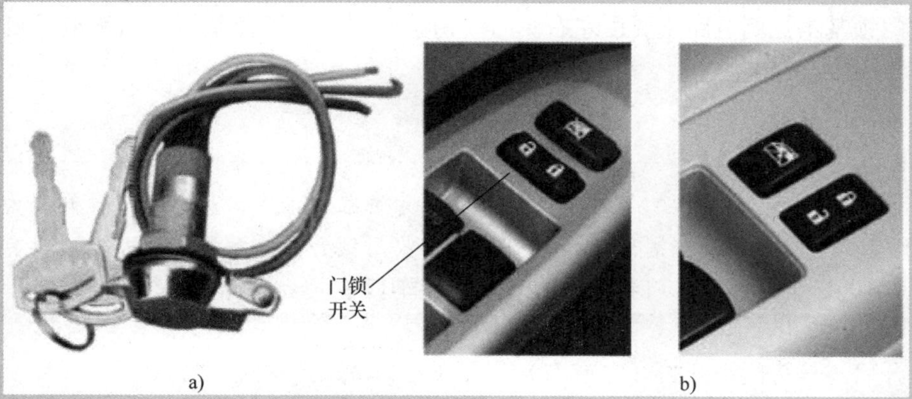

图 5-67　常见中控门锁开关
a）车门钥匙锁开关　b）驾驶室内门锁开关

常见门锁控制器如图 5-68 所示。

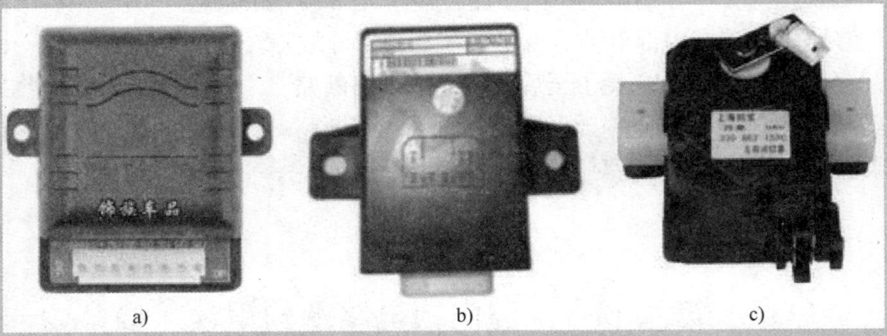

图 5-68　常见门锁控制器

a）外装门锁控制器　b）原车门锁控制器　c）闭锁器（门锁开关和控制器）

常见门锁执行器如图 5-69 所示。

图 5-69　常见门锁执行器

a）门锁执行器　b）门锁执行器内部

二、中控门锁电路

1. 中控门锁基本控制电路

中控门锁基本控制电路主要由左右侧门锁钥匙开关、门锁控制器和门锁电动机等组成，电路如图 5-70 所示。

电路工作原理如下：

提示

该门锁开关输出负极性的信号，故控制电路为负触发形式，且左右门锁开关为并联关系；门锁控制器内有电子控制部分，主要负责接收门锁开关的触发信号，输出具有时间控制功能的继电器驱动信号；门锁电动机可以是全车门锁电动机或包括行李箱锁电动机。

门锁开启——将门锁开关（左或右）置于 K1（K2）开位置。搭铁→K1（K2）/3→K1（K2）/1→门锁控制器 4 号端子→将门锁开启触发信号送给门锁控制器内，电子控制器将控制晶体管 T1 工作在开关状态，T1 的 C 和 E 导通，搭铁信号送给 J1/86，J1/85 因有电源 30，开锁继电器工作。门锁电动机电路为：电源 30→门锁控制器 1 号端子→J1/87→J1/30→门锁控制器 3 号端子→M/1→M/2→门锁控制器 6 号端子→J2/30→J2/87a→门锁控制器 2 号端子

→搭铁 31→蓄电池负极，此时，门锁电动机 M/1 为正、M/2 为负，打开门锁，动作时间取决于门锁控制器内电子控制部分。

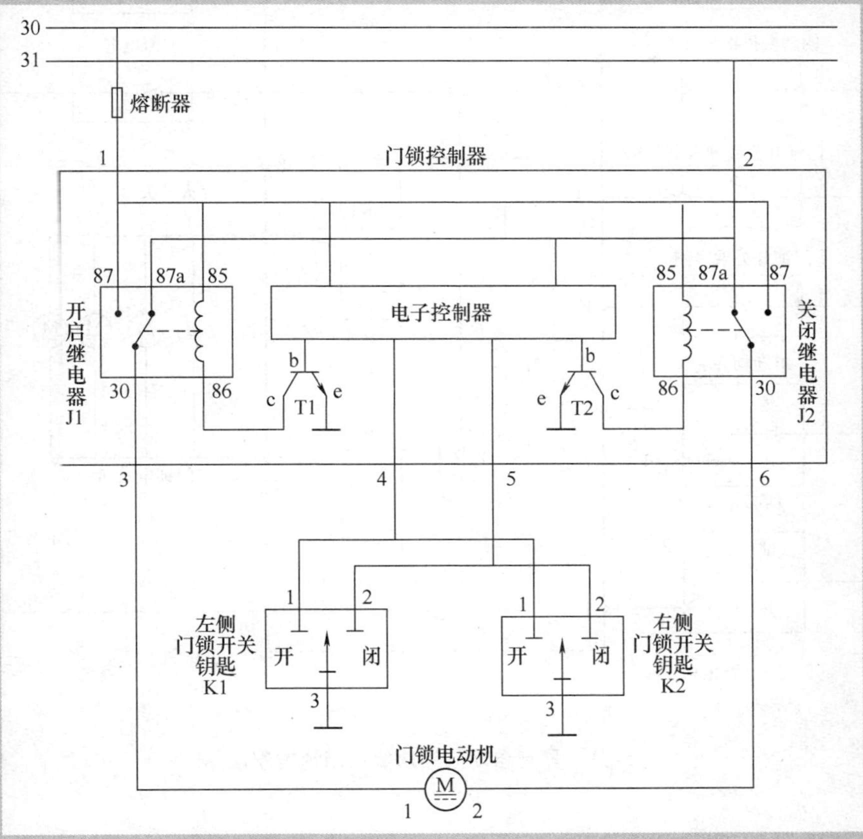

图 5-70　中控门锁基本控制电路原理图

门锁闭锁——将门锁开关（左或右）置于 K1（K2）闭锁位置。搭铁→K1（K2）/3→K1（K2）/2→门锁控制器 5 号端子→将门锁闭锁触发信号送给门锁控制器内，电子控制器将控制晶体管 T2 工作在开关状态，T2 的 C 和 E 导通，搭铁信号送给 J2/86，J2/85 因有电源 30，闭锁继电器工作。门锁电动机电路为：电源 30→门锁控制器 1 号端子→J2/87→J2/30→门锁控制器 6 号端子→M/2→M/1→门锁控制器 3 号端子→J1/30→J1/87a→门锁控制器 2 号端子→搭铁 31→蓄电池负极，此时，门锁电动机 M/2 为正、M/1 为负，锁闭门锁，动作时间取决于门锁控制器内电子控制部分。

2. 中控门锁自动控制

中控门锁自动控制是指除门锁开关外，还可以受控于车速，也就是当车速达到某一规定值时（如丰田皇冠轿车车速为 20km/h 时），自动门锁系统将自动锁死车门，即使按动开锁开关，门锁也打不开；当车速降低至某一规定值（如 10km/h 时），自动闭锁系统将自动解除控制，此时按下开锁开关，门锁便可打开。具有自动闭锁功能的控制电路如图 5-71 所示，主要由门锁电动机、门锁开关、自动门锁控制器及车速信号传感器等组成。

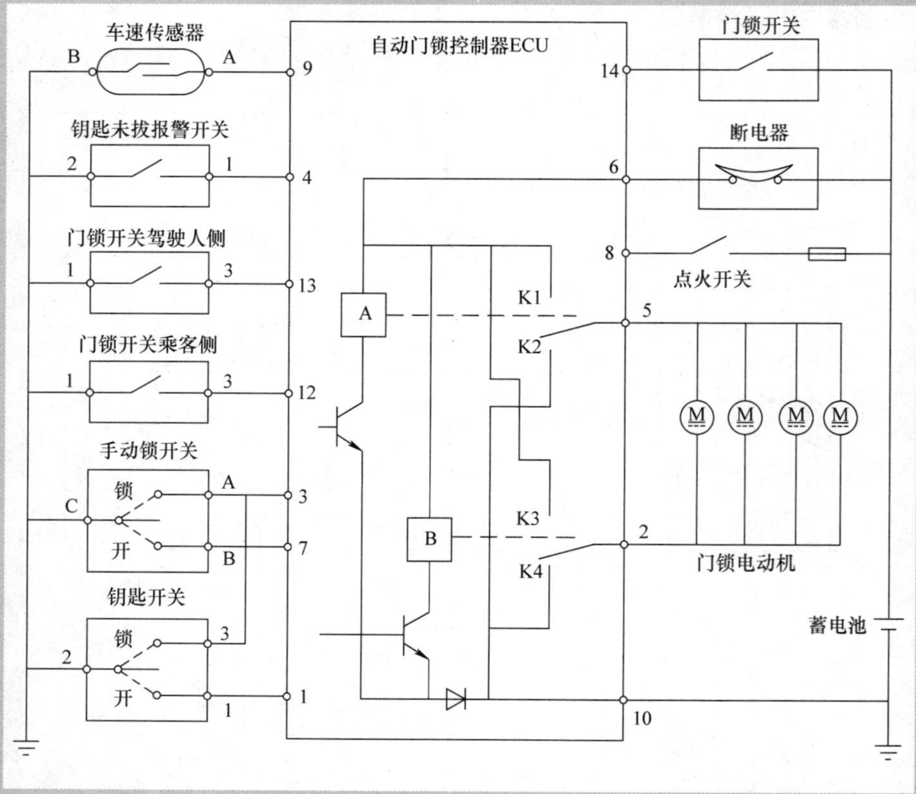

图 5-71 具有自动闭锁功能的门锁控制电路

电路工作原理如下：

① 开启门锁——当手动门锁开关或钥匙位于开锁位置时，门锁控制器 1 号或 7 号端子经手动或钥匙门锁开关搭铁，将门锁开启负触发信号送给门锁控制器，内部继电器工作，门锁执行电磁线圈电路为：蓄电池正极→断电保护器→门锁 ECU 端子 6→触点 K3→门锁 ECU 端子 2→门锁执行电磁线圈→门锁 ECU 端子 5→触点 K2→门锁 ECU 端子 10→搭铁→蓄电池负极，此时，门锁执行电磁线圈反向通电，活动铁心运动，车门开锁。

② 锁闭门锁——当手动门锁开关或钥匙位于锁闭位置时，门锁控制器 3 号端子经手动或钥匙门锁开关搭铁，将门锁锁闭负触发信号送给门锁控制器，内部继电器工作，门锁执行电磁线圈电路为：蓄电池正极→断电保护器→门锁 ECU 端子 6→触点 K1→门锁 ECU 端子 5→门锁执行电磁线圈→门锁 ECU 端子 2→触点 K4→门锁 ECU 端子 10→搭铁→蓄电池负极，此时，门锁执行电磁线圈正向通电，活动铁心运动，车门闭锁。

③ 自动闭锁——只有门锁处于开锁状态，门锁控制器的 9 号端子检测到速度传感器的车速信号升至规定值时，门锁 ECU 通过对内部继电器的控制，使触点 K1、K4 闭合，门锁执行电磁线圈电路同闭锁相同。

④ 钥匙限定防止系统——该系统的作用是当点火开关钥匙未从点火开关上拔下，打开驾驶人侧车门，用手动或门锁钥匙锁闭车门时，钥匙未锁报警开关的信号通过端子 4 输入门

锁控制器，门锁 ECU 则强制使内部继电器工作在门锁开启状态，即触点 K2 和 K3 闭合，门锁执行电磁线圈电路同开锁相同。

3. 中控门锁遥控控制

图 5-72 所示为遥控门锁系统电路，主要由遥控门锁主开关、遥控发射器、遥控门锁 ECU、玻璃印刷天线（除雾电热丝）、防盗和门锁 ECU、门控灯开关、钥匙未锁警告开关、门锁电动机和位置开关等组成。

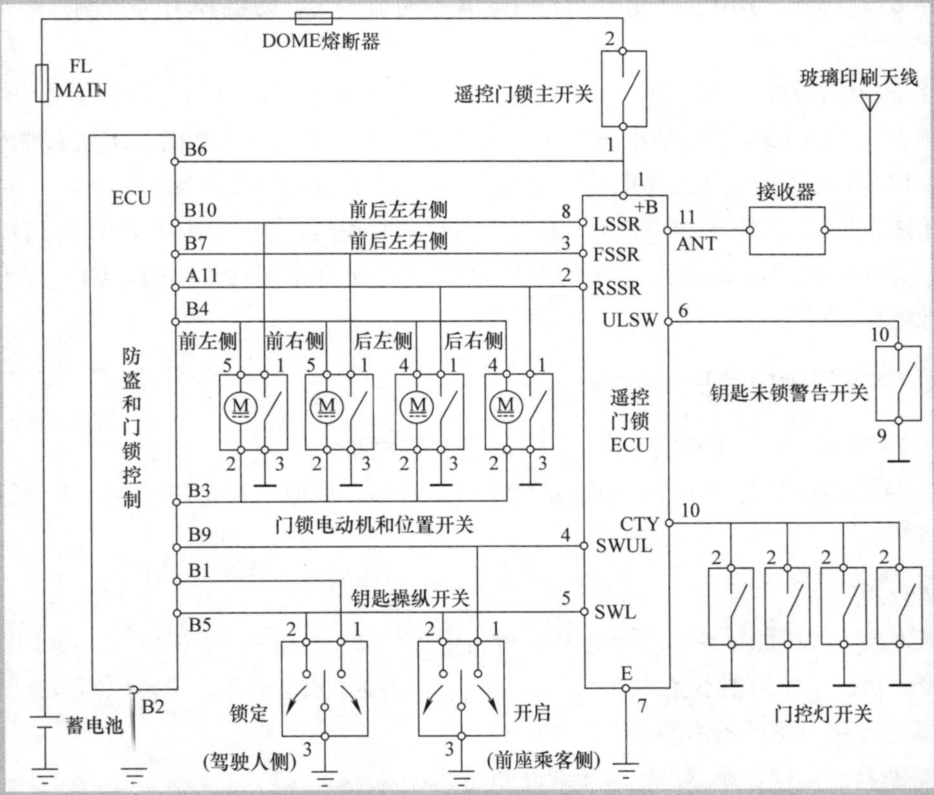

图 5-72 遥控门锁系统电路

电路工作原理如下：

① 遥控门锁 ECU 电源电路——当遥控门锁主开关接通时，蓄电池电压加到遥控门锁 ECU 的 +B 端子上，由遥控门锁 ECU 的 E 端子搭铁，遥控门锁 ECU 具备工作条件。

② 遥控天线电路——操作点火钥匙上的发射器时，电磁波由后窗玻璃上的印刷天线接收，通过匹配器，将其送至遥控门锁 ECU 的 ANT 端子，遥控门锁 ECU 即可控制车门锁的开启或闭锁。

③ 车门位置开关电路——车门位置开关设在门锁电动机总成内，当车门锁按钮处于锁闭位置时，开关断开，当车门锁按钮处于打开位置时，开关接通。遥控门锁 ECU 的 LSSR、FSSR、RSSR 端子分别为左前门、右前门和两后门的车门位置开关端子。当 4 个车门的任一车门锁按钮处于锁住位置时，相对应的 ECU 端子的电压为蓄电池电压 12V，相反，当按钮

处于打开位置时，端子的电压为搭铁电压0V。

④ 钥匙操纵开关电路——钥匙操纵开关设在车门锁芯内，当车门钥匙转至锁闭侧时，开关的锁闭端子（SWL）搭铁，当车门钥匙转至打开侧时，开关的打开端子（SWUL）搭铁。

⑤ 当遥控门锁ECU的ANT端子接收到点火钥匙发送器发出的遥控信号时，根据SWL端子和SWUL的电压信号，输出打开或锁住所有车门的信号，该信号通过两个ECU之间的通信线路B7－FSSR、B10－LSSR、A11－RSSR给防盗ECU，防盗ECU即控制门锁锁住或打开。

⑥ 钥匙未锁警告开关电路——当钥匙插入点火开关锁芯时，钥匙未锁警告开关接通，遥控门锁ECU的ULSW端子的电压为0V，ECU执行钥匙禁闭预防功能；钥匙未插入时，开关断开，ULSW端子的电压为蓄电池电压12V，钥匙禁闭预防功能解除。

⑦ 门控灯开关电路——门控灯开关在车门打开时接通，车门关闭时关断。当任一车门打开时，遥控门锁ECU的CTY端子的电压为0V；当所有车门均关闭时，CTY端子的电压为蓄电池电压12V。

三、中控门锁电路图的绘制

图5-73所示为三菱戈蓝轿车中央门锁系统控制电路。

图5-74为改绘后的中央门锁控制系统电路原理图，较原图对电路结构、工作原理反映得更加清楚。

案例分析

故障现象1：参照图5-70所示电路，分析中控门锁不能开锁和闭锁的故障原因。

故障分析：中控门锁不能开闭的故障应重点考虑电源供电问题，可能原因有：

① 蓄电池供电熔断器断路。

② 熔断器至门锁控制器1号端子线路断路。

③ 门锁控制器2号端子搭铁断路。

④ 左、右侧钥匙开关3号端子搭铁断路。

⑤ 左、右侧钥匙开关开启信号至门锁控制器4号端子线路断路。

⑥ 左、右侧钥匙开关关闭信号至门锁控制器5号端子线路断路。

故障排除：根据上述分析，对故障原因逐一检查，重点考虑供电问题。

故障现象2：参照图5-70所示电路，分析中控门锁只能开启不能锁闭的故障原因。

故障分析：该故障说明门锁控制器电源供电正常，不能锁闭的故障原因一般有：

① 左、右侧钥匙开关闭锁触点同时损坏。

② 左、右侧钥匙开关闭锁信号线至门锁控制器5号端子线路断路。

③ 门锁控制器内部开锁继电器J1/30与87a常闭触点断路。

④ 门锁控制器内部关闭继电器J2/30与87常开触点不能闭合。

故障排除：根据上述分析，对故障原因逐一检查。

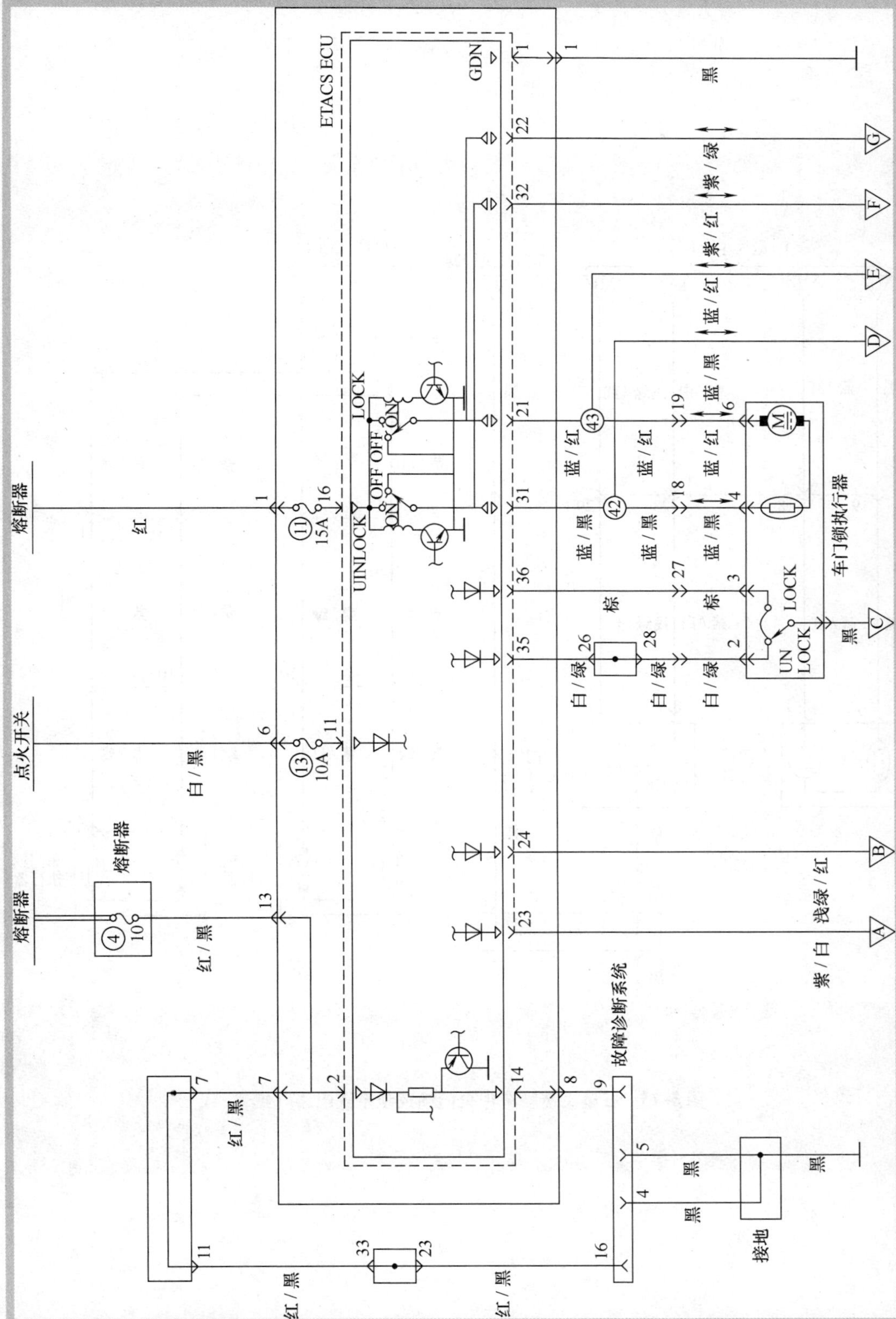

图 5-73 三菱戈蓝轿车中央门锁控制系统电路

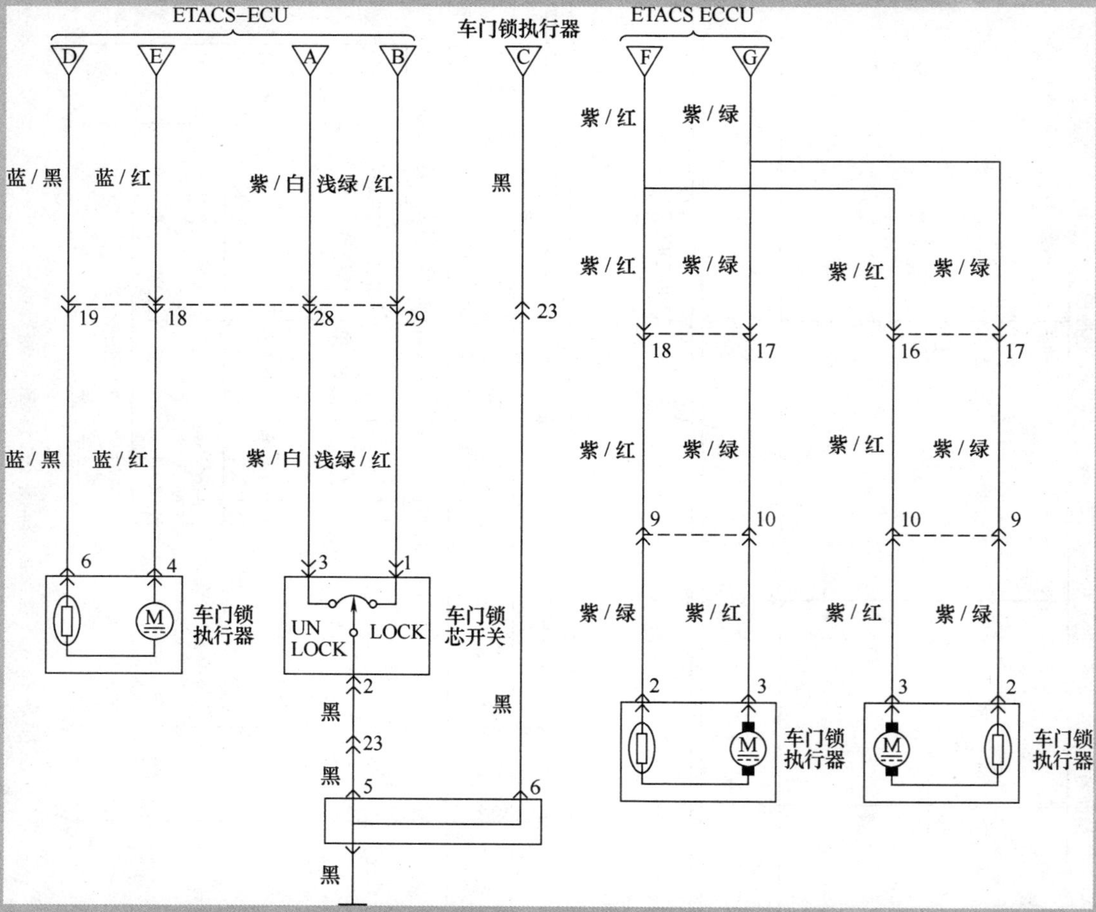

图 5-73　三菱戈蓝轿车中央门锁控制系统电路（续）

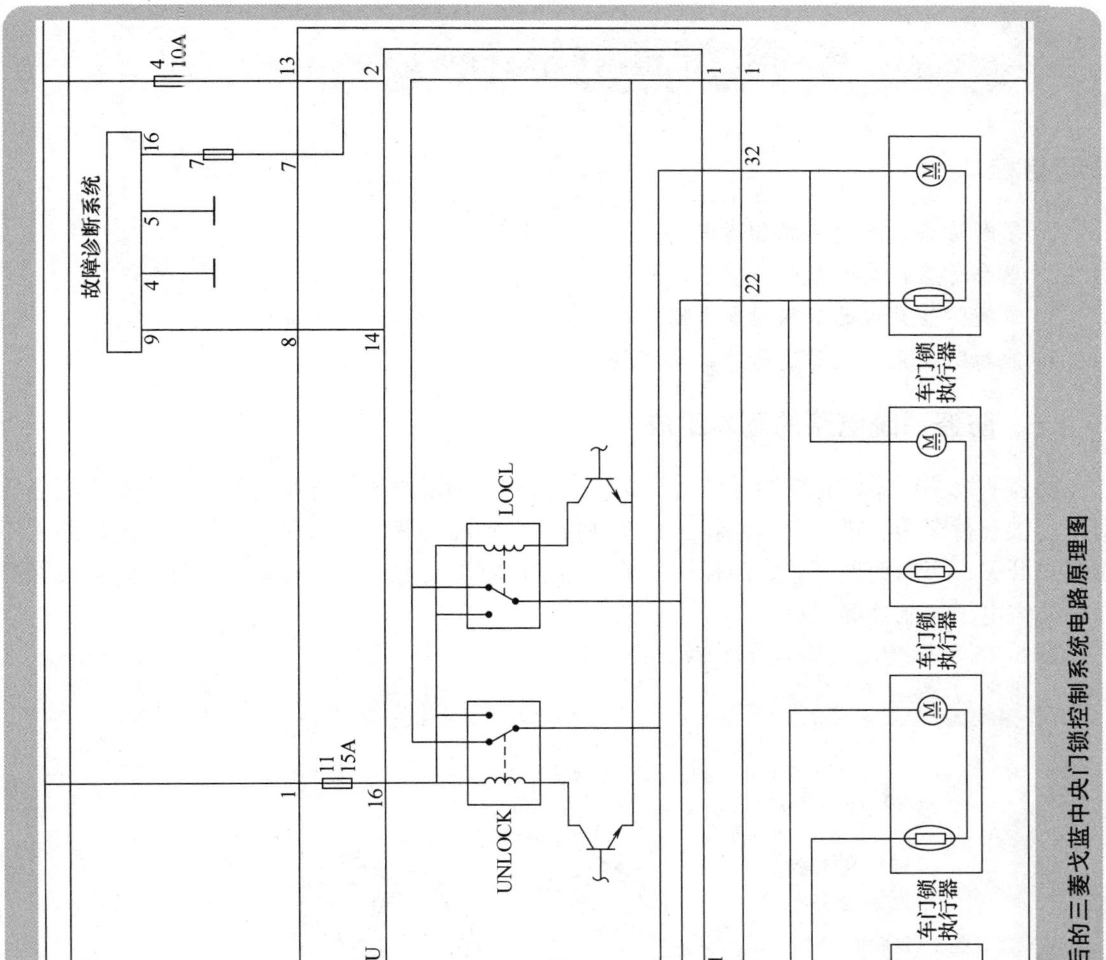

图 5-74　改绘后的三菱戈蓝中央门锁控制系统电路原理图

第七节　汽车防盗系统电路图的识读

学习目标：

1. 了解防盗系统的基本组成与特点。
2. 熟悉防盗系统的工作原理。
3. 掌握防盗系统的基本控制电路。
4. 能对防盗系统故障进行诊断与维修。

一、防盗系统电路的基本组成

防盗系统主要是防止窃贼非法进入车内，盗取财物或将车辆移动，所以防盗系统应包括对车门锁、行李箱、机舱盖、油箱盖、发动机或变速器等装置的监测与保护。系统电路主要由点火开关、车门钥匙开关、门控灯开关、门锁电动机、起动机、防盗指示灯、防盗报警器以及防盗电子控制器等组成。

图5-75所示为防盗装置在车辆上的布置。

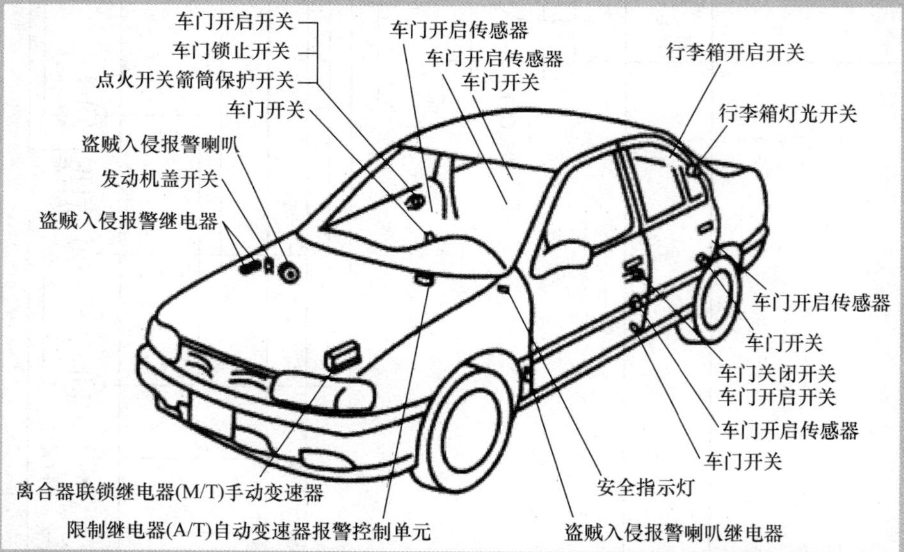

图5-75　防盗装置在车辆上的布置

防盗系统可以是针对发动机设置的禁止系统电路，也可以是包括门锁在内的综合控制系统，在阅读电路图时要区别对待。

二、典型防盗系统控制电路

1. 别克君威轿车防盗系统

别克君威轿车防盗系统由点火钥匙收发器、防盗模块和励磁器、动力总成控制模块以及点火开关等组成。防盗系统工作原理如图 5-76 所示。

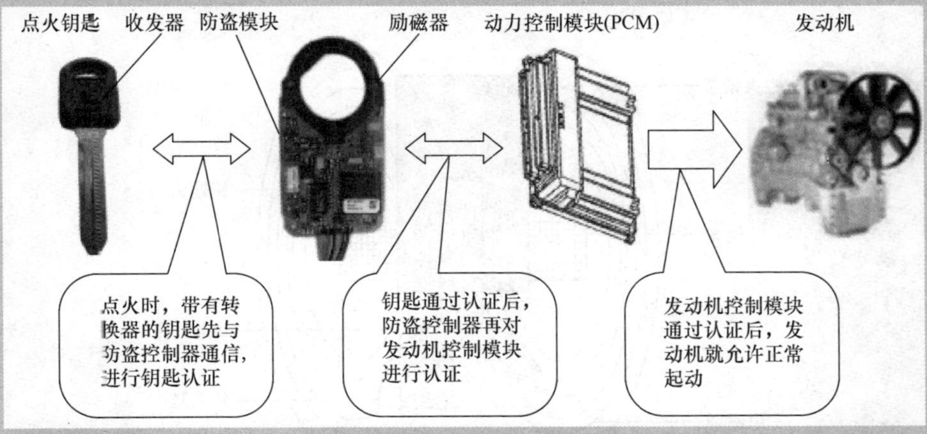

图 5-76 防盗系统原理示意图

（1）点火钥匙收发器 装备防盗功能车辆的点火钥匙外观与普通钥匙一样，钥匙塑料端内部有一个收发器，收发器值是固定的，防盗系统利用点火钥匙收发器值确定正在使用的点火钥匙是否有效，从而起动车辆，约有 3 万亿可能的收发器值。钥匙没有明显的电气触点，钥匙钢柄上标有字母 PK3 以便识别。钥匙用于打开/关闭所有车门和起动车辆。

（2）防盗模块和励磁器 防盗模块向励磁器提供信号，使钥匙内的收发器通电，还接收和校验收发器信号值。当防盗模块已经验证收发器信号值与读出钥匙值匹配后，通过 CLass2 串行数据链路向动力总成控制模块发出启用密码。如果收发器值不正确，将向动力总成控制模块发出中止点火密码。

（3）动力总成控制模块（PCM） 动力总成控制模块校验通过 CLass2 串行数据链路，从防盗模块接收的密码是否正确，防盗模块能够读出唯一启用密码。如果密码正确，动力总成控制模块启用燃油供油系统。

提示

遇到如下任何情况时动力总成控制模块中止燃油供油系统：

◆ 防盗模块发出系统中止密码。

◆ 未收到密码或与防盗模块没有通信。

（4）车辆防盗模块（VTD）的操作 当点火钥匙插入点火锁芯时，嵌入钥匙头的收发器由绕在点火开关锁芯周围的励磁器线圈通电，通电的收发器传送含有唯一数值的信号，由车辆防盗模块接收，然后防盗模块将该值与内存中存储的数值进行比较。点火钥匙信号收发确认原理如图 5-77 所示。

提示

如果收发器值正确，防盗模块向动力总成控制模块发出一条含有模块唯一启用密码的 CLass2 信息。

如果防盗模块在 1s 内不能测量点火钥匙收发器值，将向动力总成控制模块发出一条含有中止点火密码的 CLass2 信息。

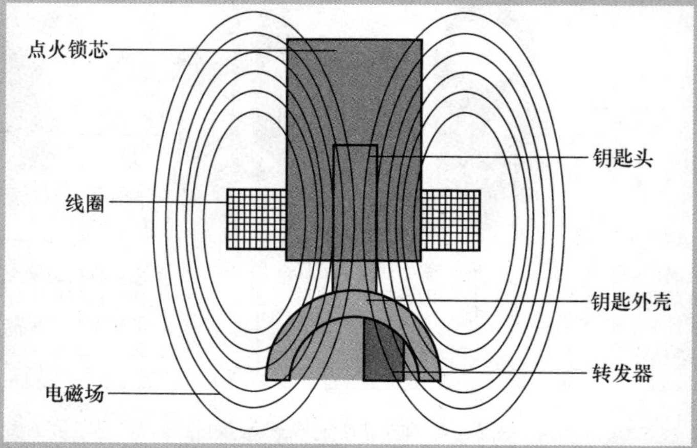

图 5-77　点火钥匙信号收发确认原理

（5）车辆防盗（VTD）电路　防盗系统电路如图 5-78 所示。

提示

◆ 防盗模块电源

由 F5、F6 熔丝（10A）为钥匙确认系统Ⅲ型模块 A 端子提供蓄电池常电源。

由 A9、A10 熔丝（10A）为钥匙确认系统Ⅲ型模块 E 端子提供点火开关信号。

由钥匙确认模块 B 端子为其提供搭铁回路。

◆ 信号传输

钥匙确认信号与动力总成控制模块（发动机控制模块）以及组合仪表（IPC）之间的信号传输均是通过 CLass2 数据链路组合件 SP205 进行密码交换的。

2. 迈腾轿车防盗系统

（1）系统组成　迈腾轿车配置了大众第四代防盗系统，主要由点火钥匙（送码器）、进入和起动授权开关 E415（集成了防盗钥匙读写线圈）、舒适系统中央控制单元 J393、转向柱电子控制单元 J527、转向柱锁止控制单元 J764 和发动机控制单元 J623 等组成。

防盗系统主要部件组成如图 5-79 所示。

（2）系统工作过程　防盗系统电路如图 5-80 所示。

1）解锁过程中信号的走向。

① 钥匙插入进入和起动授权开关 E415，内部的工作触点由 15 端子（P 点）切换到 16 端子（S 点）。电源由熔丝 SC16→E415 的 T16f/16 端子→转向柱控制单元 J527 的 T20d/12 端子，此时 J527 识别到 11 端子断电和 12 端子来电的变化，并激活 CAN 总线。

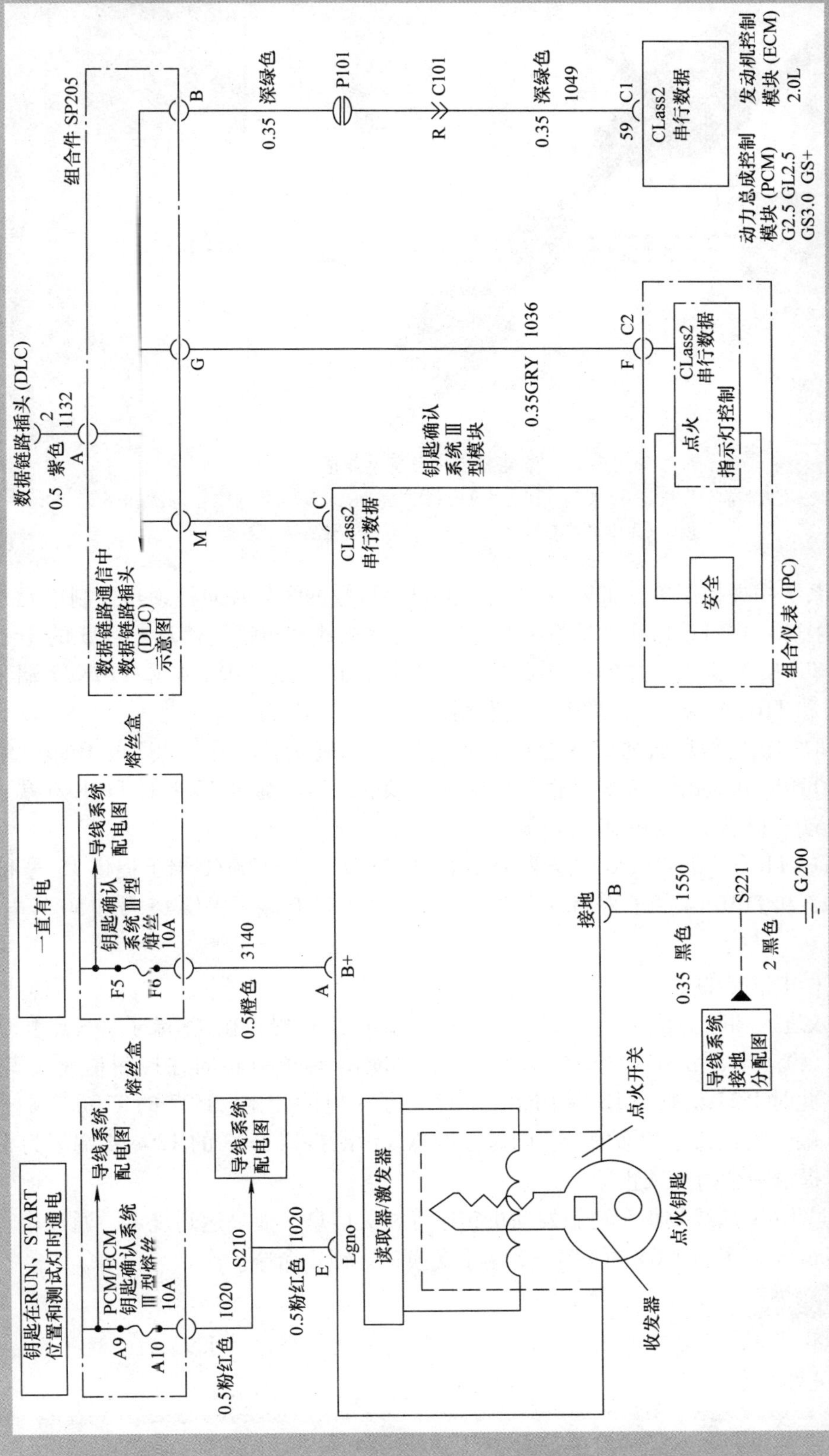

图 5-78 防盗系统电路图

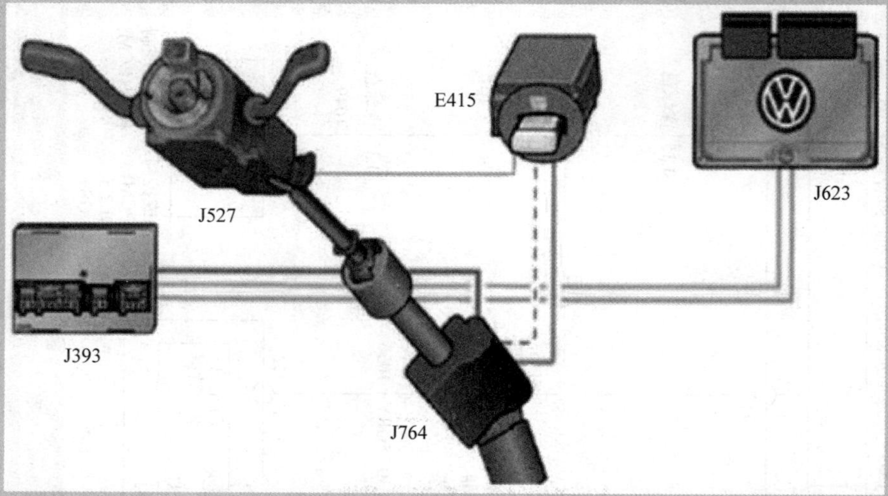

图 5-79　防盗系统主要部件组成

E415—进入和起动授权开关　J393—舒适系统中央控制单元　J527—转向柱电子控制单元
J623—发动机控制单元　J764—转向柱锁止控制单元

② 当舒适系统中央控制单元 J393 激活后，通过串行数据线与转向柱锁止控制单元 J764 进行通信，同时 J764 进行读取钥匙信息，并通过串行数据线回传钥匙信息。J393 的 T6an/5 端子与 J764 的 T10K/2 端子通过串行数据线交换数据，J764 的 T10K/4 和 T10K/5 端子与 E415 的 T16f/9 和 T16f/1 端子交换数据，读取钥匙信息（识别线圈）。

③ J393 读取的钥匙信息通过 CAN 总线由 J533 和 J623 确认无误后，J393 的 T6an/3 端子提供给 J764 的 T10K/10 端子一个解锁信号，J764 解锁的同时，通过 J764 的 T10K/6 端子为 E415 的 T16f/8 端子提供 15 号和 50 号电源。

④ E415 通过 T16f/5 和 T16f/6 端子为 J519 的 T12m/11 和 T12m/1 端子提供 15 号和 50 号电源，T16f/13 和 T16f/14 端子为 J527 的 T20d/13 和 T20d/10 端子提供 15 号和 50 号电源，供发动机起动。

2）锁止过程中信号的走向。

① 钥匙插入进入和起动授权开关 E415。E415 内部的工作触点由 16 端子（S 点）切换到 15 端子（P 点）。电源由熔丝 SC16→E415 的 T16h/15 端子→转向柱控制单元 J527 的 T20d/11 端子，此时 J527 识别到 12 端子断电和 11 端子来电的变化，J527 的 T20d/2 端子为 J764 的 T10K/3 端子提供锁止激活信号，同时数据总线诊断接口 J533 的 T20e/4 端子为 J764 的 T10K/8 端子提供一个附加锁止信号。

② J393 通过 CAN 总线收集车速和发动机转速等相关信息，如果达到规定，通过串行数据线 J393 的 T6an/5 端子与 J764 的 T10K/2 端子交换最终锁止命令。

提示

即使总线不通信，只要车速不为 0 时，ABS 控制单元也会通过 J393 的唤醒总线传递车速信号，防止转向柱锁死。

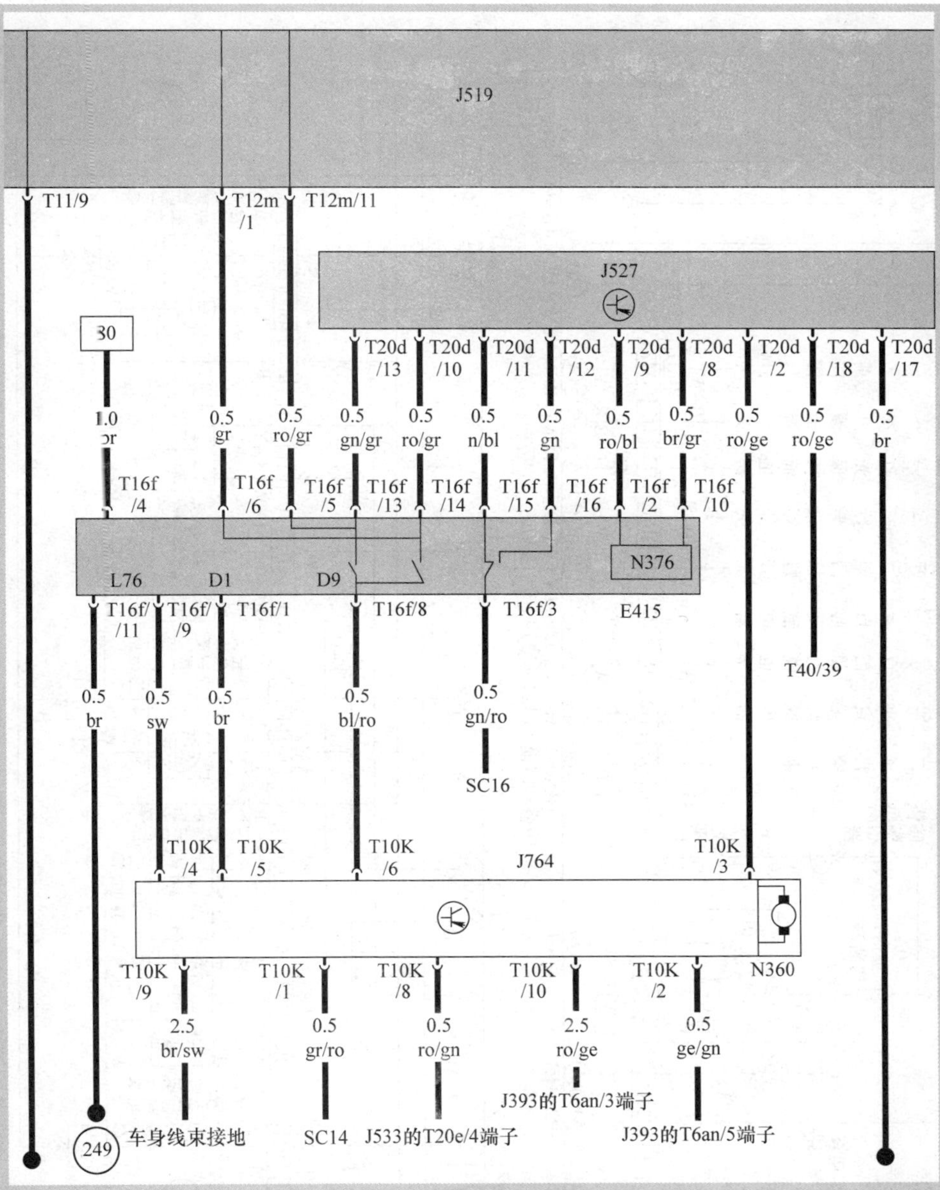

图 5-80 防盗系统电路图

E415—进入和起动授权开关 J393—舒适系统中央控制单元 J527—转向柱电子控制单元

J533—数据总线诊断接口 J764—转向柱锁止控制单元

三、防盗系统电路图的绘制

绘制电路图的目的主要是想进一步熟悉电路结构、掌握系统工作原理，所以在阅读电路图时（特别是对一些较为分散的电路图，不能在一张图面上反映全部内容的电路图），最好是养成一个随看随记的习惯，并掌握一定的方法和技巧，以提高阅读、分析电路的能力和效率。

图 5-81 所示为一汽丰田花冠轿车防盗系统和门锁的电路，电路图分为两页，以此为例说明改绘电路图，对熟悉电路结构掌握电路原理带来的好处。

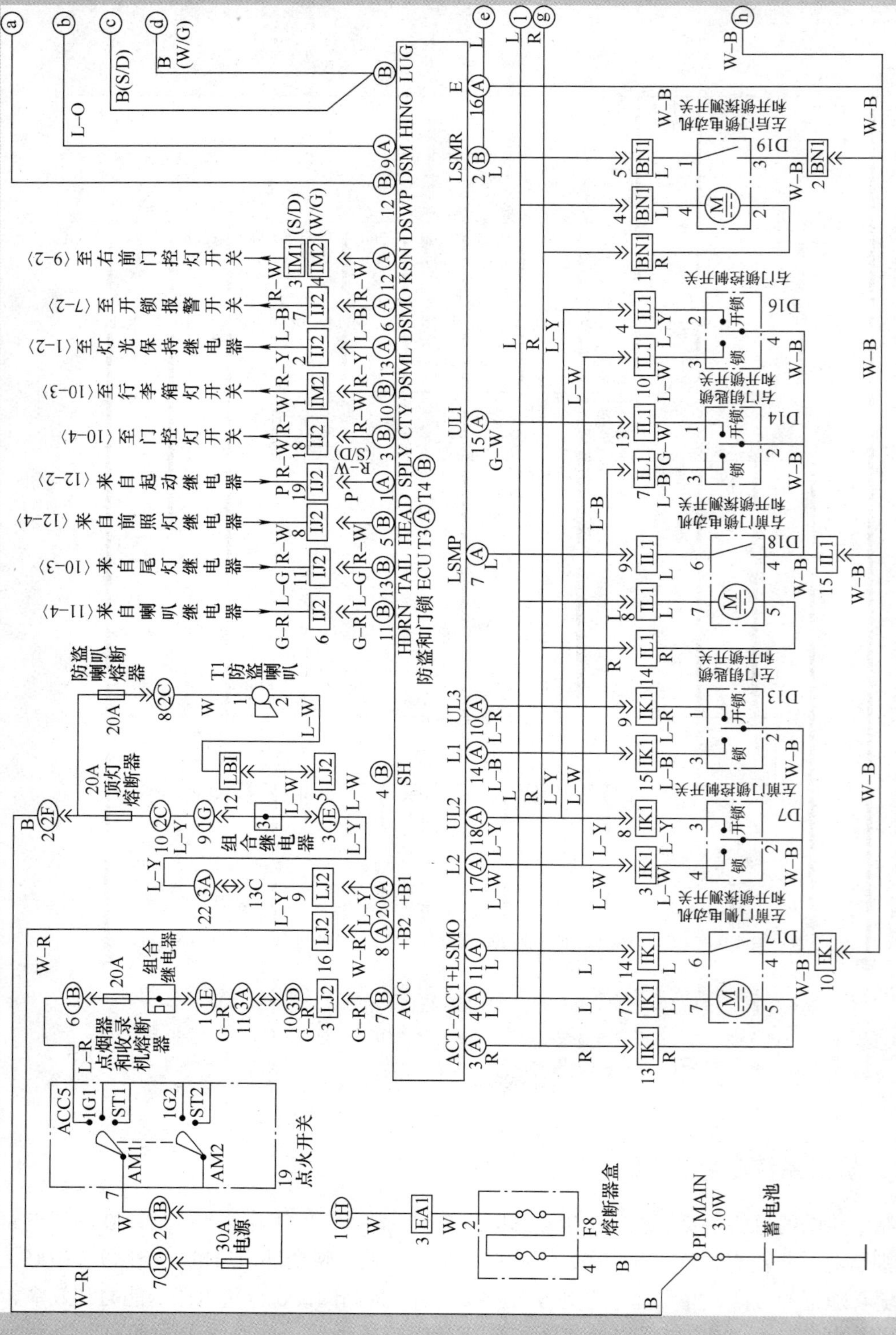

a)

图 5-81　一汽丰田花冠轿车防盗系统与门锁电路图

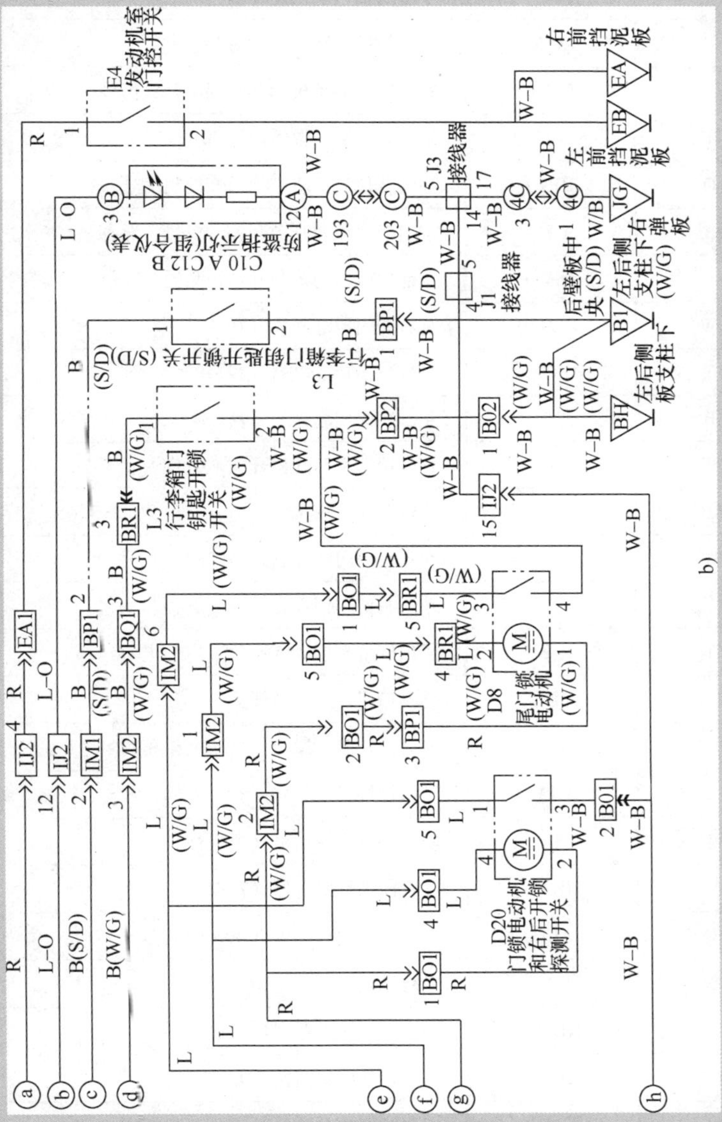

图 5-81　一汽丰田花冠轿车防盗系统与门锁电路图（续）

首先将防盗与门锁 ECU 端子功能列表记录，见表 5-2。

表 5-2　防盗与门锁 ECU 端子功能

端子	线色	代号	功能及连接去向
A1	P	SPLY	来自起动继电器（1 –2）
A3	R	ACT –	全车门锁电动机驱动输出
A4	L	ACT +	全车门锁电动机驱动输出
A6	L/B	KSN	至开锁报警开关（12 –4）
A7	L	LSMP	右前门锁电动机和开锁探测开关信号
A8	W/R	+ B2	来自蓄电池电源熔断器 30A
A9	L/O	HINO	至组合仪表板防盗指示灯控制信号
A10	L/R	UL3	左门钥匙锁和开锁开关“开锁”信号
A11	L	LSMO	左前门侧电动机和开锁探测器开关信号
A12	R/W	DSWP	至右前门控灯开关（10 –3）
A13	R/Y	DSMO	至灯光保持继电器（12 –2）
A14	L/B	L1	左、右门钥匙锁和开锁开关“锁”信号
A15	G/W	UL1	右门钥匙锁和开锁开关“开锁”信号
A16	W/B	E	防盗 ECU 搭铁端子
A17	L/W	L2	左、右前门锁控制开关“锁”信号
A18	L/Y	UL2	左、右前门锁控制开关“开锁”信号
A20	L/Y	+ B1	经顶灯熔断器 20A 提供蓄电池电源
B1	B	LUG	行李箱门钥匙开锁开关
B2	L	LSLMR	左后、右后、尾门锁电动机和开锁探测开关信号
B3	R/W	CTY	至门控灯开关（10—3）
B4	L/W	SH	防盗喇叭驱动信号（负极性）
B5	R/W	HEAD	来自前照灯继电器（7 –2）
B7	G/R	ACC	点火开关附件档供电 20A 熔断器
B10	R/W	DSML	至行李箱灯开关（10 –4）
B11	G/R	HDRN	来自喇叭继电器（11 –4）
B12	R	DSM	来自发动机室门控开关信号
B13	L/G	TAIL	来自尾灯继电器（9 –2）

然后按照电控电路原理图的结构将防盗和门锁 ECU 的电源、信号传输和执行器用导线连接起来，特别注意避免导线过多的交叉，尽量缩短连接导线的长度，尽可能掌握器件与器件、导线与导线之间的间隔距离，使图面看起来能够达到一目了然的效果，有利于对电路分析和原理的掌握。

图 5-82 所示为改绘后的一汽丰田花冠轿车防盗系统与门锁电路原理图。

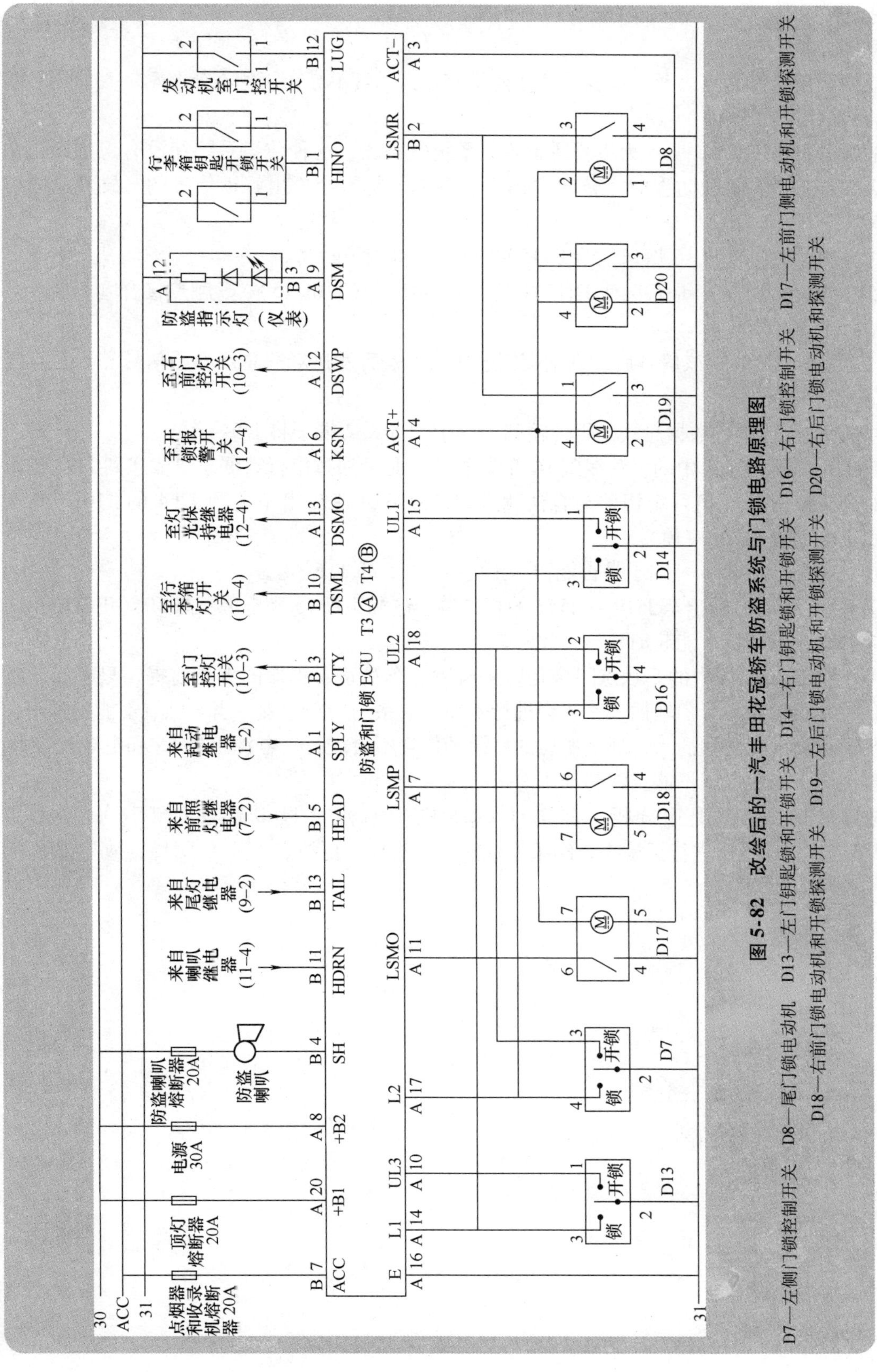

图 5-82　改绘后的一汽丰田花冠轿车防盗系统与门锁电路原理图

D7—左侧门锁控制开关　D8—尾门锁电动机　D13—左门钥匙锁和开锁开关　D14—右门钥匙锁和开锁开关　D16—右门锁控制开关　D17—左前门侧电动机和开锁探测开关

D18—右前门锁电动机和开锁探测开关　D19—左后门锁电动机和开锁探测开关　D20—右后门锁电动机和开锁探测开关

案例分析

故障现象：打开点火开关仪表没有任何反应，指示灯不亮，车辆不能起动。参照图5-80电路分析故障原因。

故障分析：图5-80所示为迈腾轿车防盗系统电路图，这种防盗系统在没有识别到正常的点火钥匙，没有解除防盗时，转向柱锁止控制单元是不会输出解锁信号的。故障原因可能是：

① 常电源30经SC16熔丝供给E415的T16f/3号端子断路。

② 当钥匙插入时，是否会使E415中的P触点断开（T16f/15），S触点接合（T16f/16）供电给J527的T20d/12。

③ 当J527接收到该信号后，判定有钥匙插入，是否发送舒适总线唤醒信号和S触点已接合信号给J393。

④ J393通过串行数据总线是否传输到J764的T10K/2端子将J764唤醒。

⑤ J764读取E415中的读写线圈D1的数据后，是否通过串行数据总线传递到J393进行钥匙的合法性识别（当判定钥匙为合法钥匙时，J393才能输出正电到J764的T10K/10端子，锁止电动机N376解锁）。

⑥ J764从T10K/6号端子是否能输出正电到E415的T16f/8。

⑦ E415是否有输出至J519和J527的相应端子电源正极15和电源正极50（正常输出防盗才能解除，发动机才能起动）。

可以看出，E415中的S触点闭合是防盗解除、车辆正常工作的首要前提，只有当S触点闭合时，车辆认为有钥匙插入，才会进行下面的一系列判别过程。当S触点不能正常闭合时，车辆认为没有钥匙插入，那么所有的后续动作均不会进行，电源正极15和电源正极50不能被接通，当然也就不能正常起动了。

故障排除：根据上述分析，首先对E415的S触点（T16f/3与T16f/16）、P触点（T16f/3与T16f/15）进行了检查，结果发现触点已损坏；更换点火开关E415，故障排除。

第六章 行驶、安全装置

第一节 防抱死制动系统电路图的识读与绘制

学习目标：

1. 了解汽车防抱死制动系统的基本组成与作用。
2. 熟悉汽车防抱死制动系统电路的控制方法。
3. 理解防抱死制动系统主要零部件的结构与原理。
4. 掌握汽车防抱死制动系统的故障诊断检测与维修技能。

一、防抱死制动系统的组成

汽车防抱死制动系统（ABS）是汽车的一种主动安全装置。它是在汽车常规制动装置的基础上增加了电子控制功能，防止汽车在制动时车轮抱死拖滑，以提高汽车制动过程中的方向稳定性、转向控制能力和缩短制动距离，充分发挥汽车的制动效能。

1. 防抱死制动系统的结构与组成

防抱死制动系统结构如图6-1所示。

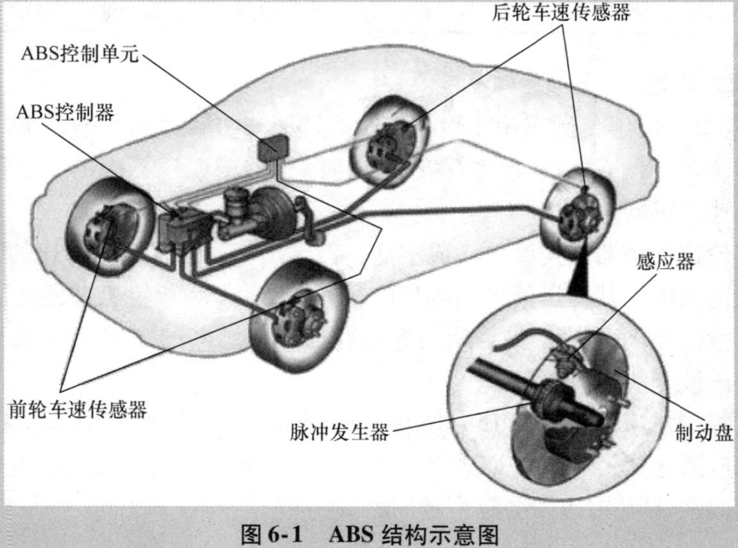

图6-1 ABS结构示意图

常规的防抱死制动系统包括信号输入装置、电子控制单元（ECU）及执行器，这三部分在汽车防抱死制动系统中发挥着不同的作用，其中，信号输入装置主要是由轮速传感器、车速传感器（四驱车辆还有减速度传感器等）以及制动灯开关组成的。利用车速传感器可以有效地检测出汽车行驶的速度，为ECU提供有效的车速数据，制动时可以使汽车的滑移率被控制在合理的范围之内，降低汽车交通事故的发生；同时，利用轮速传感器能够有效检测出车轮转动的速度，为ECU提供有效的车轮速度数据，从而达到有效控制车轮转速的目的。

ABS主要元器件及功用见表6-1。

表6-1　ABS主要元器件及功用

组成	主要元器件	功用
信号输入装置	轮速传感器	检测车轮速度，通过电信号的方式向ECU提供轮速信号
	车速传感器	检测车速，给ECU提供车速信号
	减速度传感器	检测制动时汽车的减速度，识别路面冰雪、易滑等情况，只用于四轮驱动控制系统
	横向加速度开关	部分车型有此装置，用于检测汽车制动时横向运动情况，如侧滑、跑偏等
	制动开关	给电控单元提供制动信号，相当于电控单元的启控信号
	压力开关	监测制动液管路中的压力，向电控单元输入压力信号，从而控制液压泵
控制系统	电控单元	接收信号装置信息，输出各种控制指令给执行器
执行器	制动压力调节器	接受ECU的控制指令，通过对液压系统中的电磁阀等进行控制，实现制动轮缸压力的增加、保持和降低
	液压泵	接受ECU的控制指令，在循环式制动压力调节器调节压力降低的过程中，将由轮缸流出的制动液经蓄能器泵回主缸；在可变容积式制动压力调节器的控制油路中建立控制油压
	警告灯	显示系统工作情况，提醒驾驶人系统可能出现故障

（1）信号输入装置

1）轮速传感器。轮速传感器用于检测车轮的转速并将转速信号输入ECU。轮速传感器大多都安装在车轮上（图6-2），但也有安装在主减速器或变速器中的，目前大多数车辆采用电磁感应式轮速传感器。

电磁感应式轮速传感器结构简单、成本低，但输出信号的幅值随转速的变化而变化，在规定的转速变化范围内，其输出信号的幅值一般为1～15V。若轮速过慢，其输出信号低于1V，ECU很难检测，频率响应不高；当转速过高时，传感器的频率响应跟不上，容易产生错误信号且抗电磁波干扰能力差。

目前，ABS控制对应的车速为15～160km/h，其控制范围将逐渐扩大到8～260km/h甚至更大，电磁感应式轮速传感器很难适应。霍尔效应式轮速传感器能克服电磁感应式轮速传感器的不足，因而在ABS中应用会越来越广泛。

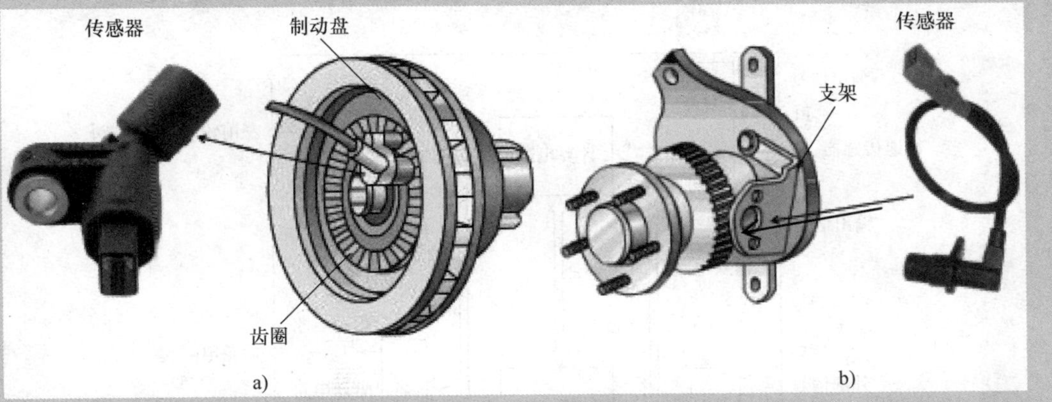

图 6-2 轮速传感器及安装位置

a）前轮传感器与安装位置 b）后轮传感器与安装位置

2）制动开关。制动开关信号作为防抱死制动系统的启控信号，无论在独立的 ABS 还是具有扩展功能的 ABS 中都是不可替代的信号源。而横向加速度、减速度传感器的应用则表明该 ABS 具有扩展功能，在阅读和分析电路时要区别对待。

（2）ABS 控制单元 ABS 控制单元（ECU）主要用于接收轮速传感器及其他信号装置输入的信号，然后进行放大、计算、比较，按照特定的控制逻辑，分析判断后输出控制指令，控制制动压力调节器进行压力调节。

目前，ABS 控制单元基本上都集成在制动压力调节器上，而 ABS 的控制功能因车型、扩展功能不同，其 ECU 内部电路及控制程序并不完全相同，但基本组成可由图 6-3 来说明。

输入电路接收点火开关、制动开关、液位开关等外部信号，以及轮速传感器、电磁阀继电器、泵电动机等工作电路的检测信号，并将这些信号处理后送入计算电路。

计算电路进行车轮线速度、初始速度、滑移率、加速度和减速度的运算、分析、处理及压力调节器电磁阀控制参数的运算和监控运算，当检测到这些电路（包括 ECU 内部电路）工作不正常时，立即向安全保护电路输出终止 ABS 的工作指令。

输出电路则将计算电路输出的控制信号转换成模拟控制信号，通过控制功率放大器向执行器提供控制电流，驱动执行器工作。

安全保护电路是由电源控制、故障记忆、继电器驱动和 ABS 警告灯驱动等电路组成的。当 ABS 出现故障时，能根据微处理器的指令，切断有关继电器的电源电路，使 ABS 停止工作，恢复常规制动功能。同时点亮 ABS 警告灯，提醒驾驶人 ABS 出现故障，并将故障信息记录存储在存储器内，以便维修时调用。

（3）制动压力调节器 制动压力调节器接收 ECU 的指令，通过电磁阀的动作自动调节制动器的制动压力。图 6-4 所示为液压制动压力调节器。

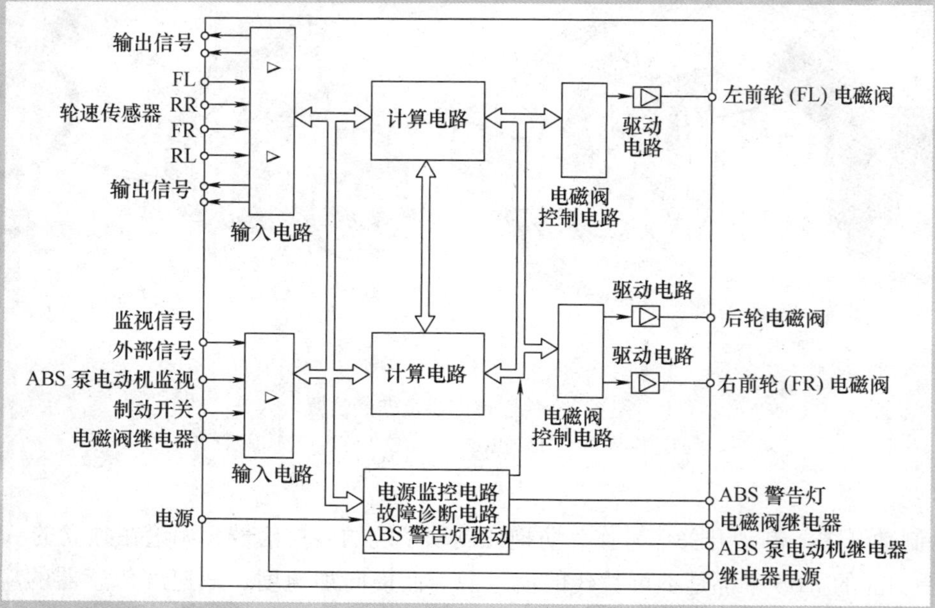

图 6-3 ABS/ECU 内部电路原理框图（四传感器三通道系统）

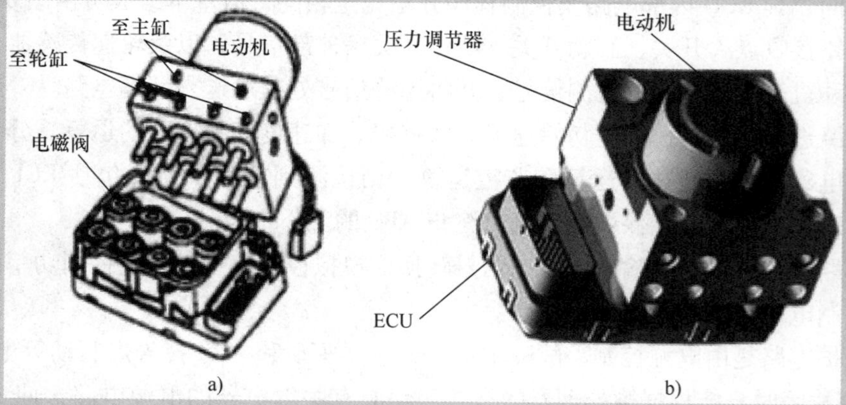

图 6-4 ABS 制动压力调节器

a）压力调节器分解图 b）压力调节器

液压式制动压力调节器主要由电磁阀、液压泵和储液器等组成，通过电磁阀和液压泵产生的液压力控制制动力，每个车轮或每个系统内部都有电磁阀，压力调节器通过电磁阀直接控制制动压力，称为循环式制动压力调节器，间接控制制动压力的压力调节器，称为可变容积式制动压力调节器。

2. ABS 防抱死制动系统工作原理

以循环式制动压力调节器说明其工作原理。采用循环式调压方式进行防抱死制动压力调节时，通过使制动轮缸中的制动液流回制动主缸或储液器（也称蓄能器），实现制动压力减小；通过制动主缸或蓄能器中的制动液流入制动轮缸，实现制动压力的增大。

（1）常规制动　常规制动过程如图 6-5 所示，电磁阀不通电，衔铁在图示位置，制动主缸和制动轮缸管路相通，制动主缸可随时控制制动压力的增减，ABS 未参与工作。

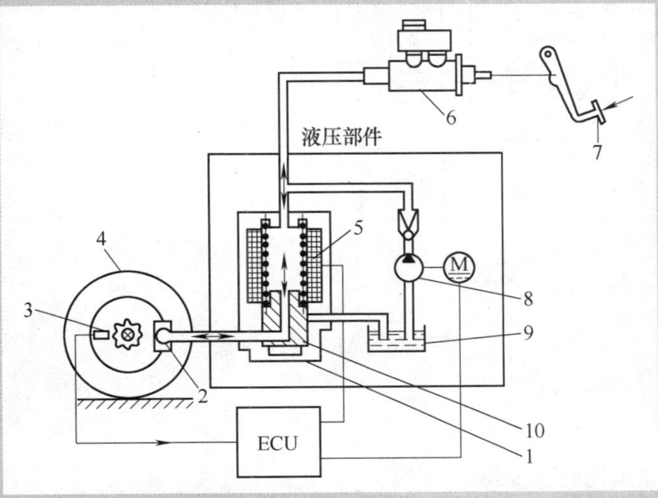

图 6-5　常规制动过程

1—电磁阀　2—轮缸　3—轮速传感器　4—车轮　5—电磁线圈　6—主缸　7—制动踏板　8—液压泵　9—储液器　10—柱塞

（2）ABS 减压过程　制动时，ECU 检测到车轮有抱死倾向时，对电磁阀提供较大电流，柱塞移至上端，制动主缸和制动轮缸的通路被截断，制动轮缸和储液器接通，轮缸的制动液流入储液器，制动压力降低。与此同时，电动机带动液压泵工作，将流回储液器的制动液加压后送回制动主缸，如图 6-6 所示。

（3）ABS 保压过程　制动过程中，ECU 检测到减压后车轮速度有所提高，将对电磁阀施以较小电流，柱塞移至图 6-7 所示位置，所有的通路都被截断，制动器制动压力保持不变。

（4）增压过程　制动过程中，ECU 检测到保压过程中车轮速度仍然有提高的迹象，对电磁阀断电，柱塞又回到图 6-8 所示的初始位置，制动主缸与制动轮缸再次相通，主缸的高压制动液再次进入制动轮缸，增加制动压力。

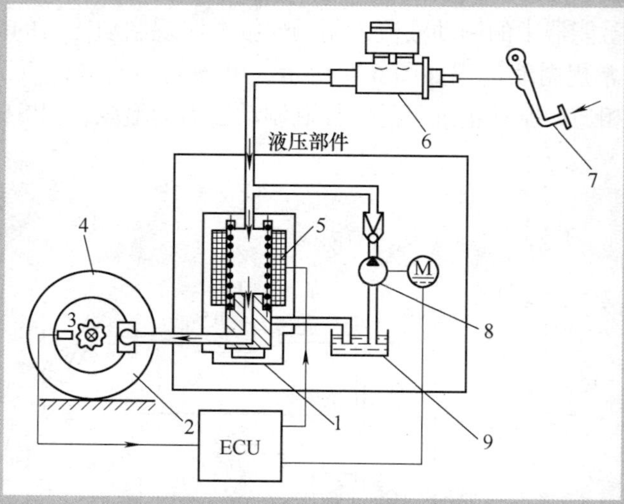

图 6-6　ABS 减压过程

1—电磁阀　2—轮缸　3—轮速传感器　4—车轮　5—电磁线圈　6—主缸　7—制动踏板　8—液压泵　9—储液器

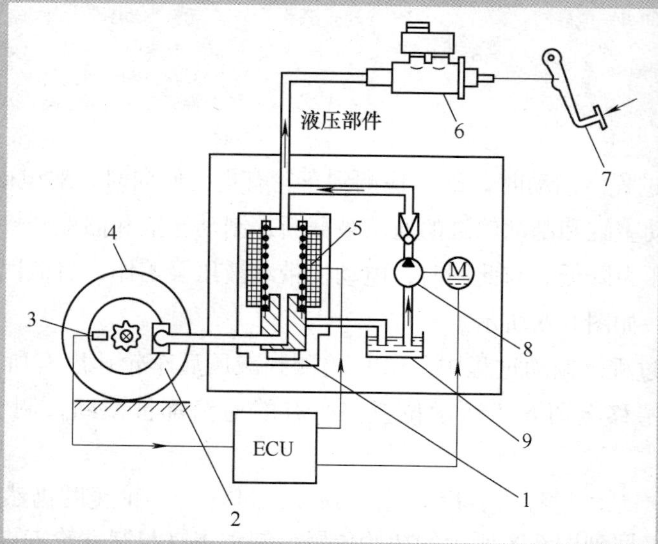

图 6-7　ABS 保压过程

1—电磁阀　2—轮缸　3—轮速传感器　4—车轮　5—电磁线圈　6—主缸　7—制动踏板　8—液压泵　9—储液器

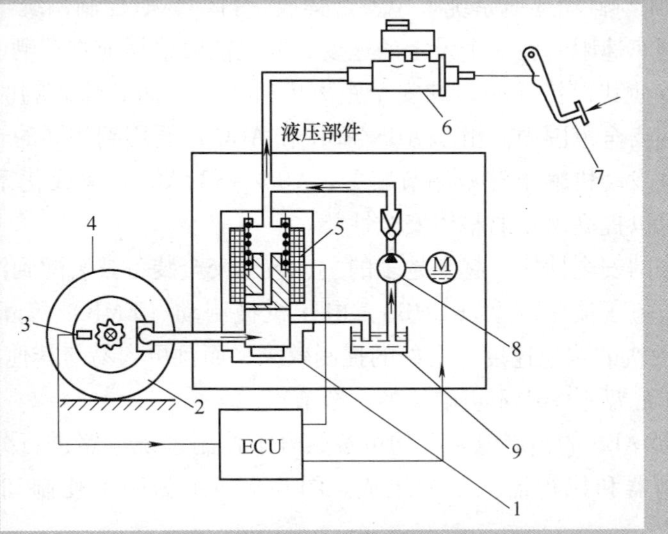

图 6-8 ABS 增压过程

1—电磁阀 2—轮缸 3—轮速传感器 4—车轮 5—电磁线圈
6—主缸 7—制动踏板 8—液压泵 9—储液器

制动过程中，ABS/ECU 通过对制动轮缸制动压力进行减压、保压和增压过程的循环控制，防止车轮抱死或拖滑，提高了制动过程中的方向稳定性、转向操控能力，缩短了制动距离。

二、防抱死制动系统电子控制电路分析

防抱死制动系统（ABS）是一种具有防滑、防锁死等优点的汽车安全控制系统，是目前汽车上最先进、制动效果最佳的制动装置。随着电子技术水平的不断提高，ABS 已不仅仅是单一的制动装置，其拓展功能已经广泛应用。

（1）ABS 和驱动防滑控制（ASR）一体化　ABS 以防止车轮抱死为目的，而 ASR 是为了防止车轮过分滑转；ABS 是为了缓解制动，ASR 则是为了施加制动。因为二者技术上较为接近，且都能在低附着路面上充分体现它们的作用，所以将二者有机地结合起来。

（2）ABS 和电子制动力分配（EBD）一体化　EBD 的功能是在汽车制动的瞬间，高速计算出四个轮胎由于附着不同而导致的摩擦力数值，然后调整制动装置，使其按照设定的程序在运动中高速调整，达到制动力与摩擦力（牵引力）的匹配，以保证车辆的平稳和安全。当紧急制动车轮抱死的情况下，EBD 在 ABS 动作之前就已经平衡了每一个车轮的有效地面抓地力，可以防止出现甩尾和侧移，并缩短汽车制动距离。

（3）ABS 与动态稳定控制系统（VDC）或电子稳定控制（ESP）一体化　VDC 主要在

ABS/ASR 基础上解决汽车转向行驶时的方向稳定性问题。ABS 与电子全控式（或半控式）悬架、电子控制四轮转向、电子控制液压转向、电子控制自动变速器等控制系统在功能、结构上有机地结合起来，保证汽车在各种恶劣情况下行驶时，都具有良好的动态稳定性。

（4）ABS/ASR 与自动巡航系统（ACC）集成　自动巡航控制系统（ACC）的目的是在巡航行驶时自动把车速限制在一个设定的速度，并且能够根据前方车辆的行驶速度，自动加速或施加制动，以使其保持在一定的安全距离内行驶。在遇到障碍物时，可以自动施加制动，把车速调整到安全范围内。由于 ABS/ASR 和 ACC 都要用到相同的轮速采集系统、制动压力调节装置以及发动机输出转矩调节装置，ABS/ASR/ACCA 集成化系统，不仅可以大大降低成本，而且可以提高汽车的整体安全性能。

为了提升汽车的安全性能，越来越多的主、被动安全装备被装配到汽车上，除了上述拓展功能外，ABS 与电子液压制动（EHB）、电子机械制动（EMB）等新一代制动系统的结合，使 ABS 有了更快的响应速度、更好的控制效果，而且更容易与其他电子系统集成。ABS 将成为集成化汽车底盘系统中不可缺少的一个节点。

无论 ABS 还是 ABS 的拓展电路，均可按照电子控制系统电路进行分析，仍然由信号传输装置、电子控制器和执行器三部分组成。图 6-9 所示为防抱死制动系统电路组成原理框图。

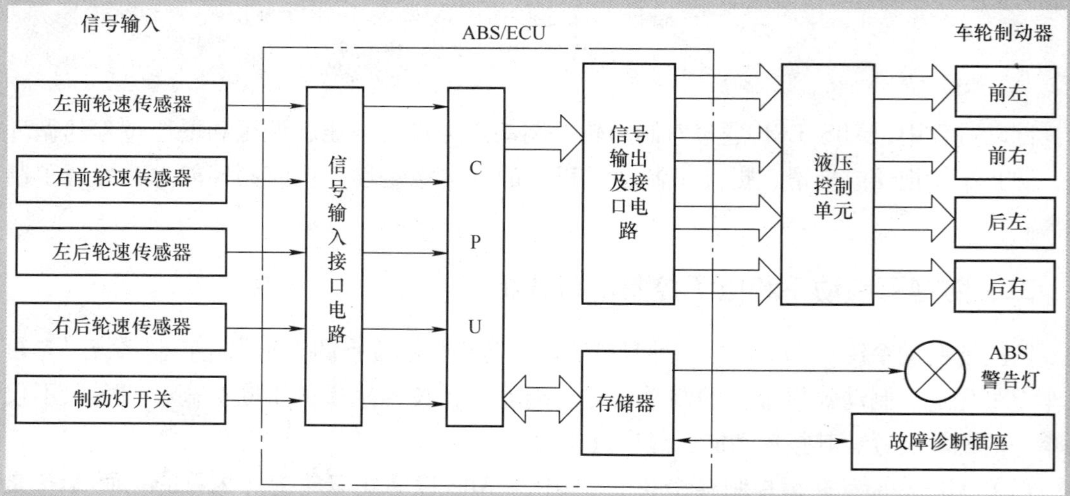

图 6-9　防抱死制动系统电路组成方框图

1. 防抱死制动系统基本电路

图 6-10 所示为 MK20－I ABS 控制电路，该电路大量应用于各种轿车上，如桑塔纳系列轿车、捷达系列轿车、奇瑞系列轿车，是一种较为典型的 ABS 控制电路，用于学习和掌握电路结构，了解其工作原理是一个很好的电路。

防抱死制动系统，转速传感器

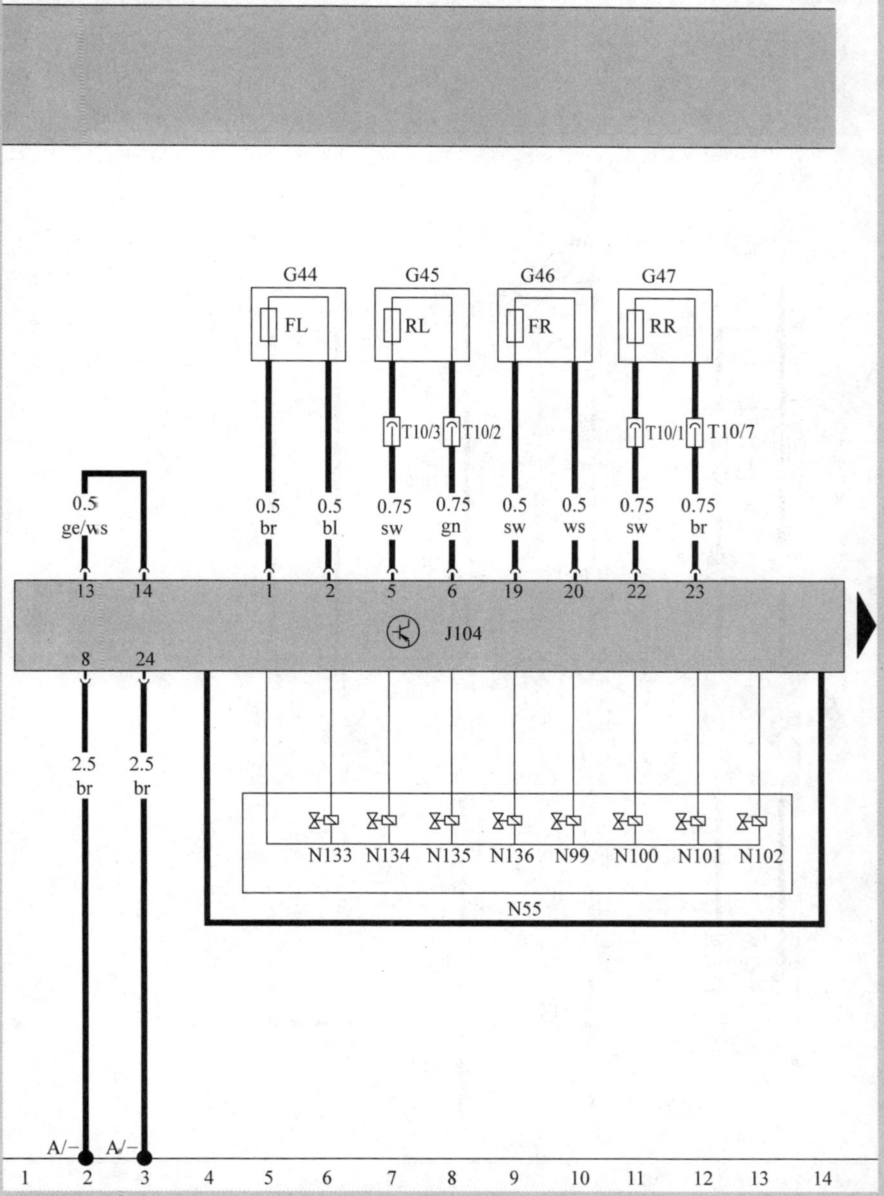

图 6-10　捷达轿车防抱死制动系统（ABS）电路

A—蓄电池　　G46—右前轮转速传感器

J104—ABS 控制单元　　G47—右后轮转速传感器

G44—左前轮转速传感器　　N55—ABS 油压控制单元

G45—左后轮转速传感器　　T10—10 孔插头，ABS 单元旁

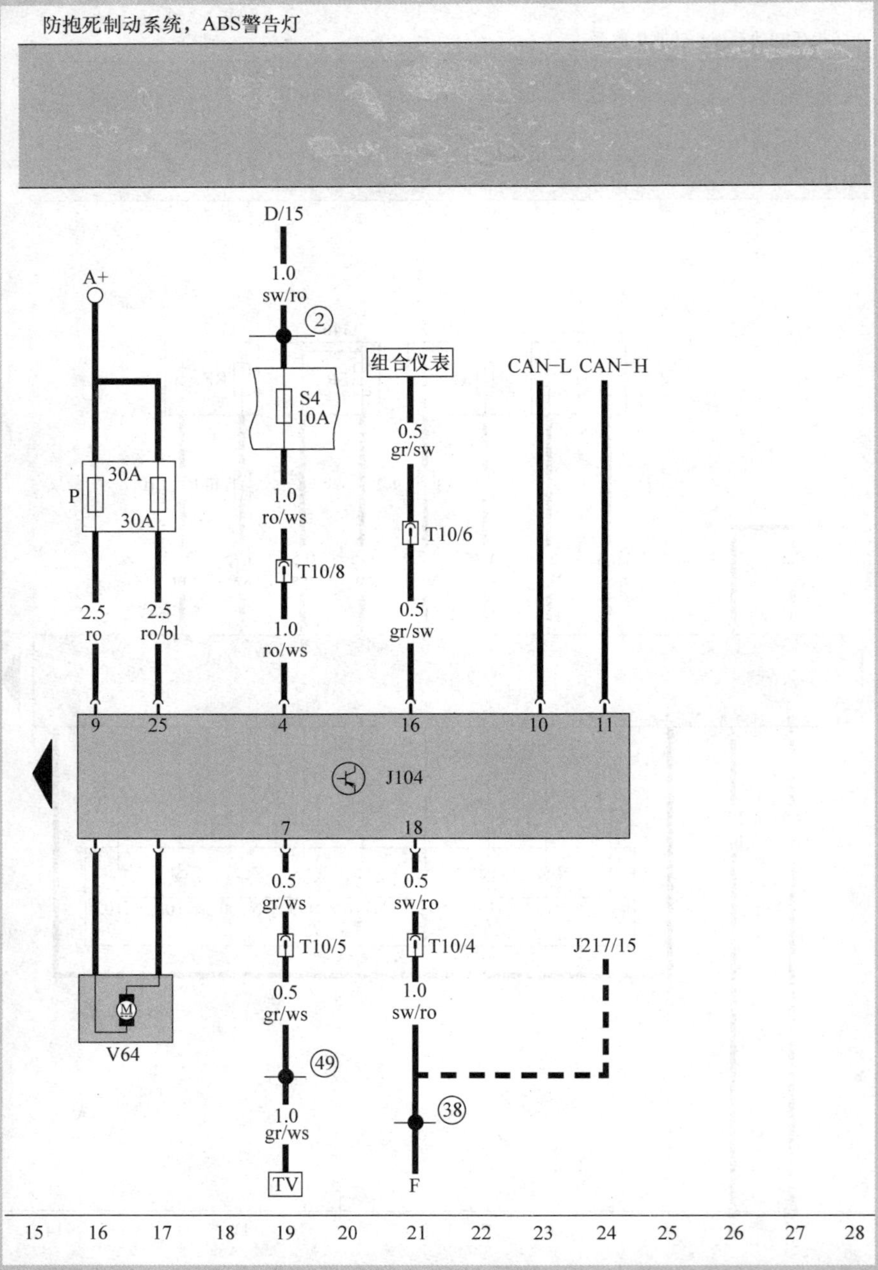

图 6-10　捷达轿车防抱死制动系统（ABS）电路（续）

J104—ABS 控制单元
J217—自动变速器控制单元
TV—自诊断接口
A—蓄电池
D—点火开关
P—主熔丝盒，蓄电池上方
V64—ABS 液压泵电动机
F—制动开关
T10—10 孔插头，ABS 单元旁
(2)—正极连接，车内线束内
(38)—线束连接，车内线束内
(49)—连接，车内线束内
▬ ▬ ▬　仅适用于自动变速器车

对于电子控制系统电路的分析，首先要了解其电控单元的电源电路，因为只有在电源保障的前提下才能实现各种功能的控制；其次应该了解其信号输入装置；最后还必须了解系统执行器的电路结构。只有对系统电路熟悉，才能分析电路和判断故障，所以电路图的阅读非常重要。

（1）ABS/ECU 电源电路　该系统 ECU 的电源电路由点火开关点火档 D/15 经 S4 熔断器提供给 ABS/ECU 的 4 号端子，作为 ABS/ECU 的点火供电，用于启动 ECU 内部电路的准备工作，相当于 ABS 的主开关；由蓄电池正极 A + 经 P 熔断器（30A）分别连接 ABS/ECU 的 9 号和 25 号端子，主要提供给 ABS 执行器（电磁阀）工作电源，采用双电源供电旨在有更好的保障意义；ECU 的搭铁同样采用两路提供，分别是 ECU 的 8 号端子和 24 号端子，所以，ABS/ECU 采用双电源供电也是一个很显著的特点。

（2）传感器和开关电路　ABS 基本电路中的传感器主要是轮速传感器，该系统中采用了广泛应用的电磁感应式轮速传感器，属于无源传感器，无须 ECU 供电，每个车轮一个且电路相对独立。左前轮轮速传感器 G44 的两个端子分别连接 ECU 的 1 号端子和 2 号端子；右前轮轮速传感器 G46 的两个端子分别连接 ECU 的 19 号端子和 20 号端子；左后轮轮速传感器 G45 的两个端子分别连接 ECU 的 5 号端子和 6 号端子；右后轮轮速传感器 G47 的两个端子分别连接 ECU 的 22 号端子和 23 号端子。

ABS 控制电路中制动灯开关信号是 ABS 进入工作状态的启控信号，当 ABS/ECU 的 18 号端子接收到制动信号后，内部电路立即开始工作，对制动压力调节器进行控制。

（3）执行器电路　该系统中作为执行器的液压控制单元（N55）和电动回液泵（V64）均与电子控制单元（J104）集成为一体，对外没有连接线路。根据电磁阀的控制方法和从图中看到的，液压控制单元内 8 个电磁阀的一端都连接在一起，并且为双电源供电，ECU 只控制每个电磁阀的一端。

系统中作为 ECU 的执行器还有 ABS 警告灯，本电路中 ABS 警告灯电路为：ABS/ECU 的 16 号端子直接控制位于仪表板上的 ABS 警告灯。

（4）ABS 工作过程　接通点火开关，ABS 进入自检状态，仪表板上的 ABS 警告灯亮约 2s 后自动熄灭，同时可听到回液泵起动时的响声，在制动踏板上也能感觉到轻微的振动。

汽车行驶过程中，当 ABS 发生故障后，控制系统将自动关闭 ABS，同时控制仪表板上的 ABS 警告灯点亮，此时恢复到常规制动状态。当控制系统的电源电压低于允许的最低电压（10.5V）时，ABS 也会自动关闭，此时 ABS 警告灯点亮。

汽车行驶过程中，车轮速度传感器不断向 ECU 输入轮速信号，ECU 根据轮速计算车轮圆周速度，将车轮圆周速度微分便可得到车轮的加、减速度。当踩下制动踏板时，制动灯开关接通，并向 ECU 输入一个高电平信号，ABS 即可投入工作。

ABS 工作时，ECU 首先根据减速信号判定路面状况，减速度大于一定值为高附着系数路面，减速度小于一定值为低附着系数路面，然后根据判定结果调用相应的控制程序，控制制动压力调节器以每秒 2 ~ 10 次的频率调节制动轮缸压力，防止车轮抱死滑移，从而将各车轮的滑移率控制在理想滑移率附近，以缩短制动距离，同时最大限度保证制动时汽车的稳定性和安全性。

2. 具有拓展功能的防抱死制动控制电路

图 6-11 所示为高尔夫轿车防抱死制动系统电路图，其具有电子差速锁（EDS）、驱动防滑控制（ASR）和电子稳定控制（ESP）等控制功能。

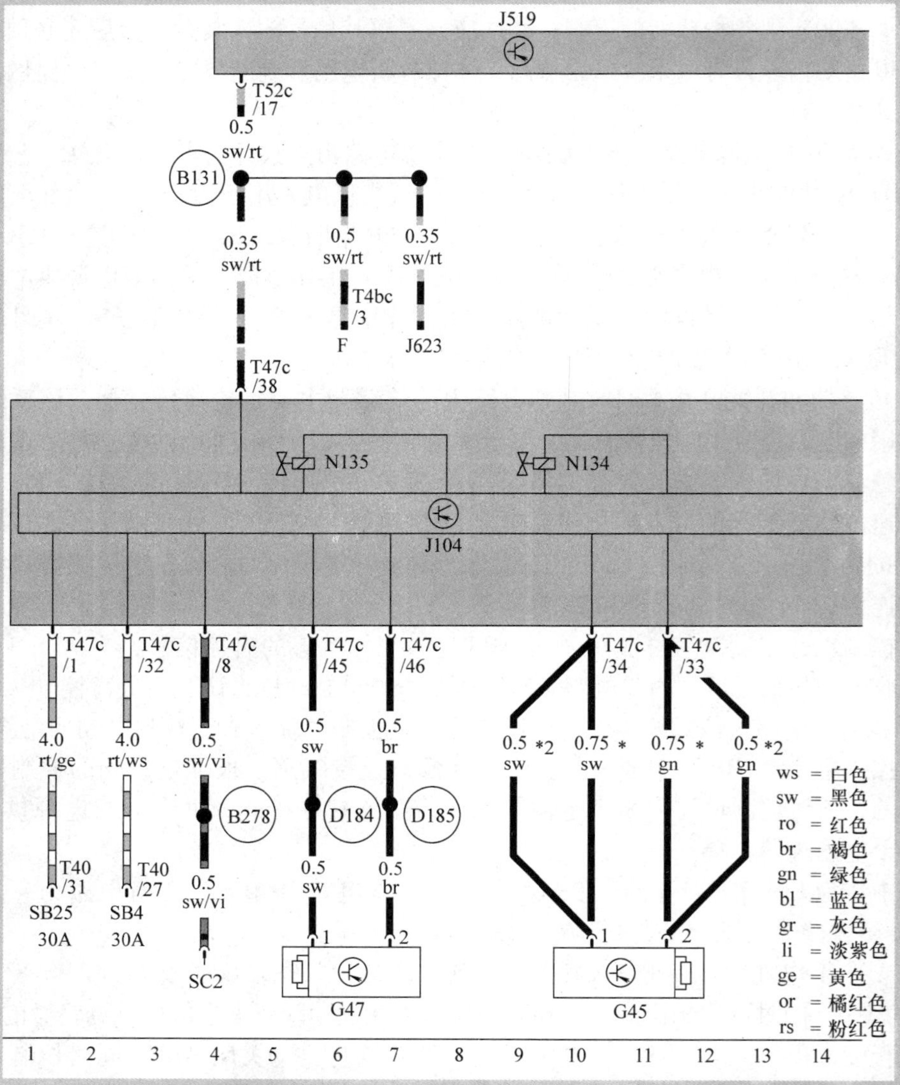

图 6-11 高尔夫轿车防抱死制动系统电路

F—制动信号灯开关
G45—右前转速传感器
G47—左前转速传感器
J104—ABS 控制单元
J519—车载电网控制单元
J623—发动机控制单元
N134—左后 ABS 进液阀
N135—右后 ABS 排液阀
SC2—熔丝架 C 上的熔丝 2
SB4—熔丝架 B 上的熔丝 4
SB25—熔丝架 B 上的熔丝 25
T4bc—4 芯插头连接
T40—40 芯插头连接
T47c—47 芯插头连接
T52c—52 芯插头连接
(B131)—车内空间导线束中的连接（54）
(B278)—正极连接 2（15a），在主导线束中
(D184)—连接（左前转速传感器 +），在发动机舱导线束中
(D185)—连接（左前转速传感器 -），在发动机舱导线束中
* 截至 2010 年 7 月
*2 自 2010 年 8 月起

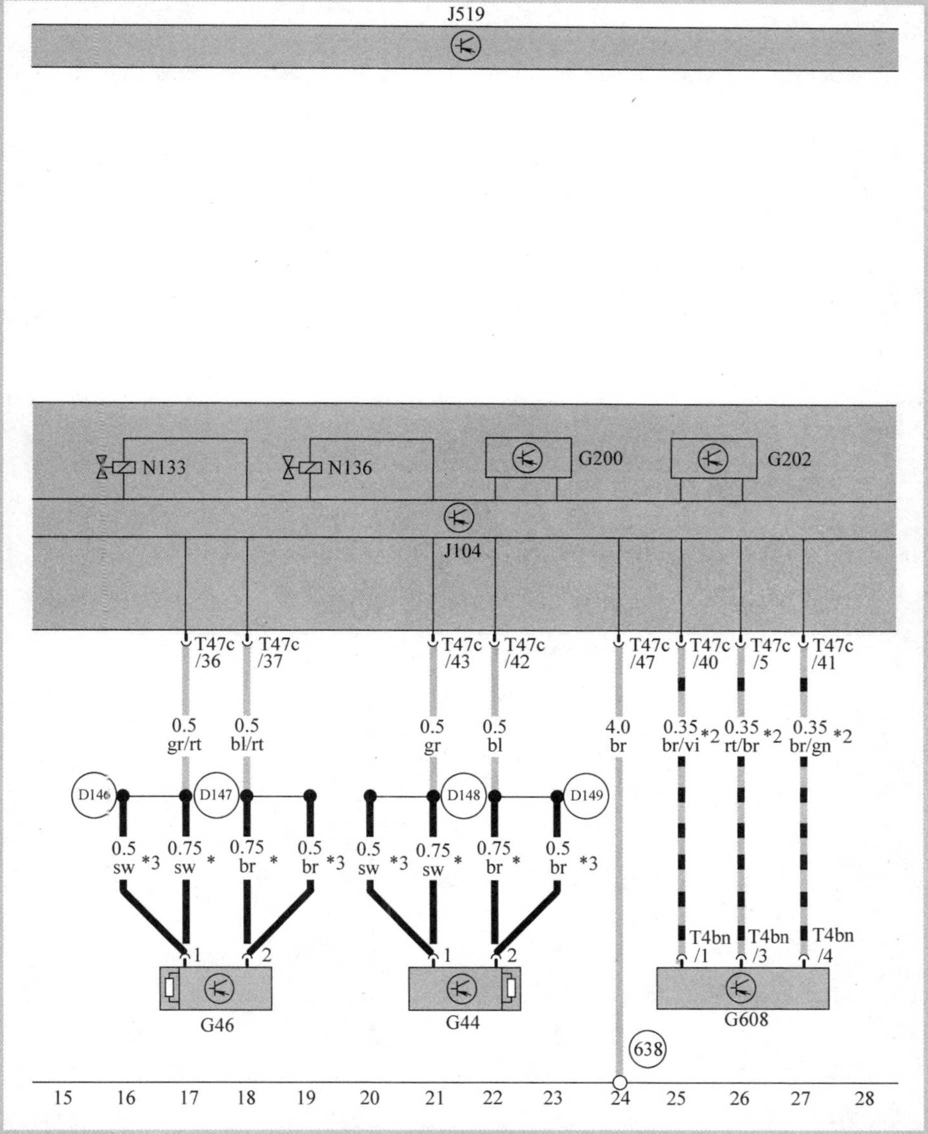

图 6-11 高尔夫轿车防抱死制动系统电路（续）

G44—右后转速传感器
G46—左后转速传感器
G200—横向加速度传感器
G202—偏转率传感器
G608—真空传感器
J104—ABS 控制单元
J519—车载电网控制单元
N133—右后 ABS 进液阀
N136—左后 ABS 排液阀
T4bn—4 芯插头连接
T47c—47 芯插头连接
* 截至 2012 年 2 月
*2 仅适用于带自动变速器的车辆
*3 自 2012 年 2 月起

(638)—右侧 A 柱上的搭铁点
(D146)—连接（左后转速传感器 +），在发动机舱导线束中
(D147)—连接（左后转速传感器 -），在发动机舱导线束中
(D148)—连接（右后转速传感器 +），在发动机舱导线束中
(D149)—连接（右后转速传感器 -），在发动机舱导线束中

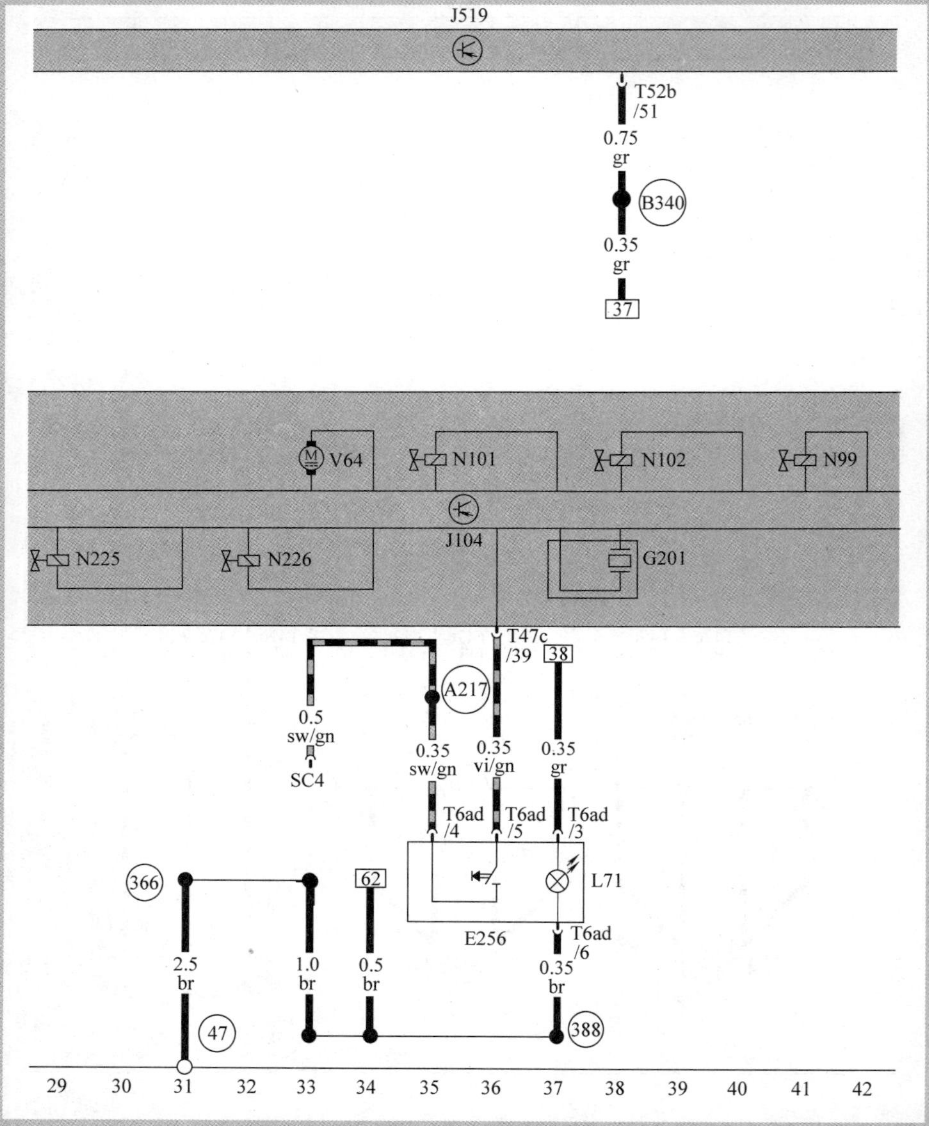

图 6-11　高尔夫轿车防抱死制动系统电路（续）

E256—ASR 和 ESP 按钮
G201—制动压力传感器 1
J104—ABS 控制单元
J519—车载电网控制单元
L71—驱动防滑装置开关照明灯泡
N99—右前 ABS 进液阀
N101—左前 ABS 进液阀
N102—左前 ABS 排液阀
N225—动态行驶控制转换阀 1
N226—动态行驶控制转换阀 2
SC4—熔丝架 C 上的熔丝 4
T6ad—6 芯插头连接
T47c—47 芯插头连接
T52b—52 芯插头连接

V64—ABS 液压泵
(47)—搭铁点，在右前脚部空间中
(366)—接地连接 1，在主导线束中
(388)—接地连接 23，在主导线束中
(A217)—正极连接 8（15a），在仪表板导线束中
(B340)—连接 1（58d），在主导线束中

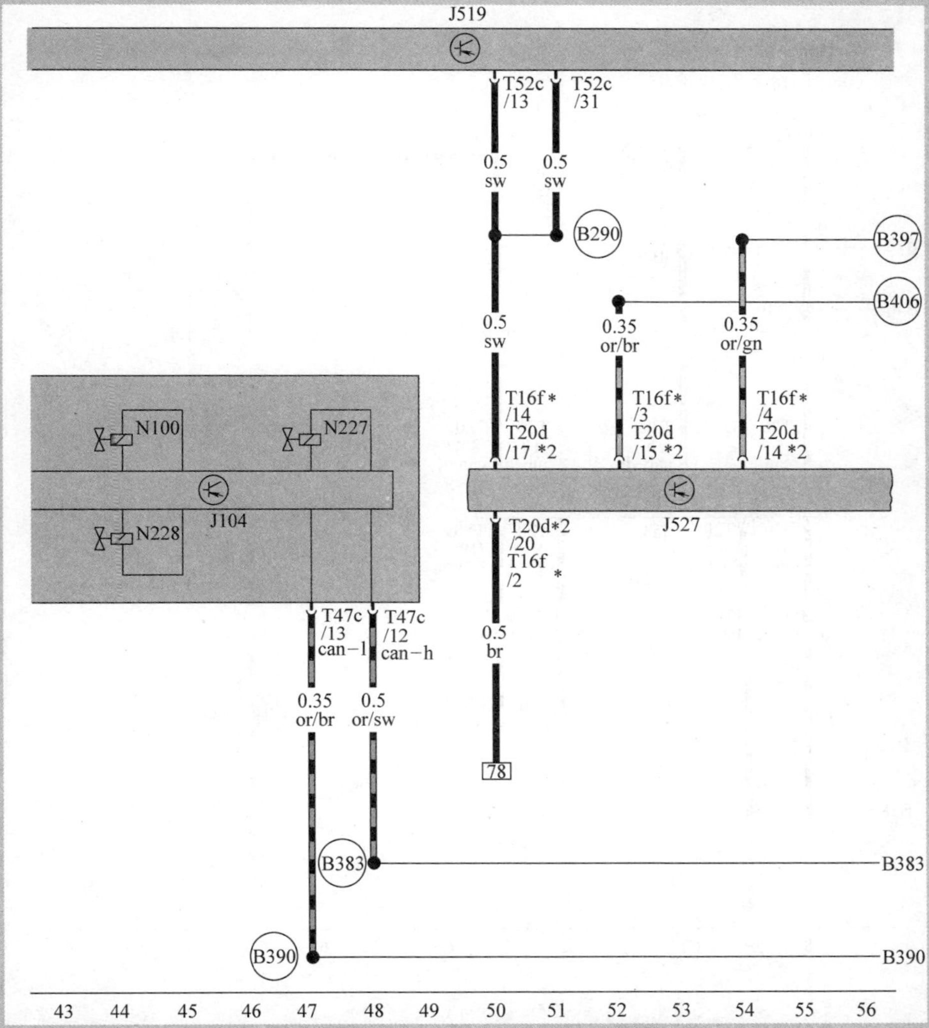

图 6-11　高尔夫轿车防抱死制动系统电路（续）

J104—ABS 控制单元

J519—车载电网控制单元

J527—转向柱电子装置控制单元，左侧脚部空间内，中控台附近

N100—右前 ABS 排液阀

N227—动态行驶控制高压转换阀 1

N228—动态行驶控制高压转换阀 2

T16f—16 芯插头连接

T20d—20 芯插头连接

T47c—47 芯插头连接

T52c—52 芯插头连接

＊自 2010 年 8 月起

＊2 截至 2010 年 7 月

B290—正极连接 14（15a），在主导线束中

B383—连接 1（驱动系统 CAN 总线，High），在主导线束中

B390—连接 1（驱动系统 CAN 总线，Low），在主导线束中

B397—连接 1（舒适/便捷系统 CAN 总线，High），在主导线束中

B406—连接 1（舒适/便捷系统 CAN 总线，Low），在主导线束中

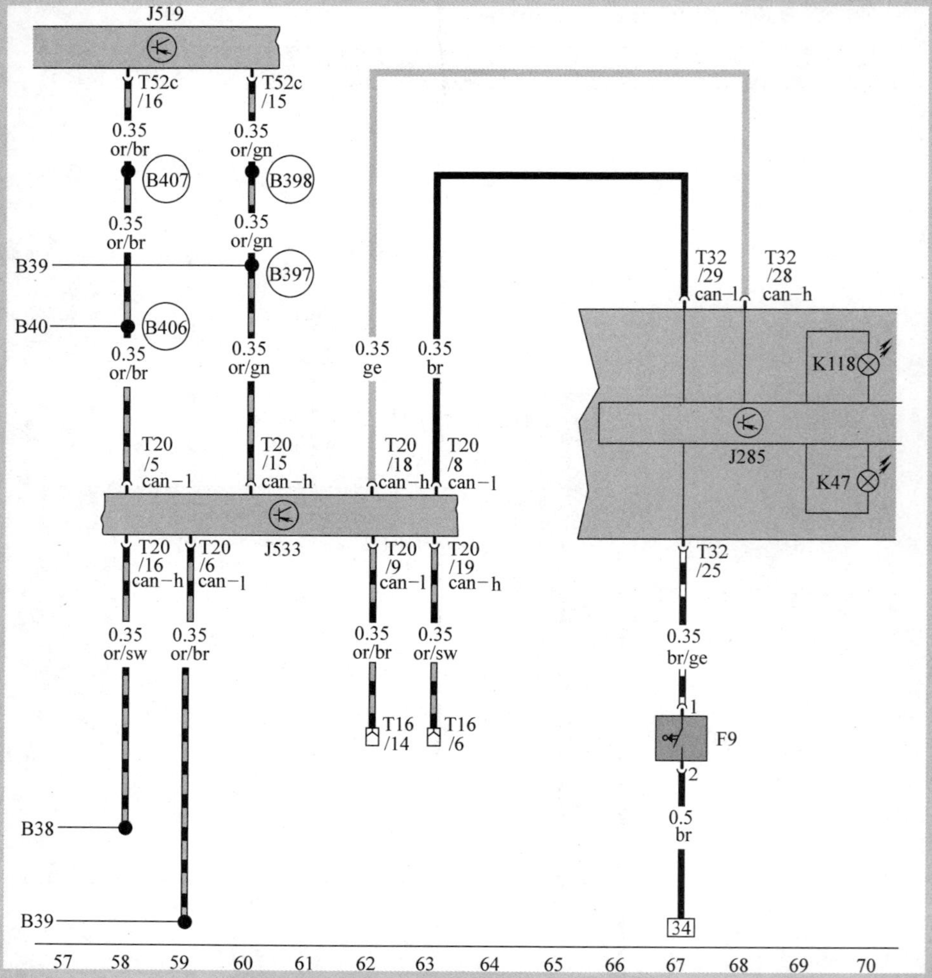

图 6-11 高尔夫轿车防抱死制动系统电路（续）

F9—驻车制动器指示灯开关

J285—仪表板中的控制单元

J519—车载电网控制单元

J533—数据总线诊断接口

K47—ABS 指示灯

K118—制动系统指示灯

T16—16 芯插头连接

T20—20 芯插头连接

T32—32 芯插头连接

T52c—52 芯插头连接

(B397)—连接 1（舒适/便捷系统 CAN 总线，High），在主导线束中

(B398)—连接 2（舒适/便捷系统 CAN 总线，High），在主导线束中

(B406)—连接 1（舒适/便捷系统 CAN 总线，Low），在主导线束中

(B407)—连接 2（舒适/便捷系统 CAN 总线，Low），在主导线束中

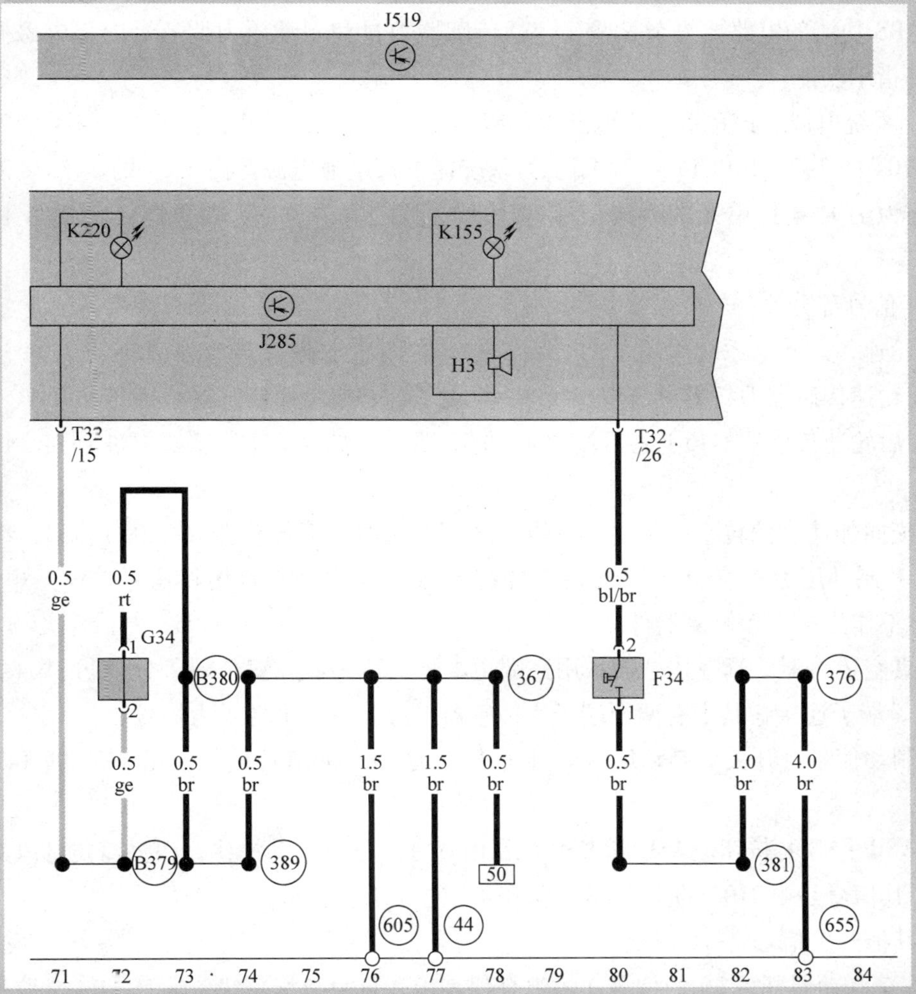

图 6-11　高尔夫轿车防抱死制动系统电路（续）

F34—制动液液位警告信号触点
G34—左前制动摩擦片磨损传感器
H3—警报蜂鸣器和警报音
J285—仪表板中的控制单元
K155—ASR 和 ESP 指示灯
K220—轮胎压力监控显示指示灯
T32—32 芯插头连接
(44)—接地点，左侧 A 柱下部
(367)—接地连接 2，在主导线束中
(376)—接地连接 11，在主导线束中
(381)—搭铁连接 16，在主导线束中
(389)—搭铁连接 24，在主导线束中
(605)—搭铁点，在上部转向柱上
(655)—搭铁点，在左侧大灯上
(B379)—连接 1（制动摩擦片磨损显示），在主导线束中
(B380)—连接 2（制动摩擦片磨损显示），在主导线束中

阅读电路图可知，该防抱死制动系统的制动压力调节器与电控单元为一集成组件，相对仅具有 ABS 功能的电路要复杂一些，包括传感器数量和制动压力调节器内部电磁阀的数量以及报警指示功能。

（1）系统电源　该系统工作电源采用双回路供电方式，分别由 SB25、SB4 号 30A 熔断器通过 J104 的 T47c/1 和 T47c/32 端子为系统提供蓄电池电源。由 J104 的 T47c/8 获得点火供电，作为 J104 电控单元的唤醒信号。J104 的搭铁由 T47c/47 端子连接左侧 A 柱搭铁点提供。

（2）信号部分

1）轮速传感器。系统采用了前、后、左、右四个电磁式传感器直接与 J104 连接，其中：左前轮速传感器 G47 连接 T47c/45 和 46 端子；右前轮速传感器 G45 连接 T47c/33 和 34 端子；左后轮速传感器 G46 连接 T47c/36 和 37 端子；右后轮速传感器 G44 连接 T47c/42 和 43 端子。

2）横向加速、偏转率和制动压力传感器。横向加速度传感器（G200）、偏转率传感器（G202）和制动压力传感器（G201）安装在 ABS 模块内部，直接将信号传输给电控单元，在检修时不作为检查和修复器件。

3）真空传感器。真空传感器采用三端子电子式传感器，三个端子分别与 J104 的 T47c/40、41、5 端子连接，其中有两个端子为传感器电源，另一个端子为信号。

4）制动信号灯开关。制动信号灯开关 F 作为 ABS 的启控信号，由 J104 的 T47c/38 端子输入。

5）ASR 和 ESP 按钮。ASR 和 ESP 按钮由驾驶人进行手动操作，根据需要可以选择相应的功能，其信号是由 J104 的 T47c/39 端子输入的。

6）其他开关信号。

① 驻车制动器开关 F9 的信号通过组合仪表板，再由数据总线传输至 ABS 电控单元，作为 ABS 开始工作的必要条件之一，当驻车制动器起作用时，ABS 不能工作。

② 制动液位警告触点 F34 主要检测制动液是否缺少，检测到制动液位低于标准时，将通过组合仪表板经数据总线把信号传送至 ABS 电控单元，作为限制 ABS 工作的一个基本条件。

③ 左前制动摩擦片 G34 传感器其实是一副常闭触点，安装在制动摩擦片内部，当摩擦片磨损严重导致触点断路，信号会通过组合仪表经数据总线传输至 ABS 电控单元，ABS 将停止工作。

（3）执行器部分　该系统中执行器包括左前（N101）、右前（N99）、左后（N134）、右后（N133）四个制动液进液阀，左前（N102）、右前（N100）、左后（N136）、右后（N135）四个制动液排液阀，N225 动态行驶控制转换阀 1，N226 动态行驶控制转换阀 2，N227 动态行驶控制高压转换阀 1，N228 动态行驶控制高压转换阀 2，以及 ABS 液压泵 V64，由它们共同完成 ABS 以及 EDS、ASR 和 ESP 的各种控制功能。

（4）指示报警　位于组合仪表的报警指示灯包括 K47 - ABS 指示灯、K118 - 制动系统指示灯、K155 - ASR 和 ESP 指示灯、K220 - 轮胎压力监控显示指示灯。

（5）系统工作过程　接通点火开关，ABS 电控系统进行自检，若系统正常，位于组合仪表板上的 ABS 指示灯熄灭。

当检测到制动液位报警信号、轮胎压力不足、制动摩擦片触点断路等信号后，ABS 将不参加制动控制，同时点亮 ABS 指示灯，改由常规制动，以保证车辆仍然有制动功能。

汽车行驶过程中，轮速传感器以及其他传感器不断向 ECU 输入信号，ECU 根据轮速计算车轮圆周速度，将车轮圆周速度微分便可得到车轮的加、减速度。当踩下制动踏板时，制动灯开关接通，并向 ECU 输入一个高电平信号，ABS 即可投入工作。

ABS 工作时，ECU 首先根据减速信号判定路面状况，减速度大于一定值为高附着系数路面，减速度小于一定值为低附着系数路面，然后根据判定结果调用相应的控制程序，通过对制动压力控制器总成的液压泵、电磁阀进行控制，以改变各个轮缸制动压力，防止车轮抱死滑移，从而将各车轮的滑移率控制在理想滑移率附近，以缩短制动距离，同时最大限度保证制动时汽车的稳定性和安全性。

三、防抱死制动系统电路图的绘制

图 6-12 所示为北京现代索纳塔轿车防抱死制动系统电路，具有防滑控制功能。

对于电路结构不能集中在一页图纸体现的电路图来说，阅读和分析电路时最好先进行浏览，将电控单元各个端子定义搞清楚，并列表记录下来，包括端子号、导线颜色、导线线径、端子连接去向、作用，以便更好地帮助理解电路工作原理。

表 6-2 所列为索纳塔轿车 ABS 电控单元端子定义。

通过上述工作，对电路结构已经有了一定程度的了解，然后按照电路原理图的绘图方法，遵循交叉点最少、连接线最短、能用直线不用弯线的绘图原则，将原车电路图改绘成电路原理图，使电路结构、工作原理清晰可见。

图 6-13 所示为改绘后的索纳塔轿车 ABS/TCS 电路原理图。

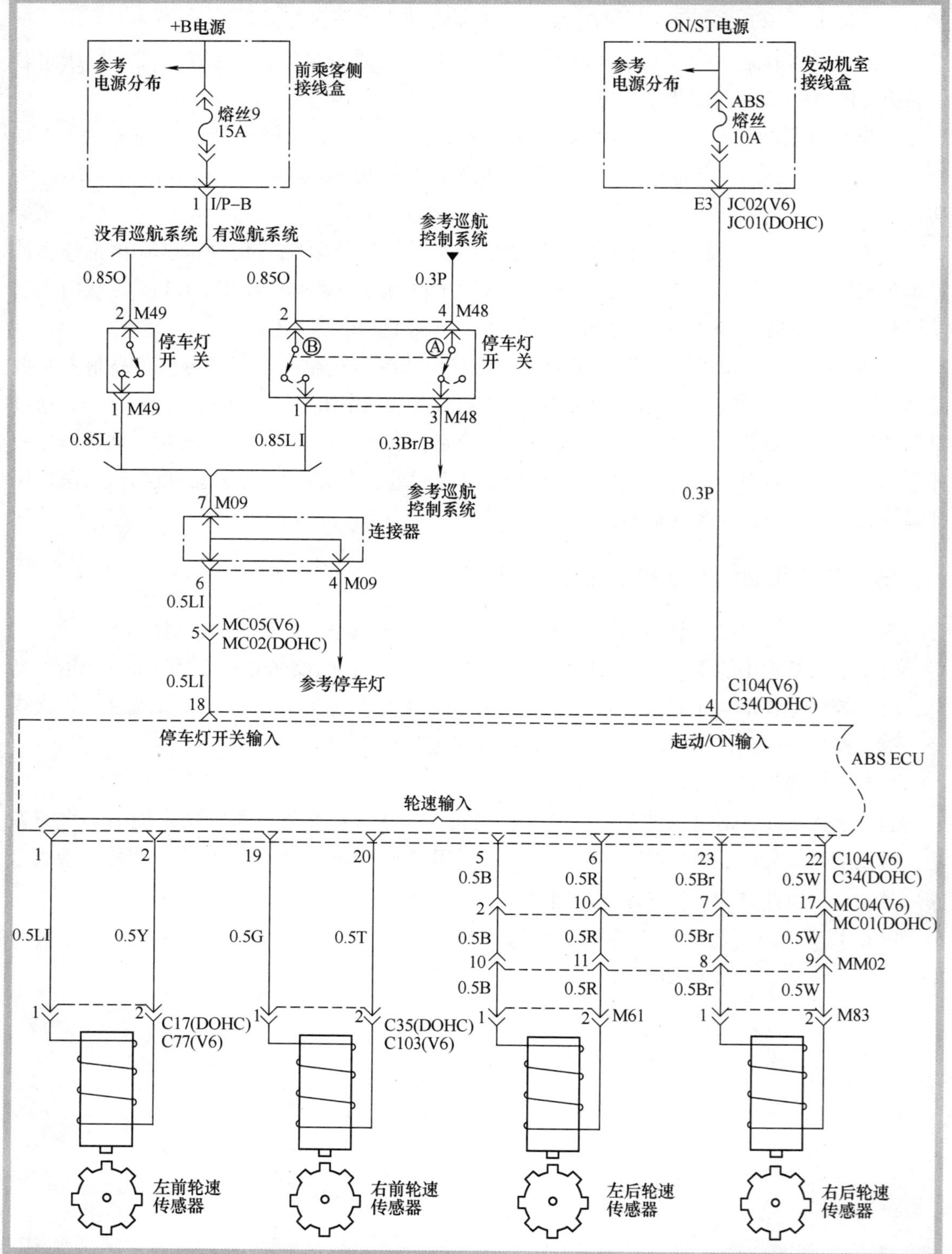
+B电源
参考
电源分布
前乘客侧
接线盒
熔丝9
15A
1 I/P–B
没有巡航系统
有巡航系统
参考巡航
控制系统
0.85O
0.85O
0.3P
2 M49
2
4 M48
停车灯
开　关
停车灯
开　关
1 M49
1
3 M48
0.85L I
0.85L I
0.3Br/B
参考巡航
控制系统
7 M09
连接器
6
4 M09
0.5LI
5 MC05(V6)
MC02(DOHC)
0.5LI
参考停车灯
18
ON/ST电源
参考
电源分布
发动机室
接线盒
ABS
熔丝
10A
E3 JC02(V6)
JC01(DOHC)
0.3P
4 C104(V6)
C34(DOHC)
停车灯开关输入
起动/ON输入
ABS ECU
轮速输入
1 2 19 20 5 6 23 22
C104(V6)
C34(DOHC)
0.5B 0.5R 0.5Br 0.5W
2 10 7 17 MC04(V6)
MC01(DOHC)
0.5LI 0.5Y 0.5G 0.5T 0.5B 0.5R 0.5Br 0.5W
10 11 8 9 MM02
0.5B 0.5R 0.5Br 0.5W
C17(DOHC)
C77(V6)
C35(DOHC)
C103(V6)
M61
M83
左前轮速
传感器
右前轮速
传感器
左后轮速
传感器
右后轮速
传感器

图 6-12　索纳塔轿车

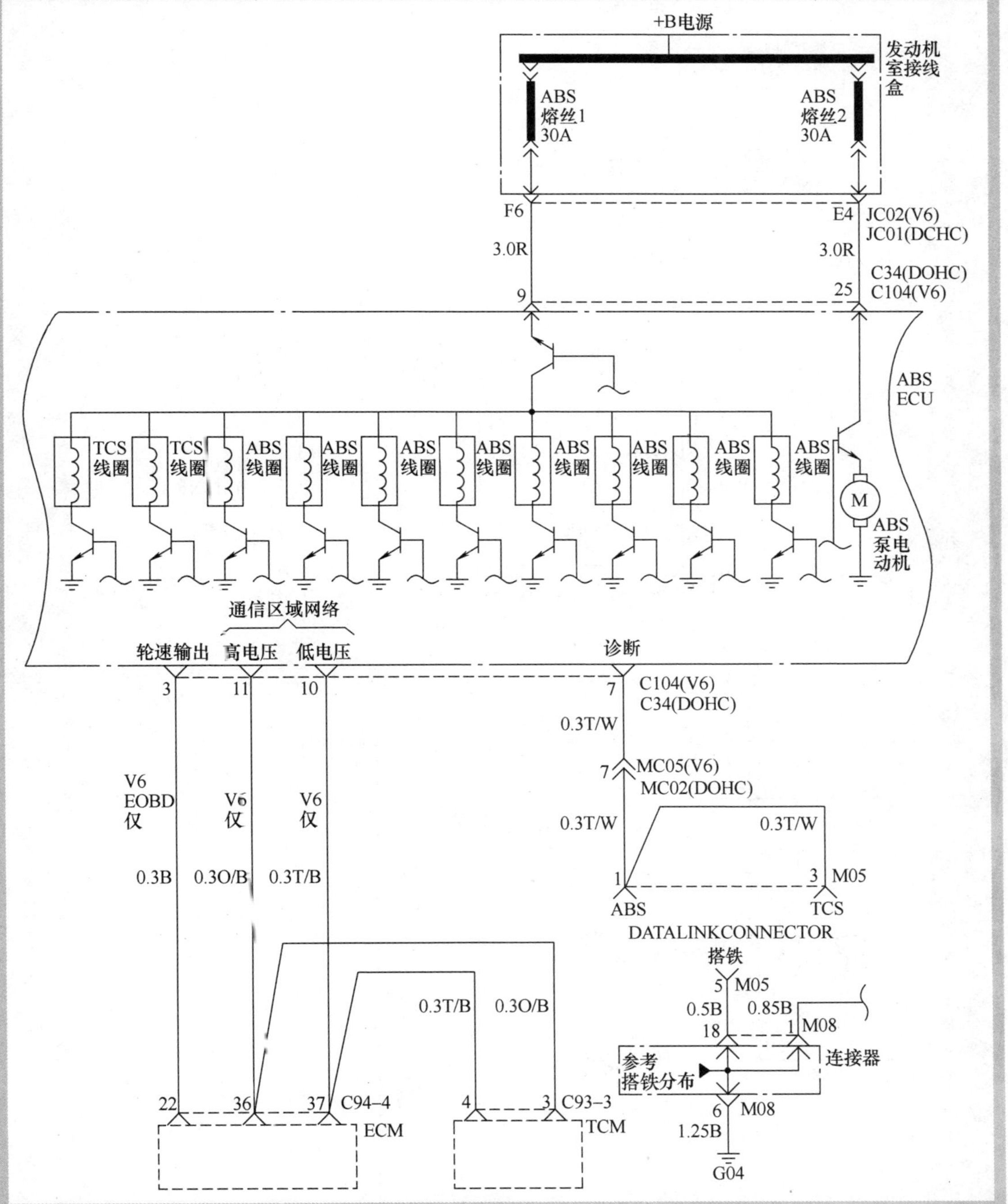
+B电源
发动机室接线盒
ABS熔丝1 30A
ABS熔丝2 30A
F6
E4
JC02(V6)
JC01(DCHC)
3.0R
3.0R
9
25
C34(DOHC)
C104(V6)
ABS ECU
TCS线圈
TCS线圈
ABS线圈
ABS线圈
ABS线圈
ABS线圈
ABS线圈
ABS线圈
ABS线圈
ABS线圈
M
ABS泵电动机
通信区域网络
轮速输出
高电压
低电压
诊断
3
11
10
7
C104(V6)
C34(DOHC)
0.3T/W
7
MC05(V6)
MC02(DOHC)
V6 EOBD仪
V6仪
V6仪
0.3T/W
0.3T/W
0.3B
0.3O/B
0.3T/B
1
3
M05
ABS
TCS
DATALINKCONNECTOR
搭铁
5
M05
0.5B
0.85B
0.3T/B
0.3O/B
18
1
M08
参考搭铁分布
连接器
6
M08
1.25B
G04
22
36
37
C94-4
4
3
C93-3
ECM
TCM

ABS/TCS 电路图

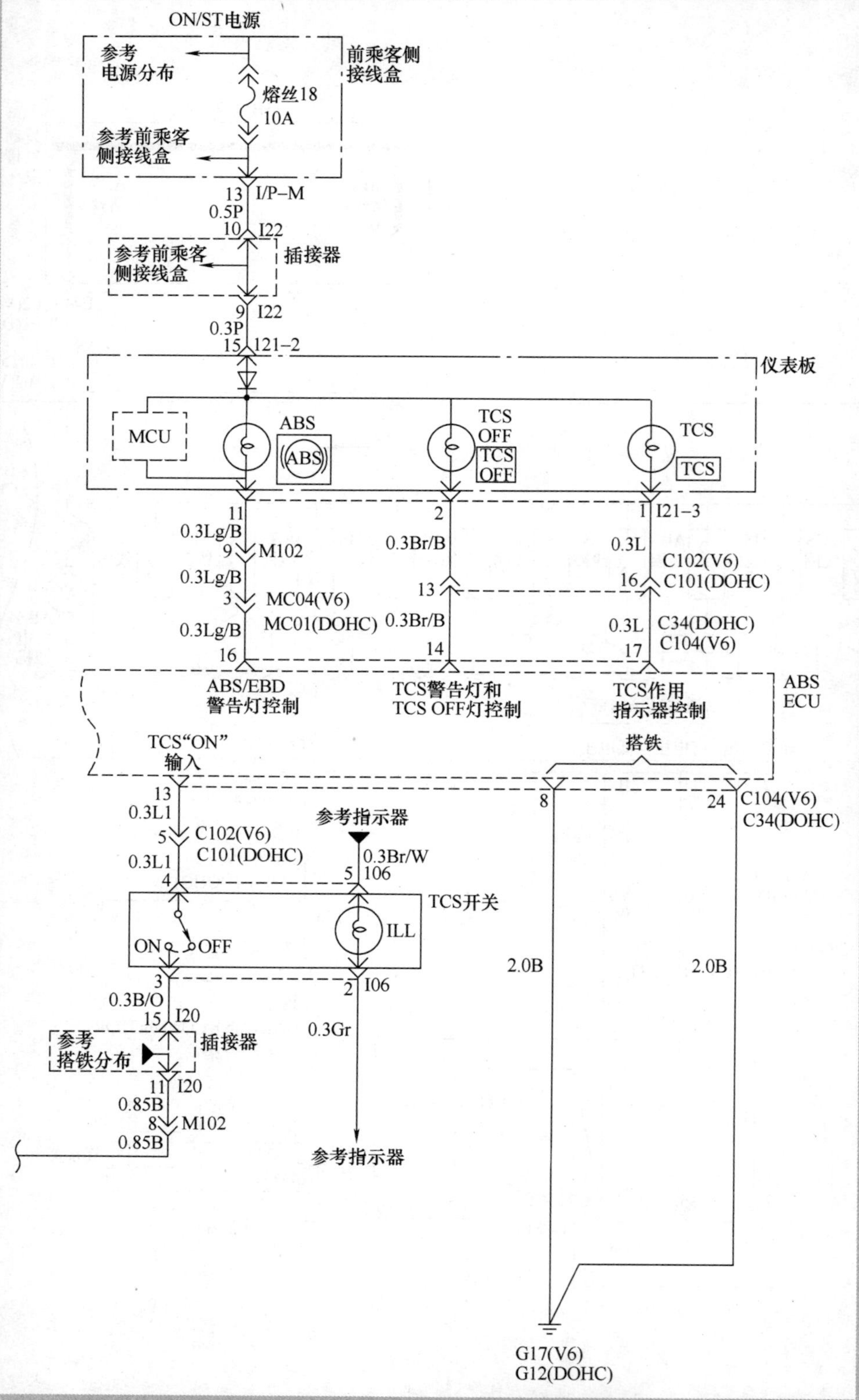

图6-12　索纳塔轿车ABS/TCS电路图（续）

表 6-2　ABS/ECU 各端子

序号端子	序号线径线色	序号功能及连接去向
C104/1	0. 5LI	左前轮传感器 1 号端子
C104/2	0. 5Y	左前轮传感器 2 号端子
C104/3	0. 5B	轮速输出信号至 ECM 的 22 号端子
C104/4	0. 3P	点火供电 ABS 熔丝 10A
C104/5	0. 5B	左后轮传感器 1 号端子
C104/6	0. 5R	左后轮传感器 2 号端子
C104/7	0. 5W	诊断数据端子
C104/8	2. 0B	ECU 搭铁端子
C104/9	3. 0R	蓄电池电源主要提供电磁阀公共电源
C104/10	0. 3O/B	电控单元间的数据传输线（高电压）
C104/11	0. 3T/B	电控单元间的数据传输线（低电压）
C104/13	0. 3LI	来自 TCS 开关 4 号端子的输入信号
C104/14	0. 3Br/B	至仪表板 121 –3 –2 端子的 TCS 警告和 TCS/OFF 灯控制信号
C104/16	0. 3Lg/B	至仪表板 121 –3 –11 端子的 ABS/EBD 警告灯控制信号
C104/17	0. 3L	至仪表板 121 –3 –3 端子的 TCS 作用指示器的控制信号
C104/18	0. 5LI	停车灯开关信号（正）
C104/19	0. 5G	右前轮传感器 1 号端子
C104/20	0. 5T	右前轮传感器 2 号端子
C104/22	0. 5W	右后轮传感器 2 号端子
C104/23	0. 5Br	右后轮传感器 1 号端子
C104/24	2. 0B	ECU 搭铁端子
C104/25	3. 0R	蓄电池电源主要提供 ABS 泵电动机电源

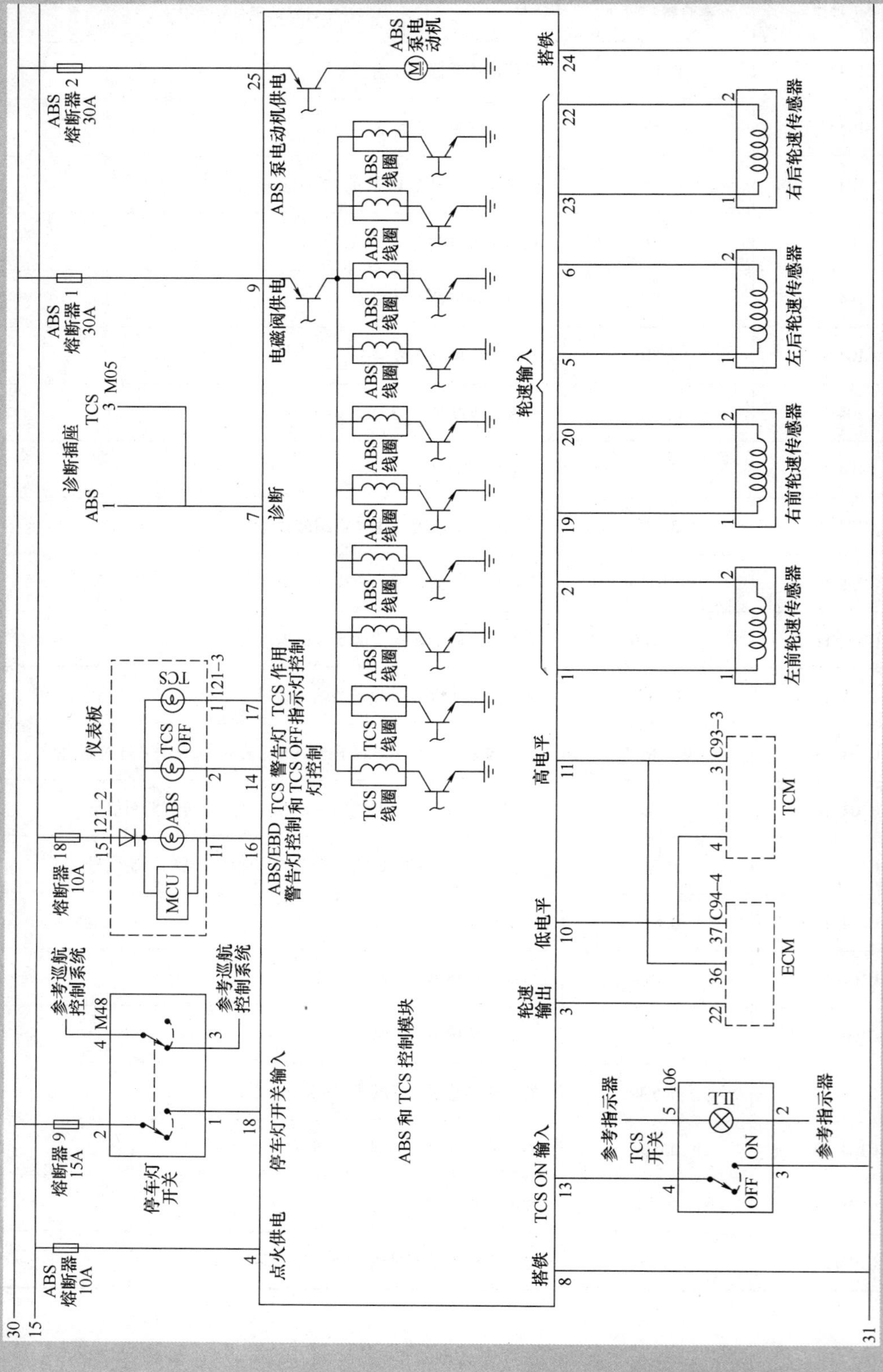

图 6-13　改绘后的北京现代索纳塔轿车 ABS/TCS 系统电路原理图

案例分析

故障现象：参照图 6-10 所示电路，分析 ABS 不工作的故障原因。

故障分析：图 6-10 所示电路属于 ABS 基本电路，电路结构简单，导致 ABS 不工作的故障原因一般有：

① J104/9 和 J104/25 系统供电（功率电源）中断。

② J104/4 系统点火信号中断。

③ J104/8 和 J104/24 系统搭铁中断。

④ 轮速传感器故障或 J104 没有得到全部信号。

⑤ 制动信号没有输入 J104/18。

⑥ 制动控制模块总成内部故障。

对于 ABS 的故障诊断一般可借助诊断仪，当确认 ABS 指示灯点亮或闪烁，基本认为系统供电正常，所以，先要读取故障码，以便缩小故障范围。

该车常规制动正常，ABS 指示灯点亮，读取故障码显示右前轮转速传感器断路，所以，应本着先易后难、先简后繁的维修原则，重点对右前轮转速传感器进行检查。

故障排除：根据上诉分析，针对右前轮转速传感器（磁电式）进行检查。将传感器线束插头拔掉，用万用表电阻档检查线圈阻值，并与左前轮转速传感器进行比较，阻值正常；然后检查线路，将传感器插头恢复，把 J104 线束插头拔掉，在 J104 线束插头的 19 和 20 号之间，用万用表电阻档检查，没有测到传感器线圈阻值，说明线路有断路现象。

对右前轮转速传感器两条导线逐一检查，发现信号电缆线有被摩擦、挤压痕迹，仔细检查发现信号线已经断路。重新将断路导线连接，故障排除。

◎◎◎　第二节　安全气囊系统电路图的识读与绘制　◎◎◎

学习目标：

1. 了解汽车安全气囊系统的基本组成与作用。
2. 熟悉汽车安全气囊系统电路的控制方法。
3. 理解安全气囊系统主要零部件的结构与原理。
4. 掌握汽车安全气囊系统的故障诊断检测与维修技能。

一、安全气囊电子控制系统的组成

安全气囊是辅助约束系统的一部分，主要是为了防止汽车碰撞时车内乘员和车内部件间发生碰撞而造成的伤害，它通常是作为安全带的辅助安全装置出现，二者共同作用。

1. 安全气囊系统的基本组成

安全气囊（SRS 或 SIR）系统主要由传感器、电控单元（ECU）、气囊组件、SRS 警告灯等组成。

图 6-14 所示为安全气囊的基本组成。

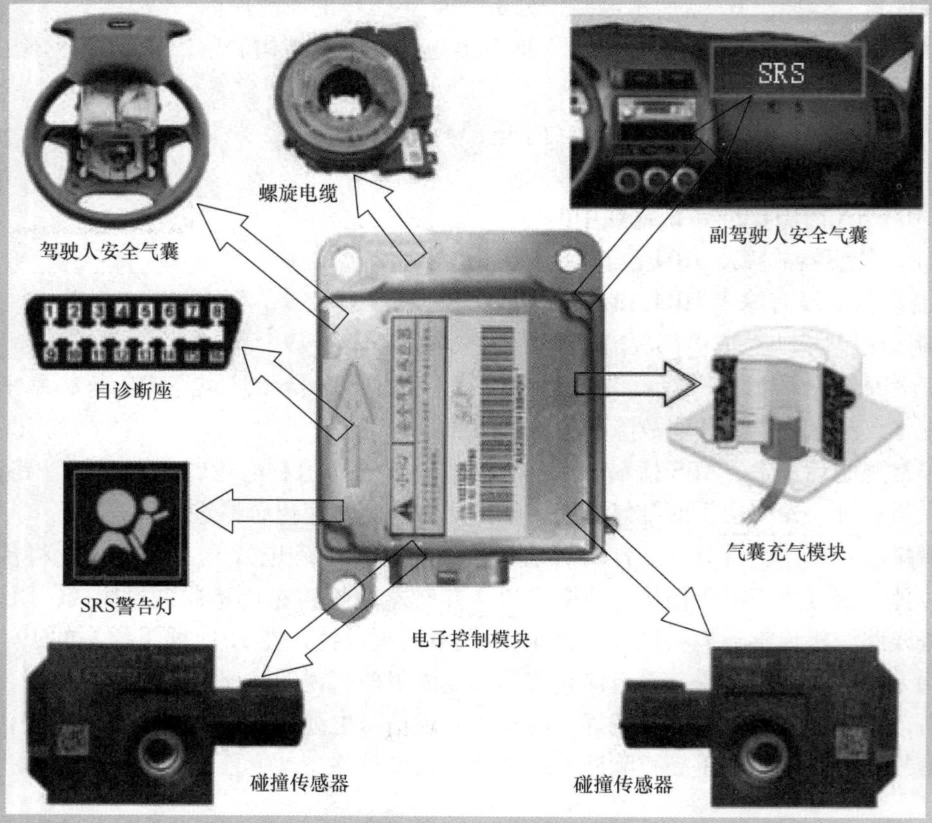

图 6-14　安全气囊系统的基本组成

（1）安全气囊传感器　安全气囊传感器是安全气囊系统主要的控制信号输入装置，其作用是检测、判断汽车发生碰撞事故时的撞击强度信号，并将此信号输入电控单元，电控单元根据接收到的传感器信号来判断是否引爆充气元件使气囊充气。

安全气囊传感器一般也称碰撞传感器，按照用途的不同，碰撞传感器分为触发碰撞传感器和防护碰撞传感器。触发碰撞传感器也称为碰撞强度传感器，用于检测碰撞时的加速度变化，并将碰撞信号传给气囊电控单元，作为气囊电控单元的触发信号；防护碰撞传感器也称为安全碰撞传感器，它与触发碰撞传感器串联，用于防止气囊误爆。

早期的汽车一般设有多个触发碰撞传感器，一般安装在车身的前部和中部，例如车身两侧的翼子板内侧、前照灯支架下面以及发动机散热器支架两侧等部位。

安全气囊系统传感器按结构形式不同，又可分为机械式、机电式和电子式传感器。机械式和机电式传感器一般为两端子；电子式传感器大多为三端子。

图 6-15 所示为常见车用碰撞传感器。

（2）安全气囊电控单元　随着碰撞传感器制造技术的发展，目前大多汽车将触发碰撞传感器、防护碰撞传感器都安装在气囊电子控制器内，多数紧贴车身底板安装。

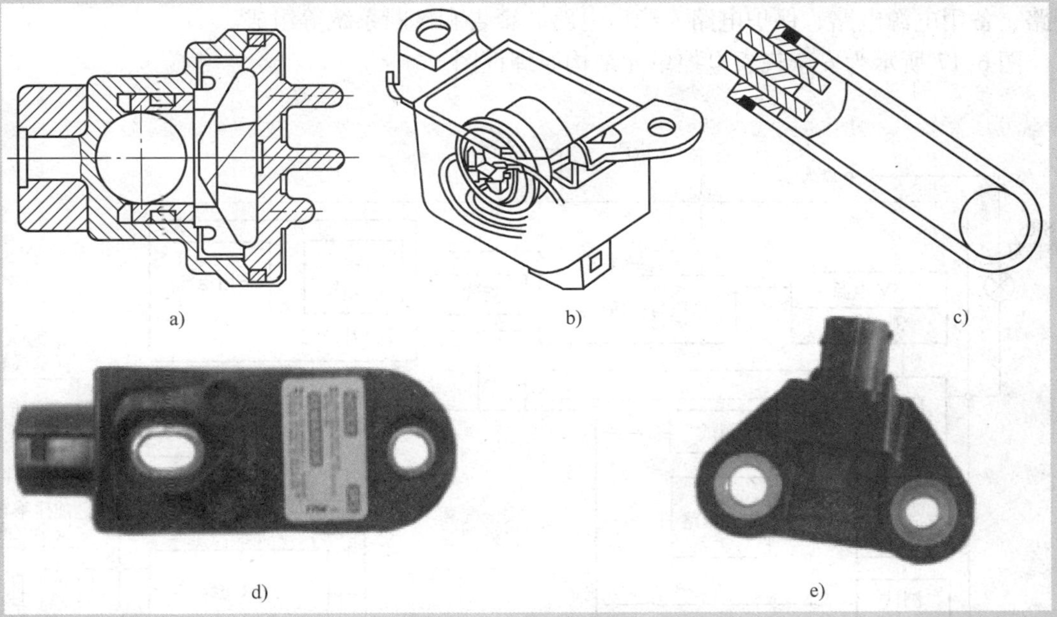

图 6-15　常见车用碰撞传感器

a）滚球式传感器　b）偏心式传感器　c）水银开关式传感器　d、e）传感器实物

图 6-16 所示为内置碰撞传感器的安全气囊电控单元。

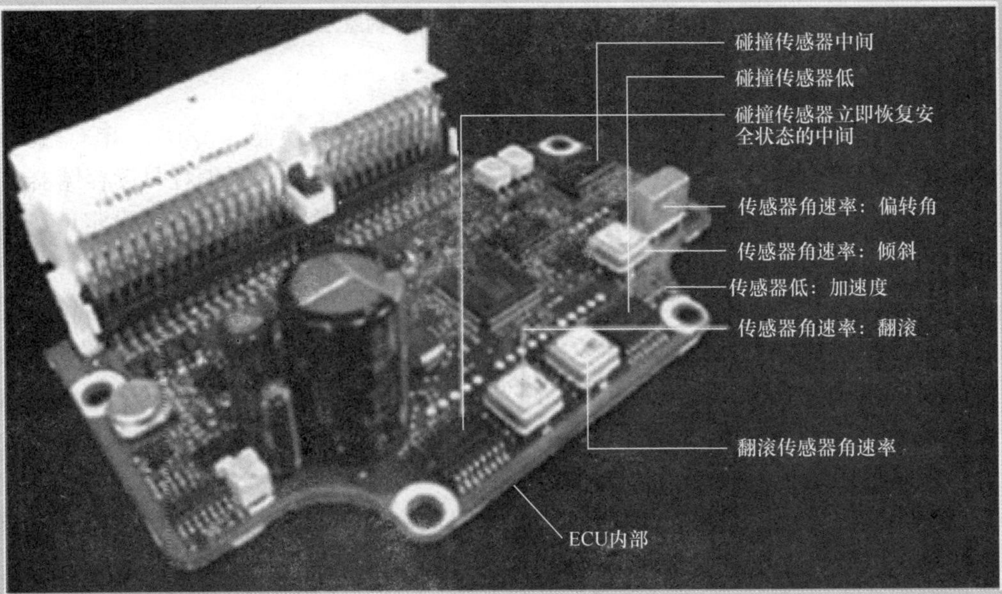

图 6-16　内置碰撞传感器的安全气囊电控单元

不同国家、不同汽车生产厂家以及研究部门，在不同时期、不同车型上，开发和设计了多种多样的中央电控单元，随着技术的不断进步，中央电控单元也不断地改进和完善。

安全气囊电控单元是安全气囊系统的核心部件，一般都由安全气囊逻辑模块、信号处理电路、备用电源电路、保护电路、稳压电路、警告和诊断系统等组成。

图 6-17 所示为安全气囊电控单元结构原理框图。

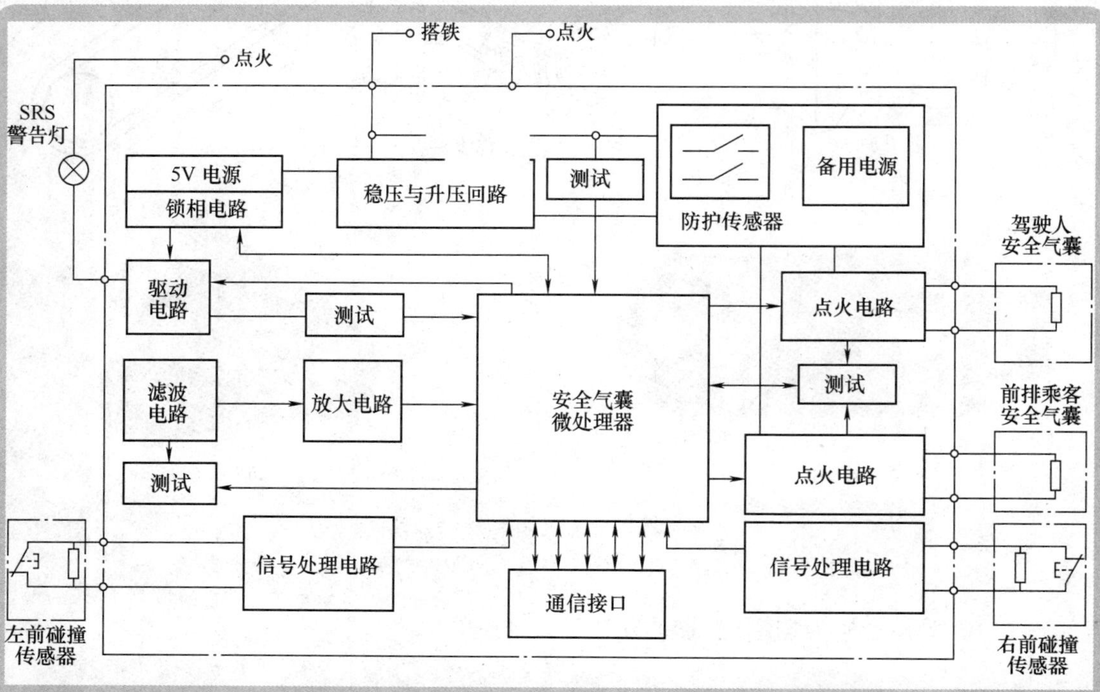

图 6-17　安全气囊 ECU 内部结构原理框图

1）安全气囊逻辑模块（微处理器）。逻辑模块由模/数转换器（A/D）、串行输入/输出（I/D）接口，只读存储器（ROM）、随机存储器（RAM）、可擦除可编程只读存储器（EEP-ROM）和定时器等组成。主要用于检测汽车纵向减速度或惯性力是否达到设定值，控制气囊组件中的点火器引爆点火剂。

在汽车行驶过程中，安全气囊 ECU 不断接收到前碰撞传感器和安全传感器传来的车速变化信号，经过数学计算和逻辑判断后，确定是否发生碰撞。当判断结果为发生碰撞时，立即运行控制点火的软件程序，并向点火电路发出点火指令引爆点火剂给气囊充气。除此之外，安全气囊 ECU 还要对控制组件中关键部件的电路不断进行诊断测试，并通过安全气囊指示灯和存储在存储器中的故障码来显示测试结果。

2）信号处理电路。主要由放大器和滤波器组成，用于对传感器检测的信号进行整形、放大和滤波、以便 SRS/ECU 能够接收、识别和处理。

3）备用电源电路。安全气囊系统设有两个电源，一个是汽车电源，另一个是备用电源。备用电源又称为后备电源或紧急备用电源。备用电源电路由电源控制电路和电容器组成。接通点火开关后，汽车电源电压高于 SRS/ECU 的最低工作电压，则备用电源完成储能任务。当汽车遭受碰撞导致汽车电源与 SRS/ECU 之间的电路被切断时，备用电源仍能在 6s 内向 ECU 供给电能，保持 ECU 测出碰撞、发出点火指令并向点火器供给足够的点火能量引爆点火剂，使充气剂受热分解气囊膨胀。

4）保护电路和稳压电路。汽车电气设备中许多电气部件带有电感线圈，电器开关较多，电气负载变化频繁，当线圈电流、开关接通或断开，负载电流突然变化时，会产生瞬时脉冲电压，即过电压，若过电压加到安全气囊电路上，其电子元件有可能会因电压过高而损坏。因此，为了防止安全气囊系统电子元件损坏，安全气囊 ECU 中必须设置保护电路，同时，为了保证汽车电源电压变化时，安全气囊系统能够正常工作，还必须设置稳压电路。

（3）气囊组件　气囊组件主要由气体发生器、点火器、气囊、饰盖和底板等组成。驾驶人安全气囊组件位于转向盘中心处，乘客安全气囊组件位于仪表板右侧杂物箱盖的上方，侧面气囊组件位于前排座椅的靠背里。

图 6-18 所示为安全气囊安装位置。

图 6-18　安全气囊安装位置

a）转向盘上的安全气囊饰盖　b）仪表台上副驾驶位安全气囊饰盖

气体发生器、点火器、气囊为一组件，转向盘上的气囊组件如图 6-19 所示。

气体发生器主要由上盖、下盖、充气剂（片状叠氮化钠）和金属滤网组成。气体发生器又称为充气器，用专用螺栓与螺母固定在转向盘的气囊支架上。气囊点火器外包铝箔安装在气体发生器内部中央位置。图 6-20 所示为转向盘上的气体发生器。

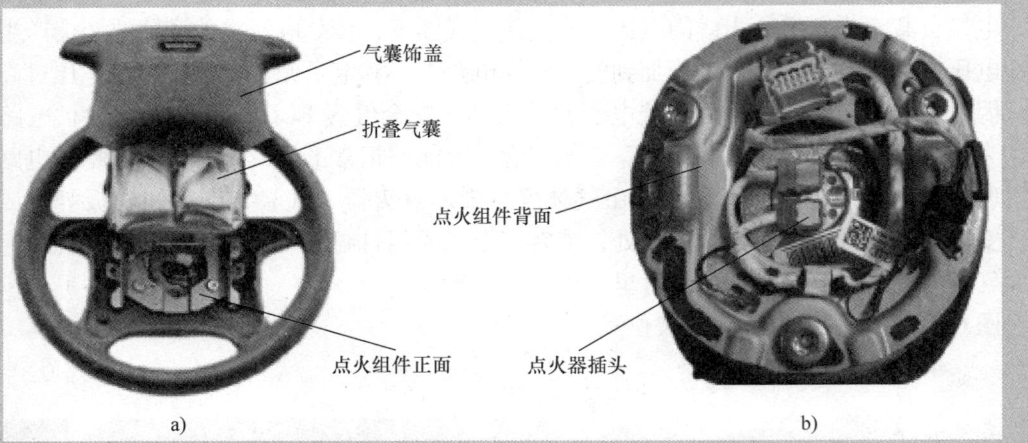

图 6-19　转向盘上的安全气囊组件
a）气囊组件正面　b）气囊组件背面

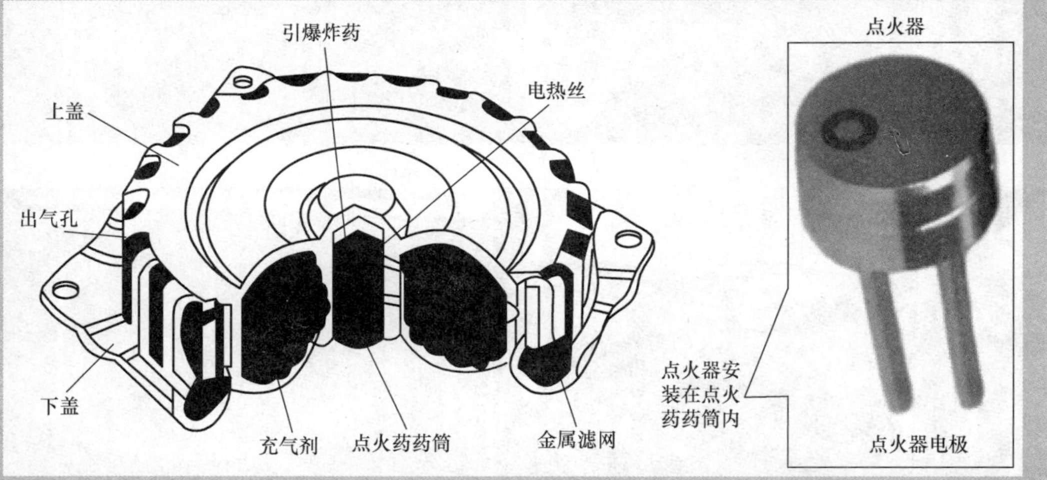

图 6-20　转向盘上的气体发生器

当 SRS/ECU 发出点火指令，电热丝电路接通时，电热丝迅速红热引爆引药，炸药瞬间爆炸产生热量，药筒内温度和压力急剧升高并冲破药筒，使充气剂（叠氮化纳）受热分解释放氮气冲入气囊。

图 6-21 所示为展开的安全气囊。

（4）气囊导线

1）线束。安全气囊系统线束一般采用黄色护套的导线（图 6-22），有别于其他设备的线束，并且单独敷设。

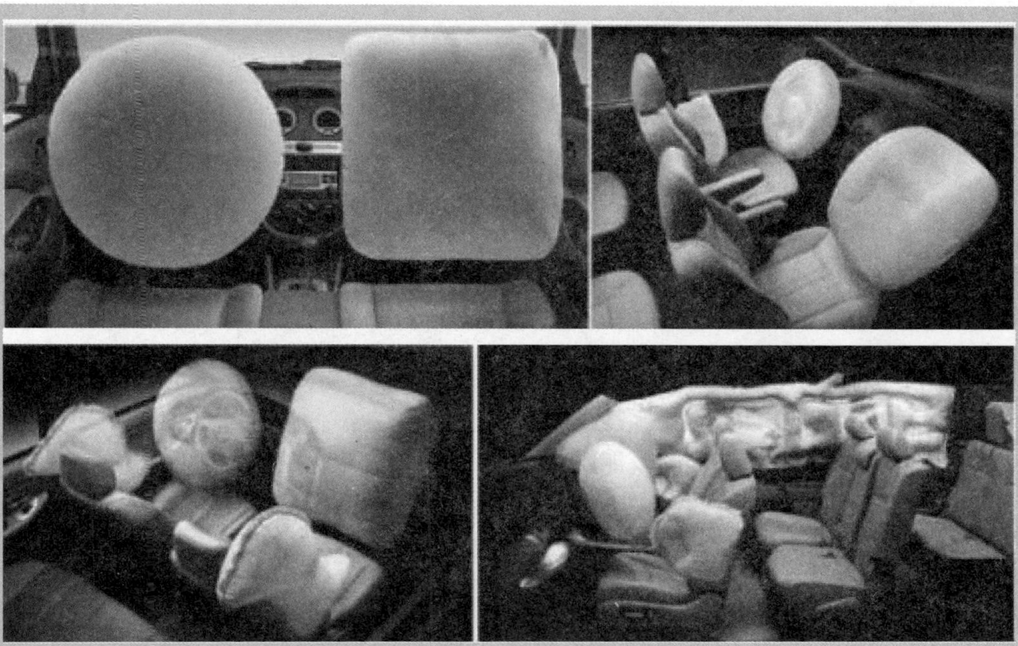

图 6-21　展开的安全气囊

图 6-22　安全气囊系统导线（黄色）

插接器基本上都设计有防止气囊误爆机构，这种插接器中有一个短路片机构，当插接器拔下时，短路片自动将靠 SRS 点火器一侧插头或插接器两个引线端子短接，防止静电或误通电将电热丝电路接通而造成气囊误膨胀。

插接器短路片有的设置在插头上，有的设置在插接器上，但短路片必须靠近安全气囊点火器一侧，其作用效果完全相同。

① 当插头与插接器正常连接时，插头的绝缘壳体将短路片向上顶起，如图 6-23a 所示，短路片与插接器端子脱开，插头的引线端子与插接器的引线端子接触良好，点火器电热丝电路的“+”端与安全传感器电路接通，“-”端与前碰撞传感器电路接通，电热丝电路处于正常连接状态。

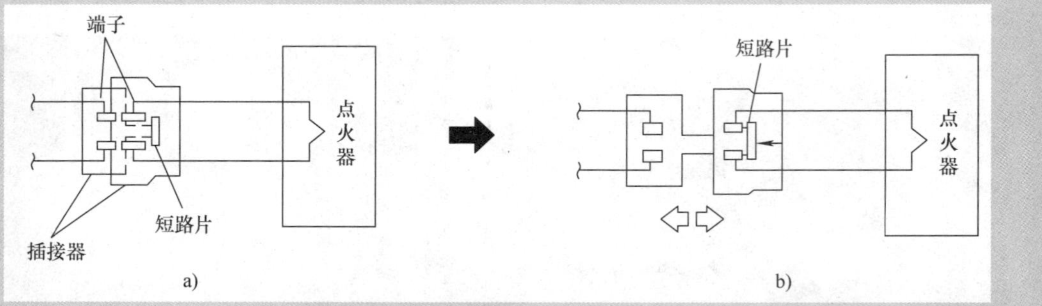

图 6-23　防止安全气囊误爆插接器

a）插接器正常连接时　b）插接器拔下时

② 当插头与插接器脱开时，短路片自动将气囊点火器一侧插接器的引线端子短接，使点火器的电热丝与短路片构成回路，如图 6-23b 所示。此时即使将电源加到气囊点火器一侧插接器上，由于电源被短路片短路，点火器也不会引爆，从而防止安全气囊误引爆。

2）螺旋电缆。为保证导线连接良好，在转向盘内装有螺旋电缆收缩装置。充气元件与气囊安装在转向盘上，随时与转向盘一起转动，螺旋插接器用于将随转向盘转动的电雷管引线与固定的 ECU 导线连接起来。图 6-24 所示为安全气囊螺旋电缆与安装位置。

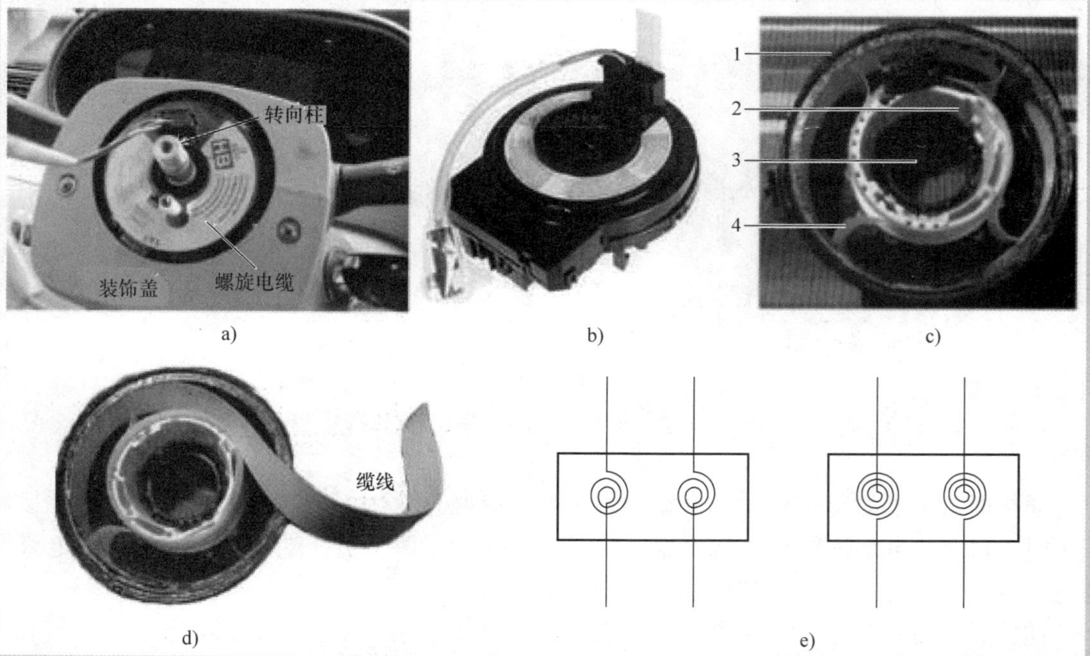

图 6-24　安全气囊螺旋电缆与安装位置

a）螺旋电缆安装位置　b）螺旋电缆　c）螺旋电缆内部　d）拆开的螺旋电缆　e）螺旋电缆电路

1—壳体　2—转子　3—转向柱插孔　4—缆线

（5）SRS 警告灯　安全气囊警告灯位于组合仪表板上（图 6-25），其功用是：指示安全气囊系统功能是否处于正常状态。点火开关接通时，SRS/ECU 对系统进行自检，警告灯点亮6s后熄灭表示系统正常。

图6-25 安全气囊警告灯

如果警告灯不亮、一直点亮或在汽车行驶中突然点亮或闪亮，表示SRS/ECU自诊断系统发现系统有故障，应及时排除，同时还会将所发现的故障编成代码存储在存储器中，以备检修时调取。

2. 安全气囊基本工作原理

（1）气囊打开原则　一般说来，轻微的碰撞不会打开安全气囊，只有在车辆以50km/h（标准不同）以上的速度撞向刚性墙壁或障碍物，且在车辆正面的一定角度范围内才是打开安全气囊的有效碰撞范围，后碰、侧碰、翻转都不会引发安全气囊打开。

安全气囊系统在汽车正前方或斜前方30°角范围内发生碰撞且纵向减速度达到某一值（减速度阈值）时，才能引爆正面安全气囊。安全气囊有效撞击范围如图6-26所示。

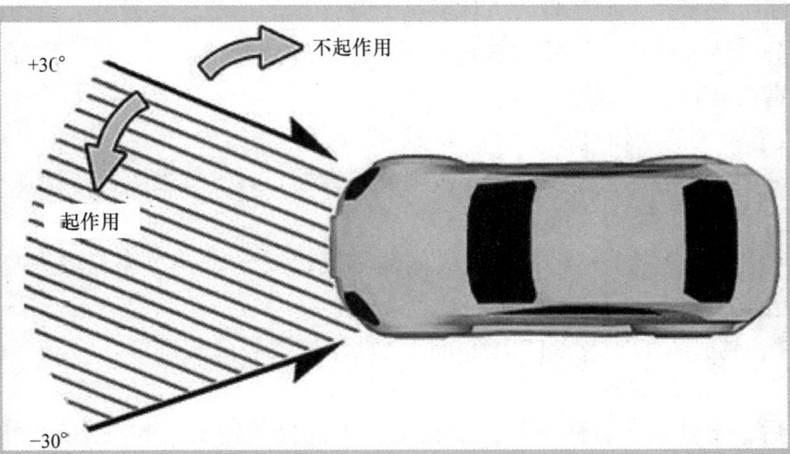

图6-26 安全气囊的有效撞击范围

（2）气囊工作原理　图6-27所示为安全气囊工作原理。

1）当汽车受到前方一定角度范围内的高速碰撞时，安装在汽车前端的碰撞传感器和与安全气囊ECU安装在一起的安全传感器就会检测到汽车突然减速的信号，使传感器触点闭合，将减速信号传送到安全气囊ECU。

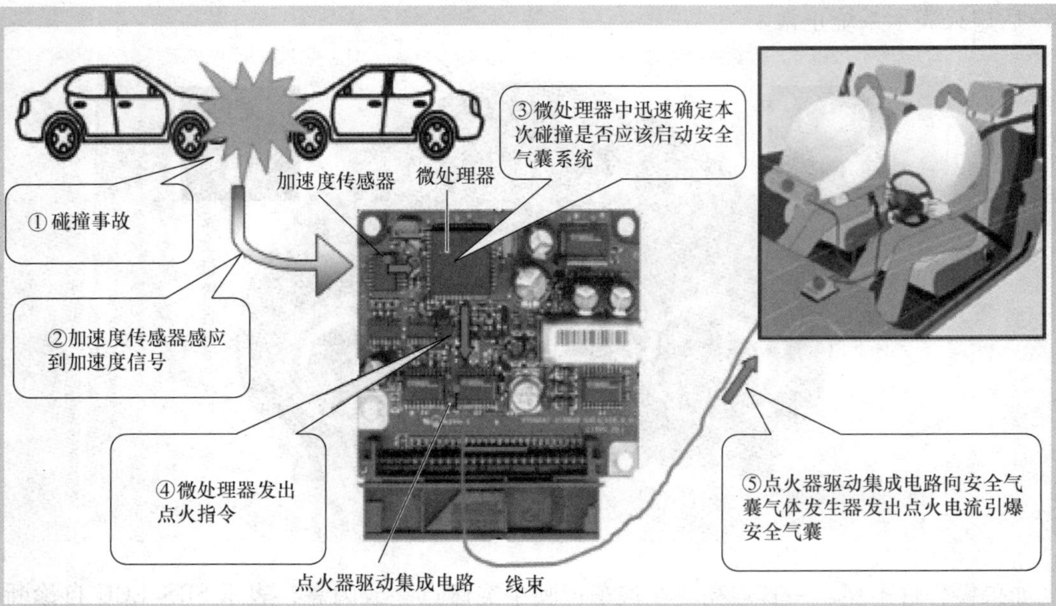

图 6-27　安全气囊工作原理

2）安全气囊 ECU 根据设定的程序对传感器所检测的信号进行数学计算和逻辑判断，当检测到的信号强度超过设定值时，安全气囊 ECU 立即向气囊组件内的点火器发出点火指令，引爆炸药，引燃气体发生器内的气体发生剂（叠氮化纳）。气体发生剂的燃烧十分剧烈，在瞬间释放出大量氮气，经过滤冷却后充入折叠的安全气囊，使气囊在极短的时间内冲开组件的装饰盖板迅速膨胀展开成扁球状，鼓向驾驶人和乘客，使驾驶人和乘客的头部和胸部压在充满气体的气囊上，将人体与车内构件（转向盘、仪表板和风窗玻璃等）之间的碰撞变为弹性碰撞，并通过气囊产生变形吸收人体碰撞时所产生的动能。气囊鼓起后很快从气囊背面的小孔排出部分气体而变瘪，柔软的气囊表面就能有效地保护人体头部、胸部和身体其他部分免受冲击伤害或减轻伤害程度。

3）安全气囊系统的动作过程如图 6-28 所示。

① 撞车 10ms 后，达到引爆系统引爆极限，点火器点燃气体发生器产生氮气，驾驶人仍然直坐着。

② 40ms 后，气囊已完全充胀，驾驶人向前移动，安全带斜系在驾驶人身上并被拉长，部分冲击能量已被吸收。

③ 80ms 后，驾驶人的头及身体上部沉向气囊，气囊后面的排气孔将氮气在一定压力下匀速逸出。

④ 110ms 后，驾驶人向后移动回到座椅上，大部分气体从气囊中逸出，前方恢复清晰视野。

气囊动作时间极短，从开始充气到完全充满的时间约为 30ms；从汽车碰撞开始，到安全气囊收缩为止，所用时间仅为 120ms 左右，而人的眼皮眨一下所用时间约为 300ms。

二、安全气囊系统电路分析

安全气囊系统基本电路主要包括碰撞传感器、电控单元、气囊组件以及警告灯等。

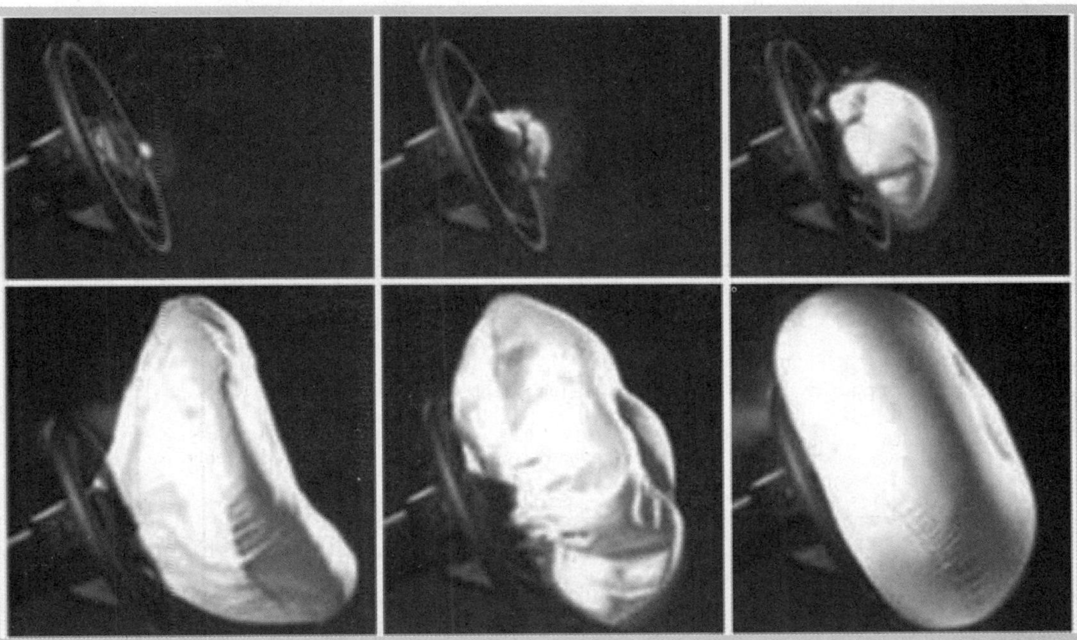

图 6-28　安全气囊展开过程

1. 安全气囊基本电路

图 6-29 所示为捷达轿车安全气囊电路，该系统仅包括驾驶人和前排乘客安全气囊。

（1）系统电源　该系统电源正极由点火开关通过熔丝盒的 S18（20A）、S24（10A）送至气囊控制单元 J234 的 T75/26 和 T75/72 端子，采用双电源供电也是安全气囊系统的显著特点；系统搭铁由气囊控制单元 J234 的 T75/51 端子直接连接在左侧 A 柱。

（2）碰撞信号　反馈碰撞信号的传感器采用了内置碰撞传感器，减少和避免了碰撞传感器外置由导线连接导致的接触不良、线路断路等故障隐患，提高了工作可靠性。

（3）气囊引爆装置

1）驾驶人侧安全气囊引爆装置。驾驶人侧安全气囊引爆装置由安全气囊控制单元 J234 的 T75/33 和 T75/34 端子通过转向盘上的安全气囊卷簧（螺旋电缆）送至驾驶人侧安全气囊引爆装置。

2）副驾驶人侧安全气囊引爆装置。副驾驶人侧安全气囊引爆装置由安全气囊控制单元 J234 的 T75/31 和 T75/32 端子，采用专用导线通过带保护机构的插接器送至副驾驶人侧安全气囊引爆装置。

（4）其他电路

1）安全气囊警告灯。安全气囊警告灯由安全气囊控制单元 T75/74 和 T75/75 端子，通过数据总线 CAN 与组合仪表进行信息传输。当车辆碰撞引爆气囊时，J234 通过数据总线将引爆信息送至组合仪表 J285，由 J285 点亮气囊警告灯，同时引爆信息会传输给发动机控制单元 J361，由发动机控制单元 J361 迅速关闭发动机，减少事故的危害程度。

2）自诊断接口。该系统的故障自诊断由安全气囊控制单元 J234 的 T75/54 端子与 OBD – II 标准的自诊断接口 T16/7 连接，故障诊断时可通过诊断仪直接查看故障信息。

2. 安全气囊典型电路

图 6-30 所示为日产天籁轿车安全气囊电路。该系统包括驾驶人和前排乘客安全气囊，

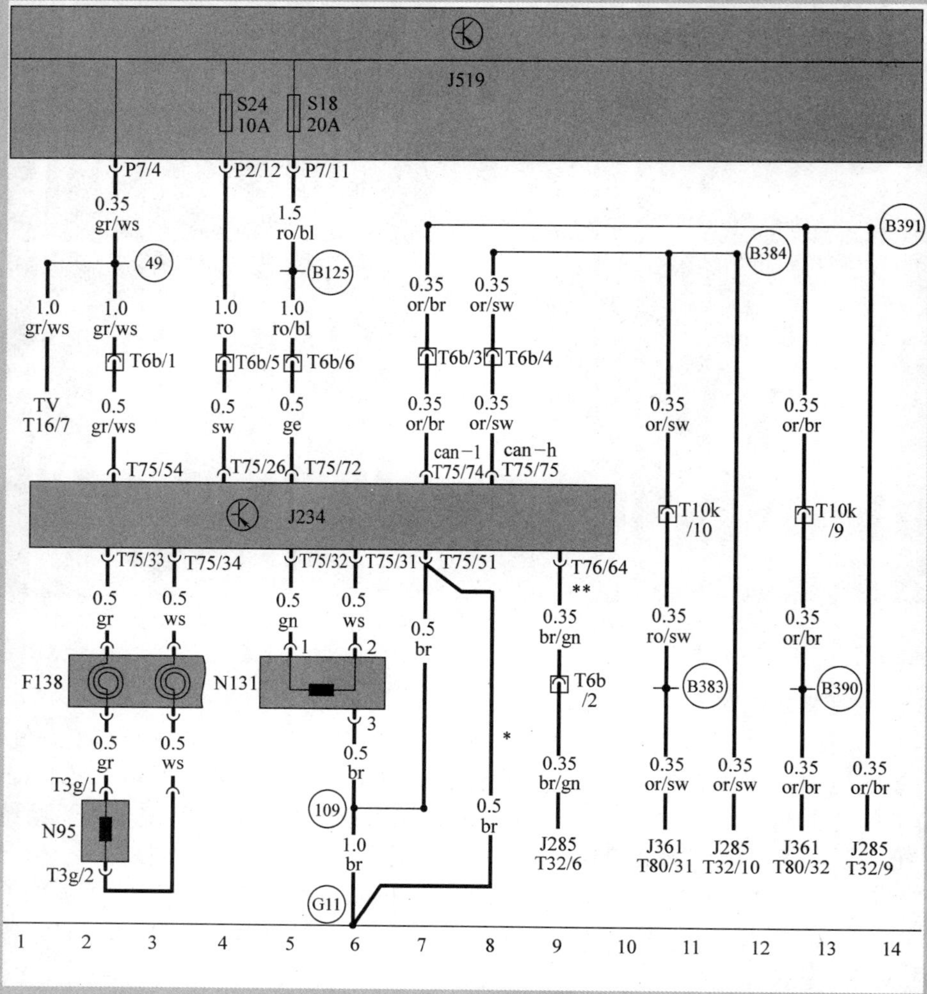

图 6-29　安全气囊基本电路（捷达）

F138—安全气囊卷簧
J234—安全气囊控制单元
J519—E－BOX 控制单元
J285—组合仪表控制单元
J361—Simos 发动机控制单元
N95—驾驶人侧安全气囊引爆装置
N131—副驾驶人侧安全气囊引爆装置
P2—15 芯黑色插头，与 E－BOX 对接
P7—15 芯棕色插头，与 E－BOX 对接
S18—18 号熔丝，在 E－BOX 上
S24—24 号熔丝，在 E－BOX 上
TV—自诊断接口
T3g—3 芯插头，插接驾驶人侧安全气囊引爆装置
T6b—6 芯插头
T10k—10 芯橙色对接插头，在 E－BOX 上
T16—16 芯插头，插接自诊断接口
T32—32 芯插头连接，插接组合仪表
T75—75 芯插头，插接安全气囊控制单元
T80—80 芯黑色插头连接

(49)—自诊断 K 线，在车身线束内
(109)—搭铁连接，在安全气囊线束内
(B125)—线束连接，在车身线束内
(B383)—主线束中的连接 1（驱动 CAN 总线 高频）
(B384)—主线束中的连接 2（驱动 CAN 总线 高频）
(B390)—主线束中的连接 1（驱动 CAN 总线 低频）
(B391)—主线束中的连接 2（驱动 CAN 总线 低频）
(G11)—搭铁点，在左侧 A 柱上

*　适用于仅装备驾驶人正面安全气囊的车辆
* *　适用于仅装备汽油发动机的伙伴车辆

前排左侧、右侧的侧气囊、帘式气囊以及前排左、右侧安全带张紧器引爆装置；传感器采用外置式，有前正面碰撞传感器、前左侧碰撞传感器、前右侧碰撞传感器。

（1）系统电源　系统电源正极由点火开关经13号熔丝（10A）通过气囊诊断传感器单元M65/1号端子提供；系统搭铁由气囊诊断传感器单元M65/2号端子获得。

（2）碰撞信号

1）前正面碰撞传感器。前正面碰撞传感器采用专用导线和具有保护机构的插接器与气囊诊断传感器单元M65/11号端子、12号端子连接，采用屏蔽保护分别在气囊诊断传感器单元M65/16号端子与车身搭铁。

2）前左、前右侧碰撞传感器。前左侧碰撞传感器采用专用导线和具有保护机构的插接器与气囊诊断传感器单元M65/37号端子、38号端子连接，采用屏蔽保护在车身直接搭铁。

前右侧碰撞传感器采用专用导线和具有保护机构的插接器与气囊诊断传感器单元M65/35号端子、36号端子连接，采用屏蔽保护在车身直接搭铁。

（3）引爆装置

1）驾驶人气囊模块。驾驶人气囊模块通过转向盘上的螺旋电缆与气囊诊断传感器单元M65/3号端子、4号端子连接。

2）前排乘客气囊模块。前排乘客气囊模块采用专用导线通过带保护机构的插接器与气囊诊断传感器单元M65/5号端子、6号端子连接。

3）前排左侧气囊模块。前排左侧气囊模块采用专用导线通过带保护机构的插接器与气囊诊断传感器单元M65/33号端子、34号端子连接。

4）前排右侧气囊模块。前排右侧气囊模块采用专用导线通过带保护机构的插接器与气囊诊断传感器单元M65/31号端子、32号端子连接。

5）前排左侧帘式气囊模块。前排左侧帘式气囊模块采用专用导线通过带保护机构的插接器与气囊诊断传感器单元M65/29号端子、30号端子连接。

6）前排右侧帘式气囊模块。前排右侧帘式气囊模块采用专用导线通过带保护机构的插接器与气囊诊断传感器单元M65/27号端子、28号端子连接。

7）前排左侧安全带张紧器引爆装置。前排左侧安全带张紧器引爆装置采用专用导线通过带保护机构的插接器与气囊诊断传感器单元M65/9号端子、19号端子连接。

8）前排右侧安全带张紧器引爆装置。前排右侧安全带张紧器引爆装置采用专用导线通过带保护机构的插接器与气囊诊断传感器单元M65/7号端子、8号端子连接。

（4）其他电路

1）安全气囊警告灯。安全气囊警告灯位于组合仪表板，警告灯的一端搭铁，当气囊系统故障时由气囊诊断传感器单元的M65/15号端子输出正极性的控制信号点亮警告灯。

2）诊断接口。该系统的故障自诊断由气囊诊断传感器单元的M65/22端子与OBD－II标准的自诊断接口T16/7连接，故障诊断时可通过诊断仪直接查看故障信息。

三、安全气囊系统电路图的绘制

图6-31所示为大众CC轿车安全气囊系统电路图。图中采用的电器件较多，器件与器件之间、器件与ECU之间的连接看起来有些凌乱，所以阅读分析电路图时，要从系统电源、信号输入和执行器三个方面着手，了解各部分的电路结构和控制方式。例如，传感器、执行器的数量很多，但对ECU来说多为独立控制，阅读时可视为一个，这样再把ECU电源搞清楚，电路原理就基本清楚了。图6-32所示为改绘后的安全气囊系统电路原理图，能够较为清楚地反映电路结构和工作原理。

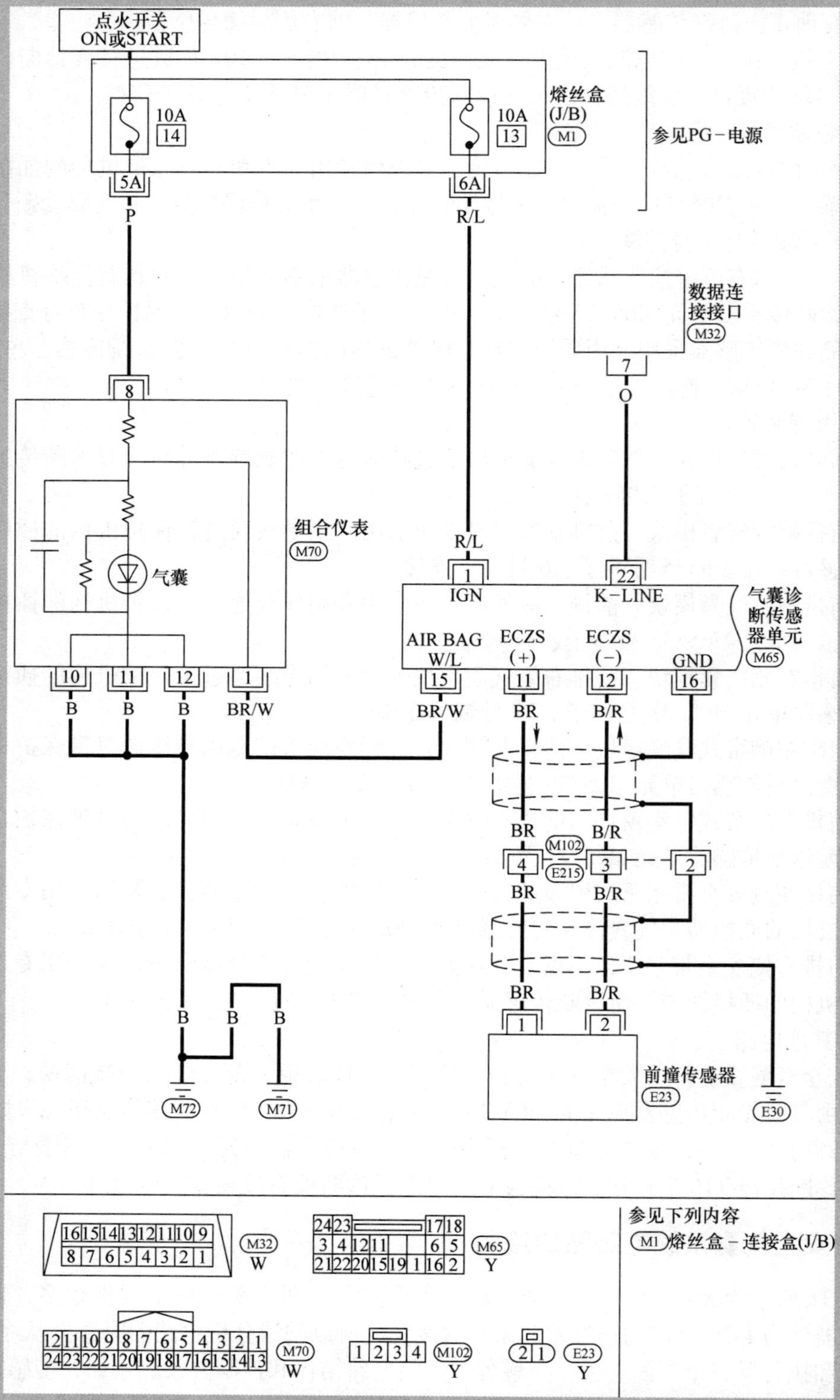

点火开关
ON或START
10A
14
10A
13
熔丝盒
(J/B)
M1
参见PG－电源
5A
6A
P
R/L
数据连
接接口
M32
7
O
8
组合仪表
M70
气囊
R/L
1
22
IGN
K-LINE
气囊诊
断传感
器单元
M65
AIR BAG
W/L
ECZS
(+)
ECZS
(−)
GND
10
11
12
1
15
11
12
16
B
B
B
BR/W
BR/W
BR
B/R
BR
B/R
M102
E215
4
3
2
BR
B/R
BR
B/R
1
2
前撞传感器
E23
E30
B
B
B
M72
M71
16 15 14 13 12 11 10 9
8 7 6 5 4 3 2 1
M32
W
24 23 17 18
3 4 12 11 6 5
21 22 20 15 19 1 16 2
M65
Y
12 11 10 9 8 7 6 5 4 3 2 1
24 23 22 21 20 19 18 17 16 15 14 13
M70
W
1 2 3 4
M102
Y
2 1
E23
Y
参见下列内容
M1 熔丝盒－连接盒(J/B)

图 6-30　日产天籁

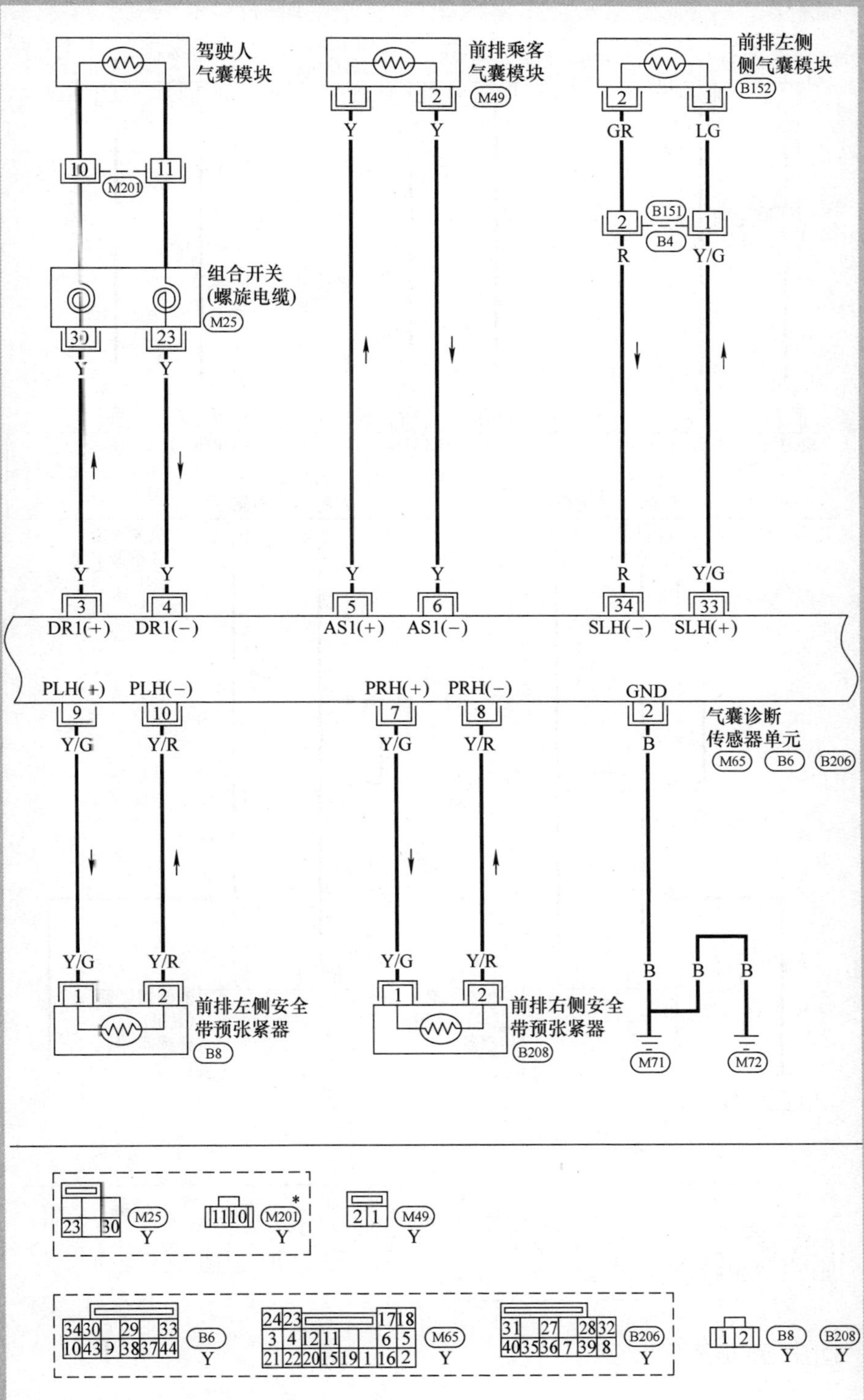

*：此接头在PG部分“线束布置”中没有列出

轿车安全气囊电路

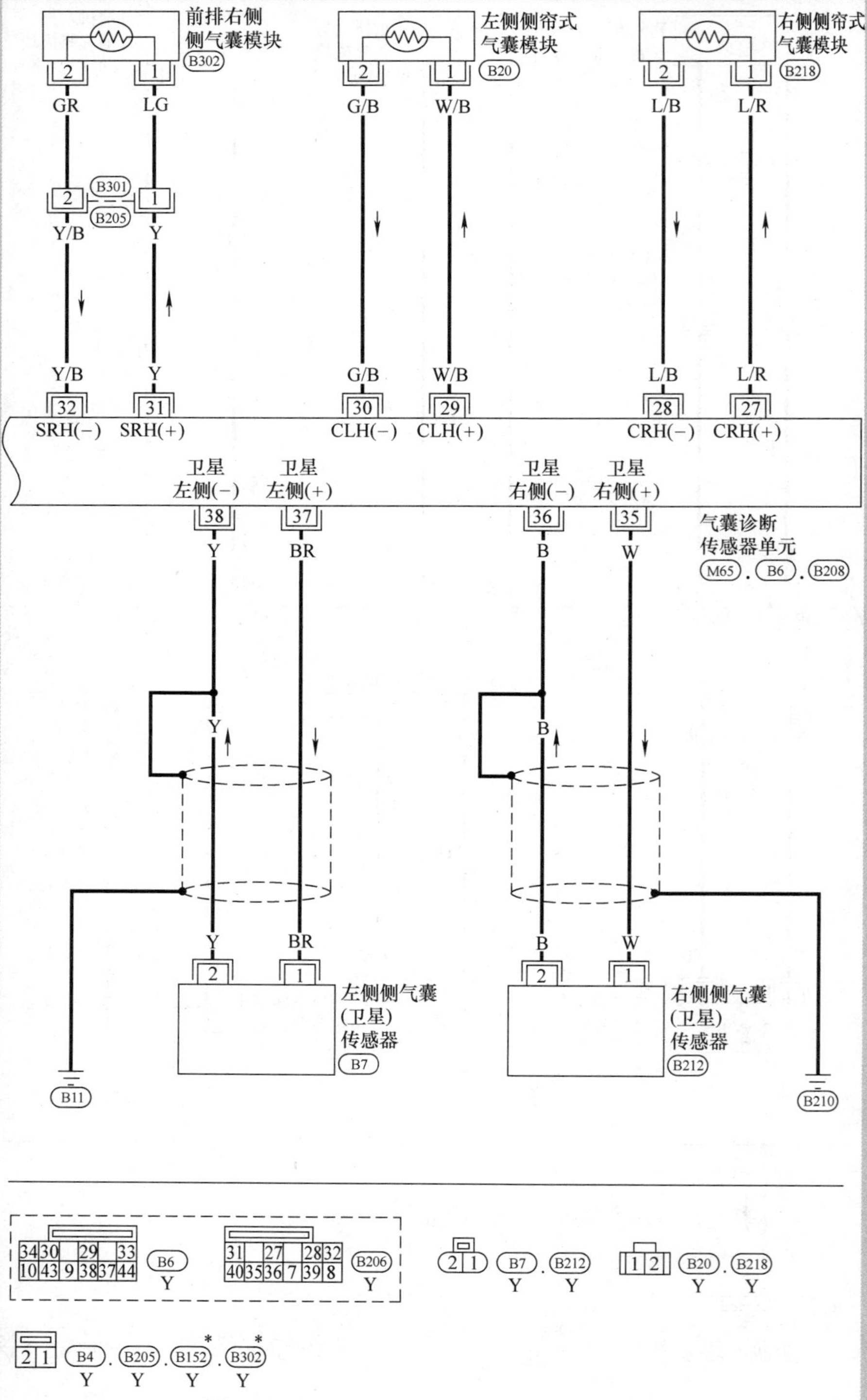

*：此接头在PG部分“线束布置”中没有列出

图 6-30　日产天籁轿车安全气囊电路（续）

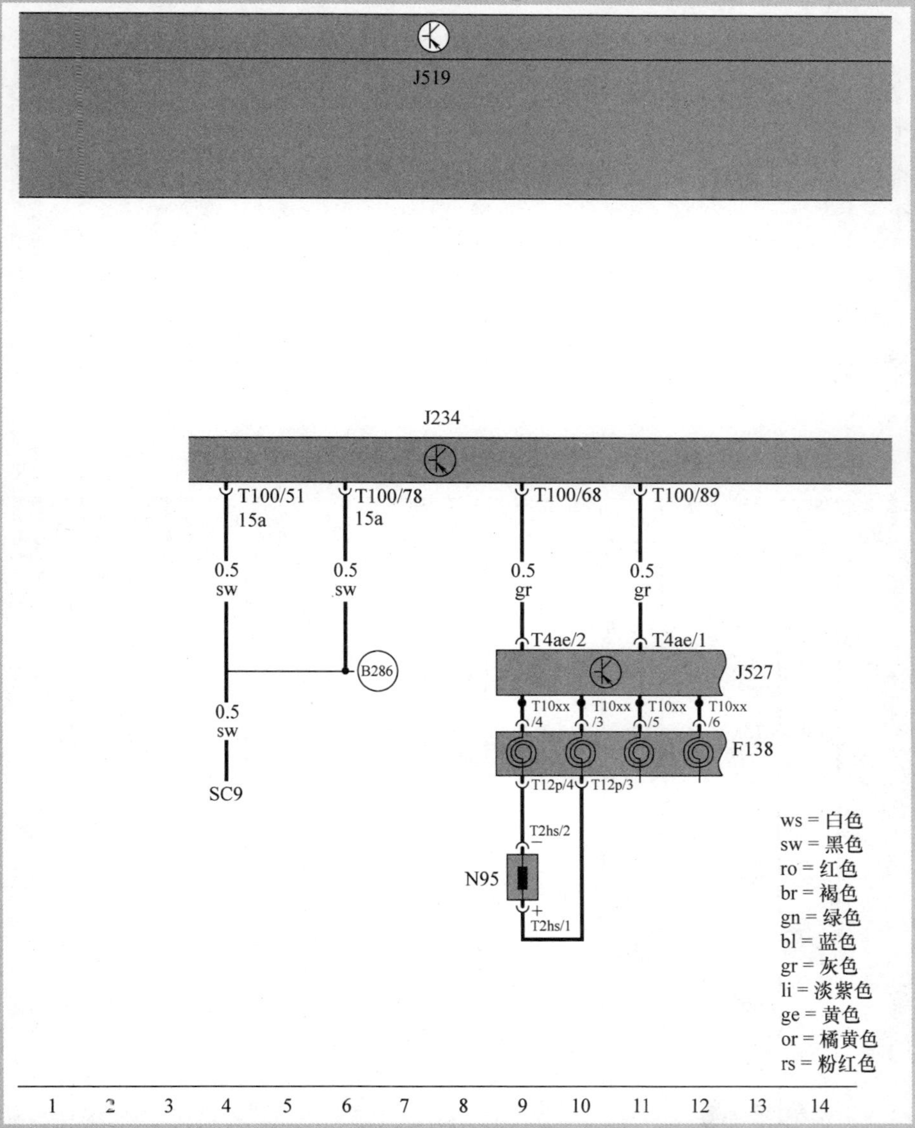

图 6-31　大众 CC 轿车安全气囊系统电路

J234—安全气囊控制单元
F138—安全气囊卷簧和带滑环的复位环
J519—车载电网控制单元
J527—转向柱电子装置控制单元
N95—驾驶人侧安全气囊触发器
SC9—熔丝架 C 上的熔丝 9
T2hs—2 芯插头连接
T4ae—4 芯插头连接
T10xx—10 芯插头连接
T12p—12 芯插头连接
T100—100 芯插头连接
(B286)—主线束中的正极连接 10（15a）

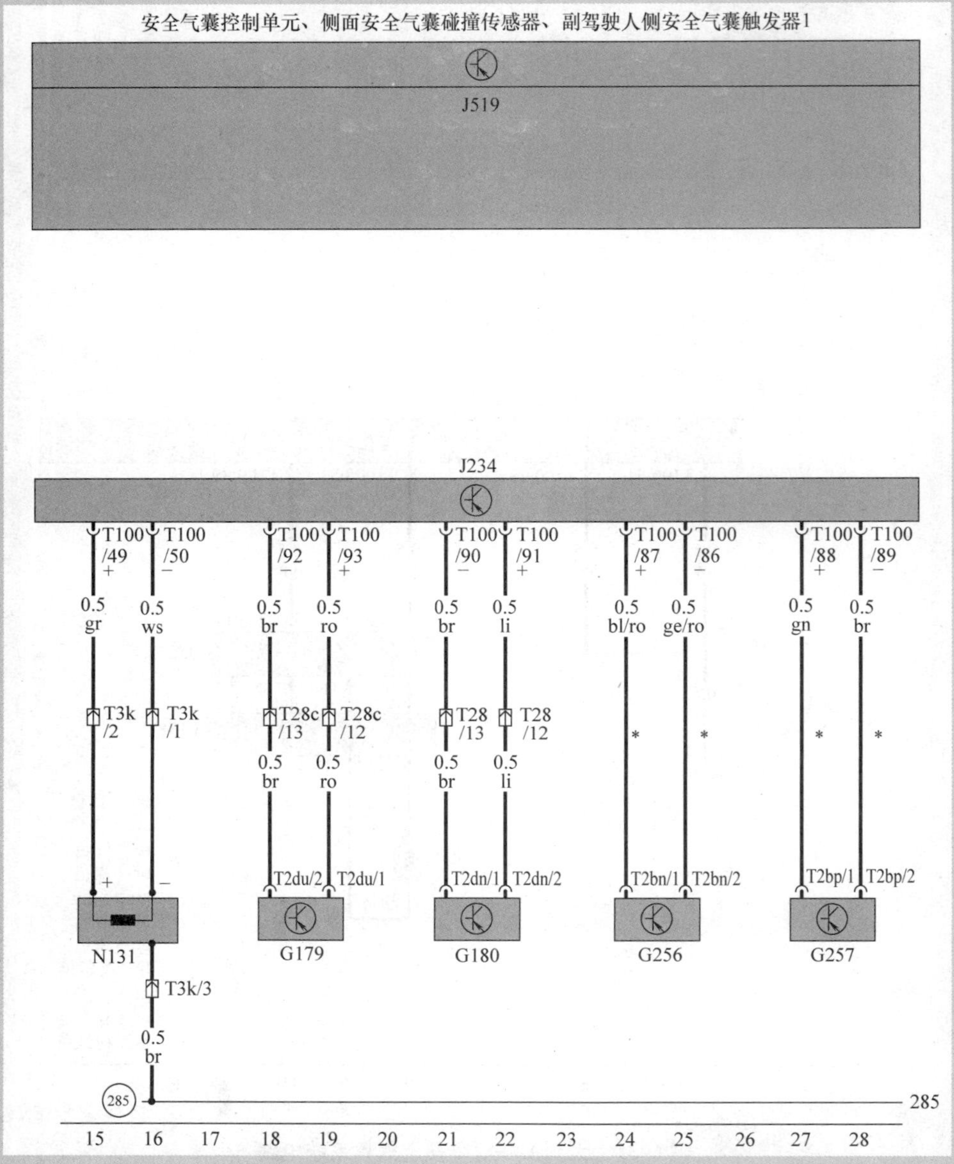

图 6-31　大众 CC 轿车安全气囊系统电路（续）

G179—驾驶人侧侧面安全气囊碰撞传感器
G180—副驾驶人侧侧面安全气囊碰撞传感器
G256—驾驶人侧后部侧面安全气囊碰撞传感器
G257—副驾驶人侧后部侧面安全气囊碰撞传感器
J234—安全气囊控制单元
J519—车载电网控制单元
N131—副驾驶人侧安全气囊触发器 1
T2bn—2 芯黄色插头连接
T2bp—2 芯黄色插头连接
T2dn—2 芯黄色插头连接
T2du—2 芯黄色插头连接
T3k—3 芯插头连接
T28—28 芯插头连接
T28c—28 芯插头连接
T100—100 芯插头连接
(285)—车内线束中的搭铁连接 7
* 仅用于带有头部安全气囊的车辆

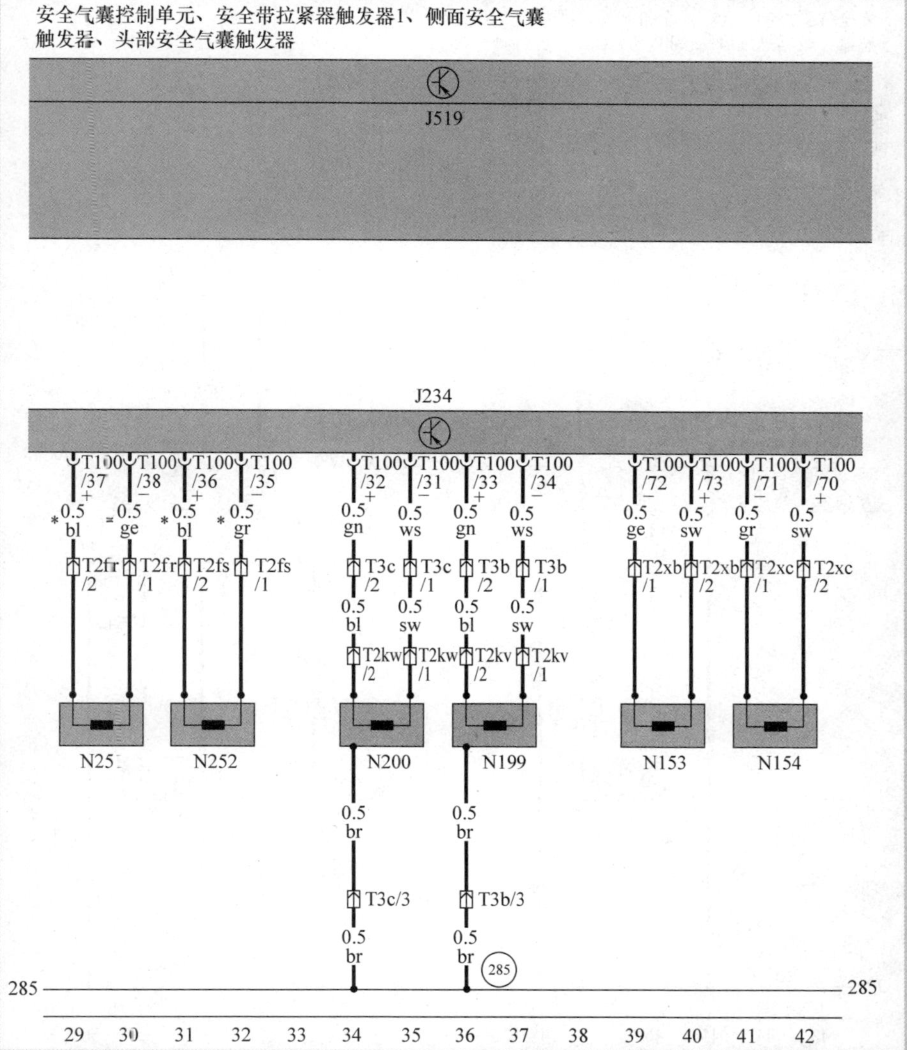

图 6-31　大众 CC 轿车安全气囊系统电路（续）

J234—安全气囊控制单元
J519—车载电网控制单元
N153—驾驶人侧安全带拉紧器触发器 1
N154—副驾驶人侧安全带拉紧器触发器 1
N199—驾驶人侧侧面安全气囊触发器
N200—副驾驶人侧侧面安全气囊触发器
N251—驾驶人侧头部安全气囊触发器
N252—副驾驶人侧头部安全气囊触发器
T2fr—2 芯黄色插头连接
T2fs—2 芯黄色插头连接
T2kv—2 芯黄色插头连接
T2kw—2 芯黄色插头连接
T2xb—2 芯黄色插头连接
T2xc—2 芯黄色插头连接
T3b—3 芯黄色插头连接
T3c—3 芯黄色插头连接
T100—100 芯插头连接
(285)—车内线束中的搭铁连接 7
* 仅用于带有头部安全气囊触发器的车辆

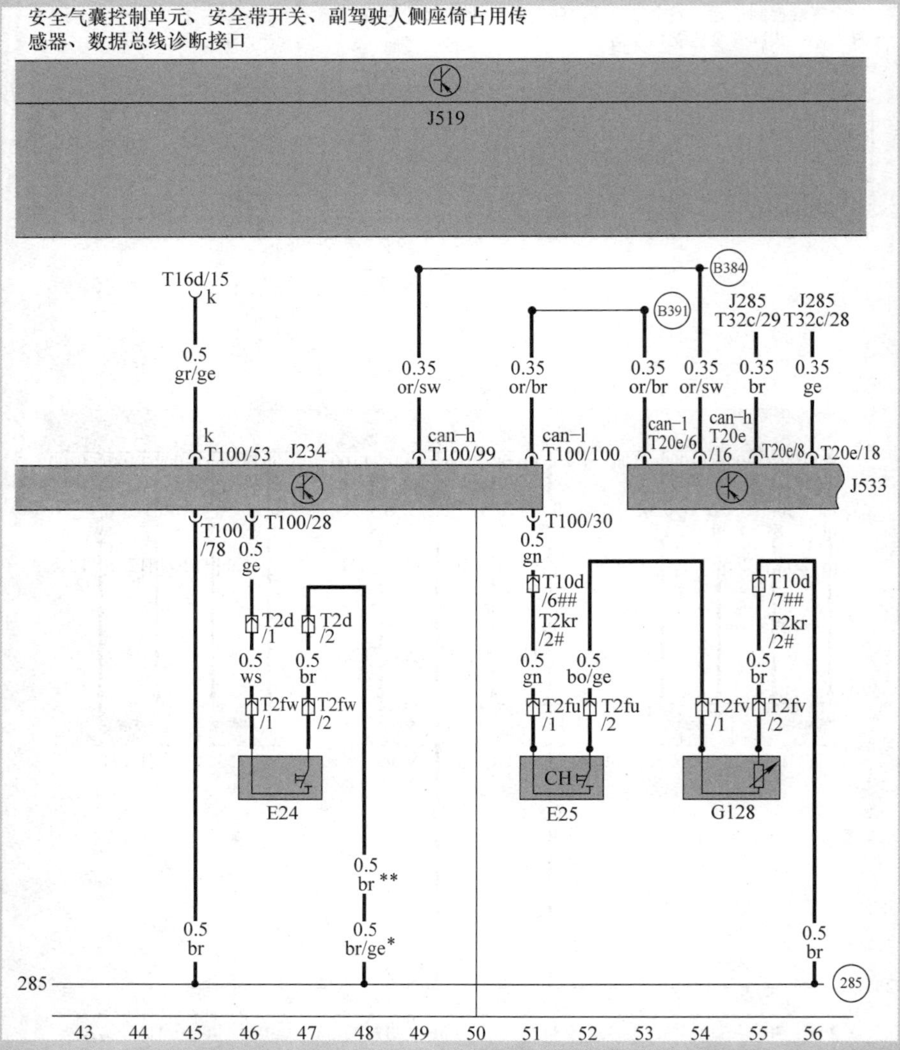

图 6-31　大众 CC 轿车安全气囊系统电路（续）

E24—驾驶人侧安全带开关
E25—副驾驶人侧安全带开关
G128—副驾驶人侧座椅占用传感器
J234—安全气囊控制单元
J285—组合仪表中的控制单元
J519—车载电网控制单元
J533—数据总线诊断接口
T2d—2 芯黑色插头连接
T2fu—2 芯插头连接
T2fv—2 芯插头连接
T2fw—2 芯插头连接
T2kr—2 芯插头连接
T10d—10 芯插头连接
T16d—16 芯插头连接
T20e—20 芯插头连接
T32c—32 芯插头连接
T100—100 芯插头连接
(285)—车内线束中的搭铁连接 7
(B384)—主线束中的连接 2（驱动系统 CAN 总线 High）
(B391)—主线束中的连接 2（驱动系统 CAN 总线 Low）
*　到 2011 年 3 月止
**　自 2011 年 3 月起
\#　仅用于不带座椅记忆功能的汽车
\##　仅用于带有座椅记忆功能的汽车

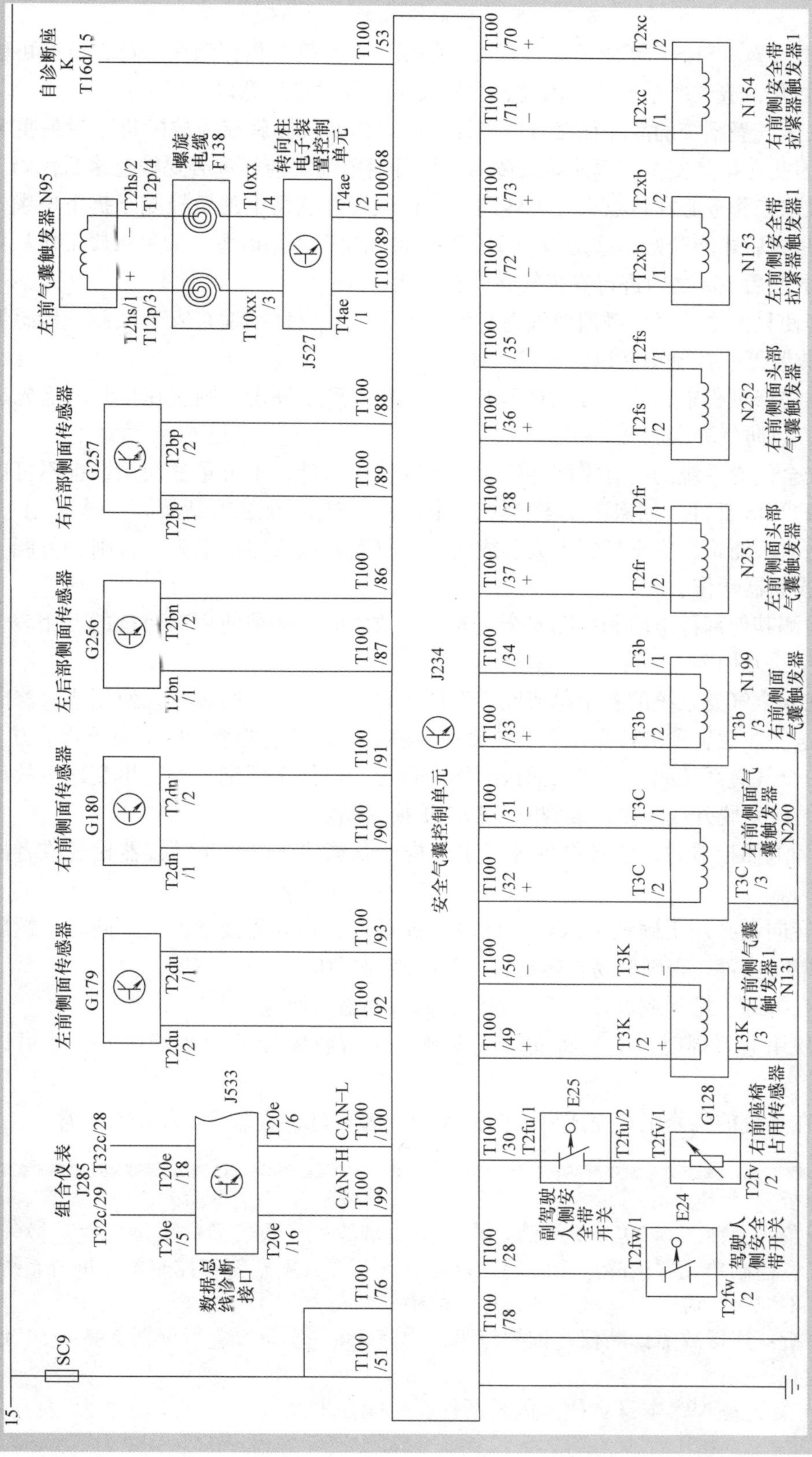

图 6-32　改绘后的大众 CC 轿车安全气囊电路原理图

提示

安全气囊系统故障诊断注意事项

在安全气囊（SRS）系统检修过程中，如果不按正确的操作顺序进行，就有可能导致气囊意外展开，造成严重事故。因此，检修安全气囊时应注意以下事项：

1）安全气囊系统的故障征兆难以确诊，所以诊断代码就成为故障排除时最重要的信息来源。因此在排除安全气囊系统故障时，脱开蓄电池之前，务必要检查诊断代码。

2）维修工作务必在将点火开关转到 LOCK 位置并从蓄电池负极端子拆下电缆 20s 或更长一些时间后才能开始。这是因为安全气囊系统配有备用电源，如果维修工作从蓄电池拆下负极电缆后 20s 之内进行安全气囊就有可能打开。

3）即使只发生了轻微碰撞而气囊并没有展开，也应仔细检查安全气囊、传感器、座椅安全带收紧器、控制单元以及电缆、插头等。

4）在检修过程中，若有可能对车前碰撞传感器产生冲击，则应在检修之前先拆下碰撞传感器，以防气囊误胀开。

5）安全气囊系统的所有零部件均为一次性使用部件，不可重复使用，也不可以使用其他车上的 SRS 部件。如需更换零部件，则应使用与原车配套的新品。

6）绝对不能检测安全气囊点火器或安全带收紧器点火器的电阻，否则有可能导致气囊引爆或收紧器动作。

7）检测其他部件电阻和检测安全气囊系统故障时，必须使用高阻抗的万用表，即最好使用数字式万用表。

8）在安全气囊系统的各个总成或零部件的表面上都有说明标牌，使用或检修时必须严格按照这些注意事项进行操作。安装碰撞传感器时，其上的箭头应指向车辆前方。

9）安全气囊系统线束及线束插接器均为黄色，以便于区别。当发生交通事故而使安全气囊系统线束脱开或插接器破裂时，都应更换新品。

10）插上插接器时，务必将各种锁止机构可靠锁住，以防止插接器松脱或者出现一些失灵代码。

11）转向盘必须正确地装入转向柱内，否则会引起电缆接触不良。同时，螺旋形电缆应处于中间位置，否则极易在转动转向盘时遭到损坏。

12）在拆卸、搬运或放置安全气囊时，其装饰盖一面应朝上。

13）使用电弧焊时，应先将安全气囊及安全带收紧器的插接器脱开，才可以开始工作。

14）在系统的维修工作完成后，应检查 SRS 警告灯，看系统工作是否正常。

案例分析

故障现象：参照图 6-29 分析故障。由于交通事故，导致气囊被引爆。在更换气囊、螺旋电缆及气囊控制单元并清除故障码后，打开点火开关，安全气囊控制单元进行系统自检后气囊警告灯不熄灭，说明安全气囊系统存在故障。

故障分析：连接故障诊断仪查询故障码，为 00588—安全气囊引爆器 N95 电阻太大。主要原因可能有：

① 转向盘气囊 N95 本身质量（因是新件，可能性不大）。

② 转向盘气囊 N95 与螺旋电缆 F138 插接器接触不良（因是新件，可能性不大）。

③ 螺旋电缆 F138 与安全气囊控制单元 J234 之间线束插头接触不良。

故障排除：根据上述分析，本着由简到繁的维修原则，认为故障点很有可能出在 J234 线束或插头上。拔开控制单元插头，发现线束插头上有一些胶质物附着，控制单元插座上也有透明胶质物附着，看来问题应该在于此。

将插头上的胶质物清理干净并清除故障码后，打开点火开关，控制单元进行自检后警告灯熄灭，故障得到排除。

◎◎◎　第三节　电控悬架系统电路图的识读与绘制　◎◎◎

学习目标：

1. 了解电控悬架系统的基本组成与作用。
2. 熟悉电控悬架系统电路的控制方法。
3. 理解电控悬架系统主要零部件的结构与原理。
4. 掌握电控悬架系统的故障诊断检测与维修技能。

一、电控悬架电子控制系统的组成

电控悬架系统是除悬架外还有传感器、控制器和执行机构所组成的电子控制系统。电子控制悬架系统不但能吸收、缓和车身的振动冲击，还能根据汽车载荷、路面、行驶车速、行驶工况等的变化情况，自动地调整悬架的刚度和阻尼及车身高度，使汽车在各种运行条件下，都能获得最好的平顺性和最佳的操纵稳定性。

电控悬架系统按有源和无源可分为半主动悬架和全主动悬架。半主动悬架是指可以根据汽车运行时的振动及工况变化情况，对悬架阻尼参数进行自动调整；全主动悬架是一种有源控制悬架，它包括提供能量和可控制作用力的附加装置，可根据汽车载荷以及车速的变化控制车身的高度，从而能最大限度地满足汽车行驶平顺性和稳定性等各方面的要求。

按悬架介质的不同可分为油气式和空气式主动悬架。按悬架调节方式不同可分为分级调整式悬架和无级调整式悬架。

1. 电控悬架系统组成

电控悬架系统主要由信号输入装置、电子控制器以及执行器等组成。

图 6-33 所示为电子控制主动式空气悬架系统零部件的布置。

（1）信号输入装置

1）车身高度传感器。车身高度传感器也称车身位移传感器，安装在车身与车桥之间，用于检测车身相对于车桥的位移，不仅可以提供车身相对于车桥的高度信息，其高度变化的频率和幅度参数也能反映车身的振动情况。

车身高度传感器以光电式应用较多，图 6-34 所示为传感器的安装位置。

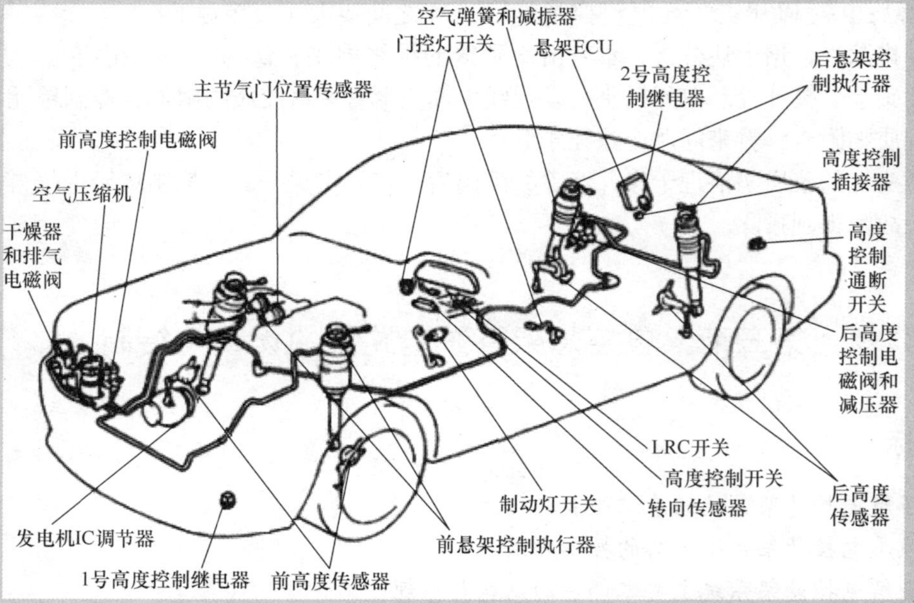

图 6-33　电子控制主动式空气悬架系统零部件的布置

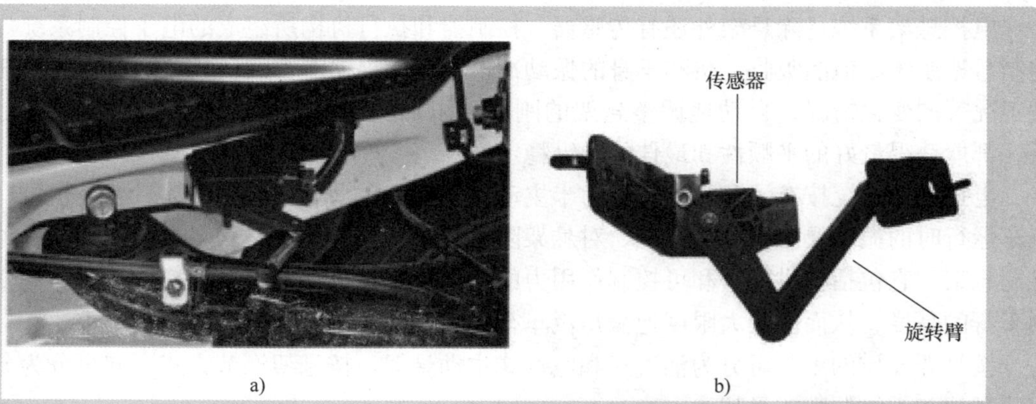

图 6-34　车身高度传感器及安装位置

a）车身高度传感器安装位置　b）车身高度传感器

光电式传感器有一根靠连杆带动转动的转轴，转轴上固定一个开有许多窄槽的圆盘，圆盘两边装有四组光耦合器。当车身高度变化时，通过连杆可使旋转臂转动，因而四组光耦合器可感应出四组脉冲信号，通过这四组脉冲信号的不同组合，可反映车高的变化范围。

近年还出现过另外一种测量方法，不同于以上的四连杆结构，其采用了电涡流测距的原理，可以完全非接触式地测量车身高度的变化。在实车上的安装如图 6-35 所示。这种测量方案的优点是实现了传感器同被测体的完全非接触，传感器寿命更长，可靠性更高。

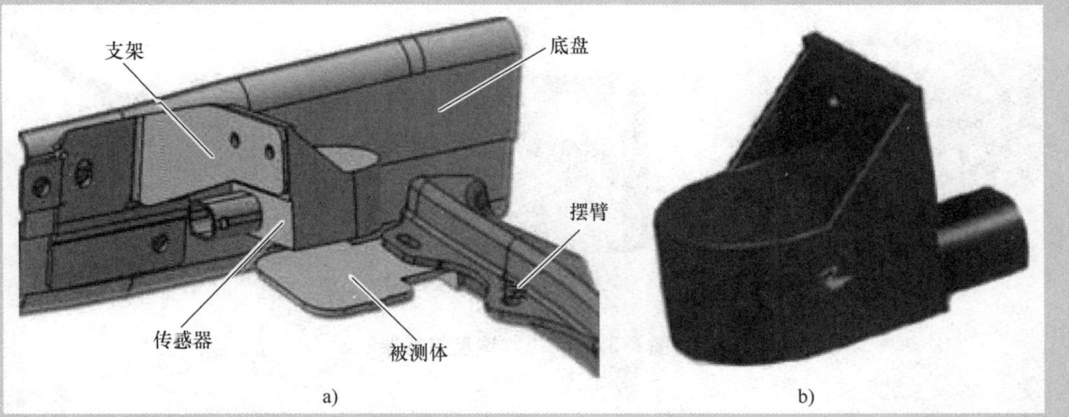

图 6-35　利用电涡流测距的车身高度传感器及安装位置

a）传感器安装位置　b）传感器

2）车身加速度传感器。车身加速度传感器检测车身横向加速度和纵向加速度。横向加速度传感器主要用于检测汽车转向时，汽车因离心力的作用而产生的横向加速度，以判断悬架系统阻尼力改变的大小及空气弹簧中空气压力的调节情况，以维持车身的最佳姿势。

车身加速度传感器安装位置如图 6-36 所示。

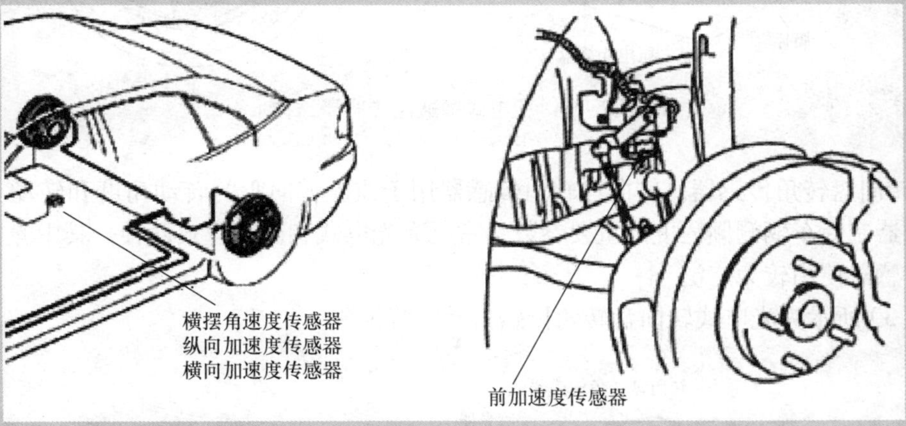

图 6-36　车身加速度传感器安装位置

车身加速度传感器按工作原理可分为压电式、差动变压器式等不同的类型；按检测参数不同可分为检测惯性力和检测车身振动两类。

常见加速度传感器如图 6-37 所示。

压电式加速度传感器主要由压电陶瓷盘和膜片组成，如图 6-38 所示。两个压电陶瓷盘固定在膜片两侧，并支承在传感器中心。当加速度作用在整个传感器时，压电陶瓷盘在其自身重力作用下弯曲变形。根据压电陶瓷的特性，它们将产生与其弯曲率成正比例变化的电荷。这些电荷由传感器内的电子电路转换成与加速率成正比例变化的电压，输送到控制单元。

a) b)

图 6-37 常见加速度传感器

a）压电式 b）无线式

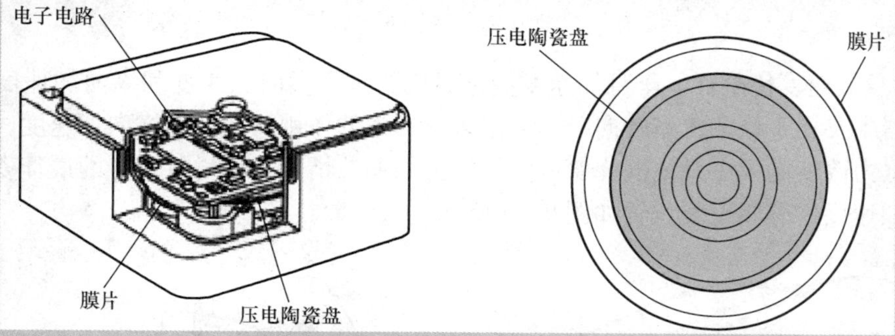

图 6-38 压电式加速度传感器结构

3）转向盘转角传感器。转向盘转角传感器用于监测转向盘的转动角度和转动方向，是悬架控制器判断车辆侧倾程度的重要参数，常见有光电式和磁感应式两种，其中光电式转向盘转角传感器使用较为广泛。

图 6-39 所示为光电式转向盘转角传感器及安装位置。

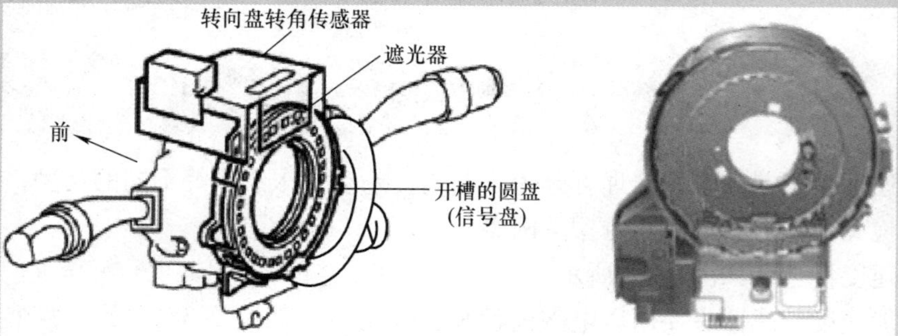

a) b)

图 6-39 转向盘转角传感器及安装位置

a）转向盘转角传感器安装位置 b）转向盘转角传感器

在转向轴带窄缝的圆盘上装有两组光耦合器，转向盘转动时，可输出两组脉冲信号，根据此信号可判断转向盘的转角与转速，通过两组信号的相位来判断转向的方向。

4）车速传感器。通过检测变速器输出轴转速或车轮转速，向电子控制器提供汽车行驶速度电信号，悬架电子控制器进行车速与路面感应控制、车身姿态控制及车身高度控制，均需要车速传感器所提供的车速信号。常见有磁感应式、光电式、霍尔式、舌簧开关式、磁阻式等多种类型传感器。

图 6-40 所示为常见车速传感器。

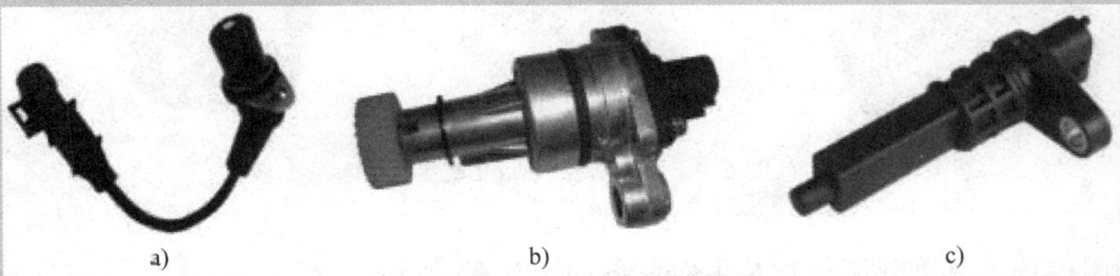

图 6-40　常见车速传感器

a）磁电式　b）霍尔式　c）舌簧开关式

图 6-41 所示为磁电式车速传感器的安装位置及工作原理。

磁电式车速传感器是以磁电感应为基本原理来实现转速测量的。磁电式车速传感器由铁心、磁钢、感应线圈等部件组成，测量对象转动时，车速传感器的线圈会产生磁力线，齿轮转动会切割磁力线，磁路由于磁阻变化，在感应线圈内产生电动势，是典型的无源传感器。

磁电式车速传感器感应电动势产生的电压大小，和被测对象转速有关，被测物体的转速越快，输出的电压也就越大，也就是说输出电压和转速成正比。

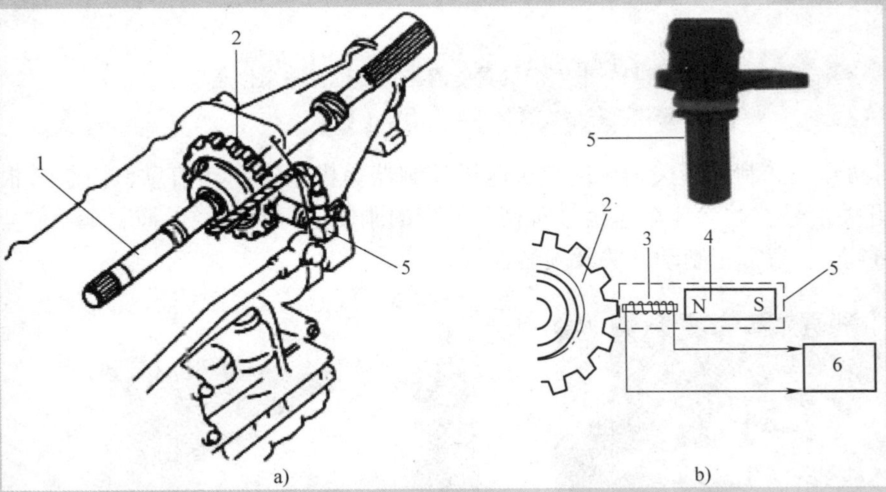

图 6-41　磁电式车速传感器安装位置及工作原理

a）车速传感器安装位置　b）工作原理

1—输出轴　2—停车锁止齿轮　3—感应线圈　4—永久磁铁　5—车速传感器　6—电子控制单元

5）节气门位置传感器。用于检测节气门的开度变化，悬架电子控制器根据此信号判断汽车的加速行驶工况，并适时调整相关悬架的刚度，以控制车身的姿态。悬架 ECU 可直接从节气门位置传感器获得节气门开度变化电信号，也可以通过发动机 ECU 得到节气门位置信息。

常见的节气门位置传感器如图 6-42 所示。

图 6-42　常见节气门位置传感器

节气门位置传感器安装位置及工作原理如图 6-43 所示。

节气门位置传感器大多采用了可变电阻，当驾驶人踏下加速踏板时，与节气门轴联动的节气门位置传感器内的可变电阻的阻值发生变化，将节气门开度信号通过电信号方式输入到电控悬架电子控制器。

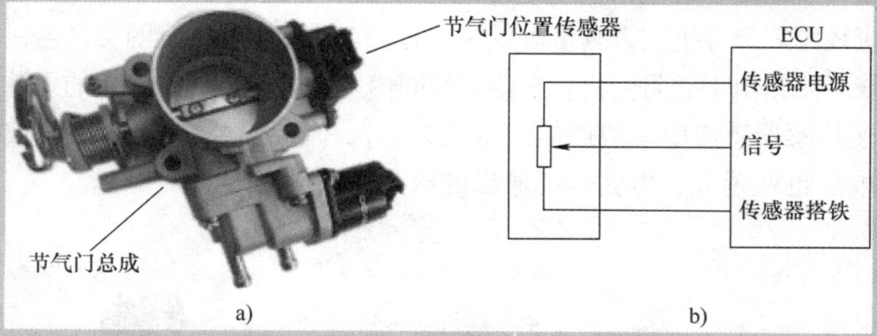

图 6-43　节气门位置传感器安装位置与工作原理

a）安装位置　b）工作原理

6）制动开关。制动开关用于向悬架电子控制器提供车辆制动信息，控制器根据制动开关提供的开关信号，并参考车速信号对相关悬架的刚度进行调整，以抑制车身“点头”。

图 6-44 所示为常见制动开关及安装位置。

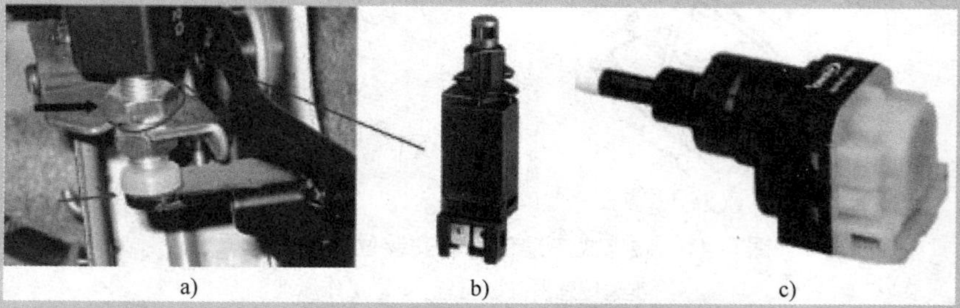

图 6-44　常见制动开关与安装位置

a）安装位置　b）两端子制动开关　c）四端子制动开关

制动开关常采用触点开关，有两端子制动开关，主要用于制动灯的控制和向电子悬架控制器提供信号（ABS）；还有四端子制动开关，除了上述作用外，还包括巡航系统的解除功能。

图 6-45 所示为制动开关内部电路。

图 6-45　制动开关内部电路

a）两端子制动开关　b）四端子制动开关

图 6-45a 所示制动开关，踩下制动踏板时两端子闭合；图 6-45b 所示制动开关内置一副常开型触点和一副常闭型触点，静止时，开关端子 1 和端子 2 断开，端子 3 和端子 4 闭合，踩下制动踏板时，正好相反。

7）模式选择开关。一些电子控制悬架系统设有模式选择开关，安装在中央通道变速杆旁或仪表台上，根据汽车的行驶状况和路面情况选择悬架的运行模式，从而决定减振器阻尼力的大小。

常见车型电子悬架系统模式开关如图 6-46 所示。

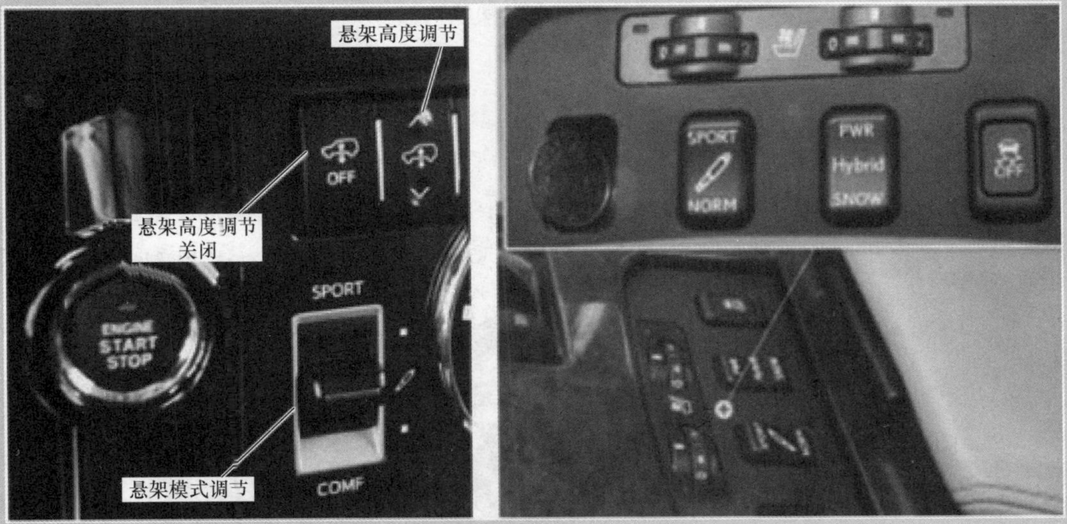

图 6-46　常见车型电子悬架系统模式开关

运行模式一般有标准（Norm）和运动（Sport）两种，可通过模式开关进行设置，如图 6-47 所示。还可以通过车身高度开关对车身高度进行设置，模式一般有低（Low）和高（Hight），或者高、低之间任意设置，如图 6-48 所示。

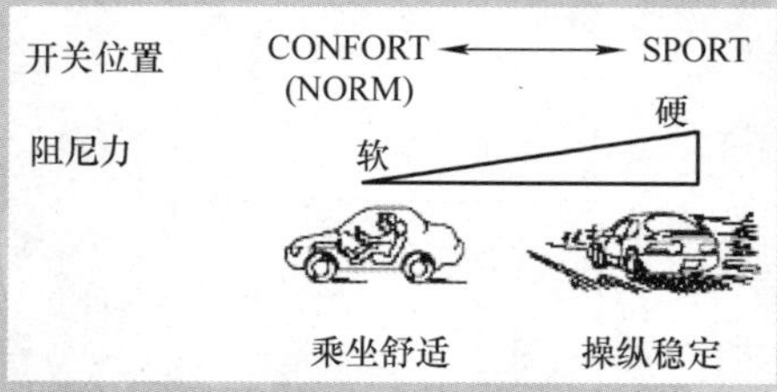

图 6-47　悬架模式设置

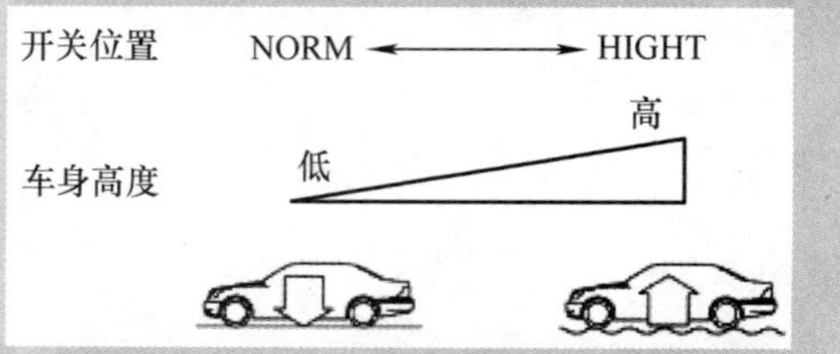

图 6-48　车身高度模式设置

（2）悬架电子控制器　悬架电子控制器在具备工作电源的条件下，为相关传感器提供稳压电源，接收输入装置的输入信号进行放大、计算、处理和分析判断，输出最佳的控制指令，驱动执行机构及指示灯，并有故障检测功能。

（3）系统执行器　电控悬架系统主要执行器有两大类，即电动机和电磁阀。它们的应用及结构形式在不同悬架系统中有所不同，但其基本作用都是接受 ECU 的指令，完成相应的驱动动作，改变减振器阻尼孔的截面积以改变悬架阻尼力的大小，或改变空气（油气）弹簧内部介质的流通情况，进而改变悬架刚度和车身高度等特性。

此外，执行器还有继电器（根据 ECU 指令控制电路的通、断）、指示灯（提示驾驶人系统的状态或某些故障信息）等。

图 6-49 所示为空气弹簧在前悬架的位置。

图 6-49　空气弹簧在前悬架的位置

图 6-50 所示为空气弹簧在后悬架的位置。

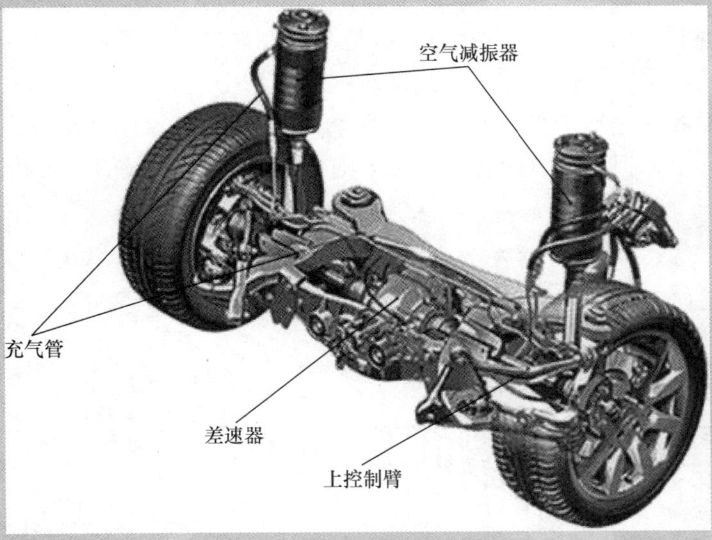

图 6-50　空气弹簧在后悬架的位置

1）直流电动机式执行器。这种执行器安装在悬架系统中每个悬架减振器的顶部，并通过其上的控制杆与减振器的回转阀相连。其结构与原理如图 6-51 所示，主要由直流电动机、电磁线圈、挡块、控制杆组成。

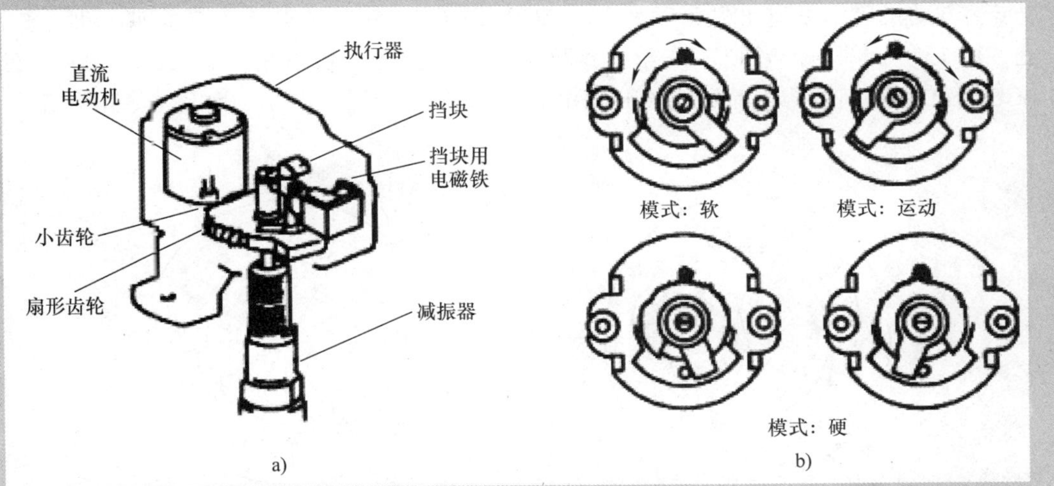

图 6-51　直流电动机式执行器结构与工作原理

a）执行器结构　b）回转阀位置

工作原理：ECU 控制信号使电磁线圈通电，控制挡块的动作（如将挡块与扇形齿轮的凹槽分离），另外，直流电动机根据输入的电流方向做相应方向的旋转，从而驱动扇形齿轮做对应方向的偏转，带动控制杆改变减振器的回转阀与活塞杆油孔（气孔）的连通情况，使减振器的阻尼力按需要的阻尼力大小和方向改变。

当阻尼力调整合适后，电动机和电磁线圈都断电，挡块重新进入扇形齿轮的凹槽，使被调整好的阻尼力大小能稳定地保持。

2）步进电动机式执行器。这种执行器也是安装在悬架减振器的顶部，控制原理与直流电动机相似，只是控制杆改由步进电动机驱动。图 6-52 所示为步进电动机式执行器的结构，主要由定子、线圈和永磁转子组成。定子有两个 12 极的铁心，相互错开半齿而对置，两个线圈绕在两个铁心上，但绕线方向相反；转子则是一个具有 12 极的永久磁铁。

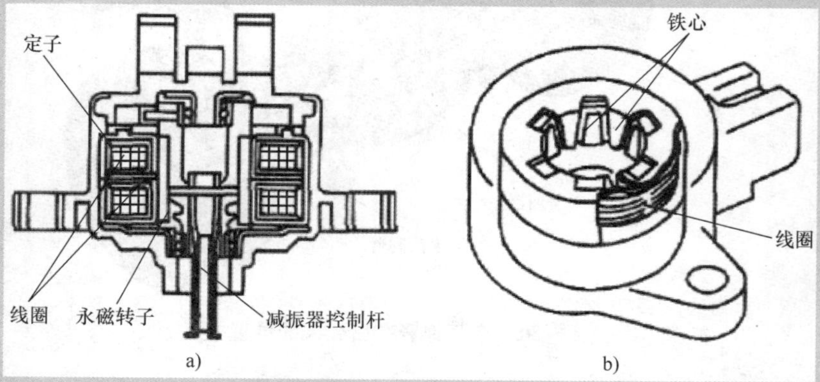

图 6-52　步进电动机结构

a）断面　b）构造

当悬架 ECU 给步进电动机的两个线圈（A、B）分别通以一定的电流时，就会在定子铁心上产生电磁力，使永久磁铁转子转动，从而通过减振器控制杆带动回转阀转动。

步进电动机工作原理如图 6-53 所示。ECU 每施加一次脉冲电流，转子即转动一步（1/24 圈，即 15°）。例如，当 ECU 先给 A 线圈通上正向电流，转子在图 6-53a 所示的位置上；当 ECU 给 A 线圈断电，进而给线圈 B 通电后，转子顺时针旋转 15°，如图 6-53b 所示。

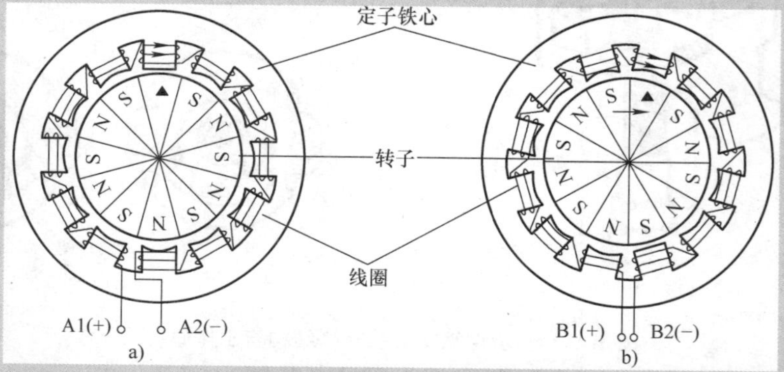

图 6-53　步进电动机工作原理

a）线圈 A 通正电　b）线圈 B 通正电

由此可见，通过改变线圈上的电流和施加顺序，即可使步进电动机以 15°/步的速度正向或逆向旋转；通过改变脉冲电流的频率，可以自由控制转子的旋转速度；通过改变电流的通断时机，可以控制转子的停留位置。

3）电磁阀。电磁阀是接受 ECU 的指令打开或关闭，从而控制某一液压或气压管路使之接通或断开的元件。不同的电磁阀在结构和原理上大同小异，但因安装位置的不同，所起的作用也不尽相同。电控悬架系统中的电磁阀一般有高度控制阀和排气阀。

高度控制阀和排气阀的结构完全相同，都是由电磁线圈、柱塞、活动铁心等组成。电磁阀的结构如图 6-54 所示。两者的功用都是用来调节车身高度和空气弹簧的刚度，区别在于安装位置不同。

图 6-55 所示为高度控制阀和排气阀在电控悬架空气管路中的位置。

图 6-55 中有四个高度控制阀，安装在空气管和空气弹簧气室之间，控制压缩空气的通断。排气阀只有一个，安装在空气管与大气之间，控制压缩空气与大气的通断。

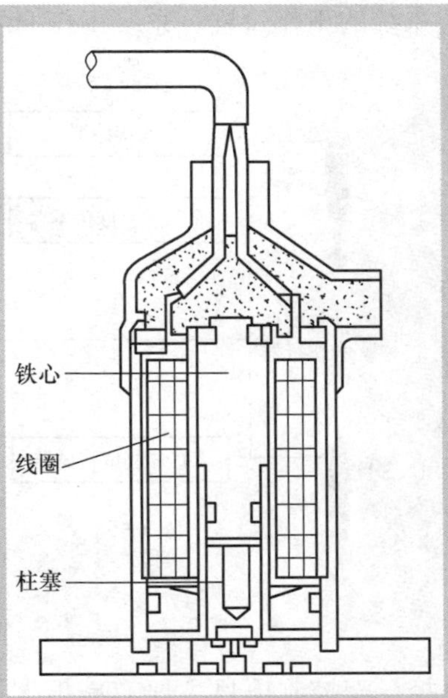

图 6-54　电磁阀结构

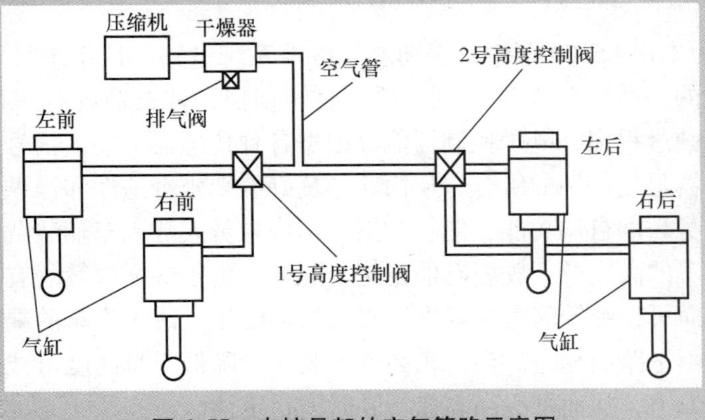

图 6-55　电控悬架的空气管路示意图

1 号高度控制阀用于前悬架的控制，它有两个高度控制阀，分别控制前桥的左、右空气弹簧；2 号高度控制阀用于后桥悬架的控制，它与 1 号高度控制阀不同的是两个高度控制阀不是单独工作的。

ECU 使高度控制阀线圈通电后，高度控制阀打开，并将空气压缩机来的压缩空气引向气缸，从而使汽车高度上升。

ECU 使排气阀线圈通电后，排气阀打开，并将气缸中的压缩空气排放到大气中，从而使汽车高度下降。

2. 电控悬架系统工作原理

悬架 ECU 根据各个传感器的信号以及悬架控制开关的选择模式，确定出四个车轮上的减振器阻尼力、悬架弹簧刚度和车辆高度等参数的目标值后，控制悬架电控系统的执行器动作，带动悬架系统中的执行机构（可变阻尼的减振器、可变刚度的弹性元件等）动作，完成悬架系统的工作过程。系统工作原理如图6-56所示。

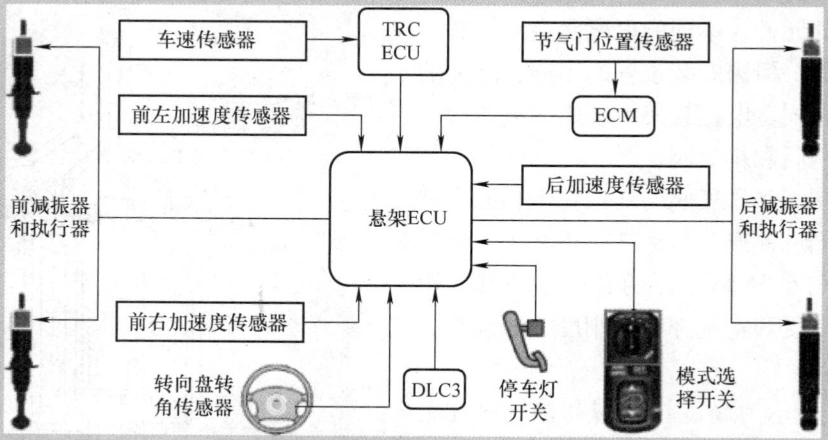

图6-56　电控悬架系统工作原理

电控悬架控制项目主要有减振器阻尼力控制、弹簧刚度控制、横向稳定器侧倾刚度控制、车身高度控制等。

二、电控悬架控制系统的电路分析

图6-57所示为丰田LS400型轿车主动悬架电控系统电路。该系统采用了充有压缩空气的空气弹簧，弹簧的弹性可在“软”与“硬”之间切换，减振器则有三种不同的阻尼特性可供选择。汽车行驶过程中，电子控制器能够根据各种传感器的输入信号，选择最佳的空气弹簧的弹性与减振器阻尼特性的组合，从而获得良好的乘坐舒适性和操纵性能。

该系统具有车身高度自调功能，能够根据汽车内乘员人数和车辆装载质量情况自动做出调整，从而保持汽车的高度及行驶姿态的稳定。此外，由于减振弹簧的有效变形空间被限制在一定范围内，从而可使弹簧能最大限度地吸收振动能量，改善汽车的乘坐舒适性，同时也避免了汽车底部与不平路面相碰。当汽车高速行驶时，降低车身高度可减少空气阻力，并提高轮胎与路面的附着力，从而可提高高速行驶时的稳定性。

对典型电控悬架的电路进行分析，有助于对悬架控制的深入理解。

1. 电控单元电源电路

电控单元IG端子由点火开关IG1提供点火供电，作为对电控单元的唤醒功能；电控单元的BATT端子由蓄电池正极经ECU+B熔断器提供，作为电控单元的记忆电源；而主继电器则为电控单元提供功率电源（+B）；电控单元的GND端子作为回路直接搭铁，为电控系统工作做好了电源准备工作。

2. 信号输入电路

（1）高度传感器电路

1）高度传感器电源电路：接通点火开关，电控单元的“MREY”端子输出正极性的2号高度控制继电器控制信号→2号高度控制继电器线圈→搭铁，2号高度控制继电器工作。主电路：蓄电池正极→ECU+B熔断器→2号高度控制继电器的触点→至前左侧、前右侧、左后侧、右后侧高度传感器；电控单元的SHG端子为高度传感器的公共端子（负极性），同时供给高度

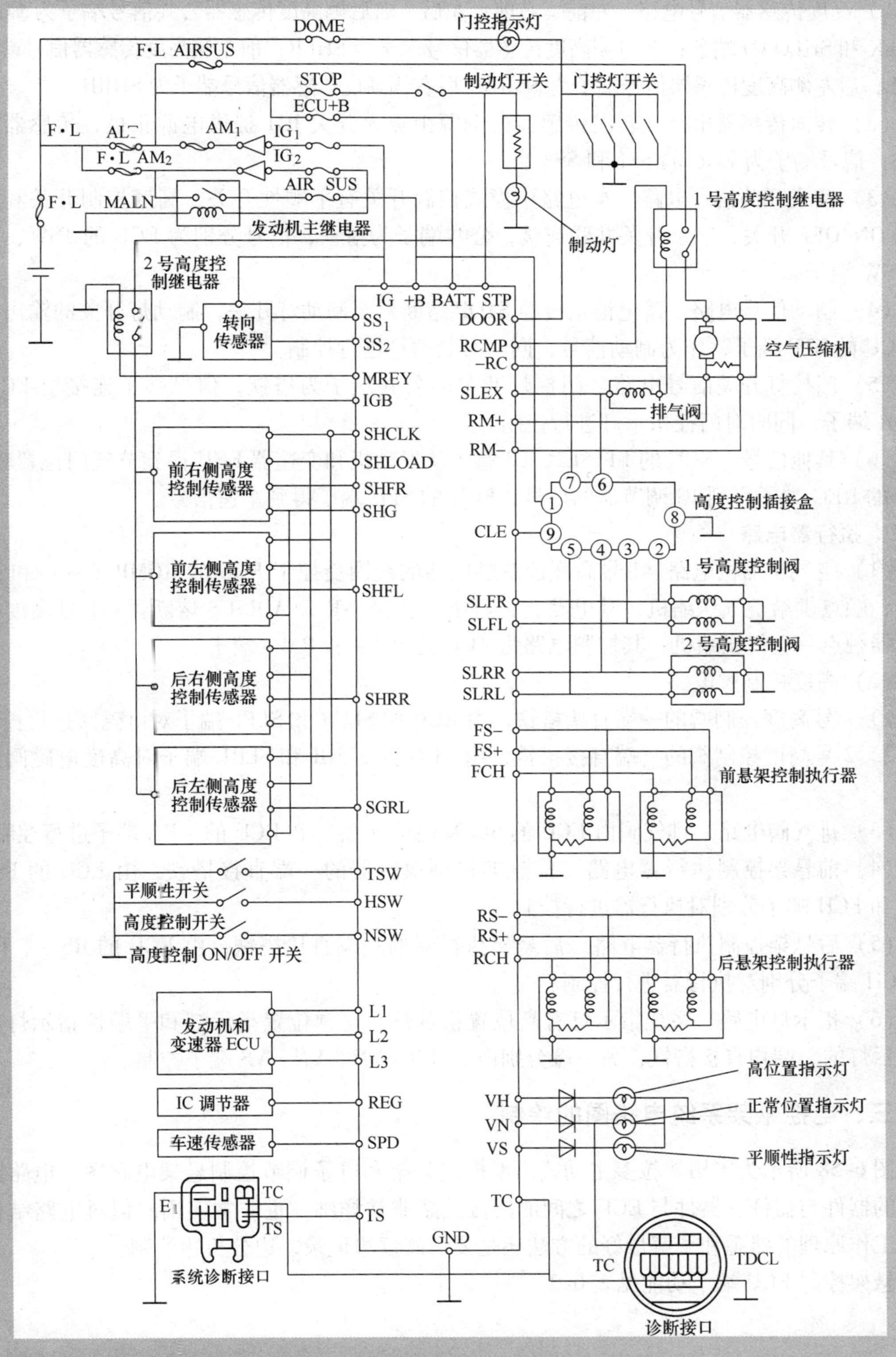

图 6-57　丰田 LS400 型轿车主动悬架电控系统电路

传感器。另外，2 号高度控制继电器的输出至电控单元的“IGB”端子作为对继电器的监控。

2）高度传感器信号电路 左前、右前、左后、右后侧高度传感器公共信号端子为 ECU 的 SHCLK 和 SHLOAD 端子；前右侧高度传感器信号端子为 SHFR；前左侧高度传感器信号端子为 SHFL；后左侧高度传感器信号端子为 SGRL；后右侧高度传感器信号端子为 SHRR。

（2）转向传感器电路 转向传感器的电源由点火开关 IG1 提供电源正极，传感器直接搭铁；信号端子为 ECU 的 SS1 和 SS2。

（3）模式开关信号电路 本电路中模式控制开关有平顺性开关、高度控制开关和高度控制 ON/OFF 开关，三个开关并联连接，公共端子为搭铁，信号分别为 ECU 的 TSW、HSW 和 NSW 端子。

（4）制动信号电路 蓄电池正极经 STOP 熔断器至制动灯开关，制动灯开关的输出端连接 ECU 的 STP 端子，作为制动信号，同时对制动灯进行控制。

（5）门控灯开关信号电路 门控灯开关的公共端子为搭铁，信号端子连接至 ECU 的 DOOR 端子，同时对门控指示灯进行控制。

（6）其他信号 ECU 的 L1、L2、L3 端子从发动机和变速器 ECU 得到节气门位置信号；ECU 的 REG 端子得到 IC 调节器的信号；ECU 的 SPD 端子得到车速信号。

3. 执行器电路

（1）空气压缩机电路 1 号高度控制继电器的线圈受控于 ECU 的 RCMP（+）和 -RC 端子，触点供给空气压缩机，其电路为：蓄电池正极→F. L AIRSUS 熔断器→1 号高度控制继电器触点→空气压缩机：其控制电路为 ECU 的 RM+和 RM-端子。

（2）高度控制阀电路

1）1 号高度控制阀的一端直接搭铁，由 ECU 的 SLFR 和 SLFL 端子对电磁阀进行控制。

2）2 号高度控制阀的一端直接搭铁，由 ECU 的 SLRR 和 SLRL 端子对高度电磁阀进行控制。

（3）排气阀电路 排气阀由 ECU 的 SLEX 端子（正）和 ECU 的 -RC 端子进行控制。

（4）前悬架控制执行器电路 前悬架控制执行器的一端直接搭铁，由 ECU 的 FS-、FS+和 FCH 端子分别对执行器进行控制。

（5）后悬架控制执行器电路 后悬架执行器的一端直接搭铁，由 ECU 的 RS-、RS+和 RCH 端子分别对执行器进行控制。

（6）指示灯电路 系统指示灯有高位置指示灯、正常位置指示灯和平顺性指示灯，三个指示灯的一端均直接搭铁，另一端分别由 ECU 的 VH、VN、VS 端子控制。

三、电控悬架系统电路图的绘制

图 6-58 所示为丰田普拉多主动式高度控制悬架和电子调节控制悬架电路图。电路图中反映的器件与器件、器件与 ECU 之间的连接关系非常详细，也非常实用。但对电路结构和电路工作原理的熟悉和了解最好的方法还是要边阅读边记录、边分析边绘制。

悬架控制 ECU 端子功能见表 6-3。

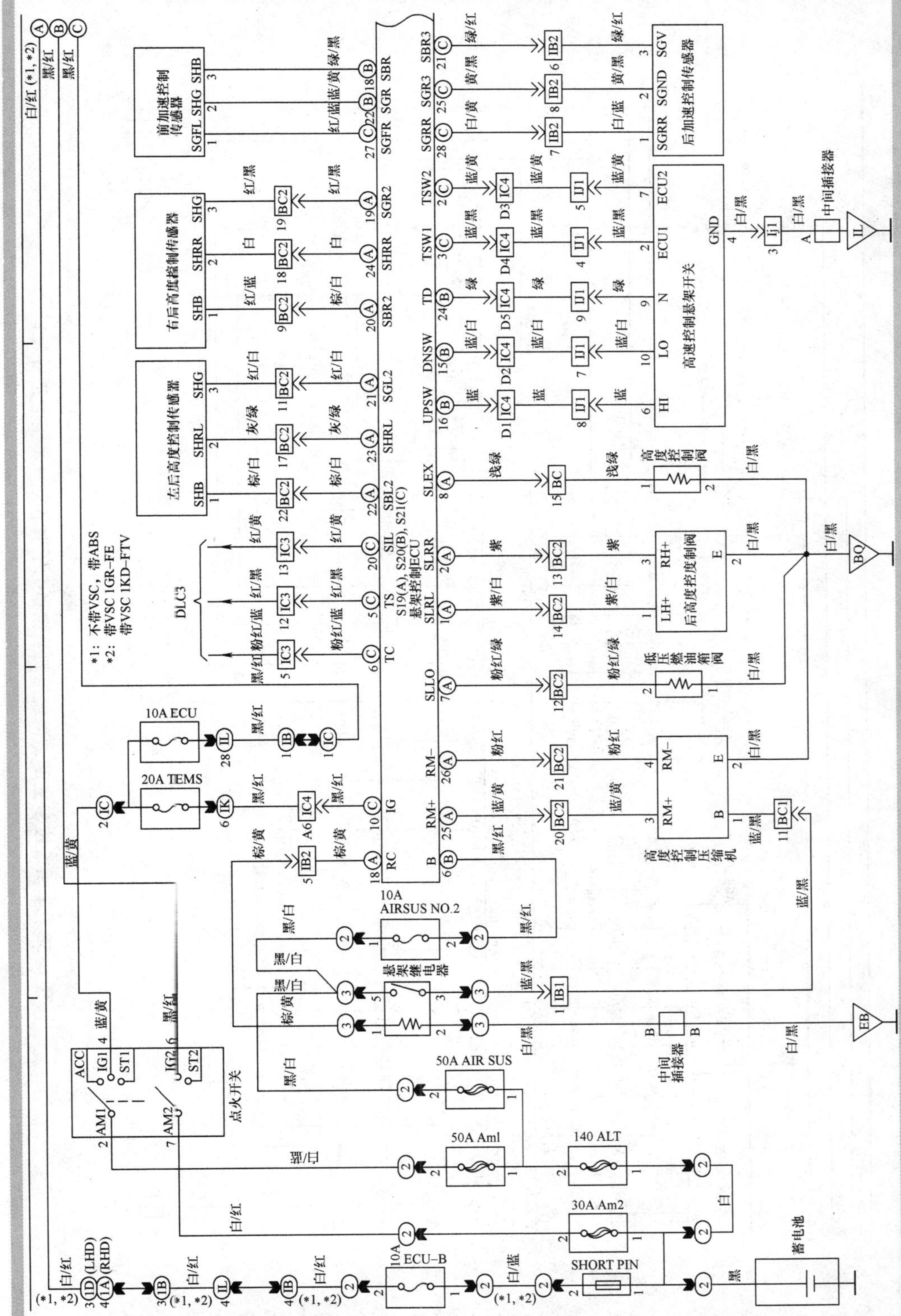

图 6-58　丰田普拉多主动式高度控制悬架和电子调节空气悬架电路

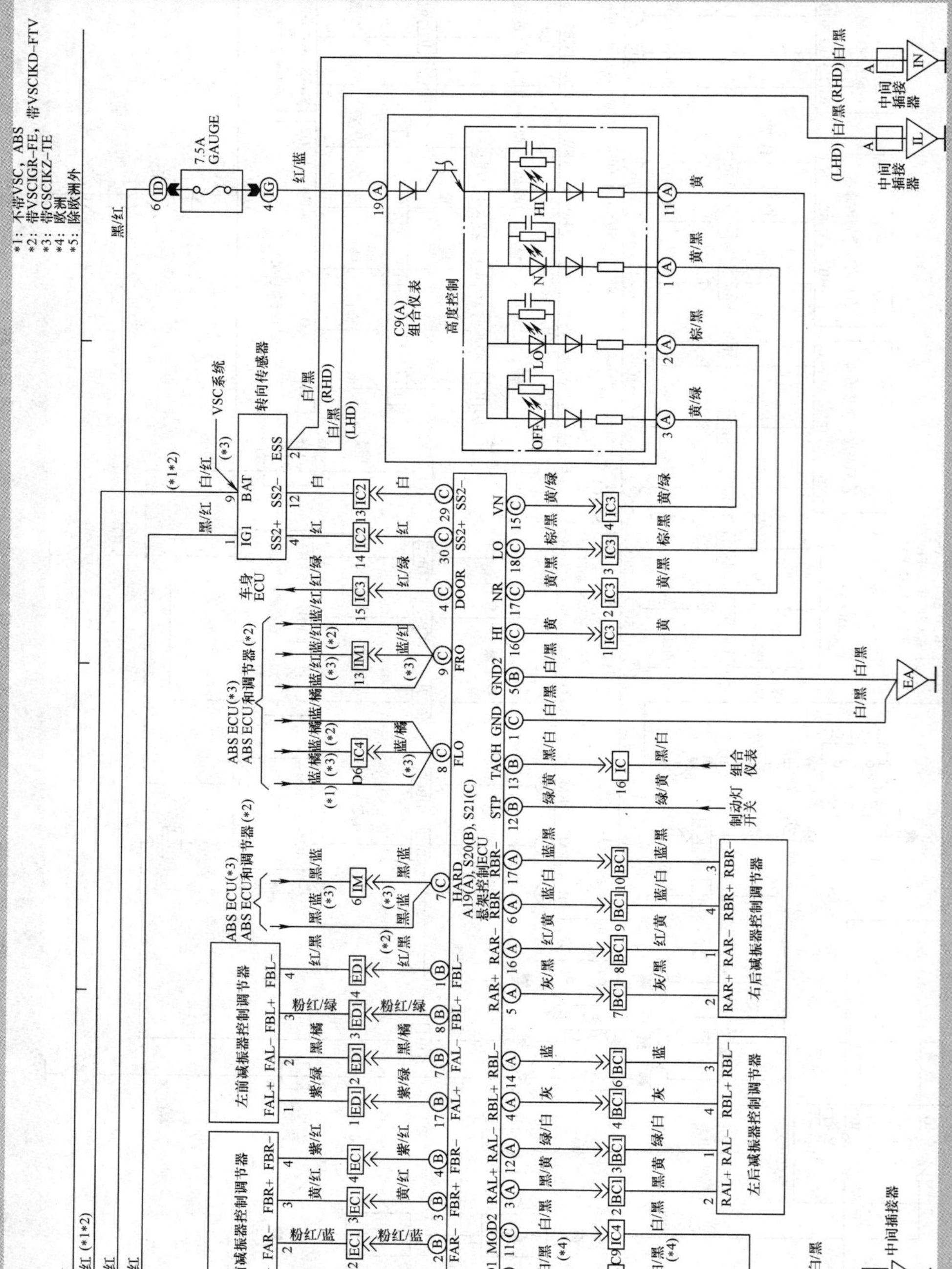

图 6-58　丰田普拉多主动式高度控制悬架和电子调节空气悬架电路（续）

表 6-3 悬架控制 ECU 端子功能

端子	线色	功能及连接去向
A1	紫/白	至后高度控制阀 1 号端子 LH +
A2	紫	至后高度控制阀 3 号端子 RH +
A3	黑/黄	左后减振器控制调节器 2 号端子
A4	灰	左后减振器控制调节器 4 号端子
A5	灰/黑	右后减振器控制调节器 2 号端子
A6	蓝/白	右后减振器控制调节器 4 号端子
A7	粉红/绿	至低压燃油箱阀 2 号端子控制（正）
A8	浅绿	至高度控制阀 1 号端子控制（正）
A12	绿/白	左后减振器控制调节器 1 号端子
A14	蓝	左后减振器控制调节器 3 号端子
A16	红/黄	右后减振器控制调节器 1 号端子
A17	蓝/黑	右后减振器控制调节器 3 号端子
A18	综/黄	悬架继电器控制（正）
A19	红/黑	右后高度控制传感器 3 号端子
A20	棕/白	右后高度控制传感器 1 号端子
A21	红/白	左后高度控制传感器 3 号端子
A22	棕/白	左后高度控制传感器 1 号端子
A23	灰/绿	左后高度控制传感器 2 号端子
A24		右后高度控制传感器 2 号端子
A25	蓝/黄	高度控制压缩机 3 号端子
A26	粉红	高度控制压缩机 4 号端子
B1	红/黑	左前减振器控制调节器 4 号端子
B2	粉红/蓝	右前减振器控制调节器 2 号端子
B3	黄/红	右前减振器控制调节器 3 号端子
B4	紫/红	右前减振器控制调节器 4 号端子
B5	白/黑	悬架控制 ECU 搭铁
B6	黑/红	蓄电池电源，AIRSUX　NO. 2 熔断器 10A
B7	黑/橘	左前减振器控制调节器 2 号端子
B8	粉红/绿	左前减振器控制调节器 3 号端子
B9	浅绿/黑	右前减振器控制调节器 1 号端子
B12	绿/黄	制动灯开关信号
B13	黑/白	至组合仪表
B15	蓝/白	至高度控制悬架开关 10 号端子 LO

（续）

端子	线色	功能及连接去向
B16	蓝	至高度控制悬架开关 6 号端子 HI
B17	紫/绿	左前减振器控制调节器 1 号端子
B18	绿/黑	前加速控制传感器 3 号端子
B22	蓝/黄	前加速控制传感器 2 号端子
B24	绿	至高度控制悬架开关 9 号端子 N
C1	白/黑	悬架控制 ECU 搭铁
C2	蓝/黄	至高度控制悬架开关 7 号端子 ECU2
C3	蓝/黑	至高度控制悬架开关 2 号端子 ECU1
C4	红/绿	至车身 ECU
C5	红/黑	至自诊断 DLC3
C6	粉红/蓝	至自诊断 DLC3
C7	黑/蓝	至 ABS ECU 和调节器
C8	蓝/橘	至 ABS ECU 和调节器
C9	蓝/红	至 ABS ECU 和调节器
C10	黑/红	点火供电，TEMS 熔断器 20A
C11	白/黑	悬架控制 ECU 搭铁
C12	白/黑	悬架控制 ECU 搭铁
C15	黄/绿	至组合仪表 A3 端子
C16	黄	至组合仪表 A11 端子
C17	黄/黑	至组合仪表 A1 端子
C18	棕/黑	至组合仪表 A2 端子
C20	红/黄	至自诊断 DLC3
C21	红绿/	后加速控制传感器 3 号端子
C25	黄/黑	后加速控制传感器 2 号端子
C27	红/蓝	前加速控制传感器 1 号端子
C28	白/蓝	后加速制传感器 1 号端子
C29	白	至转向传感器 12 号端子
C30	红	至转向传感器 4 号端子

图 6-59 所示为改绘后的主动式高度控制电子调节空气悬架电路原理图，能更清楚地反映 ECU 电源电路、各信号输入装置电路和系统执行器的控制电路。

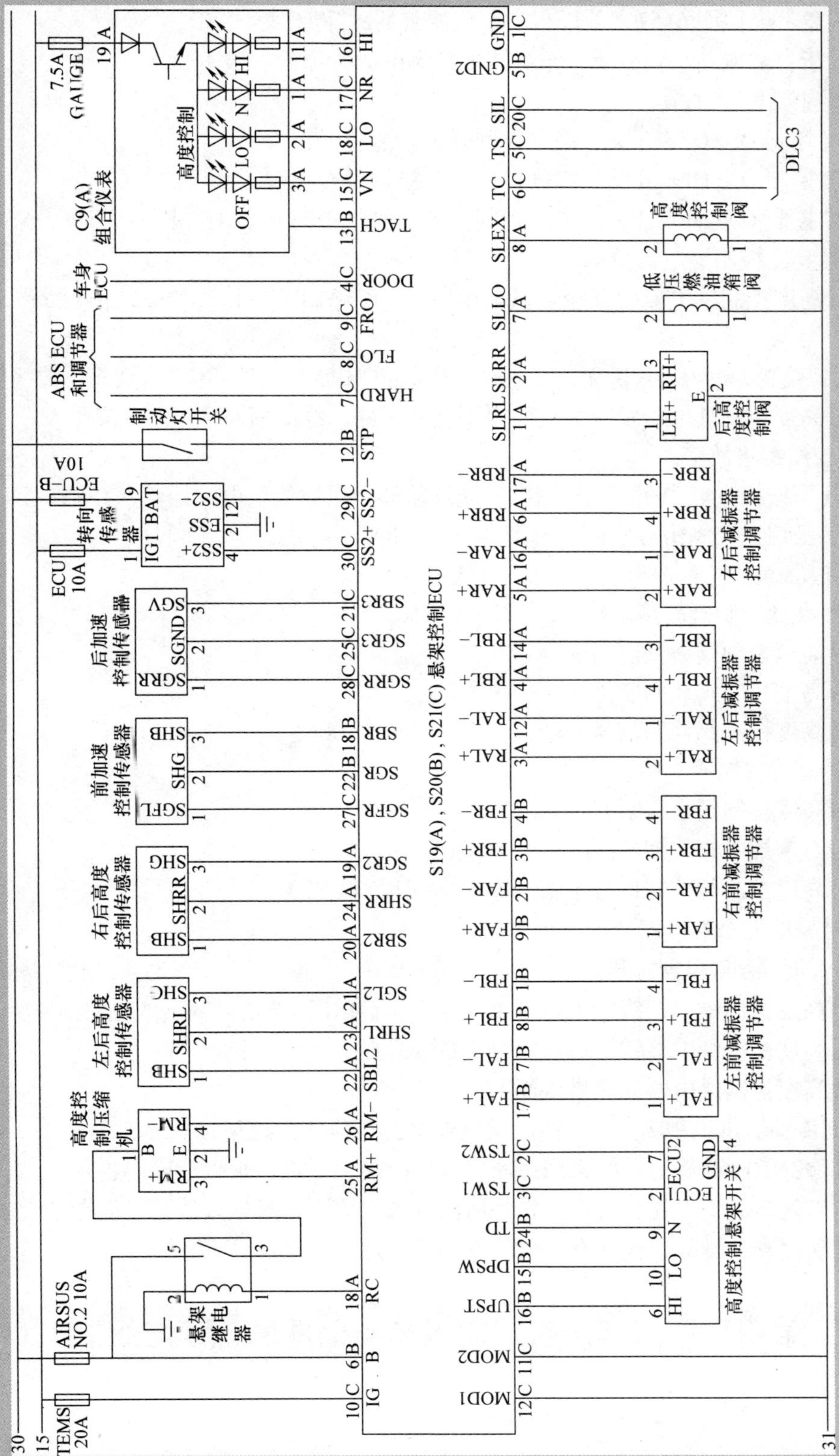

图 6-59　改绘后的丰田普拉多主动式高度控制电子调节空气悬架电路原理图

案例分析

故障现象：参照图 6-57，分析车高不能控制的故障原因。

故障分析：从电路结构分析，车高不能控制的故障原因一般有：

1）高度控制开关故障。

① 高度控制 ON/OFF 开关、高度控制开关性能是否正常。

② 高度控制 ON/OFF 开关、高度控制开关搭铁是否正常。

③ 高度控制 ON/OFF 开关、高度控制开关信号是否输入 ECU（ECU/HSW、NSW）。

2）1 号高度控制继电器故障。

① 1 号高度控制继电器常开触点供电中断（F. L ALT、F. L AIRSUS 熔丝断路，或线路断路）。

② 1 号高度控制继电器线圈无控制电流（ECU/RCMP、ECU/ -RC 端子无输出或线路断路）。

③ 1 号高度控制继电器常开触点闭合不良或短路，线圈断路。

3）空气压缩机故障。

① 空气压缩机供电中断（1 号高度控制继电器至压缩机供电端线路断路）。

② 空气压缩机控制信号中断（ECU/RM +、RM -）。

③ 空气压缩机本身损坏。

4）1 号高度控制阀故障。

① 1 号高度控制阀搭铁断路。

② 1 号高度控制阀线圈断路。

③ 1 号高度控制阀控制信号中断（ECU/SLFR、SLFL）。

5）2 号高度控制阀故障。

① 2 号高度控制阀搭铁断路。

② 2 号高度控制阀线圈断路。

③ 2 号高度控制阀控制信号中断（ECU/SLRR、SLRL）。

6）2 号高度控制继电器故障。

① 2 号高度控制继电器常开触点供电中断（F. L ALT、ECU +B 熔丝断路，或线路断路）。

② 2 号高度控制继电器线圈无控制电流（ECU/MREY 端子无输出或线路断路）。

③ 2 号高度控制继电器常开触点闭合不良或短路，线圈断路。

④ 2 号高度控制继电器线圈搭铁断路。

⑤ 高度传感器供电中断（2 号高度继电器输出至传感器线路）。

故障排除：故障检修前最好先用诊断仪进行故障码查询，根据故障码提示，结合故障原因分析，本着先简后繁、先易后难、先外后内的维修原则，对导致故障可能性较大的故障点依次进行逐项检查、排除，找到真正故障点酌情处理。

◎◎◎ 第四节 汽车巡航控制系统电路图的识读与绘制 ◎◎◎

学习目标：

1. 了解巡航控制系统的基本组成与作用。

2. 熟悉巡航控制系统电路的控制方法。

3. 理解巡航控制系统主要零部件的结构与原理。

4. 掌握巡航控制系统的故障诊断检测与维修技能。

一、汽车巡航控制系统概述

1. 汽车巡航控制系统电路基本组成

汽车巡航控制系统英文为 Cruise Control System，缩写为 CCS（主动巡航为 ACC）。根据其特点，巡航控制系统一般又称为巡航行驶装置、速度控制系统、自动驾驶系统、恒速行驶系统等。

汽车巡航控制系统电路主要由开关、传感器、巡航控制 ECU 和执行器等组成。

（1）巡航系统控制开关　巡航系统控制开关主要用于设置巡航车速或将其重新设置为另一车速，以及取消巡航控制等。主要包括主开关、控制开关和退出巡航开关。常见的控制开关有位于转向盘上的按键开关和位于转向柱上的拨杆开关，如图 6-60 所示。

图 6-60　常见巡航系统控制开关

1）巡航系统主开关。巡航系统主开关（MAIN）是巡航控制系统的主电源开关，只有将主开关接通，系统才能工作。

2）巡航系统控制开关。巡航系统控制开关是巡航系统的模式开关，一般有设置(SET)、减速（COAST)、恢复（RES)、加速（ACC）和取消（CANDEL）五种控制功能，其中，SET 和 COAST 模式共用一个开关，RES 和 ACC 模式共用另一个开关。

3）退出巡航控制开关。退出巡航控制开关包括取消开关、驻车制动开关、空档开关、离合器开关和制动灯开关，当其中任一开关接通时，巡航控制将被自动取消。但当巡航控制取消瞬间的车速不低于 40km/h 时，此车速存储于巡航控制 ECU 中，当接通 RES 开关时，最后存储的车速就会自动恢复。

① 驻车制动开关。当拉起驻车制动操纵杆时，驻车制动开关接通，将取消信号传送至

巡航控制 ECU，同时，驻车制动指示灯点亮。驻车制动有手柄操作杆和驻车脚踏板两种形式，驻车制动开关安装在相应的操作机构上，如图 6-61 所示。

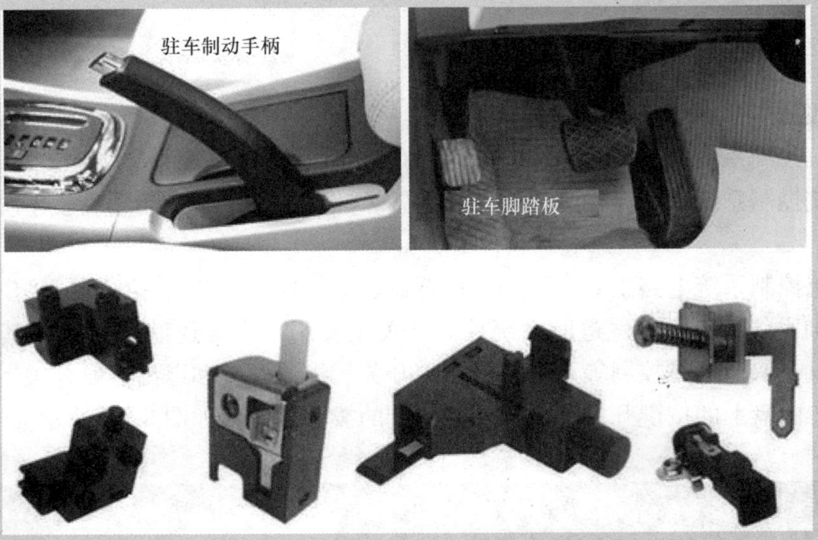

图 6-61　驻车制动开关及安装位置

② 空档开关（A/T 车型）。当变速杆设置在自动变速器的 P 位或 N 位时，空档开关接通，将取消信号传送至巡航控制 ECU。空档开关大多集成在自动变速器选档开关内，安装在选档开关结构上或自动变速器上，如图 6-62 所示。

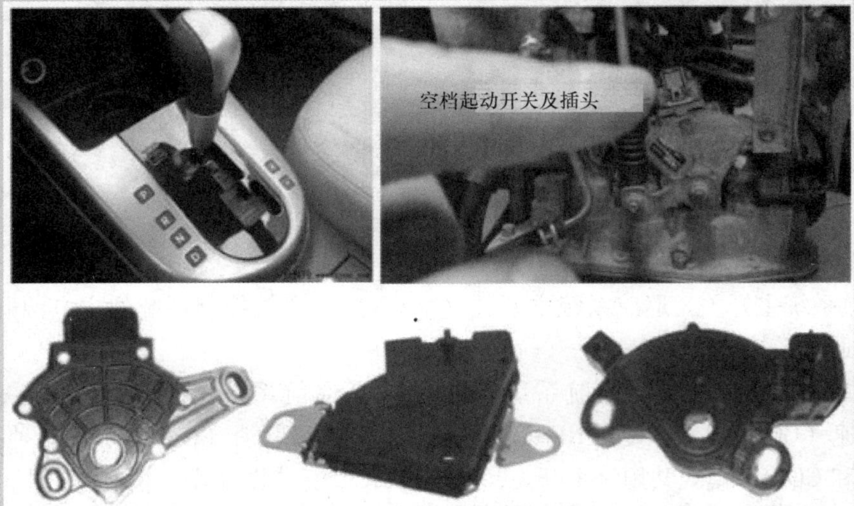

图 6-62　空档开关及安装位置

③ 离合器开关（M/T 车型）。当踩下手动变速器的离合器踏板时，离合器开关即接通，将取消信号传送至巡航控制 ECU。离合器开关及安装位置如图 6-63 所示。

图 6-63　离合器、制动灯开关及安装位置

④ 制动灯开关。制动灯开关在具有巡航功能的车辆上，常采用双触点开关，具有双重功能，常开型触点主要用于制动灯的控制，常闭型触点大多串联在巡航 ECU 电源供电线路中，当踏下制动踏板时，常开触点接通制动灯的同时，常闭触点断开切断巡航 ECU 电源，巡航控制 ECU 取消 CCS 的工作。制动灯开关及安装位置如图 6-63 所示。

（2）巡航系统传感器

1）车速传感器。车速传感器是巡航控制系统的一个重要信息，用于提供一个与汽车实际车速成比例的交变振荡脉冲信号，并将此信号送入巡航控制 ECU。巡航控制 ECU 将此信号进行处理，以便实现控制汽车恒速行驶功能。

车速传感器的主要类型有电磁感应式、霍尔式和舌簧开关式等。车速传感器安装在车速里程表或变速器内，与发动机电控系统共用。磁电式和霍尔式传感器前边章节已有介绍，下面主要介绍舌簧开关式传感器。

图 6-64 所示为舌簧开关式车速传感器的结构和工作原理。舌簧开关传感器是由在玻璃管内装有两个细长的触点构成的，触点由铁、镍等易被磁铁吸引的强磁材料制成，受玻璃管外磁铁的控制，有时触点互相吸引而闭合，有时互相排斥而断开，从而形成了触点的开关作用。

2）节气门位置传感器。节气门位置传感器提供一个与节气门位置成正比的电信号，将此信号输入给巡航控制 ECU。该传感器与发动机电控系统共用。

3）控制臂位置传感器。控制臂位置传感器用来检测调速伺服电动机控制节气门的位置，动态反映了节气门的开度情况，随时将反馈信号输入巡航控制 ECU。控制臂位置传感器是一个与控制臂联动的电位计，在巡航控制系统状态下，电位计的滑动端随之移动，将控制臂的移动信号转变成了电信号，并将电信号输送给巡航控制 ECU。

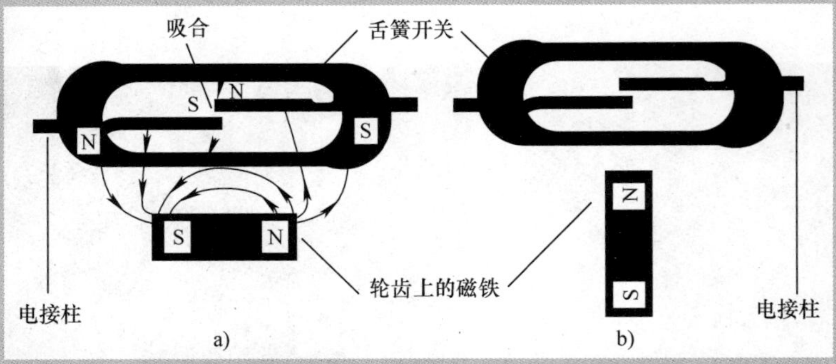

图 6-64　舌簧开关式传感器结构与工作原理

a）开关导通　b）开关断开

（3）巡航控制 ECU

1）巡航控制 ECU 的结构原理。巡航控制 ECU 是巡航控制系统的核心，接受来自车速传感器和各种开关的信号，按照存储的程序进行处理。当车速偏离设定的巡航车速时，巡航控制 ECU 通过控制执行器的动作，使实际车速与设定车速相一致。

图 6-65 所示为数字式巡航电子控制器

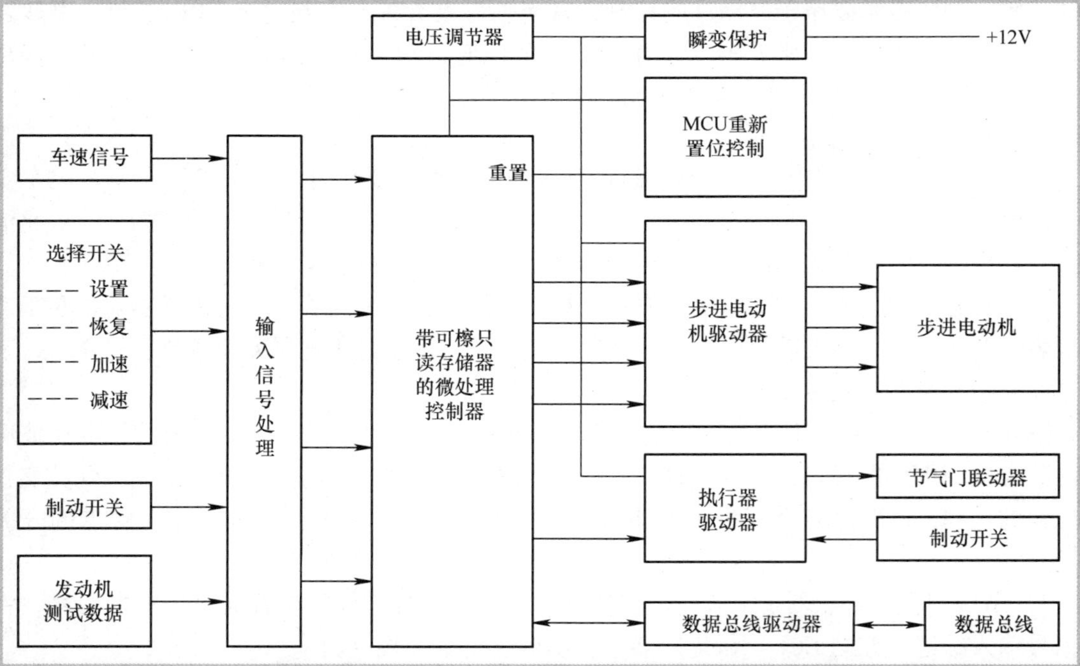

图 6-65　数字式巡航电子控制器

数字式电子控制器的特点：所有的输入指令都以数字信号直接存储和处理，带可擦只读存储器的八位微处理器根据设定车速、实际车速以及其他输入信号，按存储程序完成所有的数据处理之后，产生一个输出信号驱动步进电动机，并改变节气门开度达到控制发动机转速

（车速）的目的。

记忆车速和实际车速都输入到计算机的比较电路中，比较电路的输出信号经过补偿电路、执行部件、发动机和变速器后就可以改变驱动力。巡航控制系统中有专用的单片机和专用的 IC 等模块，单片机完成车速运算、记忆、比较、补偿、保持和异常诊断等信号的处理，专用的 IC 模块具有处理微机的再启动、输入、输出与电源通断和自诊断等功能。

此外，为确保安全，在手动变速器车辆的离合器踏板上装有一个开关，当踩下踏板时能切断控制系统的电源，以防止换档时发动机超速运转。因为踩下离合器踏板时，车速会降低，如果没有此开关，巡航控制系统就会指令发动机提高转速。

2）巡航控制 ECU 的功能。巡航控制 ECU 接收来自巡航控制开关、车速传感器和其他开关的信号，按照存储的程序对巡航系统进行控制。巡航控制 ECU 有以下控制功能：

① 记忆设定车速功能。当主开关接通，车辆在巡航控制车速范围内（一般为 40 ~ 200km/h）行驶时，操作设定/减速开关可以设定巡航车速。ECU 将设定的车速存储在存储器内，并将按设定车速控制汽车等速行驶。

② 等速控制功能。ECU 将实际车速与设定车速进行比较，确定节气门是否应该开大或关小，并根据实际车速与设定车速的差值，计算出节气门开大或关小的量，进而对执行器进行控制，保证汽车按设定车速等速行驶。

③ 设定车速调整功能。当汽车以巡航控制模式行驶时，如果将设定车速提高或降低，则只要操作恢复/加速或设定/减速开关，就可以使设定车速改变，巡航控制 ECU 将记忆改变后的设定车速，并按新设定车速进行巡航控制。

④ 取消和恢复功能。当汽车以巡航模式行驶时，如果接通取消开关或接通任何一个其他退出巡航控制开关，巡航控制 ECU 将控制执行器使巡航控制取消。取消巡航控制以后，要想重新按巡航控制模式行驶，只要操作恢复/加速开关，巡航控制 ECU 将恢复原来的巡航控制行驶。

⑤ 车速下限控制功能。车速下限是巡航控制所能设定的最低车速，不同的车型稍有不同，一般为 40km/h。当车速低于 40km/h 时，巡航车速不能被设定，巡航系统不能工作。在巡航行驶时，如果车速降至 40km/h 以下，则巡航控制自动取消，且巡航 ECU 存储器内存储的设定车速将被清除。

⑥ 车速上限控制功能。车速上限是巡航控制所能设定的最高车速，一般为 200km/h，车速超过该数值，巡航控制车速不能被设定。汽车在巡航控制模式行驶时，如果操作加速开关，车速也不能加速至 200km/h 以上。

⑦ 自动取消功能。当汽车以巡航控制模式行驶时，若出现执行器驱动电流过大，伺服电动机始终朝节气门打开的方向旋转时，则巡航控制 ECU 存储器存储的设定车速将被清除，巡航控制模式将被取消，主开关同时关闭。此外，当巡航控制 ECU 诊断出系统有故障时，将会使巡航控制自动停止工作。

⑧ 自动变速器控制功能。当具有自动变速器的汽车以巡航控制模式行驶时，如果上坡时变速器在超速档，车速降至比设定车速低 4km/h 以上时，巡航控制 ECU 将超速档取消信

号送至自动变速器 ECU，取消自动变速器超速档。当车速升至比设定车速低 2km/h 时，巡航控制 ECU 将超速档恢复信号送至自动变速器 ECU，恢复自动变速器超速档。

⑨ 诊断功能。如果巡航控制系统发生故障，巡航控制 ECU 的自诊断系统能够诊断出故障，并使仪表板上的巡航指示灯闪烁，以便提醒驾驶人。同时，巡航控制 ECU 将故障码存储在存储器内。通过巡航控制指示灯的闪烁或使用故障诊断仪，可以读取故障码。

（4）巡航控制系统执行器　巡航控制系统的执行器由 ECU 控制，根据 ECU 的控制信号控制节气门的开度，以保持车速恒定。巡航控制系统曾经采用过真空驱动型和电动机驱动型执行器，而随着汽车电子技术的不断提高，这两种类型的执行器已逐渐退出历史舞台，目前巡航控制系统大多利用电子节气门作为执行器，来完成汽车的恒速控制。

1）电子节气门的优点。现代汽车越来越多地将电子节气门作为巡航控制系统的执行器，除了使巡航控制系统结构变得简单以外，在执行理念方面也有所不同。原先建立在机械拉索式节气门结构上的巡航控制系统是依靠真空、电动机驱动拉索来调整节气门开度的，而电子式节气门的执行信号是从发动机控制单元发出的（这也是二者间存在的本质不同），因此，巡航控制在节气门开度的控制环节是与发动机集中控制，更有利于实现巡航控制的主动调整。

当驾驶人通过操作开关向巡航控制系统发出调整车速的需求时，这一需求按电信号的方式被传送至发动机电控单元，发动机电控单元会根据目标车速的情况来制定调整方案。

如果车速的变化需求不大，且在节气门开度的调整范围内，那么，发动机电控单元仅需向电子式节气门发出调整开度的指令，同时，喷油量以及点火时刻也会随之做出调整。即开度变大时提高车速，减小节气门开度则使车速降低。

如果驾驶人发出改变车速的需求仅凭节气门开度的调整无法实现，那么就需要自动变速器来配合，这仅对自动档汽车而言，通过档位的变化来实现车速的变化。例如，通过变速器更低的档位将发动机的转速提高，从而利用发动机产生的制动效果来降低车速；相反，当驾驶人发出加速指令时，如果还有更高的档位可以利用，当发动机转速随着车速的提高攀升至一定转速后，变速器也会进行加档的动作。当然，无论驾驶人通过操作开关发送的是加速指令还是减速指令，整个过程都会很平缓地进行。

2）结构原理。电子节气门如图 6-66 所示。

电子节气门的驱动电动机可以采用步进电动机和直流电动机，两种电动机工作原理不一样，控制方式也不一样。步进电动机通过给定的脉冲个数控制它的转动角度，每个脉冲转动一个步进角，脉冲频率控制它的转速，方向电平控制它的转向。

直流电动机驱动采用脉冲调制技术，简称 PWM（Pulse Width Modulation），它的特点是效率高、频率高、可靠性高。在电子节气门中，当占空比改变时，直流电动机电流改变，电动机的输出转矩随之改变。在占空比一定时，当电动机输出的转矩与节气门复位弹簧摩擦等产生的阻力矩平衡时，节气门开度就保持不变，因此增大或者减小占空比会改变直流电动机输出的转矩，节气门开度也会随之增大或减小。

图 6-66　电子节气门

电子节气门结构如图 6-67 所示，在节气门总成中，节气门阀片的位置由驱动电动机调节控制，该电动机能够让节气门阀片在 1°～80°的范围内转动，以得到期望的节气门开度。在典型的电子节气门控制系统中，电动机根据电控单元的指令调节节气门阀片的偏转角度，对于节气门阀片的大部分转动位置，其定位精度一般应在 ±0.5°的范围内。

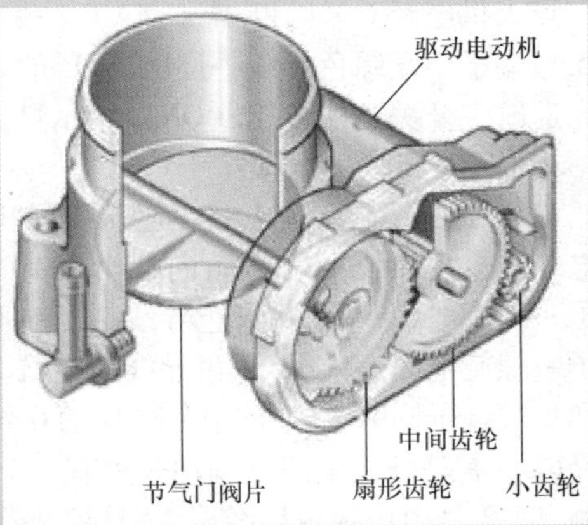

图 6-67　电子节气门体结构

驱动电动机采用脉冲调制技术时，内部有两个方向相反的磁场，其中一个磁场相对于另一个磁场的大小通过增大脉冲持续时间的百分比来增加调节电动机的转动角度。也就是说，脉冲持续时间越长，调节电动机让节气门阀片转动的角度就越大。作为一种安全保险措施，节气门阀片采用弹簧装置支撑，这样，一旦电子节气门控制系统（发动机 ECU）出现故障，节气门阀片能够在弹簧的作用下回到怠速时的位置。

2. 巡航控制系统基本控制原理

汽车巡航控制系统的基本工作原理如图 6-68 所示。

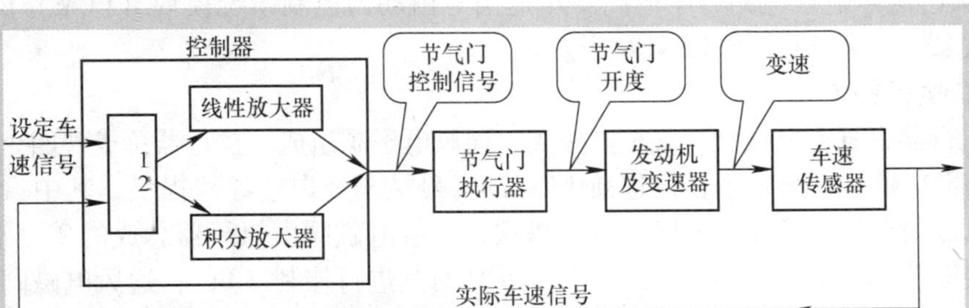

图 6-68　巡航控制系统基本工作原理

当巡航控制系统开始工作时，控制器 ECU 可接收两个信号：一个是驾驶人所选定的设定车速信号，另一个是车速传感器传送的车速信号。控制器计算分析两个信号的误差后，再经过放大、处理成为节气门控制信号，送至节气门执行器，节气门执行器根据指令调节节气门开度，使实际车速和设定车速的误差减小，从而使车速很快恢复到驾驶人设定的车速，并保持车速恒定行驶。

二、汽车巡航控制系统电路分析

奥德赛巡航控制系统电路主要由巡航控制主开关、巡航控制设定/恢复/取消开关、空档开关、制动开关、巡航控制电控单元、巡航控制执行器、动力控制系统模块（PCM）以及巡航控制指示灯等组成，电路如图 6-69 所示。

1. 巡航控制电控单元（ECU）电源电路

点火供电经 6 号熔断器（15A）→黑/黄色导线→巡航 ECU 的 4 号端子；ECU 的 3 号端子→黑色导线直接搭铁。

2. 巡航控制主开关电路

点火供电经 6 号熔断器（15A）→黑/黄色导线至巡航主开关→主开关触点→巡航主开关 5 号端子→浅绿色导线→巡航 ECU 的 13 号端子，作为巡航 ECU 的启控电源信号；同时点亮巡航主开关内的巡航（ON）指示灯。

3. 巡航控制信号电路

（1）巡航控制开关电路　巡航控制开关有三个端子，1 号端子为开关的电源端子，经螺旋电缆→橙色导线→47 号熔断器（15A）→蓄电池正极。设定开关信号由控制开关的 3 号端子→螺旋电缆→浅绿/红色导线→巡航 ECU 的 6 号端子；恢复开关信号由控制开关的 2 号端子→螺旋电缆→浅绿/黑色导线→巡航 ECU 的 7 号端子；取消开关信号则由控制开关的 3 号和 2 号端子同时输入至巡航 ECU 的 6 号和 7 号端子。

（2）制动开关电路　制动开关有 4 个端子，为混合型开关，其中，2 号和 3 号端子为常开触点，2 号由白绿色导线至 47 号熔断器，连接蓄电池正极电源，3 号端子经白黑色导线至巡航 ECU 的 5 号端子，作为取消巡航的一个信号（踏下制动踏板时）；1 号和 4 号为常闭触点，1 号经浅绿色导线连接主开关 5 号端子（供电），4 号端子经灰色导线至巡航 ECU 的 2 号端子，作为巡航 ECU 的另一电源输入，当踏下制动踏板时，可切断电源取消巡航控制功能。

（3）A/T 空档开关信号电路　空档开关信号来自自动变速器档位开关，A/T 开关只有在 D 位或 2 位时，才能将搭铁信号经蓝/黄色导线送至巡航 ECU 的 14 号端子；若将 A/T 开关置于 D 位或 2 以外的其他档位时，即可解除巡航功能。

（4）车速信号输入电路　本电路中车速信号由动力控制系统模块（PCM）E26/A3 端子经白蓝色导线至巡航 ECU 的 12 号端子。

4. 巡航执行器电路

巡航执行器由真空电磁阀、安全电磁阀、通风电磁阀组成，执行器总成共四个端子。三个电磁阀的公共电源为 4 号端子，由巡航 ECU 的 1 号端子经白色导线提供，其中：安全电磁阀由执行器总成的 1 号端子经黑色导线直接搭铁；真空电磁阀由执行器总成的 2 号端子经棕/黄色导线连接巡航 ECU 的 11 号端子，由巡航 ECU 对其进行控制（负）；通风电磁阀由执行器总成的 3 号端子经棕色导线连接巡航 ECU 的 9 号端子，由巡航 ECU 对其进行控制（负）。

5. 巡航控制指示灯电路

巡航系统工作时，由巡航 ECU 的 10 号端子经黄/橙色导线输出指示灯搭铁控制信号至仪表板的 A16 端子，点亮指示灯。

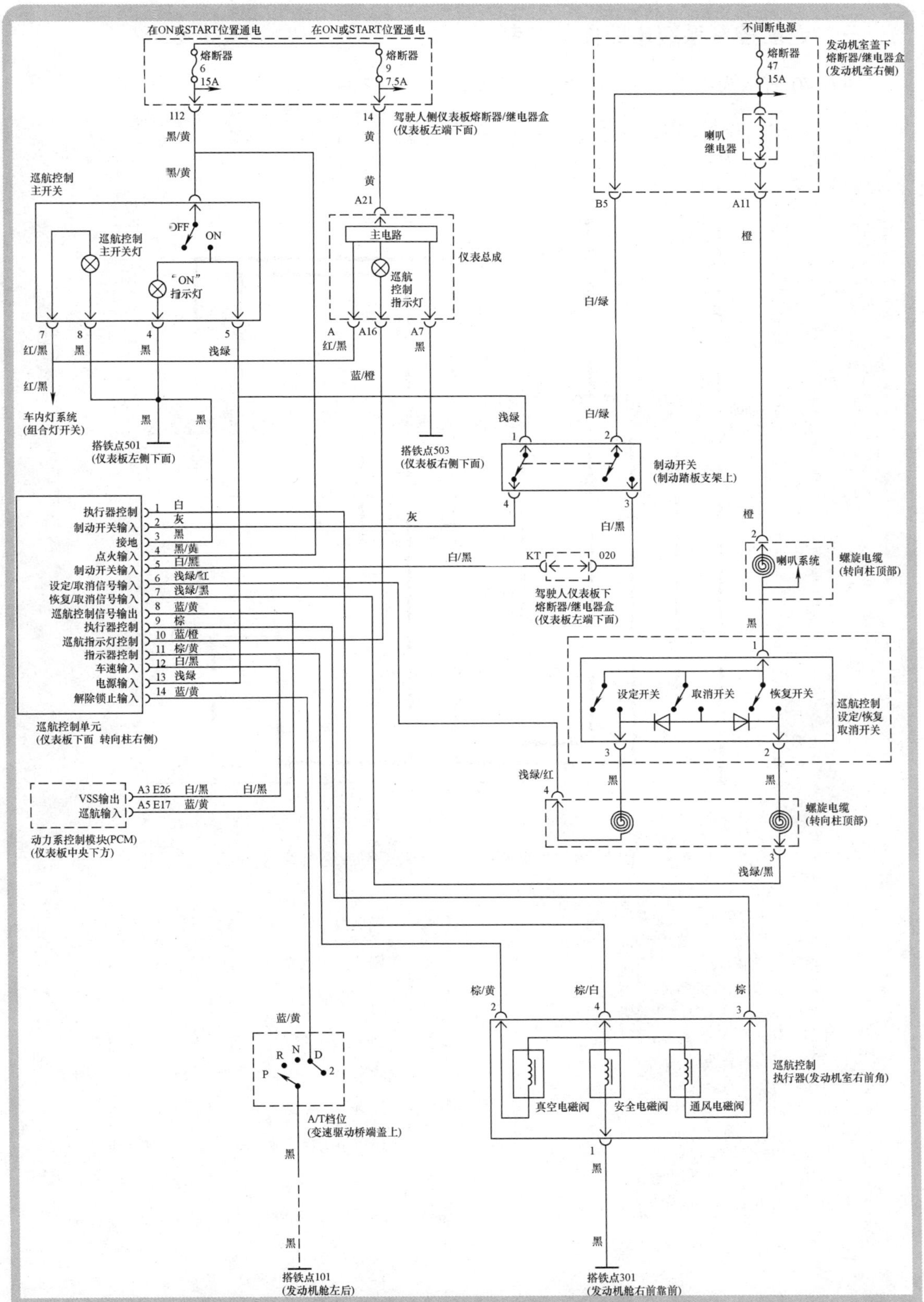

图 6-69 奥德赛巡航控制系统电路

三、巡航控制系统电路图的绘制

图 6-70 所示为一汽大众 CC 轿车巡航控制系统电路图。

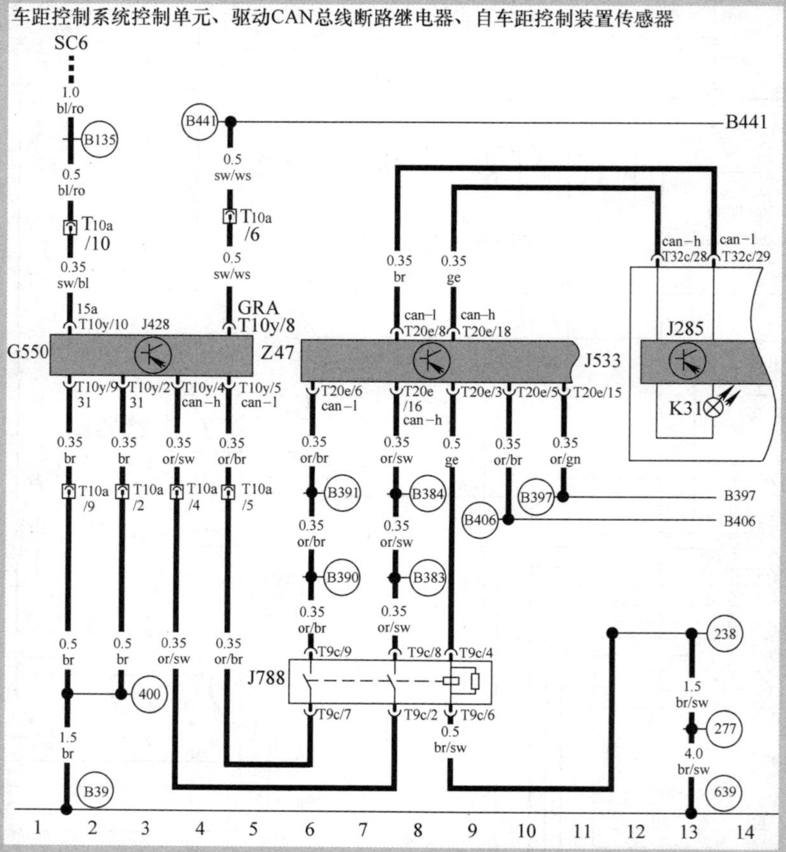

图 6-70 大众 CC 轿车巡航控制系统电路

G550—自动车距控制装置传感器
J285—组合仪表中的控制单元
J428—车距控制系统控制单元
J533—数据总线诊断接口
J788—驱动 CAN 总线断路继电器
K31—定速巡航装置指示灯
T9c—9 芯插头连接
T10a—10 芯插头连接
T10y—10 芯插头连接
T20e—20 芯插头连接
T32c—32 芯插头连接
Z47—自动车距控制装置传感器加热装置
238—车内线束中的接地连接 1
277—车内线束中的接地连接 3
400—主线束中的接地连接 35
639—左侧 A 柱上的搭铁点
B135—车内线束中的连接 1（15a）
B383—主线束中的连接 1（驱动系统 CAN 总线 High）
B384—主线束中的连接 2（驱动系统 CAN 总线 High）
B390—主线束中的连接 1（驱动系统 CAN 总线 Low）
B391—主线束中的连接 2（驱动系统 CAN 总线 Low）
B397—主线束中的连接 1（舒适系统 CAN 总线 High）
B406—主线束中的连接 1（舒适系统 CAN 总线 Low）
B441—主线束中的连接（GRA）

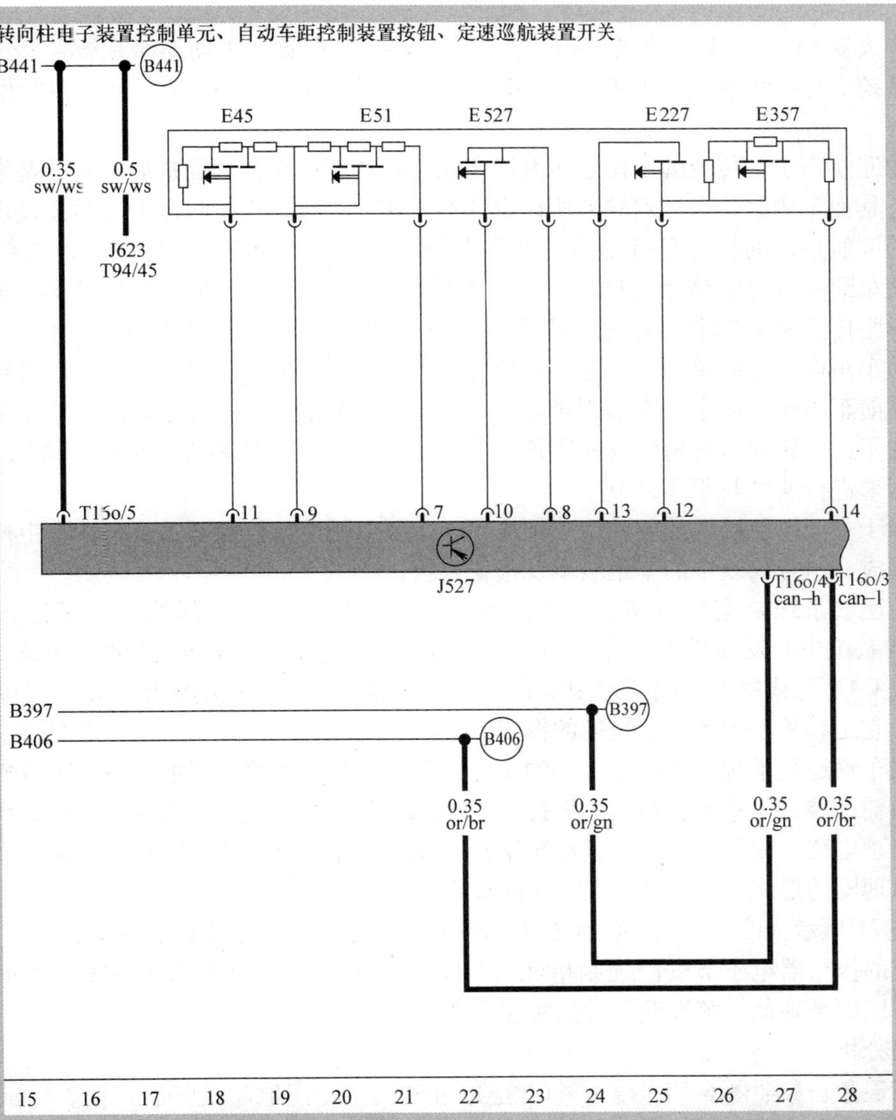

图 6-70　大众 CC 轿车巡航控制系统电路（续）

E45—定速巡航装置开关

E51—定速巡航装置主开关

E227—定速巡航装置设置键

E357—自动车距控制装置按钮

E527—GRA 暂时关闭的按钮

J527—转向柱电子装置控制单元

J623—发动机控制单元

T16o—16 芯插头连接

T94—94 芯插头连接

(B397)—主线束中的连接 1（舒适系统 CAN 总线 High）

(B406)—主线束中的连接 1（舒适系统 CAN 总线 Low）

(B441)—主线束中的连接（GRA）

一汽大众 CC 是一款标准的轿跑车，有许多高科技配置。主动巡航系统是其选装配置之一，该系统又称为自适应巡航系统（Adaptive Cruise Control，ACC），是一种新型的驾驶辅助系统。

主动巡航系统与传统的定速巡航系统相比，在功能上有很大的扩展。它的基本功能是在前方设有其他车辆时，保持驾驶人所设定的巡航速度、自动保持与前方车辆的设定距离。

主动巡航系统的核心部件是自动车距调节控制单元（J428），位于车辆前部大众徽标后。自动车距调节控制单元（J428）与车距传感器（G550）及传感器加热器（Z47）制成一体。车距传感器为毫米波雷达传感器，可发射载波为 76.6GHz 的调频振荡波。

自动车距调节控制单元通过分析对比发射信号与接收部分反射信号，可以得到前车与本车距离、前车车速、前车与本车相对运动角度等 3 个基本信息。自动车距调节控制单元同时需要根据车速、转向盘转角以及横摆角速度等信号，确定出车辆的“假想车道”，由此选定目标车辆来进行速度与距离调节。

专属于主动巡航系统的硬件组成较简单，主要包括巡航控制开关、自动车距控制单元及传感器总成、组合仪表中的车距显示及报警系统。

主动巡航系统要实现自动控制车距及车速，需要车上很多部件的协同工作。如驱动 CAN 总线系统中的发动机控制单元（J623）、ESP 控制单元（ABS）、转向盘转角传感器、舒适系统 CAN 总线中的转向柱控制单元（J527）等。当然，网关控制单元（J519）是不可或缺的，它是各控制单元信息交换的枢纽。

现代车辆巡航系统大多不是单一的功能，常常会通过网关控制单元与车距检测、行车稳定、转向辅助装置等集中控制，大大提高了车辆行驶的舒适性和安全性。作为新型巡航控制系统的典型电路，为了更好地了解电路结构和控制原理，有必要将原车巡航部分电路图改绘成电路原理图的形式，以达到举一反三的效果。

图 6-71 所示为改绘后的一汽大众 CC 轿车巡航系统电路原理图，除此之外，还绘出了巡航系统的执行器电子节气门控制单元（J388）与发动机控制单元（J623）之间的电路连接关系，以便更好地了解巡航系统的控制原理。

案例分析

故障现象：参照图 6-71 分析，打开巡航开关，主动巡航无法开启，仪表提示巡航系统故障。

故障分析：诊断仪读取故障码显示“电磁干扰造成功能停用、电路电气故障”，没有指向性目标，通过分析电路可从如下几个方面进行检查：

① 巡航定速装置主开关、定速巡航装置开关供电中断。

② 巡航定速装置主开关、定速巡航装置开关本身损坏（可能性较小）。

③ GRA 暂时关闭按钮损坏或供电、线路断路。

④ 车距控制系统控制单元 J428 供电熔丝 SC6 断路。

⑤ 车距控制系统控制单元 T10Y/8 没有输出 12V 高电位。

⑥ 车距控制系统控制单元搭铁断路。

⑦ 车距控制系统控制单元本身损坏。

⑧ 通过示波器观察 J428 的 T10Y/4 和 T10Y/5 两端子的 CAN 总线波形信号是否正常。

故障排除：根据上述分析，对故障原因逐项进行检查，重点检查车距控制系统控制单元（该元件损坏率较高），必要时可通过元件替换方法加以确定。

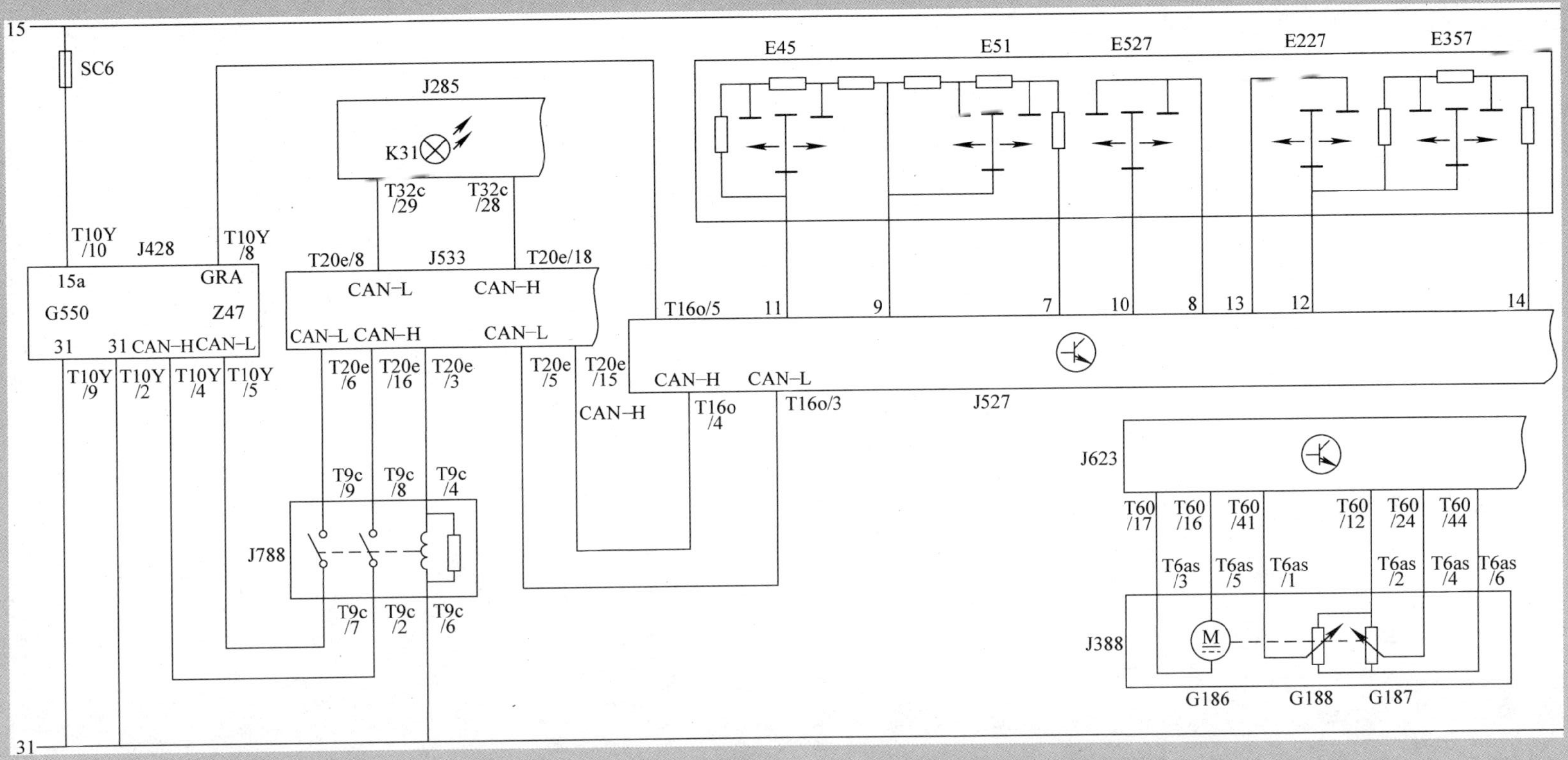

图 6-71　改绘后的大众 CC 轿车巡航控制系统电路原理图

J285—组合仪表中的控制单元　J428—车距控制系统控制单元　J527—转向柱电子装置控制单元　J533—数据总线诊断接口　J623—发动机控制单元　J788—驱动 CAN 总线断路继电器　G550—自动车距控制装置传感器　K31—定速巡航装置指示灯　E45—定速巡航装置开关　E51—定速巡航装置主开关　E227—定速巡航装置设置键　E357—自动车距控制装置按钮　E527—GRA 暂时关闭的按钮　Z47—自动车距控制装置传感器加热装置　J388—节气门控制单元　G186—电子节气门操纵机构节气门驱动装置　G187—电子节气门操纵机构节气门驱动装置角度传感器 1　G188—电子节气门操纵机构节气门驱动装置角度传感器 2